Joachim Wolff: Aufbruch ins unentdeckte Land: inklusive Schule

AF287104

Joachim Wolff

Aufbruch ins unentdeckte Land: inklusive Schule

Innenansichten
auf die Entwicklung einer Schule
der selbstverständlichen Verschiedenheit

Impressum

Bibliografische Information der Deutschen Nationalbibliothek: Die Deutsche Nationalbibliothek verzeichnet diese Publikation in der Deutschen Nationalbibliografie; detaillierte bibliografische Daten sind im Internet über dnb.dnb.de abrufbar.

Die automatisierte Analyse des Werkes, um daraus Informationen insbesondere über Muster, Trends und Korrelationen gemäß §44b UrhG („Text und Data Mining") zu gewinnen, ist untersagt.

© 2025 Joachim Wolff: Aufbruch ins unentdeckte Land: inklusive Schule. Innenansichten auf die Entwicklung einer Schule der selbstverständlichen Verschiedenheit.
© 2025 Titelseite: Joachim Wolff

Verlag: BoD · Books on Demand GmbH, Überseering 33, 22297 Hamburg, bod@bod.de

Druck: Libri Plureos GmbH, Friedensallee 273, 22763 Hamburg

ISBN: **978-3-8192-2752-3**

INHALTSVERZEICHNIS

Die Vereinten Nationen begannen 2002, also vor mehr als 20 Jahren, mit der Arbeit an der Behindertenrechtskonvention. Im Dezember 2008 legte der Ausschuss für Arbeit und Soziales dem Deutschen Bundestag die Empfehlung vor, das „Gesetz zu dem Übereinkommen der Vereinten Nationen vom 13. Dezember 2006 über die Rechte von Menschen mit Behinderungen (…)" zu unterzeichnen. Gleichzeitig wurde die Forderung abgelehnt, die mit Fehlern behaftete deutsche Übersetzung des Übereinkommens sowie die dazugehörige Denkschrift der Bundesregierung zu überarbeiten[1]. Im abgelehnten Antrag wurde der Vorwurf erhoben, dass beide Papiere „(…) die große Chance auf eine Fortentwicklung der Rechte für Menschen mit Behinderungen (verkleinern)"[2]. Nach Abschluss der erforderlichen Verfahren wurde die Konvention ab 26. März 2009 für Deutschland verbindlich[3]. Auf dieser Rechtsgrundlage entwickelte die Forderung nach inklusiven Schulen trotz der genannten Kritik eine völlig neue Durchschlagskraft. Als ich im März 2024 die Stichworte „Inklusion" und „Schule" in die Suchmaschine Google eingab, erhielt ich 28.400.000 Ergebnisse in 0,31 Sekunden.

Die Befürworter eines gemeinsamen Unterrichts für alle Kinder und Jugendlichen sahen sich durch die Ratifizierung gestärkt. Sie hofften auf eine vielfältigere und begabungsgerechtere Lernkultur. Sie erwarteten, dass die Schulen endlich kinderreif würden, statt dass Kinder weiterhin ihre Schulreife unter Beweis stellen müssten. Für sie ging es darum, die Schulen vom Kopf auf die Füße zu stellen. Gegner einer gemeinsamen Schule warnten dagegen vor einer zukünftig schlechteren Förderung von Kindern und Jugendlichen mit Behinderung und dem Verlust des für diese Schülerinnen und

---

[1] Deutscher Bundestag, 16. Wahlperiode 03.12.2008, Beschlussempfehlung und Bericht des Ausschusses für Arbeit und Soziales (11. Ausschuss), Drucksache 16/11234 (neu). Siehe: https://dserver.bundestag.de/btd/16/112/1611234.pdf (Letzte Abfrage: 26.06.2024)

[2] Deutscher Bundestag, 16. Wahlperiode 12.11.2008, Drucksache 16/10841 vom 12.11.2008: Historische Chance des VN-Übereinkommens über die Rechte von Menschen mit Behinderungen nutzen (Fraktion Bündnis 90/Die Grünen). Siehe: https://dserver.bundestag.de/btd/16/108/1610841.pdf (Letzte Abfrage: 26.06.2024)

[3] Das Bundesministerium für Arbeit und Soziales stellt auf seiner Webseite die Unterzeichnungsgeschichte kurzgefasst dar. https://www.bmas.de/DE/Soziales/Teilhabe-und-Inklusion/Politik-fuer-Menschen-mit-Behinderungen/Behindertenrechtskonvention-der-Vereinten-Nationen/behindertenrechtskonvention-der-vereinten-nationen.html (Letzte Abfrage: 26.06.2024)

Schüler notwendigen Schonraums. In der zukünftig bevorstehenden Einheitsschule würden alle langsamer und weniger lernen. Eine Zuspitzung fand dieser Konflikt im Jahr 2018, als die Schulleiterin eines Bremer Gymnasiums gegen die Aufnahme von Kindern und Jugendlichen mit geistiger Behinderung an ihrem Schulstandort klagte[4].

Ende 2023 wurden die Ergebnisse der PISA-Studie 2022 veröffentlicht. Wieder gab es heftige und frustrierte bildungspolitische Aufschreie. Ist es berechtigt, überrascht zu sein, dass weder in der Zusammenfassung der deutschen PISA-Ergebnisse[5] noch in den Beschlüssen der KMK zu PISA vom Dezember 2023[6] das Wort „Inklusion" vorkommt? Die enttäuschenden deutschen PISA-Ergebnisse im Jahr 2000 waren mit der Erkenntnis verbunden, dass erfolgreichere Länder die Kinder und Jugendlichen erst deutlich später auf unterschiedliche Schulformen verteilen. Diese Feststellung war neben der Behindertenrechtskonvention einer der Motoren, die zur Veränderung des bisherigen Schulalltags drängten.

Ist also bezüglich schulischer Inklusion alles gesagt und der Auftrag erledigt? Zahlen sprechen dagegen. Das deutsche Schulwesen ist traditionell exklusiv. Nimmt man den vom Bildungsforscher Klaus Klemm festgestellten Rückgang des Exklusionsquotienten von 2008/09 bis 2020/21 um nur 0,52 Prozent zur Kenntnis[7], so hat sich das deutsche Bildungswesen noch nicht sehr weit von seiner Tradition entfernt. Trotz der riesigen Trefferquote bei Google scheint es daher berechtigt zu sein, auch heute noch bezüglich inklusiver Schulen von einem „unentdeckten Land" zu sprechen.

---

[4] Urteil vom 27.06.2018, Az.: 1 K 762/18. Das Urteil sowie die Leitsätze des Urteils siehe: https://www.verwaltungsgericht.bremen.de/gerichtsentscheidung-en/klage-gegen-inklusive-beschulung-am-gymnasium-18026?asl=bremen73.c.13039.de (Letzte Abfrage: 26.06.2024)

[5] Doris Lewalter, Jennifer Diedrich, Frank Goldhammer, Olaf Köller, Kristina Reiss (Hrsg.): „PISA 2022. Analyse der Bildungsergebnisse in Deutschland. Zusammenfassung." Ohne Datum, siehe: https://www.pisa.tum.de/fileadmin/w00bgi/www/Berichtsbaende_und_Zusammenfassungungen/PISA-2022-zusammenfassung.pdf (Letzte Abfrage 24.01.2024)

[6] Mitteilung der KMK vom 08.12.2023: Kultusministerkonferenz fasst Beschluss zu PISA 2022. Siehe: https://www.kmk.org/aktuelles/artikelansicht/kultusministerkonferenz-fasst-beschluss-zu-pisa-2022.html (Letzte Abfrage: 24.01.2024)

[7] Mit diesem Quotienten beschreibt Klemm, den Anteil der Kinder und Jugendlichen, die durch den Besuch einer Förderschule immer noch nicht inklusiv lernen, gemessen an der Zahl der Schülerinnen und Schüler, die sich im entsprechenden Alter befinden. Siehe: Klaus Klemm (Juni 2022): „Inklusion in Deutschlands Schulen: Eine bildungsstatistische Momentaufnahme 2020/21". Bertelsmann Stiftung, Gütersloh, S. 8.

Dem „unentdeckten Land der Inklusion" liegt die Idee zugrunde, dass Inklusion nicht ein neues pädagogisches Konzept ist, für das man nur die nötigen Maßnahmen ergreifen müsse, um es umzusetzen. Inklusion wird im Kontext dieses Buchs vielmehr verstanden als eine neue schulische Welt, ein Ort für eine veränderte Art gemeinschaftlicher Lebens- und Lerngestaltung, der entdeckt werden muss. Entdecken kann man allerdings nur, was grundsätzlich schon vorhanden ist. Die Besiedlung des unentdeckten Landes setzt daher nicht voraus, dass erst einmal aus der Ödnis und Leere Himmel und Erde geschaffen werden müssen. Anders als in Shakespeares Hamlet ist mit dem unentdeckten Land auch nicht das Totenreich gemeint, „(…) von des Bezirk kein Wanderer wiederkehrt". Hier wird es, wie im gleichnamigen Film der Star-Trek-Reihe, als Metapher für die Zukunft genutzt. Unter dem Eindruck der historischen Ereignisse, die der Fall der Berliner Mauer bedeutete, entwickelte der Darsteller der Figur Spock, Leonard Nimoy, die Idee, dass auch im Weltraum diese Mauer fallen könnte[8]. Und genau darum geht es: eine schulische Zukunft zu entdecken, in der die Mauern des „Vier-Klassen-Schulwesens" (Sonderschule, Hauptschule, Realschule und Gymnasium) fallen. Ähnlich wie beim tatsächlichen Mauerfall gibt es auch hier Gründe, die den schulischen Mauerfall notwendig machen.

Fünfzehn Jahre nach der Ratifizierung, so erweckt es den Eindruck, hat der Streit um die richtige Position bezüglich des Inklusionsversprechens nicht an Heftigkeit verloren. Die Diskussion wird allerdings überlagert von der Digitalisierung und den Möglichkeiten künstlicher Intelligenz. Manche Lehrkraft scheint zu hoffen, dass mit diesen Mitteln auch die Herausforderungen der Inklusion grundsätzlich zu bewältigen sind. Mit iPad und KI könnten die Lernausgangslagen der Schülerinnen und Schüler genauer erfasst und mit Hilfe von ChatGPT entsprechend angepasste Arbeitsmaterialien erstellt werden. „(…) Die meisten Kollegen und Kolleginnen haben erkannt, wie sehr ihnen KI die Arbeit erleichtern kann. Sie können sich etwa einen Text auf verschiedenen Niveaus erstellen lassen: eine anspruchsvolle Fassung für Muttersprachler, eine einfachere Version für einen ukrainischen Schüler, der noch wenig Deutsch spricht. (…)"[9] So lobt der Lehrer Hendrik Haverkamp die Möglichkeiten der künstlichen Intelligenz in einem Interview mit dem ZEIT-

---

[8] Siehe: https://de.wikipedia.org/wiki/Star_Trek_VI:_Das_unentdeckte_Land (Letzte Abfrage: 26.11.2024)

[9] Zeit-Magazin, Ausgabe 4-2024: „KI in der Schule: ‚Fehler korrigiert jetzt die KI'".

Magazin. Vermutlich ist es in der Zukunft kein Problem, zusätzlich Schülerinnen und Schülern bestimmten Leistungsmerkmalen zuzuordnen und ihnen auf dieser Grundlage per Gesichtserkennung die vermeintlich angemessenen Lernmaterialien zuzuweisen. Mit gutem Grund spricht die Gewerkschaft Erziehung und Wissenschaft im Entwurf der „Schulpolitischen Positionen" für den Gewerkschaftstag im Mai 2025 vom „Primat der Pädagogik vor der Technologie" und fordert, dass „(…) Entscheidungen über Menschen (…) nur von Menschen getroffen werden (dürfen)"[10]

Ist Inklusion nur eine Frage der physischen Zugänglichkeit von Schulgebäuden, angemessener Arbeitsblätter und weiterer Unterrichtsgegenstände auf unterschiedlichen Lernniveaus sowie der Möglichkeiten ihrer Bereitstellung? So einfach scheint es nicht zu sein: Trotz vielfältiger, umfassender und tiefgehender Unterrichtsentwicklung ist nicht selten eine eher tradierte Unterrichtspraxis zu beobachten. Der inklusive Unterricht unterscheidet sich dann lediglich dadurch, dass es unterschiedliche Arbeitsblätter gibt, die „Geparden-Arbeitsblätter" für die schneller lernenden Kinder, die „Löwen-Blätter" für die Regelschülerinnen und -schüler sowie die „Tiger-Blätter" für Kinder mit einem Förderbedarf im Bereich Lernen. In der Sekundarstufe I ersetzen später häufig abstraktere Symbole die Unterscheidung. Selbstverständlich kann KI hier die Arbeit erheblich erleichtern. Diese Schilderung entspricht zwar den Vorstellungen einer Reihe von Eltern, lokalpolitisch Verantwortlicher und auch einiger Lehrkräfte über das, was inklusiven Unterricht auszeichnet. Aber entsteht aus so einem Unterricht tatsächlich der inklusive Kern einer zeitgemäßen Schule?

Es gibt eine Vielzahl von Veröffentlichungen zur grundsätzlich positiven Wirkung von Heterogenität. Deshalb mangelt es auch nicht an Erfolgsstorys aus anderen Ländern und an Berichten über „Leuchtturmschulen". Es fehlt nicht an zugänglichen Sachinformationen. Gleichwohl: Nicht selten äußern Menschen, denen ich meine Erfahrungen mit inklusiver Schulentwicklung schildere, dass sie sich nicht vorstellen können, was ich meine. Es fehlt, so mein Eindruck, an bildhaften und nachvollziehbaren Darstellungen, die helfen, eine Zukunft zu erdenken, die durch die Kraft der Fantasie zwischen einer abstrakten Ideenwelt und der praktisch erlebten Schulwirklichkeit aufkeimt.

---

[10] Gewerkschaft Erziehung und Wissenschaft (2024): „Schulpolitische Positionen der GEW. Antragsentwurf". Stand: 15.10.2024

Die Ausgangslage ist nicht für alle Schulstufen und Schularten gleich. Das unentdeckte Land der Inklusion stellt sich für eine wohnortnahe Grundschule völlig anders dar[11] als für ein Gymnasium oder eine Berufsschule. Selbst im Bereich der Sekundarstufe I sind die Ausgangsvoraussetzungen noch einmal deutlich unterschiedlich, je nachdem, ob es um Haupt- oder Realschulen geht, um kooperative oder integrierte Gesamtschulen oder um Gemeinschaftsschulen. Für alle aber geht es um das konkrete Auffinden von Dingen, die grundsätzlich bekannt sind, und möglicherweise um die Entdeckung überraschender Kombinationen solcher Dinge. Die Sekundarstufe I verbindet, dass hier durch den Erwerb von Schulabschlüssen mit je verschiedenen Zukunftsperspektiven bedeutende Weichenstellungen für die Lebenswege der Jugendlichen erfolgen. Diese der Sekundarstufe I immanente Aufgabe der Auslese ist eine besondere Herausforderung für den Aufbau inklusiver Schulen. Diese Schulstufe steht daher im Mittelpunkt dieses Buchs.

Ziele müssen für die Beteiligten erreichbar sein. Es gibt kaum eine Fortbildungsveranstaltung, in der das nicht vermittelt wird. Gleichzeitig wird dort auch gern erzählt, dass man das Rad nicht noch einmal neu erfinden müsse. Das stimmt, einerseits. Andererseits muss aber immer wieder jedes Kind neu lernen, auf einem Rad zu fahren, muss dessen Möglichkeiten und Grenzen erproben. Vermutlich erinnern sich alle mehr oder minder gut an die eigenen ersten Erfahrungen mit dem Fahrrad. Eine gute Idee anderer kennenzulernen ist etwas anderes, als eine solche gute Idee in der eigenen Schule unter den jeweils ganz eigenen konkreten Bedingungen einzuführen. In der Praxis funktioniert die Orientierung an den vermeintlichen „Best-Practice"-Schulen der Inklusion fast nie.

Welche Schule könnte sich ermutigt fühlen, wenn die Wahrnehmung vom eigenen Tun meilenweit vom gezeigten Ideal entfernt ist? Die übliche Reaktion besteht in solchen Momenten nicht im Hochkrempeln der Ärmel, sondern in dem frustrierenden Gedanken, dass man selbst nie so weit kommen wird. Später wird dieses Gefühl rationalisiert. Die eigene Schülerschaft ist völlig anders, die sozialen Verhältnisse sind viel schwieriger, die Eltern sind Neuerungen gegenüber weniger offen, der Personalschlüssel an der „Best-Practice"-Schule war viel besser; alles Beispiele für argumentative Konstruktionen, die ausbleibendes eigenes Handeln begründen. Überdies empfinden

---

[11] Beispielsweise stand der Bundesgrundschulkongress des Grundschulverbandes am 1. – 2. Oktober 1999 in Frankfurt am Main schon unter dem Motto: „Grundschule – Schule der Vielfalt und Gemeinsamkeit".

oft selbst diejenigen, die an den sogenannten „Leuchtturmschulen" arbeiten, solche erhebenden Bewertungen als wenig hilfreich. Auch dort versuchen die Menschen ihre Arbeit zu bewältigen und das, was sie tun, ist ihr normaler Arbeitsalltag. Ein Leuchtturm wird gebaut, um Schiffen den Weg zu weisen. Er erfüllt seine Funktion für andere, für sich selbst hat er keine Bedeutung. Was sollte daran motivierend sein, an einer „Leuchtturmschule" zu arbeiten, wo man doch selbst so viele Fragen hat? Ohne zu wollen, werden die dort Beschäftigen zu vermeintlichen Besserwissern, obwohl sie selbst ihre Kenntnisse und Kompetenzen jeden Tag aufs Neue als nur höchst fragmentarisch erleben.

Im Februar 2002 fand an der Universität Bremen die „16. Jahrestagung der IntegrationsforscherInnen" statt. Ines Boban und Andreas Hinz hatten zu der Zeit mit der Übersetzung und Adaption des in Großbritannien entwickelten „Index for Inclusion" begonnen. Bei dem 2003 erstmals auf Deutsch erschienenen Index handelt es sich um einen Leitfaden zur Unterstützung inklusiver Schulentwicklungsvorhaben. In ihrem damaligen Vortrag beklagten sie, dass die Frage nach der Schulqualität im Bereich der Integrationspädagogik und Integrationsschulen bisher kaum eine Rolle spiele. Sie erklärten dies u.a. damit, dass Schulentwicklung durch die jeweils an den Schulen Tätigen erfolge. Die Schulentwicklungsforschung habe die Frage nach der Entwicklung von „Schulen für alle" eben deshalb nicht im Blick, weil sie sich bei der überwältigenden Zahl der traditionellen Schulen gar nicht stelle. Gleichzeitig setzten sie die Qualitätsfrage sowohl für die Integrationspädagogik als auch für Integrationsschulen als dringlich auf die Agenda. Um trotz großer Belastungen, geringer Ausstattung und „(…) angesichts der verbreiteten und zunehmenden bildungspolitischen Defensive (…)" schnell zu Ergebnissen zu kommen, erhofften sie sich von „(…) nutz- und adaptierbare(n) Materialien zur Schulentwicklung unter integrativen Gesichtspunkten eine große Hilfe"[12]. Inzwischen hat die Behindertenrechtskonvention zu Veränderungen geführt, die damals nicht absehbar waren.

Schulen gehören zu den letzten Zwangsinstitutionen. Man muss sie besuchen, ähnlich wie man in die Justizvollzugsanstalt muss, wenn man verurteilt wurde. Zur Schule verurteilen einen das Alter, sie nicht zu besuchen ist

---

[12] Ines Boban, Andreas Hinz (2003): „Der Index für Inklusion – eine Möglichkeit zur Selbstevaluation von ‚Schulen für alle'". In: Behindertenpädagogik und Integration (Hrsg. Georg Feuser), Band 1: „Integration heute – Perspektiven ihrer Weiterentwicklung in Theorie und Praxis". Frankfurt am Main: Peter Lang, Verlag der Wissenschaften, 2003, S. 40.

strafbewehrt. Wir können uns über eine solche Regelung glücklich schätzen, da sie den Zugang aller Kinder und Jugendlicher zu kostenloser Bildung nicht nur garantiert, sondern sie sogar erzwingt. Gleichzeitig haben alle Menschen insbesondere deswegen eine hochemotionale Beziehung zu dieser Institution. Das gilt sowohl im Guten als auch im Schlechten. Ich kenne alte Männer, die mit Tränen in den Augen von ihrer schönen Schulzeit berichten, von ihren Ausflügen und dem Lehrer, der sich stets um sie kümmerte. Sei es mit dem Rohrstock oder mit freundlichen Worten. Ich sehe aber auch einen gepflegten Herren Mitte 50 vor mir, bei dem man spät eine Autismus-Spektrum-Störung feststellte. Ich saß als Gast in seiner Selbsthilfegruppe, in der an diesem Abend das Thema „Schule" besprochen wurde. „Das man an Selbstmord denkt, ist doch ganz normal", kommentierte er ohne besondere Emotionalität den Bericht eines Mitglieds der Gruppe.

Was brauchen traditionelle und mit vielfältigen Emotionen behaftete Regelschulen, um im unentdeckten Land der Inklusion gut gangbare Wege entstehen zu lassen und sich langfristig anzusiedeln? Natürlich werden Kundschafter benötigt, Lehrkräfte also, die mutig den bevorstehenden Streckenabschnitt erkunden. Kartenmaterial, wie der Index für Inklusion, ist hilfreich, aber das reicht bei weitem nicht aus. Was man sich nicht vorstellen kann, wird auch keinen Weg in die Wirklichkeit finden. Generell sind die Menschen damit vertraut, wie man Behausungen herstellt, wie man Nahrungsmittel anbaut, wie man Kenntnisse vermittelt oder wie man lösungsorientiert zusammenarbeitet. Im unentdeckten Land werden alle diese Kenntnisse gebraucht, um auf neue Art und Weise Möglichkeiten der Begegnung und des gemeinsamen Lernens zu gestalten. Das unentdeckte Land ist ein zukünftiger Raum, der Begegnungen möglich macht, die wirkliches Leben bedeuten. In diesen Raum ziehen auch die Kinder und Jugendlichen ein, nicht nur die mit dem Schulbetrieb beauftragten Erwachsenen. Auch aus der Entdeckung neuer Formen der Begegnung entsteht die neue Realität in diesem Zukunftsland.

Die Auseinandersetzung mit erforderlichen Schulentwicklungsprozessen wird zeigen, dass es ohne ein inklusives Schulwesen auch zukünftig keine deutlich besseren Schulen und Schulleistungen geben wird. Die Aufgaben der Entdeckung, der Kartografie und letztlich der Urbanisierung sind alternativlos. Mein Anliegen ist es, Mut zu machen, sich den Herausforderungen zu stellen, die sich beim Aufbau inklusiver Schulen ergeben. Die Bereitschaft und der Mut, sich auf den Weg zu machen, entstehen, wenn man sich mit den erforderlichen Handlungen und einzelnen Handelnden identifizieren kann. Wenn man praktikable Lösungen entdeckt. Wenn man erkennt, dass die ersten kleinen Schritte notwendige und hilfreiche Schritte sind, die man auch selbst gehen kann. Damit beginnt der Aufbruch.

Der Aufbau inklusiver Schulen ist ein historischer Paradigmenwechsel von ungeahntem Ausmaß. Die allumfassende Radikalität, mit der die Aufgabe gelöst werden muss, war nach meinem Eindruck selbst denjenigen nicht klar, die in den Jahren zuvor schon intensiv am Thema Integration gearbeitet hatten[13]. Eine inklusive Schule stellt sicher, dass „(…) Menschen mit Behinderung gleichberechtigt mit anderen in der Gemeinschaft, in der sie leben, Zugang zu einem integrativen [inklusiven], hochwertigen und unentgeltlichen Unterricht (…) haben; (…)"[14]. Wie kann so eine Gleichberechtigung und Gemeinschaft entstehen? Pfade in der Wildnis entstehen, wenn man immer gleiche Wege geht. Ermattung und Ruhephasen führen jedoch dazu, dass diese Pfade wieder überwuchern. Der Aufbau einer neuen Art von Schule und Unterricht, der im Rahmen der UN-Behindertenrechtskonvention angestrebt wird, lässt sich nicht in Wellen von Anstrengung und Ruhephasen bewältigen. Insbesondere Lehrkräfte müssen sich darüber bewusst werden, dass eine kontinuierliche Lösungssuche grundlegender Teil ihres beruflichen Alltags ist. Dabei ist es egal, worum es geht, ob um die konkreten Auswirkungen politischer Entscheidungen vor Ort, um Fragen der Architektur oder um ein konkretes Lernhemmnis eines konkreten Schülers. Dazu hat es im letzten Jahrzehnt nicht an guten Ratschlägen gemangelt, an Appellen und „Man-müsste-mal".

Wenn unterschiedliche Dinge betrachtet werden, findet man unterschiedliche Wege und andersartige Lösungen. Leserinnen und Leser können daher das hier geschilderte Abenteuer von der Suche nach dem unentdeckten Land nur dann wirklich begleiten, wenn unter dem Begriff „Inklusion" mehr oder minder Gleiches verstanden wird. So herzzerreißend es tatsächlich ist, man muss heute über den Stand der Inklusion Ähnliches sagen, wie Boban

---

[13] 2018 sagte Hans Wocken, ehemaliger Professor für Lernbehindertenpädagogik an der Universität Hamburg und danach in die deutsche UNESCO-Kommission „Inklusion" berufen: „(…) Die Inklusion ist die größte Reform in der Geschichte der Pädagogik. Der Wechsel zur Inklusion ist ein noch größeres Vorhaben als die Deutsche Einheit oder die Energiewende. Dieser Paradigmenwechsel benötigt mehr Zeit, als wir vermutet haben (…)". Zitiert nach: https://deutsches-schulportal.de/schulkultur/hans-wocken-das-eigentliche-ziel-der-inklusion-ist-verfehlt/ (letzte Abfrage: 16.12.2023)

[14] UN-Behindertenrechtskonvention, Artikel 24, Bildung, Absatz 2b.

und Hinz 2002 über die Integration: „Die Integrationspraxis ist in die Jahre gekommen, der Reformschwung der Pioniere ist erlahmt, zunehmende Verbreitung hat – wie bei vielen Reformprojekten – zunehmende Verflachung mit sich gebracht, zudem sind die Arbeitsbedingungen teilweise massiv verschlechtert worden (…)"[15].

Die oben erwähnte Klage der Bremer Gymnasialschulleiterin zeigt auf tragische Weise Missverständnisse im Umgang mit dem, was Inklusion bedeutet. Ein Gymnasium zeichnet sich traditionell dadurch aus, dass es Schülerinnen und Schüler versammelt, die zu vermeintlich höheren intellektuellen Leistungen in der Lage sind. Zur Definition einer geistigen Behinderung gehört dagegen ein erheblich unterdurchschnittlicher Intelligenzquotient und eine erheblich unterdurchschnittliche kognitive Leistungsfähigkeit. Im Falle dieser behördlichen Anordnung zur Zusammenarbeit geht es daher deutlich erkennbar nicht um den Aufbau einer Schule, in der gemeinsam gleichberechtigt gelernt wird. Dass dies die Vertreterin einer Schulform zum Widerspruch führt, die wie keine andere in Deutschland für Ausgrenzung steht, ist leicht nachvollziehbar. Was aber hat die Behörde bewegt? Vermuten kann man, dass einzelne dort verantwortlich Handelnde es für eine gute Idee hielten, den Gymnasiasten durch Möglichkeiten der Unterstützung von Schülerinnen und Schülern mit geistiger Behinderung die Chance zu verschaffen, das eigene Sozialverhalten zu trainieren und zu verbessern. Auf Basis einer solchen Vermutung könnte man behaupten, dass an dieser Stelle Schülerinnen und Schüler mit geistiger Behinderung zu Objekten der Bildung anderer gemacht würden. Das wäre das Gegenteil des mit der Behindertenrechtskonvention versprochenen gleichberechtigten Zugangs zu Bildung.

Mir wurde bewusst, dass die Erwartungen an das Land, dessen Besiedelung ich schildern wollte, nicht für alle auf Schule bezogen Handelnden ähnlich sind. Vor dem Hintergrund solcher Überlegungen erschien mir eine Berichterstattung über die ersten vorsichtigen Schritte bei der Ankunft erforderlich zu sein. Ich stellte mir vor, dass der Start an einer sonnigen Küste mit Sandstrand beginnt. An diese Küste gelangen ganz unterschiedliche Menschen aus ganz unterschiedlichen Gründen. Bei einer Reihe von Lehrkräften muss man davon ausgehen, dass ihre Schiffe sie durch Beschluss der Reederei überraschend dorthin verbrachten. Welche Studienrätin hätte sich vorgestellt, mal Unterricht mit Schülerinnen und Schülern durchzuführen, bei

---

[15] Boban und Hinz, a.a.O., S. 40.

denen eine Lernbehinderung diagnostiziert wurde? Welcher Sonderschullehrer für Wahrnehmung und Entwicklungsförderung erwartete, eines Tages vor gymnasial orientierten Kindern und Jugendlichen im Unterricht zu stehen. Einige Lehrkräfte sind vermutlich aufgrund des Verlusts ihres Schiffs an der Küste gestrandet.

Die schulisch organisierte Bildung der konkreten Kinder und Jugendlichen entwickelt sich aus den einzelnen Schulen heraus. Diese müssen somit bei der Erforschung des unentdeckten Landes als Ausgangspunkt betrachtet werden. Innerhalb der Schulen wirken verschiedene Beschäftigtengruppen aufeinander ein, Gewerkschaften tragen externe Impulse in die Schulhäuser. Die Kinder, die die Schule besuchen, kommen aus Familiensystemen, die zunehmend heterogener werden, und in ihrer Heterogenität wiederum auf die Schulen einwirken. Eine gute Schule braucht eine funktionierende Schulgemeinschaft, deren Kern Eltern, Kinder und Jugendliche sowie das schulische Personal bilden. Beim Personal geht es ausdrücklich nicht nur um Lehrerinnen und Lehrer sowie weitere pädagogische Arbeitskräfte. Man darf die Bedeutung des Sekretariats, der Hausmeisterdienste, der Reinigungskräfte und der vielen weiteren nicht unterrichtlich in Schule Tätigen keinesfalls geringschätzen.

In und um eine Schule bewegen sich zusätzlich viele miteinander in Beziehung stehende Menschen. So gehören zum Umfeld einer Schule auch die Mitarbeitenden in den zuständigen Schulbehörden, die Kooperationspartnerinnen und -partner oder örtlich politisch aktive Bürgerinnen und Bürger. Außerdem darf man die meinungsbildende Macht der medial arbeitenden Menschen nicht unterschätzen. Versuche, die Wechselwirkungen zwischen den beteiligten Kräften beim Aufbau inklusiver Schulen systematisch und nachvollziehbar zu beschreiben, erscheinen aufgrund der Vielzahl möglicher Stellschrauben, die Einfluss auf das Geschehen nehmen, fast unmöglich. Unbestritten ist aber, dass die ersten, die sich mit den verschiedenen Aspekten des Aufbaus inklusiver Schulen befassen müssen, diejenigen sind, die ihren Arbeitsplatz im pädagogischen Bereich der jeweiligen Schule haben. Aus diesem Grund stehen die Lehrkräfte im Mittelpunkt der nachfolgenden Kapitel.

Wenn Geschichten oder Anekdoten erzählt, Szenen beschrieben werden, öffnen wir uns für innere Bilder. Wir haben Personen, Landschaften oder Räume vor uns, Gerüche und Geräusche, Dinge, die unsere Fantasie inspirieren. Geschichten sind nicht dokumentarisch, sie müssen nichts belegen.

Unsere Leben verlaufen in einem linearen Zeitkonzept. Wir können nicht zurück und eine Situation verändern, egal wie sehr wir uns dies wünschten. Das geht tatsächlich nur in der Welt der Geschichten. Geschichten kann man anhalten, einzelne Elemente verändern, sie einen anderen Verlauf nehmen lassen. Geschichten rufen die Lesenden dazu auf, danach zu fragen: Was wäre, wenn …? Sie sollen helfen, Verständnis für die jeweilige Situation zu entwickeln, und die Möglichkeit bieten, Ideen für ein Repertoire an potenziellen Verhaltensvarianten für den zukünftigen Alltag zusammenzutragen.

Geschichtenerzähler suchen sich ihren Standpunkt, schildern uns die von ihnen ausgewählten Aspekte aus ihrer Sicht auf die Welt. Die Erzählung eröffnet damit allen einen anderen Zugang zur uns umgebenden Wirklichkeit, zu anderen Möglichkeiten der Weltwahrnehmung. Aus diesem Grund handelt es sich bei diesem Buch nicht um den Versuch, durch einen Beitrag zum Fortschritt der Wissenschaft theoretische Kenntnisse über die pädagogische Arbeit vor Ort zu vervollkommnen. Dies ist keine sozialwissenschaftliche Studie[16]. Die erzählten Geschichten sind keine Fallstudien, nicht aus Videoaufzeichnungen transkribierte Aktivitäten, sie sind nicht aus gezielter teilnehmender Beobachtung entstanden. Die Erstellung dieses Buchs unterlag keiner analytisch konsistenten Methode. Es entstand zum einen aus einem assoziativ einfühlenden Wechselspiel zwischen einzelnen erzählten Begebenheiten und erläuternden Reflexionen. Zum anderen wurde die Auseinandersetzung mit einzelnen konzeptionellen Erfordernissen einer inklusiven Schulentwicklung in die Erzählung möglicher Ereignisse übertragen. Die Geschichten werden entlang der jeweiligen inhaltlichen Erfordernisse erzählt, sie sind daher nicht chronologisch.

Ich hatte beim Schreiben dieses Buchs die Idee, dass es in gewisser Weise dreidimensional sein müsste: Man kann ein Argument interpersonell nur überprüfen, wenn man den Standpunkt des Autors kennt. Dann ist es möglich herauszufinden, ob aus der offenkundig gemachten Sicht die genannten Argumente konsistent sind. Oder aber man kann den Ausgangspunkt des Autors kritisieren. Die erste Dimension besteht daher in dem Versuch, meine persönliche Sicht erkennbar zu machen. Für viele Dinge, die an Schulen gemacht werden oder in ihrem Umfeld geschehen, gibt es von anderen Autoren

---

[16] Siehe Jo Reichertz (2020): „Qualitative und interpretative Sozialforschung – Ein nicht neutraler Überblick". In: Jasmin Donlic, Irene Strasser (Hrsg.): „Gegenstand und Methoden qualitativer Sozialforschung. Einblicke in die Forschungspraxis". Opladen, Berlin, Toronto: Verlag Barbara Budrich GmbH, 2020. S. 15 - 36

und Autorinnen gut begründete Argumente. Da, wo es angemessen erscheint, soll auf pädagogische Debatten zurückgegriffen werden. An anderen Stellen ist es erforderlich, Positionen kritisch zu hinterfragen. Dies ist die zweite Dimension, die den Blick auf eine inklusive Schulentwicklung schärfen soll. Man braucht für einen wirklichen Aufbruch aber auch Emotionen, die einem nur handelnde Menschen vermitteln können. Daher stellen die einzelnen Geschichten das zentrale Element dieses Buchs dar. Schulentwicklungsprozesse werden, und dies ist als dritte Dimension gedacht, durch die handelnden Menschen mitfühlbar. Diese dritte Dimension enthält noch ein zusätzliches Element: Wie in Brechts epischem Theater durch den Chor, erfolgen von Zeit zu Zeit schlaglichthafte Kommentierungen in Form von Berichten aus dem unentdeckten Land der Inklusion.

Vor dem Hintergrund der Kulturhoheit der Länder kann man keine Geschichten aus und über Schulen schreiben, ohne die jeweiligen Gegebenheiten in den unterschiedlichen Bundesländern zu beachten. Meine Geschichten beziehen sich auf eine gedachte Schule im Bundesland Bremen, weil ich die Situation in diesem Land am besten kenne. Über zwanzig Jahre habe ich die Verwandlung einer integrierten Gesamtschule in eine Oberschule Bremer Prägung begleitet. 1994 entstand im Bundesland Bremen im Rahmen der Arbeit des nichtständigen Ausschusses „Novellierung des Bremischen Schul- und Schulverwaltungsgesetzes" ein umfassend überarbeitetes Gesetzespaket[17] , für das das von Dalin und Rolff entwickelte „institutionelle Schulentwicklungsprogramm" prägend war. Die Einzelschule als Ausgangspunkt von Schulentwicklung zu sehen gelangte so ins Bremer Schulgesetz. Auch heute noch heißt es im Absatz 1 des § 9 „Eigenständigkeit der Schule": „Jede Schule ist eine eigenständige pädagogische Einheit und verwaltet sich selbst nach Maßgabe dieses Gesetzes und des Bremischen Schulverwaltungsgesetzes."[18] Hintergrund dieser Entwicklung, die viele Gestaltungsfreiräume für Schulen und ihre Schulleitungen brachte, war die Feststellung eines Steuerungsverlusts durch die zentralen Institutionen. So eine Rechtsgrundlage bringt andere Handlungsoptionen mit sich, als es sie

---

[17] Senator für Bildung und Wissenschaft, Bremen (1995): "Schule gemeinsam. Bremer Schulgesetze. Die neuen Gremien."

[18] Freie Hansestadt Bremen: Bremisches Schulgesetz (BremSchulG) in der Fassung der Bekanntmachung vom 28. Juni 2005 (Brem.GBl. 2005, S. 260, 388, 398), zuletzt Inhaltsverzeichnis geändert, § 72a neu gefasst durch Artikel 4 des Gesetzes vom 14. Dezember 2021 (Brem.GBl. S. 913, 917).

möglicherweise in restriktiver gestalteten Schulwesen anderer Bundesländer gibt.

Inklusive Schulen entstehen nicht als etwas fertig Vorgedachtes, das dann mit einem grandiosen Neubau am perfekten Standort durch virtuose Lehrkräfte realisiert wird. In der Regel handelt es sich um seit Jahren arbeitende Institutionen mit eigenen Traditionen. Der verlangte Transformationsprozess erfolgt durch die schon vorhandenen Lehrkräfte, die dazu ihre bisherigen Gewissheiten in Frage stellen müssen. Erfolg wird sich nur einstellen, wenn es ihnen gelingt, sich für neue Vorstellungen zu öffnen, und sie sich darum bemühen, diese im vorhandenen Schulgebäude umzusetzen. Will man Geschichten über solche Veränderungen in traditionellen Schulen als Entdeckungsreise schildern, braucht es Bilder, die die Erfolge, Herausforderungen und Probleme sichtbar machen. Es braucht eine Leinwand, auf die sie gemalt werden können. Diese Leinwand entstand auf Basis meiner eigenen Bildungsgeschichte und beruflichen Tätigkeiten.

Wer die Schule kennt, an der ich tätig war, wird viele Dinge wiederentdecken, für die ich mich dort mit meinen Kolleginnen und Kollegen engagiert habe. Es gibt verschiedene Formen, wie eine Individualisierung im Unterricht erreicht werden kann, sei es Wochenplanarbeit, Werkstattunterricht oder Projektarbeit. Ich bin aus verschiedenen Gründen überzeugt von der Arbeit mit Kompetenzrastern. Da ich die damit in Verbindung stehenden Probleme aus meiner Praxis am besten kenne, findet sich dieses Vorgehen in den Geschichten wieder. Es ist unerheblich, an welchen Beispielen man die Bedeutung von Schülerbeteiligung und Verantwortungsübernahme durch Kinder und Jugendliche darstellt. Wichtig ist, sich damit auseinanderzusetzen. Da ich beispielsweise „Tourguides" besser kenne als Schülerlotsen, sind auch die mir bekannteren Partizipationsvorhaben Teil meiner Leinwand. Alle Schulen müssen sich mit architektonischen Fragen beschäftigen, aber auch hier greife ich auf Probleme zurück, die ich kenne. Trotzdem ist keine Geschichte so passiert. Ich bin zur Schule gegangen, habe Zivildienst an einer „Schule für geistig Behinderte" geleistet, studierte ein Lehramt, arbeitete einige Zeit als arbeitslose Lehrkraft in einem pädagogischen Projekt, war weit über 30 Jahre als Lehrkraft in verschiedenen Rollen tätig und hatte als Vater mit Schule zu tun. Die Geschichten in diesem Buch und die in ihnen zum Leben erweckten Personen sind Verschriftlichungen akkumulierter Lebenserfahrung. Beim Schreiben erkannte ich allerdings, dass ich nicht einfach einzelne, nebeneinanderstehende Begebenheiten schildern kann. Eine

Schule erhält die Kraft zur Entwicklung aus den gelebten Widersprüchlichkeiten zwischen den einzelnen Akteuren. Da also die Schilderung eines Schulentwicklungsprozesses ein Kollegium braucht, das die Entwicklungen trägt, sind auch die handelnden Personen dieser Geschichten in einem Kollegium verbunden.

Die Geschichten starten um das Jahr 2003 herum. Zu dieser Zeit wurden auch im Land Bremen, als Reaktion auf den ersten „PISA-Schock", erhebliche Anstrengungen unternommen, unter anderem durch die Gründung von Ganztagsschulen. 2009 wurde im überarbeiteten Bremischen Schulgesetz festgelegt, dass mit Ausnahme der Gymnasien alle Schulen der Sekundastufe I die Umwandlung in inklusive Oberschulen spätestens im Schuljahr 2011/12 begonnen haben mussten. Die dann ab 2020 einsetzende Corona-Pandemie ist jedoch nur mit einem starken Hurrikan zu vergleichen, der über das zu entdeckende Land hinweg zog. Die Beschreibung von Entwicklungsprozessen endet daher vor den weitreichenden Störeffekten, die durch Corona in mannigfacher Form auf Schulen einwirkten. Wie auch bei jedem echten Sturm ging vieles zu Bruch. In dieser Zeit entstanden neben erheblichen neuen Problemen auch vielfältige Nischen für Rückfälle in alte Gewohnheiten. Solche Rückfälle führen spätestens nach der Pandemie zu erneuten Diskussionen und belasten den weiteren Entwicklungsprozess merklich. Die Herausforderungen erscheinen mir aber im Vergleich zum ursprünglichen Start nicht entscheidend andere zu sein. Der Bau eines Hauses nach einem verheerenden Sturm ist letztlich auch nur der Bau eines Hauses. Aber ein Neustart aus einem Rückfall heraus erfordert deutlich mehr Mut und Zuversicht, um das Vertrauen in die Veränderbarkeit des schulischen Alltags zu bewahren.

Man muss konstatieren, dass es „die inklusive Schule" nicht gibt. Mit gutem Grund haben Dalin und Rolff schon 1990 darauf hingewiesen, „(...) daß Schulen besondere Institutionen sind, die einer eigenen Entwicklungsdynamik folgen: (...) Die Schulkultur ist ein dominierender Faktor im Erneuerungsprozeß. (...)"[19]. Sie gelangen vor diesem Hintergrund zu der Erkenntnis, dass Schulentwicklung von der Einzelschule aus zu denken ist. Die nachfolgenden Kapitel richten daher den Blick auf verschiedene Aspekte, die eine einzelne Schule betreffen, wenn sie sich ins unentdeckte Land aufmacht. Es

---

[19] Per Dalin und Hans-Günter Rolff (unter Mitarbeit von Herbert Buchen): „Institutionelles Schulentwicklungsprogramm. Eine neue Perspektive für Schulleiter, Kollegium und Schulaufsicht." Soest: Soester Verlagskontor, 1990, S. 21.

ist meine Absicht, Herausforderungen und, wo es geht, auch Lösungen zu beschreiben, die Entdeckung, Kartografie und Urbanisierung befördern. Auch wenn heute vielleicht noch nicht für jede Schwierigkeit eine Möglichkeit zu ihrer Bewältigung bekannt sein mag, so ist doch auch ein erkanntes Problem für das Finden der richtigen Pfade hilfreich. Man kann nicht sehen, was man nicht sehen kann. Popper vertrat die Auffassung, dass alles wissenschaftliche Denken mit einem Problem anfängt, das man entdeckt[20]. Das, was jemand als Problem entdeckt, ist jedoch nicht unabhängig von der eigenen Sozialisation und den eigenen Kenntnissen zu finden. Nicht alle entdecken Gleiches als Problem[21].

Wie also stoßen die Regelschullehrkräfte in den Regelschulen auf die Probleme der Inklusion? Was hängt damit zusammen und welche Schlussfolgerungen ziehen sie? Was sind die Aufgaben der Sonderschullehrkräfte in diesen Prozessen? Für Außenstehende ist oft nicht transparent, was auf der Seite der Lehrkräfte passiert, deren Aktivitäten ja für die Entdeckung des unbekannten Landes der Inklusion von besonderer Bedeutung sind. Das zweite Kapitel trägt daher den Titel „Hinter verschlossenen Türen". In diesem Kapitel geht es darum, wie sich in einem Kollegium und einer Schulleitung eine Idee davon ausbreitet, worum es bei der Entwicklung schulischer Inklusion gehen könnte. Was ist die Bedeutung des im § 3 Absatz 4 Satz 1 des Bremischen Schulgesetzes ausgesprochenen Entwicklungsauftrags[22]? Womit muss man sich auseinandersetzen, wenn man zukünftig eine inklusive Schule aufbauen soll und will?

Mit den „verschlossenen Türen" wird auf den berühmten Raum verwiesen, in den sich die Lehrkräfte in den Pausen begeben und der für andere häufig unter einem Tabu steht: das „Lehrerzimmer". Obwohl der Frauenanteil in den Kollegien stetig steigt, Frauen oft die Mehrzahl stellen, wird immer noch vom „Lehrerzimmer" gesprochen. Auch vor dem Hintergrund der vielfältiger werdenden Berufsgruppen, die an Schulen tätig werden, wäre es sinnvoll, eine andere Raumbezeichnung zu finden. Wörter beschreiben nicht nur die Welt,

---

[20] „(...) Kein Problem ohne Wissen – kein Problem ohne Nichtwissen. Denn jedes Problem entsteht durch die Entdeckung, daß etwas in unserem vermeintlichen Wissen nicht in Ordnung ist; (...)". Karl R. Popper (1969): „Die Logik der Sozialwissenschaften". S.104. In: Adorno u.a.: Der Positivismusstreit der deutschen Soziologie. München: Deutscher Taschenbuchverlag, 1993 (ursprünglich Hamburg 1969), S. 103 – 123.

[21] Adorno u.a.: „Der Positivismusstreit der deutschen Soziologie". A.a.O.

[22] „Bremische Schulen haben den Auftrag, sich zu inklusiven Schulen zu entwickeln. (...)"

sie erschaffen auch selbst die Welt, die wir wahrnehmen. Tatsächlich bildet sich die wünschenswerte personelle Vielfalt in diesem Zimmer nicht ab. Das liegt nicht nur an den unterschiedlichen und wenig kompatiblen Arbeitszeitregelungen. Es gibt wohl keinen anderen schulischen Ort, der mehr mit einer Status-Problematik aufgeladen ist, als dieser Pausenraum. Daher bleibe ich bei dem altmodischen und überholten Begriff, er ist Teil schulischer Wirklichkeit. Gleichzeitig ist dies ein Hinweis darauf, dass Entwicklungsprozesse mit Ungleichzeitigkeiten behaftet sind. Sie müssten an vielen Punkten gleichzeitig einsetzen, aber Menschen können nicht alles zur selben Zeit in Angriff nehmen, sie sind gezwungen, mit den vorhandenen Unzulänglichkeiten umzugehen und sich zu behelfen. Das Bild vom Lehrerzimmer steht allerdings nur als Symbol für die schulinternen Prozesse innerhalb der Gruppe der Lehrkräfte, die in Wahrheit vielfältig verteilt über die gesamte Schule hinweg stattfinden. Im Büro der Schulleitung, in den Sitzungen der schulischen Gremien, speziell der Lenkungsgruppe, aber eben auch im Lehrerzimmer entstehen zwischen den Lehrkräften ebenso Konsense wie Konflikte auf dem inklusiven Entwicklungspfad.

Schülerinnen und Schüler verbringen den größten Teil ihres Erwachsenwerdens in der Sekundarstufe I. Sechs Schuljahre sind für Elfjährige eine unfassbar lange Zeit. Sie möchten Freunde gewinnen, Erfolge feiern, das Gefühl haben, dass sie etwas Sinnvolles in der Schule tun. Inklusive Schulen sollten Lernorte für genau die Schülerinnen und Schüler sein, die die jeweilige Schule besuchen. Kenntnisse über ihre Sozialisation sind für die Gestaltung erfolgreicher Lernprozesse unerlässlich. Sozialisation beschreibt Wolfgang Jantzen mit wenigen Worten als „(...) ständig sich erneuernden Widerspruch zwischen biologischer Ausstattung und gesellschaftlichen Verhältnissen (...)"[23]. Diese Sichtweise, die prägend für die in den 1970er Jahren entstehende kritisch-materialistische Behindertenpädagogik ist, gibt für den heutigen Aufbau inklusiver Schulen einen wichtigen Hinweis. Um eine mit Blick auf die Sozialisation der Schülerinnen und Schüler erfolgreiche inklusive Schule zu gestalten, reicht die Betrachtung der jeweils unterschiedlichen biologischen Ausstattung nicht aus. Der Aufbau inklusiver Schulen wird nur gelingen, wenn deren Lehrkräfte zugleich über gute Kenntnisse bezüglich der Lebenslagen ihrer Kinder und Jugendlichen verfügen, über die gesellschaftlichen Verhältnisse, in denen sie aufwachsen. Mit dieser

---

[23] Wolfgang Jantzen (1974): „Sozialisation und Behinderung. Studien zu sozialwissenschaftlichen Grundlagen der Behindertenpädagogik." Gießen: Focus-Verlag, 1974, S. 11.

Problematik beschäftigt sich der zweite Abschnitt dieses Kapitels. Aber hier muss man sich, wie an vielen anderen Stellen auch, ehrlicherweise damit auseinandersetzen, ob es sich um eine spezifische Aufgabe handelt, die sich nur an inklusiven Schulen stellt.

Den Schulen bieten sich häufig mehr Handlungsoptionen, als auf den ersten Blick möglich scheinen. Veränderungen brauchen speziell den Mut von Schulleitungen, sich auseinanderzusetzen, Veränderungen zuzulassen, Freiräume auszuschöpfen und Konflikte zu führen. Sie sind Vorbilder und Türöffner für ihr Kollegium. Reinhard Stähling und Barbara Wenders haben mit dem von ihnen verantworteten Berichten über den „Ungehorsam im Schuldienst" ein wichtiges Zeugnis für diese Notwendigkeit geliefert, mutig Verantwortung zu übernehmen[24]. Der dritte Abschnitt behandelt daher in Anlehnung an Kants berühmten Leitspruch der Aufklärung „Habe Mut, dich deines eigenen Verstandes zu bedienen!" die Frage des Muts zur Veränderung.

Das dritte Kapitel beschäftigt sich danach mit einem zentralen Widerspruch beim Aufbau inklusiver Schulen und ihrer Klassenverbände. Mit Bedacht wird in der Überschrift auf das Gebot hingewiesen, sich kein Bildnis zu machen. Der innere Kern inklusiver Schulen besteht im Blick auf die jeweils einzelnen ganz besonderen Kinder und Jugendlichen. Schülerinnen und Schüler werden jedoch in Lerngruppen unterrichtet, die nach Kriterien gebildet werden müssen. Hinz beschrieb solche inklusiven Klassen als Orte eines Miteinanders unterschiedlichster Mehr- und Minderheiten[25]. Wie gelangt man zu solcherart gemischten und damit möglichst heterogenen Lerngruppen? Eine Sortierung nach dem Alphabet führt zu einer anderen Mischung als eine nach Wohnorten oder Herkunftsschulen. Um eine inklusive Schulklasse zu bilden, in der alle gleichberechtigt miteinander Zugang zu hochwertiger Bildung haben, ist ein gesteuerter Umgang mit der vorhandenen Heterogenität erforderlich. Soll dieser gelingen, sind erneut Gruppierungsprozesse vermeintlich ähnlicher Kinder und Jugendlicher notwendig, die es dann aufzuteilen gilt. In dieser Notwendigkeit liegt gleichzeitig eine große Verführung zum Rückfall in alte Denkmuster. Deshalb ist es erforderlich, sich intensiv mit dem Prozess der Klassenbildung zu beschäftigen, die darin

---

[24] Reinhard Stähling, Barbara Wenders (2013): „Ungehorsam im Schuldienst. Der praktische Weg zu einer Schule für alle." Grundlagen der Schulpädagogik, Band 66 (Herausgegeben von Astrid Kaiser und Rainer Winkel), Baltmannsweiler: Schneider Verlag Hohengehren.

[25] Andreas Hinz, a.a.O.

enthaltenen Widersprüche und Gefahren zu entdecken sowie Ideen zu entwickeln, wie ihnen entgegengewirkt werden könnte.

Auch wenn es sich bei manchen Dingen um vermeintliche Kleinigkeiten handelt, ist die Umsetzung, das Tun, die Praxis, keine Kleinigkeit. Vermutlich ist es nicht zufällig, dass sich dabei Berührungspunkte zwischen den geschilderten Prozessen und den drei Dimensionen des Index für Inklusion (Kultur, Strukturen, Praktiken) finden lassen. Auch eine Ökologie der Schulentwicklung muss man sich als Wirkung von ineinander geschachtelten und in vielfältiger Weise zusammenhängenden Systemen vorstellen, die untrennbar von einem ebenso vielfältig zusammenwirkenden Makrosystem umspannt werden[26].

Beim Aufbau inklusiver Schulen wird immer wieder das Thema der von den beteiligten Lehrkräften zu fordernden Haltung erörtert. Diese Auffassung problematisiert der erste Teil des vierten Kapitels, der seinen Blick so auf Teilaspekte einer inklusiven Kultur richtet. Anhand von vier elementaren Standpunkten wird dargestellt, dass Inklusion nicht monokausal entsteht, wenn Lehrkräfte nur die vermeintlich richtige Haltung haben.

Psychische Erkrankungen sind für einen relevanten Teil der Schülerschaft ein Problem. Lehrkräfte beklagen vermeintlich fehlende Umgangsformen, immer wieder wird über Machtkämpfe im Unterricht berichtet. Wie gestalten sich in Zeiten, in denen die Erwachsenen keinen unaufholbaren Wissensvorsprung mehr vor den Kindern haben, die Rollen zwischen ihnen in den Schulen? Darüber hinaus ist zu beobachten, dass sich auch die Erziehungsprozesse in den Familien schwieriger gestalten. Allein schon aus diesen Gründen ist es an jeder Schule erforderlich, sich Gedanken über die Problematik von Nähe und Distanz, von Macht und Unterordnung im Bildungsprozess zu machen. Das erfordert insbesondere ein Nachdenken über die Frage, wie sich Autorität speziell in einer inklusiven Schule angemessen gestaltet. Mit Überlegungen zum Selbstverständnis einer inklusiven Schule, auch bezogen auf die Abgrenzung zwischen dem, wofür die Schule zuständig zu sein hat und wofür nicht, beschäftigt sich daher der zweite Abschnitt des Kapitels.

---

[26] Siehe Urie Bronfenbrenner (1993): „Die Ökologie der menschlichen Entwicklung. Natürliche und geplante Experimente". Frankfurt am Main: Fischer Taschenbuch Verlag, S. 24.

Der Weg in eine inklusive Schulwirklichkeit ist ein langwieriges Vorhaben. Oft ist man im Gespräch darüber mit einer vielgestaltigen Vokabelwolke konfrontiert, in der alle Begriffe auftauchen, die in diesem Kontext als gut und wertvoll gelten. Tatsächlich kommt es aber nicht darauf an, besonders bedeutsame Formulierungen für seine Ziele zu finden, vielmehr geht es um eine gelebte Praxis. Vor nicht allzu langer Zeit hörte ich eine Lehrkraft darüber klagen, dass die Kinder von heute immer weniger dem Frontalunterricht folgen könnten. Ist ein Unterricht, in dem die Lehrkraft den Kindern und Jugendlichen erklärt, wie die Welt funktioniert, deren Teil sie sind, das, was an inklusiven Schulen gebraucht wird? Würde eine solche Frage an „nicht inklusiven" Schulen anders beantwortet? Spätestens mit der wachsenden Bedeutung von Computertechnik und den Möglichkeiten künstlicher Intelligenz zeigt sich: Lehrkräfte, die sich ausschließlich als Vermittler von Sachverhalten verstehen, werden gnadenlos scheitern. Schulen müssen von den Kindern und Jugendlichen, für die sie gestaltet werden, als bedeutungsvoll und lernhaltig empfunden werden. Gleichzeitig müssen sie das Gefühl haben, dass die an sie gestellten Anforderungen grundsätzlich von ihnen erfolgreich bewältigt werden können. Im dritten Abschnitt soll daher aufgezeigt werden, wie wichtig die Umsetzung von vermeintlich kleinen Schritten in Unterricht und Schule ist. Sie ermöglichen ungeahnte Dominoeffekte, die zu einer nachhaltigen Veränderung der traditionellen Schulwirklichkeit führen können.

Dieses Buch steht ausdrücklich im Bekenntnis zur 11. These von Marx über Feuerbach: „Die Philosophen haben die Welt nur verschieden interpretiert, es kömmt darauf an, sie zu verändern."[27] Schulentwicklung und erst recht inklusive Schulentwicklung verläuft in unterschiedlichen Geschwindigkeiten, manchmal sprunghaft, nicht immer synchron und systematisch aufeinander aufbauend ab. Lehrkräfte machen sich auf den Weg, ihre Schule zu verändern, gleichzeitig wirkt jede dieser Veränderungen auf sie und ihre Wahrnehmung von Schule zurück. Die Arbeitsplatzbeschreibung für den Beruf einer Lehrkraft ist vielfältig und an den meisten Stellen unbestimmt. Diese Unbestimmtheit erfordert, dass Lehrkräfte einen inneren Prozess der Redefinition ihres Arbeitsauftrags nach Maßgabe der eigenen Leistungsvoraussetzungen

---

[27] Karl Marx (1983): „Thesen über Feuerbach". In: Marx-Engels Werke, Band 3 Berlin: Dietz Verlag, S. 7.

durchlaufen[28]. Lehrkräfte müssen in Fachkonferenzen, Jahrgangsteams oder in anderer Weise miteinander arbeiten. Ihre persönliche Redefinition steht daher in Wechselwirkung mit den anderen Mitgliedern ihres Kollegiums. Das ist kein konfliktfreier, sich aus logischen Schlüssen ergebender linearer Vorgang. Unvermeidlich entstehen so in der pädagogischen Entwicklung Dynamiken, die einer langfristigen verbindlichen Planung Grenzen aufzeigen. Mit diesem Verständnis fasst das Schlusskapitel die Ausführungen zu einem eben nur vorläufigen Ende zusammen.

---

[28] Siehe Joachim Wolff (2003): „Pädagogisches Ethos und ökonomische Rationalität". Hamburg: Verlag Dr. Kovač, S. 153 ff.

2 HINTER VERSCHLOSSENEN TÜREN

Das Lehrerzimmer ist ein Ort der Hoffnung auf einen Augenblick Ruhe zwischen den Unterrichtsstunden. In Wahrheit versammeln sich in der Pause vor der Tür Schülerinnen und Schüler mit unterschiedlichen Anliegen. Es wird geklopft und die Lehrkraft, die zu spät kommt oder die das Zimmer verlassen muss, hat Pech gehabt. Plötzlich koordiniert sie die verschiedenen Anfragen, ruft nach Kolleginnen und Kollegen, vertröstet, verweist ans Sekretariat oder die Hausmeisterei, bevor sie ihr ursprüngliches Vorhaben weiterverfolgen kann. Oft verlaufen die Pausen mit deutlich weniger Erholung als erhofft. Tiefergehende Gespräche sind in dieser Umgebung nur schwer möglich. Natürlich reden die Lehrkräfte über die Kinder und Jugendlichen, das zu tun ist Teil ihrer Profession. Aber sich angemessen mit innerschulischen Problemen auseinanderzusetzen, mit den Lernprozessen einzelner Kinder oder Jugendlicher, den Schwierigkeiten mit manchen Eltern oder den vielen weiteren Dingen, die die schulische Arbeit betreffen, fällt schwer. Dafür braucht es gemeinsame Zeit und eine ruhige Umgebung. Beides lässt sich im Lauf des Vormittags für die meisten Lehrkräfte kaum finden. Die Fokussierung der Lehrkräftearbeit auf die Unterrichtsstunde und die daraus resultierende Arbeitszeitregelung erschwert das Finden gemeinsamer Zeiten zusätzlich.

Dabei wären intensive gemeinsame Diskussionen dringend erforderlich gewesen, nicht nur über einzelne Schülerinnen und Schüler, sondern insbesondere auch über die zukünftige Entwicklung der eigenen Schule. Anfang der 2000er Jahre waren die Hauptschulen faktisch von den Eltern bundesweit abgewählt. Im März 2004 änderte daher auch die Bremische Bürgerschaft Schul- und Schulverwaltungsgesetz, um die Überführung der Hauptschule in eine neue Schulart zu ermöglichen. Dies war zugleich eine Folge der PISA-Studie, wurde doch mit dieser Änderung auch ein längeres gemeinsames Lernen angestrebt[29]. Beginnend mit dem Schuljahr 2004/05

---

[29] Gundel Schümer schreibt 2001 in der Berichterstattung über PISA 2000, dass die Debatte über die institutionellen Bedingungen schulischen Lernens „(…) erst dann geführt werden (soll), wenn mehr Daten zu den systemischen Bedingungen vorliegen (…)" (S. 411). Trotzdem nennt sie erste Ergebnisse, verbunden mit der Vorstellung, „(…) dass die vorgelegten Daten Bewegung in ideologisch festgefahrene Diskussionen bringen können (…)". Zu den zentralen Befunden gehört: „In vielen Ländern, die an PISA teilgenommen haben, gibt es im

starteten Bremer Lehrkräfte daher damit, den Beschluss umzusetzen, die Haupt- und Realschulen durch Sekundarschulen zu ersetzen. In einem Sachstandsbericht an die Deputation für Bildung hieß es im März 2005: „(…) Es bestehen insbesondere erhebliche Unterschiede in den kognitiven Lernvoraussetzungen der Schülerinnen und Schüler, in ihren allgemeinen sprachlichen Kompetenzen, in den sozialen Kompetenzen, in den Interessen und Neigungen, in der Leistungsmotivation und in den physischen und gesundheitlichen Voraussetzungen. Diese sehr unterschiedliche Zusammensetzung der Schülerschaft stellt eine große Herausforderung für die Sekundarschule dar, auf die sie mit einem besonderen Konzept reagieren muss, (…)."[30]

In der Praxis bestand dieses besondere Konzept weitgehend aus einer Übertragung strukturgebender Elemente aus den integrierten Gesamtschulen auf die Sekundarschulen. Nun ging es auch dort um die Einrichtung von Grund- und Erweiterungskursen, um die Einstufung der Schülerinnen und Schüler sowie der Klärung von Kriterien für die Vergabe des Haupt- oder Realschulabschlusses. Letztlich wurden mit den Sekundarschulen integrierte Gesamtschulen zweiter Klasse gegründet, da sie, anders als die Vorbilder, nicht auch als Lernort für die leistungsstärkere, auf das Abitur orientierte Schülerschaft gedacht waren. Die formal erforderlichen Bildungspläne für die Sekundarschulen wurden in den Jahren 2006 und 2007 veröffentlicht.

Die Sekundarschulen waren 2008 mit ihren Klassenverbänden gerade bis zum 9. Schuljahr hochgewachsen, als im Land Bremen die Gesetzeslage erneut geändert wurde. Diejenigen, die sich in den fünf vorausgegangenen Jahren engagiert am Aufbau einer neuen Schulform beteiligt hatten, erfuhren plötzlich, dass man sie nur vorübergehend als Pioniere auf einer größeren und dem unentdeckten Land vorgelagerten Insel eingesetzt hatte. Verdutzt stellten sie fest, dass eine erneute Umsiedlung von ihnen verlangt wird. Das

---

Pflichtschulbereich (…) keine selektiven Schulen. In den wenigen Ländern mit gegliederten Systemen werden die Schulpflichtigen in der Regel nicht schon nach der 4. Klasse, sondern erst später auf Schulen mit unterschiedlichem Anspruchsniveau aufgeteilt." (S. 427)
Gundel Schümer (2001): „Institutionelle Bedingungen schulischen Lernens im internationalen Vergleich". In: Deusches PISA-Konsortium (Hrsg.) „PISA 2000. Basiskompetenten von Schülerinnen und Schülern im internationalen Vergleich". Opladen: Leske + Budrich, 2001, S. 411 - 427.

[30] Der Senator für Bildung und Wissenschaft, 24.05.2005. Vorlage Nr. L 121 für die Sitzung der Deputation für Bildung am 09.06.2005: „Sachstandsbericht zur Entwicklung der Sekundarschule inklusive Profilbildung".

Land, das zukünftig erschlossen werden soll, war nun beginnend mit der den Inseln nachgelagerten Küste identifiziert worden.

Mit Blick auf die UN-Behindertenrechtskonvention bekamen alle Bremer Schulen durch die ab 01.08.2009 gültig werdende neue Rechtslage den Auftrag, „sich zu inklusiven Schulen zu entwickeln"[31]. Gleichzeitig wurde beschlossen, der Vielgliedrigkeit des Bremer Schulwesens mit der zukünftigen Aufteilung in Gymnasien und Oberschulen Bremer Prägung ein Ende zu setzen[32]. „Die Oberschule", so heißt es heute auf der Homepage der Senatorin für Bildung, „ist eine leistungsorientierte Schule für alle nach skandinavischem Vorbild."[33] Obwohl der Begriff Oberschule beispielsweise auch in Niedersachsen Verwendung findet, gibt es bedeutende Unterschiede. Eine Oberschule Bremer Prägung ist grundsätzlich die einzige Alternative zum Gymnasium. An ihr werden Schülerinnen und Schüler mit unterschiedlichen anerkannten Förderbedarfen unterrichtet, gleichzeitig können alle allgemeinbildenden Schulabschlüsse, eben auch das Abitur, erworben werden. Da sich in Bremerhaven, aufbauend auf dem 1983 verabschiedeten Schulgesetz, die darin geforderte horizontale Gliederung des Schulwesens durchgesetzt hatte, wird das Abitur in der Regel dort nicht an den Oberschulen selbst erworben, sondern an einem der drei damals entstandenen Oberstufenzentren. In Bremen gibt es dagegen eine Reihe von Oberschulen mit eigener Oberstufe.

Kaum drei Jahre, nachdem eine Verbindung aus Haupt- und Realschulen noch als große Herausforderung beschrieben wurde, erwartete die Bildungspolitik jetzt die Umsetzung einer erheblich umfassenderen Veränderung von der Lehrerschaft. Gemeinsamer Unterricht von allen Schülerinnen und Schülern, mit und ohne Behinderung, war bis 2008 kein Thema, von dem man üblicherweise in den Lehrerzimmern der traditionellen Regelschulen sprach. Kooperative, integrative oder inklusive Schulen waren nur von marginaler Bedeutung. Was von den meisten Lehrkräften bisher als Spezialthema von Sonderpädagoginnen und Sonderpädagogen sowie einzelnen reformorientierten Schulen angesehen wurde, entwickelte sich plötzlich zu ihrem eigenen Arbeitsauftrag. Vereinzelt kannte man Kolleginnen und Kollegen aus

---

[31] § 3 (4) Bremisches Schulgesetz

[32] Siehe Empfehlungen Nr. 12: Vielgliedrigkeit reduzieren – Oberschule und Gymnasium. In: Empfehlungen des Fachausschusses „Schulentwicklung" und der Deputation für Bildung zur Schulentwicklung im Land Bremen. Oktober 2008, S. 14f.

[33] https://www.bildung.bremen.de/oberschule-3724 (Letzte Abfrage: 02.07.2024)

Schulen, die mit Förderzentren für Wahrnehmung und Entwicklung kooperierten. Natürlich hatten viele auch schon irgendwann mal von „Integration" gehört. Das Wort „Inklusion" war dagegen für viele neu. Wie sollte ein angemessener Unterricht für eine Klasse möglich werden, die sich zukünftig noch viel heterogener zusammensetzen würde als fast alle bisher bekannten Konstellationen? Plötzlich entstand in allen Lehrerzimmern aller Schulen ein erheblicher Gesprächsbedarf.

2.1 Inklusion in Schule

Mein Duden-Herkunftswörterbuch von 1997 kennt das Wort „Inklusion" ebenso wenig wie mein Bedeutungswörterbuch aus dem Jahr 2002 oder mein Synonymwörterbuch aus dem Jahr 2004. In allen drei Büchern findet sich nur das Wort „inklusive", was mit „einschließlich, inbegriffen" erklärt wird. Viele der in den Schulen beschäftigten Menschen glauben, dass sie Außenstehenden den Inklusionsauftrag gut erklären und in seiner vielschichtigen Problematik darstellen können. Insbesondere Lehrkräfte nutzen solche Gespräche gerne, um die komplizierten Herausforderungen darzustellen, denen sie sich in ihrem Beruf ausgesetzt sehen. Immer noch wirkt die 1995 geäußerte Bemerkung Gerhard Schröders nach, dass Lehrkräfte „faule Säcke" seien, auch wenn er sie 2020 relativierte. Der Inklusionsauftrag gibt die Chance, dieses Bild zurechtzurücken. Kaum ein Thema ist in den Unterhaltungen über Schule mit mehr Emotionalität besetzt.

Im Artikel 24 der UN-Behindertenrechtskonvention geht es insbesondere um Fragen der Bildung. Die unterzeichnenden Vertragsstaaten sichern beispielsweise zu, dass sie zukünftig das Ziel verfolgen, „Menschen mit Behinderungen zur wirklichen Teilhabe an einer freien Gesellschaft zu befähigen". Menschen mit Behinderung sollen gemeinsam mit den anderen Mitgliedern der Gemeinschaft, in der sie leben, an einem inklusiven Unterricht teilnehmen können. Damit das gelingt, werden sie zukünftig nicht „aufgrund von Behinderungen vom allgemeinen Bildungssystem ausgeschlossen". Und dazu soll innerhalb des allgemeinen Bildungssystems die erforderliche Unterstützung gewährleistet werden.

Die eingangs aufgestellte Behauptung, dass die Schulpflicht den Zugang zu Bildung für jedes Kind erzwingt, war nicht ganz präzise. Unterricht für Menschen mit Behinderung ist keine mit Einführung der Schulpflicht erzwungene Selbstverständlichkeit. 1961 schrieb der Begründer der Sonderschulen für Kinder mit geistiger Behinderung in Bremerhaven, Georg Ennen, in einer von der Lebenshilfe veröffentlichten Denkschrift zur Situation von Menschen mit geistiger Behinderung in Bremerhaven: „Als Kind sind ihm Kindergarten und Schule verschlossen. Er wird ‚von der Schulpflicht befreit', was bedeutet, daß sich in Wirklichkeit die Schule von ihm befreit. (…)"[34]. Viele Jahre lang bemühte man sich in Deutschland unter verschiedenen Überschriften, ein hochspezialisiertes Fördersystem aufzubauen – als Hilfsschule, Sonderschule, Förderschule oder Förderzentrum. In den Empfehlungen zur Ordnung des Sonderschulwesens der Kultusministerkonferenz von 1972 wurden zehn unterschiedliche Sonderschulen beschrieben[35]. Eine spätere Erklärung der Kultusminister von 1994 gibt Hinweise darauf, dass hinter den Kulissen große Differenzen darüber bestanden, was eine gute sonderpädagogische Förderung in der Schule ist und wie diese gestaltet werden könnte[36]. Mit der Ratifizierung der Konvention wiederholt sich die Kritik Georg Ennens auf anderem Niveau. Die Gründung von Spezialschulen für spezielle Kinder bedeutete wiederum nur eine Befreiung der Regelschulen von der Schulpflicht für alle. „Wirkliche Teilhabe an einer freien Gesellschaft" ist jedoch nichts, was durch Beschluss alltägliche Praxis wird. Ein auf dem Papier gewährtes Recht ist noch lange keine gelebte Wirklichkeit. Für das deutsche Schulwesen stand mit Blick auf die nun verbindlichen Beschlusslagen ab 2009 ein drastischer Paradigmenwechsel bevor.

Heute wird zunehmend deutlich, dass beim Aufbau inklusiver Schulen ein zwingend erforderlicher Aspekt der Aufmerksamkeit entgangen ist: Die Behindertenrechtskonvention verbessert den rechtlichen Status von Menschen mit Behinderungen. Der mit ihrem Inkrafttreten versprochene gleichberechtigte Zugang zu schulischer Bildung kann jedoch nicht allein und unabhängig von allen anderen Schülerinnen und Schülern für diese relativ kleine Gruppe realisiert werden. Eine Umsetzung wird erst möglich, wenn das Gesamtsystem Schule sich verändert. Die multiprofessionellen Teams, die den Aufbau solcher Schulen tragen müssten, bilden sich erst langsam und schrittweise

---

[34] Georg Ennen (1961): „Denkschrift zur Situation geistig Behinderter und über die Notwendigkeit der Hilfe für geistig behinderte Kinder, Jugendliche und Erwachsene in der Stadt Bremerhaven". Überreicht von der „Lebenshilfe für das geistig behinderte Kind. Ortsvereinigung Bremerhaven e.V.", 01.09.1961, S. 4.

[35] KMK (Ständige Konferenz der Kultusminister der Länder in der Bundesrepublik Deutschland): Empfehlung zur Ordnung des Sonderschulwesens. Beschluss vom 16.03.1972.

[36] KMK (Sekretariat der Ständigen Konferenz der Kultusminister der Länder in der Bundesrepublik Deutschland): Empfehlungen zur sonderpädagogischen Förderung in den Schulen in der Bundesrepublik Deutschland. Beschluss der Kultusministerkonferenz vom 06.05.1994.

im Verlauf einer schon eingeleiteten Schulentwicklung heraus. Die sonderpädagogisch ausgebildeten Lehrkräfte gelangen erst Jahrgang für Jahrgang neu und zusätzlich in die Regelschulen. Der gesetzlich verlangte Aufbruch für alle Regelschulen in das unentdeckte Land der Inklusion führte dazu, dass die hinzukommenden Sonderschullehrkräfte auf Beschlusslagen und Schulentwicklungsprozesse treffen, an deren Entwicklung sie in der Regel nicht oder nur geringfügig beteiligt waren. Regelschullehrkräfte, so muss es ihnen unter solchen Bedingungen erscheinen, schreiben ihnen ihre neuen Rollen in den inklusiven Schulen zu.

Im Schuljahr 2008/09 wurde an vielen unterschiedlichen Orten in der Schule darüber diskutiert, was wohl auf sie zukommen wird. Bisher arbeiteten sie als Lehrkräfte an einer integrierten Gesamtschule, demnächst aber sollte sich ihre Schule in eine inklusive Oberschule umwandeln. Zufällig trafen sich Karin Köhler, Klassenlehrerin der neu gebildeten 5b, und Nico Stein, Klassenlehrer der 6a, in einer Freistunde im Lehrerzimmer. Schnell waren sie miteinander über die anstehenden Veränderungen ins Gespräch gekommen. „Manche Sachen sind ja unstrittig und eigentlich völlig überflüssig", meinte Karin Köhler. „Dass man Schülerinnen und Schüler nicht diskriminiert, weil sie aus einem anderen Land stammen, eine andere Hautfarbe oder Religion haben, ist doch für uns alle selbstverständlich. Der Umgang mit behinderten und beeinträchtigten Schülerinnen und Schülern ist dagegen etwas ganz anderes!" „Ich weiß gar nicht, wie die Leute in der Behörde sich das vorstellen! Was soll denn Inklusion sein? Da brauche ich doch in jeder Unterrichtsstunde einen Sonderschullehrer an meiner Seite, damit der sich um die Behinderten kümmert", äußerte sich Nico Stein. „Damit kennt sich doch gar keiner von uns aus! Ich bin Studienrat, kein Sonderschullehrer." Immer öfter tauchte das Wort „Inklusion" mit mehr oder minder großer Besorgnis in den schulischen Gesprächen auf.

In meiner Jugend Anfang der 1970er Jahre gab es an meiner Realschule einen älteren Jungen, der auf den Rollstuhl angewiesen war, aber trotzdem dieselbe Schule besuchte wie ich. „Regelschulfähigkeit" und lernzielgleicher Unterricht gehörten zu den Voraussetzungen für solch eine Form der

Integration[37]. Der Begriff „Inklusion" und die damit verbundenen Fragen nach lernzieldifferentem Unterricht erreichte die meisten sogenannten Regelschullehrkräfte erst im Umfeld der Debatten zur Umsetzung der Behindertenrechtskonvention ab 2008. Dabei ist er deutlich älter und wurde vielfach synonym zu dem noch älteren Begriff der Integration genutzt. Andreas Hinz erklärt, dass Integration die pädagogische Idee von der „(…) Einbeziehung einer Gruppe von Menschen mit Schädigungen in eine Gruppe Nichtgeschädigter (…)" beschreibe. Demgegenüber handele es sich bei schulischer Inklusion um ein pädagogisches Konzept, das sich ein „(…) Miteinander unterschiedlichster Mehr- und Minderheiten – darunter auch die Minderheit der Menschen mit Behinderungen (…)"[38] zum Ziel setze.

Schon Ende der 1970er Jahre wies Wolfgang Jantzen darauf hin, dass es nur ein menschliches Wesen und folglich auch nur eine menschliche Pädagogik geben könne[39]. Trotzdem ist die Klärung von Verschiedenheit und Gleichheit[40] für die konzeptionelle Entwicklung inklusiver Schulen von elementarer Bedeutung. Krassimir Stojanov spricht davon, dass Gleichheit eine „(…) über die Gewährung von Grundrechten hinausgehende institutionalisierte Anerkennung der grundsätzlich uneingeschränkten Bildungs- und Autonomieentwicklungsfähigkeit bei jedem Menschen (erfordert)"[41]. Unbestreitbar muss man darin eine Voraussetzung für ein Miteinander unterschiedlichster Mehr- und Minderheiten sehen. Zur Anerkennung der allen Menschen innewohnenden Bildungs- und Autonomieentwicklungsfähigkeiten gehört jedoch auch die Anerkennung, dass alle menschlichen Leben einzigartig sind. Wygotskis Konzept der Entwicklungszonen besagt, dass nur

---

[37] Siehe: Andreas Hinz (1993): „Heterogenität in der Schule. Integration - Interkulturelle Erziehung - Koedukation." Original erschienen 1993 bei Curio, Hamburg. Online verfügbar in der digitalen Bibliothek bidok – behinderung inklusion dokumentation seit 2006, S. 17.

[38] Andreas Hinz (2002): „Von der Integration zur Inklusion – terminologisches Spiel oder konzeptionelle Weiterentwicklung?" In: Zeitschrift für Heilpädagogik, Heft 9/2002, S.355.

[39] Wolfgang Jantzen (1980): „Menschliche Entwicklung, allgemeine Therapie und allgemeine Pädagogik: Studien zur Entwicklung einer allgemeinen materialistischen Pädagogik." Solms-Oberbiel: Verlag Jarick.

[40] Nicole Balzer (2022): „Verschiedenheit und Gleichheit? Rekonstruktionen zu umstrittenen Bezugsgrößen pädagogischer Anerkennung." In: Constanze Berndt, Thomas Häcker, Maik Walm (Hrsg.): „Ethik in pädagogischen Beziehungen". Bad Heilbrunn: Verlag Julius Klinkhard 2022, S. 77-96.

[41] Krassimir Stojanov (2012): „Anmerkungen zur Geschichte der Gleichheit – Essay". In: A-PuZ, Aus Politik und Zeitgeschehen. Nr. 16-17/2012, Erscheinungsdatum: 11.04.2012. Zitiert nach: https://www.bpb.de/shop/zeitschriften/apuz/130400/anmerkungen-zur-geschichte-der-gleichheit-essay/ (Letzte Abfrage: 17.10.2024)

derjenige „(...) Unterricht gut ist, der der Entwicklung vorauseilt"[42]. Der Ort, an dem der Unterricht der persönlichen Entwicklung vorauseilt, kann aber aufgrund der Verschiedenartigkeit der Menschen immer nur ein individuell unterschiedlicher sein. Daraus ergibt sich zwangsläufig ein Verständnis von Inklusion als allgemeiner Pädagogik, „(...) die es mit einer einzigen, untrennbar heterogenen Gruppe zu tun hat (...)"[43].

In den Schulen des Landes Bremen und insbesondere den Schulen der zum Land gehörigen Stadt Bremerhaven gab es schon seit längerer Zeit auf Seiten der Lehrkräfte eine gewisse Durchmischung in den Regelschulen. Haupt- und Realschullehrkräfte arbeiteten ebenso wie Gymnasiallehrkräfte oder Lehrkräfte mit anderen Ausbildungen an den verschiedenen Schularten der Sekundarstufe I, insbesondere an den integrierten Gesamtschulen. Obwohl von Gesamtschulen gesprochen wurde, waren auch sie mit wenigen Ausnahmen Schulen unter Ausschluss von Schülerinnen und Schülern mit sonderpädagogischen Förderbedarfen, „(...) geprägt von der das deutsche Schulwesen bestimmenden Selektivität. (...)"[44]. Ausnahmen wie die Gesamtschulen Bonn-Beul oder Köln-Holweide entwickelten sich Anfang der 1980er Jahre, angetrieben von engagierten Elterngruppen und Gesamtschullehrkräften, die darin einen Schlüssel für notwendige Schulentwicklungsprozesse sahen. Aber auch auf diese Schulen wirkt sich der Inklusionsauftrag für alle aus. Auch an diesen Schulen stellten sie fest, dass sie auf dem unentdeckten Land vorgelagerten Inseln gesiedelt hatten und zum Umzug aufgerufen wurden. Zum Teil waren diese Inseln zerklüftete Gebiete, auf denen sich in den letzten Jahrzehnten kleine Gruppen eingefunden hatten. Einzelne mutige, durchsetzungsstarke sowie meist gut ausgerüstete Expeditionsteams versuchten, hier exemplarisch die schulische Ökologie zu verändern. Obwohl die erreichten Veränderungen beeindruckten, waren diese, wie die Pflanzungen in einem Palmengarten, sehr eng an den Bereich ihrer jeweiligen Inseln gebunden. Ihre Ausstrahlung, ihre Exemplarität lagen daher eher in der Idee als in der Praxis.

---

[42] Lew Wygotski (1987): „Unterricht und geistige Entwicklung im Schulalter". In: Wygotski, L. (1987): Ausgewählte Schriften, Band 2. Köln: Pahl Rugenstein Verlag, S. 302.

[43] Andreas Hinz: „Von der Integration zur Inklusion ...", a.a.O., S. 357.

[44] Irmtraud Schnell (2003): „Der Beitrag der Integrationsforschung zur Ermöglichung Gemeinsamen Lernens von Schülerinnen und Schülern mit und ohne Behinderung". In: Georg Feuser (Hrsg.): „Behindertenpädagogik und Integration", Bd. 1, a.a.O., S. 84.

Im Land Bremen löste die Vorstellung, in derart heterogen zusammenge-setzten Klassen zu unterrichten, auch bei einer Reihe von an integrierten Gesamtschulen tätigen Lehrkräften Besorgnis aus. Fürchteten doch nicht wenige, den Bedürfnissen nicht gerecht werden zu können und zwischen den verschiedenen Anforderungen zerrissen zu werden. Mit Blick auf die deutsche Bildungstradition ist es nicht verwunderlich, dass die Regelschul-lehrkräfte die Bedarfe der sonderpädagogisch förderbedürftigen Schülerin-nen und Schüler ausschließlich durch spezifisch dafür ausgebildete Lehr-kräfte als erfüllbar betrachteten.

Einzelne Formulierungen des im politischen Raum in Beratung befindlichen Gesetzes wurden als schwierig empfunden. Erstmals schien der Weg das Ziel zu sein, ging es doch laut Gesetz beim Aufbau inklusiver Beschulung um einen Entwicklungsauftrag. Woran erkennt man, dass die geforderte Ent-wicklung abgeschlossen und die inklusive Schule realisiert ist? Auch das Schulleitungsteam war beunruhigt. Insbesondere die Frage danach, wohin die Entwicklung gehen solle und was erreichbare Etappen auf dem Weg sein könnten, beschäftigte sie sehr. Die Schulleitung beschloss deshalb, gleich nachdem bekannt wurde, was mit dem neuen Schulgesetz auf die Schule zukommen könnte, eine „Lenkungsgruppe Oberschule" einzurichten. Jedes Jahrgangsteam war durch eine Lehrkraft in der Gruppe vertreten. Dadurch sollten alle Teams in den Beratungsprozess eingebunden werden.

„Wenn wir jetzt Schule ganz anders gestalten müssen, damit alle Kinder bes-ser lernen", erklärte Nico Stein eines Tages in einer Sitzung der Lenkungs-gruppe, „dann kann ich daraus ja nur schließen, dass ich in meinem bisheri-gen Berufsleben alles falsch gemacht habe. Und was ist überhaupt damit gemeint, die Ausgrenzung Einzelner zu vermeiden[45]? Ich habe doch auch bisher niemanden ausgegrenzt." Nico Stein war in diesem Schuljahr als Teamsprecher für den 6. Jahrgang in die Lenkungsgruppe entsandt worden. Er war in der Schule für seinen erfolgreichen Deutschunterricht hoch

---

[45] § 3 (4) BremSchulG: „Bremische Schulen haben den Auftrag, sich zu inklusiven Schulen zu entwickeln. Sie sollen im Rahmen ihres Erziehungs- und Bildungsauftrages die Inklusion aller Schülerinnen und Schüler unabhängig von ihrer ethnischen Herkunft, ihrer Staatsbürgerschaft, Religion oder einer Beeinträchtigung in das gesellschaftliche Leben und die schulische Ge-meinschaft befördern und Ausgrenzungen Einzelner vermeiden."

angesehen. *Durch das neue Gesetz fühlte er sich persönlich angegriffen und in seiner bisherigen Lehrerarbeit missachtet.*

Auf Wikipedia findet sich zum Stichwort „Regelschule", dass auch die integrierten Gesamtschulen zu den Regelschulen zählen. „Die Schüler, die eine Regelschule besuchen", so heißt es dort, „werden Regelschüler genannt." Trotz mit der Unterzeichnung der Behindertenrechtskonvention einhergehender Veränderungen heißt es auch heute noch weiter in diesem Artikel, dass „(...) Schüler mit einer Behinderung, die als Integrationsschüler anerkannt sind und die Integrationsklasse einer Regelschule besuchen (...)" nicht als Regelschüler gelten[46]. Allein diese Beschreibung zeigt, wie schwer es ist, das Trennende aus den Vorstellungen vom alle einschließenden inklusiven Neuen fernzuhalten. Die Forderung nach inklusiven Schulen verunsicherte einen Teil der Lehrerschaft nicht nur in Bezug auf die zukünftige Gestaltung ihrer Arbeit. Tatsächlich sahen manche ihre bisherige Berufsauffassung grundsätzlich in Frage gestellt. Die Einleitung eines Überweisungsverfahrens an ein Förderzentrum wurde bisher im Selbstverständnis dieser Regelschullehrkräfte nicht als Ausgrenzung verstanden. Sie betrachteten ihre Handlungen als Akte eines professionellen sich Kümmerns um eine angemessenere und bessere Unterstützung und Unterrichtung für diejenigen, die dem angebotenen Unterricht überwiegend nicht folgen konnten. Rückblickend darin Maßnahmen aktiver Ausgrenzung zu sehen, war für sie eine persönlich verletzende Missdeutung ihres beruflichen Tuns.

Im Schuljahr 2008/09 unterrichtete Moritz Bardenhagen eine 8. Klasse in der integrierten Gesamtschule als Klassenlehrer. Sein Team war vorgesehen, ab 2011/12 die Klassenleitung für den ersten Jahrgang in der Oberschule zu übernehmen – eine Aufgabe, vor der sie großen Respekt hatten, aber auch eine Herausforderung, auf die sie sich freuten. Schon jetzt setzte sich sein Team intensiv damit auseinander, worauf sie sich vorbereiten müssten. Es beruhigte sie ein wenig, dass mit dem ersten Jahrgang auch Sonderschullehrkräfte an die Schule kommen sollten. Dann wären zumindest Kolleginnen und Kollegen im Team, die sich mit speziellen Förderbedarfen gut auskannten.

---

[46] Siehe: https://de.wikipedia.org/wiki/Regelschule (Letzte Abfrage: 12.01.2025)

Das Schulleitungsteam hatte aber den ersten Vorstellungen von einer grundsätzlichen Doppelbesetzung in den inklusiven Klassen mit einer Regel- und einer Sonderschullehrkraft einen Riegel vorschieben müssen. So eine Versorgung sahen die Planungen der senatorischen Behörde nicht vor. Jede inklusive Klasse sollte zwei Kinder mit sonderpädagogischem Förderbedarf im Bereich Lernen aufnehmen, wofür je Kind vier zusätzliche Unterrichtsstunden durch Sonderschullehrkräfte gewährt würden. Spätestens durch diese Zahlen wurden sich Moritz Bardenhagen und sein Team darüber bewusst, dass sie selbst für die Realisierung eines inklusiven Unterrichts zuständig werden und keine Spezialaufgabe für andere entsteht. Niemand würde kommen, um ihnen diesen Entwicklungsauftrag abzunehmen. Sie selbst würden es sein, die die inklusive Schule aufbauen.

Moritz Bardenhagen vertrat in diesen Gesprächen immer wieder die Auffassung, dass alles, dem das Adverb „... zu ..." vorausgeht, vom richtigen Kurs wegführe. „Dieses kleine Wort sollte der Indikator für unseren Weg in die Inklusion sein", meinte er eines Tages beim Kaffee im Lehrerzimmer. „Immer dann, wenn wir festzustellen meinen, dass jemand zu dick, zu dünn, zu groß, zu klein, zu klug, zu dumm, ,zu irgendwas' ist, dann sind wir gerade dabei, unsere Ziele zu verfehlen."

Eines Tages ergab es sich zufällig, dass einige in Sachen Schulentwicklung besonders aktive Lehrkräfte nach der 6. Stunde zusammentrafen und ins Gespräch kamen. Was für Schülerinnen und Schüler muss man in einer inklusiven Schule erwarten? Während sie über die möglicherweise auf sie zukommenden Schülerinnen und Schüler sprachen, richtete sich ihr Blick nach einiger Zeit immer stärker auf die schon vorhandenen Kinder und Jugendlichen. Was wird aus dem Kind, das fachlich gut lernen kann, aber eine Autismus-Spektrum-Störung hat? Ein solches Kind unterrichteten sie schon an ihrer Schule. Wo blieb der Junge, der aus der Grundschule mit einem Hinweis auf Dyskalkulie kam? Alle hatten Karin Köhler vor Augen. Die Kollegin klagte seit langer Zeit immer wieder über ihre Schwierigkeiten mit einem solchen Schüler. Ihre Versuche, eine Überweisung in das Förderzentrum Lernen zu veranlassen, waren allesamt gescheitert.

Je länger sie zusammensaßen, desto mehr entdeckten sie, wie besonders die Kinder und Jugendlichen an ihrer Schule auch jetzt schon waren: der Junge, der wegen seines aggressiven Verhaltens von einer anderen Schule zu ihnen strafversetzt worden war; das Mädchen, dass große motorische Schwierigkeiten hatte und nur eingeschränkt am Sportunterricht teilnehmen *konnte; die Zwillinge mit den vielen Fehlzeiten; das Einwandererkind, das noch nicht so gut Deutsch sprach; das Kind mit der schwierigen Mutter, das von dieser nur unregelmäßig die Medikamente zur Behandlung seiner Aufmerksamkeitsstörung bekam. Und dann waren da auch noch die zwei Jungs, denen das Lernen wirklich leichtfiel und die Freude daran hatten, Neues zu entdecken. Die beiden befanden sich in der Klasse von Moritz Bardenhagen und machten ihm das Leben auch nicht einfacher, denn immer wieder waren sie schneller als alle anderen mit dem vorbereiteten Unterrichtsstoff fertig und langweilten sich.*

Im Verlauf des Gesprächs fingen sie an, ihre Schülerinnen und Schüler mit anderen Augen zu sehen. „Eigentlich sind wir irgendwie schon längst eine inklusive Schule", meinte Daniela Wrobel, eine der heftig mitdiskutierenden Lehrkräfte, nach einiger Zeit. „Wir haben nur noch nie so genau auf unsere Schülerinnen und Schüler geguckt." Alle waren sich nach diesem zufälligen Treffen einig, dass sich in der zukünftigen Schule insbesondere der Blick auf die Klassen verändern muss. Die Erwartung, es handele sich um eine normale Regelschulklasse plus ein paar Kinder mit statuierter Behinderung, das hatte sich bei dieser mittäglichen Runde gezeigt, entsprach nicht den Tatsachen.

Für den Einstieg in den inklusiven Schulentwicklungsprozess gibt es einen zentralen Punkt, an dem sich die Beteiligten entscheiden müssen: Es geht um die Bereitschaft hinzugucken. Wenn man sich die Zeit nimmt und versucht, die einzelnen Schülerinnen und Schüler einer Klasse in ihrer ganzen Individualität zu erfassen, ist festzustellen, dass der eigentliche Ausgangspunkt der pädagogischen Arbeit nicht ihre vermeintliche Gleichheit als Haupt- oder Realschülerinnen und -schüler, als Lernende an Gymnasien oder Sonderschulen ist. Die Umsetzung des Auftrags zur Entwicklung inklusiver Schulen bedeutet zuallererst nur, die Augen für schon längst Vorhandenes zu öffnen. Der allererste und entscheidende Schritt besteht in der Entschleierung des Mythos von der Homogenität. Alter, körperliche Entwicklung, Intelligenz, Vorwissen, kulturelle Herkunft, Aktivierbarkeit und noch so vieles mehr machen jede Lerngruppe zu einem einzigartigen Gemisch sich mannigfach unterscheidender Menschen.

Inklusive Klassen kann man nicht als Zusammenstellung verschiedener homogener Gruppen von Kindern denken. Mathematisch ist das schnell überzeugend erklärt. Man könnte beispielsweise von den Fähigkeiten im schriftlichen Rechnen ausgehen und die Kinder in drei leistungsähnliche Gruppen einteilen. Da auch Textaufgaben zu lösen sind, wäre ein weiteres Einteilungsmerkmal die Lesefähigkeit. Wieder teilt man die Schülerschaft in drei leistungsähnliche Gruppen ein. Aber wie viele Gruppen hätte man, wenn man danach Gruppen mit gleicher rechnerischer Fähigkeit und gleicher Lesefähigkeit bildete? Dies wäre jedoch erst der Anfang des Aufbaus homogener Gruppen. Im Bereich der Geometrie kommt es unter anderem auch noch auf die Fähigkeit zum räumlichen Denken an. So führen Differenzierungen zu immer kleineren Gruppen, denen man Homogenität unterstellen könnte. Allerdings erfolgte diese Aufteilung bisher nur auf ein einzelnes Fach bezogen. Es kommen ja weitere Fächer dazu. Allein schon durch dieses Gedankenexperiment wird klar, dass jede Lehrkraft an jeder Schule gut beraten wäre, den Blick auf die einzelnen Schülerinnen und Schüler zu richten, will sie erfolgreich die ihr anvertrauten Kinder und Jugendlichen unterrichten. Bisher richtete sich der Blick ausgehend von der homogenen Klasse auf die einzelnen Schülerinnen und Schüler. Wer aus dieser vermeintlichen Homogenität herausfiel, der war falsch einsortiert. Im inklusiven Kontext entsteht der Klassenverband dagegen als Gemisch der verschiedenen daran beteiligten Einzelpersönlichkeiten.

Setzt man sich mit dieser Tatsache auseinander, entsteht als notwendige Konsequenz die Forderung nach einer Berücksichtigung individueller Lernausgangslagen im Unterricht für alle schon vor dem Start in den inklusiven Prozess vorhandenen Schülerinnen und Schüler. Damit verändern sich der Weg in eine inklusive Schule und der Blick darauf grundsätzlich. Es geht nicht mehr um den Aufbau von etwas völlig Neuem für zukünftige, jetzt noch der Schule fremde Kinder und Jugendliche. Es geht um eine grundsätzliche Verbesserung der Lernmöglichkeiten für die schon lange vorhandenen Schülerinnen und Schüler. Erst dadurch geht die Tür für alle Kinder und Jugendlichen auf.

Diese Form des Einstiegs in eine inklusive Denkweise verbietet die Übernahme der vielfach vorzufindenden Formulierungen von der Aufnahme der sogenannten „I-Kinder", „Inklusionskinder". Dieser Begriff bezeichnet die Aufnahme von vermeintlich nicht selbstverständlich dazugehörenden Kindern in eine Lerngruppe. Mit der Idee von den „I-Kindern" entsteht eine begriffliche Unschärfe, denn die Zusammenführung von zwei getrennt betrachteten Gruppen widerspricht dem Verständnis von einer unteilbar heterogenen Schulklasse. Der Begriff der „Inkludierung" enthält somit einen Rückbezug auf die exkludierende deutsche Schultradition. Die Feststellung, dass alle Schülerinnen und Schüler einen Bedarf nach einem individuellen Zugang zum eigenen Lernprozess haben, macht jede Schülerin und jeden Schüler zum „Inklusionskind". Damit wird aber Inklusion nicht nur zu einer allgemeinen Pädagogik. Der Entwicklungsauftrag zum Aufbau inklusiver Schulen erweist sich so nicht als ein spezifischer Auftrag, sondern besteht in der Aufgabe der allgemeinen qualitativen Verbesserung aller Schulen.

In dieser Zeit der Vorbereitung durchsuchte Moritz Bardenhagen immer wieder das Internet nach neuen Anregungen. Eines Tages stieß er auf eine Fußnote, die ihn zu einem alten Essay von Theodor Adorno führte. Er suchte die Quelle und las den Text. Nach der spannenden Diskussion im Lehrerzimmer vor einigen Wochen elektrisierte ihn, was er dort fand. Unter der Überschrift „Melange" problematisierte Adorno die Gleichheit. Dort beschrieb dieser, warum er es für falsch halte, zu behaupten, dass alle gleich seien, und begründete, warum man nicht nach Gleichheit streben solle. Adorno führte aus, dass eine solche Politik im Falle eines Pogroms kaum etwas ändern würde. „Die Totalitäten", meinte Adorno, „(wissen) ganz gut (...), wen sie umbringen wollen und wen nicht." Er schlug stattdessen im Gegensatz zu einer Politik der abstrakten Gleichheit vor, „(...) den besseren Zustand aber denken als den, in dem man ohne Angst verschieden sein kann."[47]

Genau das, dachte Moritz Bardenhagen, beschreibt, was eine inklusive Schule leisten muss. Eine inklusive Schule, so sein Gedanke, ist eine Schule, in der jede Person ohne Angst verschieden sein darf. Erregt betrachtete er das Buch in seiner Hand und seine Gedanken rasten. Er hatte das Gefühl, damit etwas ganz Entscheidendes entdeckt zu haben.

Moritz Bardenhagen hat einen Hinweis aufgespürt und dessen Bedeutung für seine zukünftige pädagogische Arbeit entdeckt. Ein Denken, dass die pädagogische Aufgabe darin sieht, das Schulleben für alle gleich und damit vermeintlich gerecht gestalten zu wollen, führt zu anderen Ergebnissen als eine Zielsetzung, die von der Unterschiedlichkeit aller Beteiligten ausgeht.

---

[47] Theodor W. Adorno (2016): „Melange". In: „Minima Moralia. Reflexionen aus dem beschädigten Leben". Frankfurt am Main: Suhrkamp Verlag (29. Auflage), S. 130 f.

Ein Schüler mit Autismus-Spektrum-Störung hat andere Bedürfnisse als eine Schülerin mit Förderbedarf im Bereich Wahrnehmung und Entwicklung. Ein Kind aus einer gutsituierten Mittelschichtfamilie hat andere Bedürfnisse als ein Kind aus sozial weniger begünstigten Verhältnissen. Diese Vielfalt erfordert nicht die Suche nach einem vermeintlich gerechten Grundkonsens, sondern muss die tatsächliche Unterschiedlichkeit und das Recht auf deren Berücksichtigung in den Mittelpunkt stellen. Einem Menschen mit Autismus muss unter Umständen etwas erlaubt sein, was allen anderen verboten ist. Gleichzeitig ist aber auch eine inklusive Klasse eine Gemeinschaft von Kindern und Jugendlichen, die zusammengehört. Daher muss das Recht auf angemessen unterschiedliche Behandlung selbstverständlich für alle gelten. Erst im Umgang mit der Verschiedenheit aller bekommt ein solches Handeln einen nachvollziehbaren Aspekt von Gerechtigkeit.

Im Schuljahr 2011/12 war es dann so weit. Die ersten inklusiven Klassen wurden gebildet. Moritz Bardenhagen hatte sich lange überlegt, wie er seiner neuen 5. Klasse den Begriff erklären wollte. Nun glaubte er, eine gute Idee zu haben.

„Stellt euch einen Zuckerwürfel vor", begann er seine Erklärung, „weiß und süß." Allen Schülerinnen und Schülern schenkte er einen mitgebrachten Zuckerwürfel. „Schaut euch die Kristalle genau an, wie sie glänzen und miteinander verbunden sind. Jetzt schließt die Augen. Stellt euch vor, wie gut der Kuchen mit dem Zucker darin schmecken wird. Und stellt euch vor, wie Kuchen schmecken würde, hätten wir den Zucker vergessen."

Anschließend beschrieb Moritz Bardenhagen den Kindern, die mit geschlossenen Augen und dem Zuckerwürfel in der Hand vor ihm saßen, etwas über die Chemie des Zuckers. „Zucker ist eine Verbindung aus Wasserstoff, Kohlenstoff und Sauerstoff. Angeblich ist Wasserstoff das häufigste Element im Universum. Wir kennen es als Gas. Auch Sauerstoff kennen wir als Gas. Wir brauchen es zum Atmen. Sauerstoff verbindet sich gerne mit anderen Stoffen. Verbindet er sich beispielsweise mit Eisen, dann sprechen wir von Rost. Verbinden sich Wasserstoff und Sauerstoff, dann kann es zu einer Explosion kommen und am Ende hat man Wasser. Kohlenstoff kennen wir vom Grillen, er bildet den größten Bestandteil der Holzkohle. Keiner würde auf den Gedanken kommen, in Holzkohle zu beißen. Wer würde schon ein Gas wie Wasserstoff oder Sauerstoff für ein Nahrungsmittel halten? Der Zucker besteht aus völlig unterschiedlichen Stoffen. Zusammen aber ergeben diese drei Stoffe unter bestimmten Umständen Zucker."

Zucker ist, wenn man darüber nachdenkt, wirklich ein befremdlicher Stoff, dachte Moritz Bardenhagen und hoffte, dass er ein Gefühl für diese Skurrilität bei seinen Schülerinnen und Schülern entwickeln konnte. „Niemand würde auf den Gedanken kommen, vom Sauerstoffzucker, vom Wasserstoffzucker oder vom Kohlenstoffzucker zu sprechen", führte er seinen Vortrag weiter. Im Zucker gibt es Kohlenstoff, Sauerstoff und Wasserstoff nur gemeinsam oder es ist kein Zucker." Danach folgte der Höhepunkt seines Lehrervortrags: „In diesem Jahr beginnen wir, inklusive Klassen zu gründen. Ihr gehört zu den ersten Klassen in Deutschland, die auf neue Weise lernen sollen. Unsere inklusiven Klassen sind wie solche Zuckerwürfel. Wie im Zucker gibt es in unseren inklusiven Klassen keine Wasserstoff-, Sauerstoff- oder Kohlenstoffkinder. Es gibt nur die Zuckerkinder oder es ist keine Inklusion." Die Vorstellung, Zuckerkinder zu sein, fanden seine Schülerinnen und Schüler ganz gut und lachten laut los. Das hatte bisher noch niemand zu ihnen gesagt.

Der Start in einen inklusiven Unterricht war eine Einladung für alle an Schule Beteiligten zu einer wunderbaren Entdeckungsreise. Alle Schulen könnten auf der Basis des Begriffs „Inklusion" über eine Zielperspektive für die eigene Schulentwicklung verfügen. Aber während Moritz Bardenhagen seiner Klasse den Vortrag über die „Zuckerkinder" hielt, wurde an anderen Schulen noch darüber gegrübelt, wie der besondere Unterricht für die „Inklusionskinder" stattfinden könnte. Hatte man überhaupt genug Unterrichtsstunden, um sie extra zu unterrichten? Die Vorstellung, dass alle Kinder und Jugendlichen innerhalb eines gemeinsamen Unterrichts in einer gemeinsamen Klasse lernen könnten, wurde von einem Teil der Lehrkräfte als abwegig betrachtet. Zumindest dann, wenn man nicht mindestens dauerhaft mit zwei Personen im Unterricht wäre. Manche hielten einen gemeinsamen Unterricht auch unabhängig von den gewährten Mitteln für grundsätzlich undurchführbar.

2018, fast zehn Jahre nach Verabschiedung des Schulgesetzes, stellte eine Expertenkommission im Auftrag der Senatorin für Bildung fest, dass sich im Land Bremen zwei sehr unterschiedliche Sichtweisen von Inklusion herausgebildet hätten. Die Fachleute sprachen nun von einem „engen" und einem „weiten" Inklusionsbegriff. In Schulen mit einem „engen Inklusionsverständnis" kümmerten sich die Sonderschullehrkräfte um ihre Förderkinder. Der Unterricht finde nur in Ausnahmefällen gemeinsam statt und die Lehrkräfte verbinde die gemeinsame Klage über die unzureichende Personalausstattung. In den Schulen mit einem „weiten Inklusionsverständnis", so berichteten die Experten weiter, würde die Förderung der Schülerinnen und Schüler eher als gemeinsame Aufgabe aller pädagogisch tätigen Mitarbeiterinnen und Mitarbeiter gesehen[48].

Es ist nicht verwunderlich, dass eine Expertenkommission unterschiedliche Entwicklungsstände feststellt. Man sollte aber fragen, warum Experten nicht strikter zwischen „inklusiv", also einschließend, versus „nicht inklusiv", eher ausschließend, unterscheiden. Für die Kultusministerien ist ein breites Verständnis dessen, was unter dem Begriff Inklusion gefasst wird, eher vorteilhaft. Sie tragen schließlich Verantwortung für die sich aus der Unterzeichnung der UN-Behindertenrechtskonvention ergebenden Pflichten. Je mehr schulische Aktivitäten als „inklusiv" bezeichnet werden, umso höher der Grad der Pflichterfüllung. Es ist daher nachvollziehbar, dass für die Ministerien auch schulische Entwicklungen, die sich aus einem sogenannten engen Inklusionsbegriff speisen, auf der Seite der Pflichterfüllung zählen.

Die Verwässerung des Begriffs führt jedoch in die Irre und am Ende zurück zum exklusiven Ausgangspunkt. Startet der Aufbruch ins unentdeckte Land der Inklusion mit der Aufnahme von Schülerinnen und Schülern, die bisher nicht Mitglieder der Schulgemeinschaft werden durften? Beginnt er mit dem vorbereitenden Einbau von Fahrstühlen und elektrischen Türen ins Schulgebäude für zukünftige Kinder und Jugendliche, die darauf angewiesen sein könnten? Sieht man den grundlegenden ersten Schritt ins unentdeckte Land in der Bereitschaft, jedes einzelne Kind in seiner Besonderheit wahrzunehmen und zu akzeptieren? Jede Sichtweise führt zu unterschiedlichen Ergebnissen. Aber erst mit der Willensentscheidung, absolut alle Kinder als „Inklusionskinder" zu betrachten, gehen die Türen zur wirklichen Teilhabe an einer freien Gesellschaft auf. Es ist aber leider nicht so, dass sich mit dem Treffen dieser Entscheidung, quasi mit einem

---

[48] Deutsches Institut für Internationale Pädagogische Forschung; Universität Bielefeld; Universität Bremen; Humboldt-Universität zu Berlin / Institut zur Qualitätsentwicklung im Bildungswesen (2018): „Bericht der Expertengruppe zur Evaluation der Bremer Schulreform". Frankfurt am Main: Deutsches Institut für Internationale Pädagogische Forschung, S. 9.

Fingerschnipsen, alles Weitere ergibt.

Durch den ausdrücklich an alle Schulen im Land Bremen gerichteten Auftrag, sich zu inklusiven Schulen zu entwickeln, entstand ab 2009 eine paradoxe Situation. Bisher waren betroffene Elterngruppen, in diesem Bereich engagierte Lehrkräfte sowie der inklusiv orientierte Teil der Sonderpädagogik Träger solcher Entwicklungen. Vermutlich stellten die an den Förderzentren tätigen Lehrkräfte den größeren Teil derjenigen, die sich schon mit Fragen gemeinsamer Beschulung befasst hatten, und sei es im Rahmen ihres Studiums. Diese aber mussten sich unerwartet mit der Auflösung ihrer Schulen befassen. Für sie ging es über den Verlust des Schulstandortes und dem damit für die persönliche Arbeitszufriedenheit bedeutsamen kollegialen Kontext hinaus darum, passende neue Arbeitsorte zu finden.

Das Schuljahr 2011/12 war der letzte Zeitpunkt, zu dem laut Schulgesetz die Umwandlung der nicht gymnasialen Sekundarstufen-I-Schulen in Oberschulen beginnen musste. Auf einmal wurden Lehrkräfte zu Trägern des Inklusionsprozesses, ganz besonders in der Anfangsphase, die sich bisher in ihrer Mehrzahl nicht mit solchen Fragestellungen beschäftigt hatten: Haupt- und Realschullehrkräfte, Studienrätinnen und -räte, Lehrkräfte für die Mittelstufe usw. Lehrkräfte also, die überwiegend nur dann mit behindertenspezifischen Fragestellungen befasst waren, wenn es um Überweisungen in Förderzentren ging. Nur wenige Jahre nach dem Vortrag von Boban und Hinz stellt sich die Qualitätsfrage entgegengesetzt. Die aus vielfältigen Schulentwicklungsvorhaben vorhandenen Kenntnisse müssen nicht für die Erfordernisse der Integrationspädagogik adaptiert werden. Inklusion ist mit Inkrafttreten der Behindertenrechtskonvention kein unbedeutendes Teilelement dessen mehr, was an Schulen auch noch bearbeitet werden könnte. Inklusion selbst wird zum bisher größten ganzheitlichen Schulentwicklungsauftrag an das gesamte deutsche Schulwesen. Die traditionelle Schulentwicklungsforschung musste nun schnellstmöglich adaptierbare Materialien aus der Inklusionspädagogik finden.

Nach einiger Zeit waren überall an der Küste des unentdeckten Landes Basislager entstanden. Aber trotz des gleichen Auftrags und einiger Zeit der Vorbereitung entwickelten sich die Camps und ihre Bewohner doch recht unterschiedlich. In manchen überwog die Vorfreude. Die erste Erkundungsgruppe war festgelegt, die Rucksäcke gepackt und noch immer wurde ein reger Austausch darüber geführt, was vielleicht auch noch mitgenommen werden sollte. In anderen Basislagern hatte man sich entschieden, dass der gefährliche Weg ins unentdeckte Land nur mit kundiger Führung möglich sei. Dort wurde daher auf die Ankunft der zugewiesenen Spezialisten gewartet, die erst einmal das Umland sondieren sollten. Manche ließen sich aus Forschungszentren Unterlagen über Erkundungsflüge von Drohnen zukommen. Oder sie entwickelten Erkundungsstrategien auf Grundlage einzelner, relativ unscharfer Satellitenbilder. Es gab hingegen auch Camps, die daran zweifelten, ob sie mit ihrem Equipment überhaupt zur Erkundung des Landesinneren befähigt wären.

Was sollte die Regelschullehrkräfte motivieren, sich mit dem Inklusionsauftrag zu befassen? Der Abbruch des Aufbaus der gerade erst gestarteten „Sekundarschulen" war ein neuerlicher Beweis für das schulpolitisch fehlende langfristige Denken. Ohne Vertrauen in die Entscheider ist die Bereitschaft gering, sich auf Neues einzulassen. Es ist kaum vorstellbar, dass das veränderte Schulgesetz an den Schulen mehr oder minder Akzeptanz gefunden hätte, wäre nicht gleichzeitig der „Bremer Schulfrieden" verkündet worden[49]. Auf Grundlage eines Schulentwicklungsplans sicherten fast alle Parteien zu, die strukturelle Schulentwicklung im Land Bremen über die nächsten zehn Jahre unberührt zu lassen. Zur Finanzierung der Entwicklungskosten wurde versichert, dass „(…) mindestens die durch zurückgehende Schülerzahlen freiwerdenden finanziellen Mittel wie in anderen Bundesländern auch dem Bildungssystem zugute kommen."[50]

---

[49] Zum Wortlaut des Bremer Schulkonsenses (2008) siehe auch: „Bremer Konsens zur Schulentwicklung 2008 – 2018", unterzeichnet von SPD, Bündnis 90/Die Grünen, CDU und FDP. Zu finden: https://spd-land-bremen.de/Binaries/Binary607/uploadsmediaBremer-Konsens-...pdf (Letzte Abfrage: 10.07.2024)

Siehe auch: Deutsches Institut für Internationale Pädagogische Forschung; Universität Bielefeld; Universität Bremen; Humboldt-Universität zu Berlin / Institut für Qualitätsentwicklung im Bildungswesen: Bericht der Expertengruppe zur Evaluation der Bremer Schulreform. Frankfurt am Main 2018.

Zum Wortlaut des Bremer Schulkonsenses (2018) siehe auch: „Bremer Konsens zur Schulentwicklung 2018 – 2028", unterzeichnet von SPD, Bündnis 90/Die Grünen, CDU, Die Linke. Zu finden: http://slv-bremen.de/wp-content/uploads/2018/10/2018-09-Konsenstext-final.pdf (Letzte Abfrage: 22.03.2024)

Siehe: Weser-Kurier (11.09.2018): Nur FDP zieht nicht mit. Bremer Schulfrieden: SPD, CDU, Grüne und Linke einigen sich. In: https://www.weser-kurier.de/bremen/stadtteil-mitte/bremer-schulfrieden-spd-cdu-gruene-und-linke-einigen-sich-doc7e47rwi3vmxi2jwn8aa

[50] Zitiert nach: https://spd-land-bremen.de/Binaries/Binary607/uploadsmediaBremer-Konsens-...pdf (Letzte Abfrage: 10.07.2024)

Die Unterstützung der „(…) gemeinsamen Anstrengungen der Schulen, eine kontinuierliche Schul- und Qualitätsentwicklung zu betreiben, (…)" war erklärtes Ziel dieses politischen Abkommens. Dagegen standen aufgrund fehlender Erfahrungen in den Regelschulen oft die neu aufzunehmenden Schülerinnen und Schüler mit Förderbedarfen im Mittelpunkt schulinterner Diskussionen. Dies trug vermutlich dazu bei, dass die Chancen für die zielgerichtete Qualitätsentwicklung der existierenden eigenen Schule sowie für die schon vorhandene Schülerschaft in diesem Prozess in vielen Fällen nicht umfassend erkannt wurden.

2.2 Meine Stadt, mein Bezirk, mein Viertel, meine Gegend

Schulen, die einer unteilbaren Gemeinschaft heterogener Kinder und Jugendlicher einen gleichberechtigten und hochwertigen Zugang zu Bildung und Unterricht anbieten wollen, fällt es in der Regel schwer, Kinder aus sozial begünstigten Familien für ihr Schulkonzept zu gewinnen. Der Bildungsbericht 2024 verweist auf die soziale Ungleichheit bei der Verteilung schulischer Laufbahnempfehlungen. „(…) Während 78 Prozent der Kinder mit höherem sozioökonomischem Status eine Gymnasialempfehlung erhalten, wird nur rund einem Drittel der Kinder aus sozioökonomisch benachteiligten Elternhäusern eine Gymnasiallaufbahn empfohlen (…)"[51]. Die Gymnasialempfehlung führt in den meisten Fällen auch ins Gymnasium. Dies ist ein Indiz dafür, dass die Heterogenität, die sich derzeit an inklusiven Schulen herstellt, begrenzt ist und unter weitgehendem Ausschluss der Familien mit sozioökonomisch hohem Status stattfindet.

Der Beruf der Lehrkraft ist im Gegensatz zu anderen akademischen Berufen „stärker als Beruf des sozialen Aufstiegs"[52] gekennzeichnet. Ob und wie sich die soziale Herkunft der Lehrkräfte auf die Unterrichtsarbeit auswirkt, ist jedoch unzureichend geklärt[53]. Die PISA-Ergebnisse aus dem Jahr 2000

---

[51] Autor:innengruppe Bildungsberichterstattung: „Bildung in Deutschland 2024. Ein indikatorengestützter Bericht mit einer Analyse zu beruflicher Bildung." Gefördert mit Mitteln der Ständigen Konferenz der Kultusminister der Länder in der Bundesrepublik Deutschland und des Bundesministeriums für Bildung und Forschung. Bielefeld 2024, S. 137.

[52] Stefan Kühne (2006): „Das soziale Rekrutierungsfeld der Lehrer. Empirische Befunde zur schichtspezifischen Selektivität in akademischen Berufspositionen." In: Zeitschrift für Erziehungswissenschaft, 9. Jahrgang, Heft 4/2006. S. 617.

[53] Charlotte Ostermann, Martin Neugebauer (2021): „Macht Ähnlichkeit den Unterschied? Wenn sozioökonomisch benachteiligte Schülerinnen und Schüler von sozial ähnlichen

weisen darauf hin, dass sich Urteile von Lehrkräften unabhängig vom eigentlichen Leistungsvermögen der Schülerinnen und Schüler zu Lasten der Kinder aus unteren Schichten auswirken[54]. Möglicherweise ist der Abstand zwischen der sozialen Herkunft der Lehrkräfte und dem Leben der ihnen anvertrauten Schülerinnen und Schüler aus sozial weniger begünstigten Familien geringer als in anderen Berufen. Daraus kann aber nicht gleichzeitig geschlossen werden, dass Lehrkräfte aus sich selbst heraus die notwendigen pädagogischen Schlussfolgerungen für ihre pädagogische Arbeit mit sozioökonomisch benachteiligten Schülerinnen und Schülern treffen können. Sie müssen dafür sensibilisiert werden. Viele Lehrkräfte sehen ihre Pflicht darin, die Kinder unterrichtlich dort abzuholen, wo sie stehen. Unabhängig von den grundsätzlichen Fragen zur Problematik des Abholens setzt die Verfolgung eines solchen Vorhabens umfassende Kenntnisse über die Lebenslagen[55] der Schülerinnen und Schüler und Ideen zum Umgang damit voraus.

Die Schule war 1972 gegründet worden, zu einer Zeit, als man sich viele Gedanken über die Herkunft der Kinder und Jugendlichen machte, ihre Sozialisation und den sich daraus ergebenden Aufgaben, Chancen und Herausforderungen. Ein engagiertes Gründungskollegium nutzte die Chance, mit vielen guten Ideen eine integrierte Gesamtschule aufzubauen. Zu den Beschlüssen in der Gründungsphase gehörte, dass alle Familien der neuen Schülerinnen und Schüler der 5. Klassen im ersten Jahr einmal zu Hause von ihren Klassenlehrkräften besucht wurden. Im Laufe der Jahre geriet dieser Beschluss jedoch immer mehr in Vergessenheit.

Im Schuljahr 2003/04 wurde die Schule um ein offenes Ganztagsangebot ergänzt. Eine Folge des PISA-Schocks, gleichzeitig aber auch ein

---

Lehrkräften unterrichtet werden." In: Kölner Zeitschrift für Soziologie und Sozialpsychologie, Heft 73/ 2021, S. 259–283. Siehe: https://doi.org/10.1007/s11577-021-00779-3 (Letzte Abfrage: 22.10.2024)

[54] Jürgen Baumert, Gundel Schümer (2002): „Familiäre Lebensverhältnisse, Bildungsbeteiligung und Kompetenzerwerb." In: Deutsches PISA-Konsortium (Hrsg.): „PISA 2000. Basiskompetenzen von Schülerinnen und Schülern im internationalen Vergleich." Opladen: Leske + Budrich, S. 323-407.

[55] Zum Lebenslagenkonzept siehe einführend: Petra Kolip (2024). Lebenslagen und Lebensphasen". In: Bundeszentrale für gesundheitliche Aufklärung (BZgA) (Hrsg.). „Leitbegriffe der Gesundheitsförderung und Prävention. Glossar zu Konzepten, Strategien und Methoden". 2024, zitiert nach: https://doi.org/10.17623/BZGA:Q4-i071-3.0 (Letzte Abfrage: 22.10.2024).

Beweggrund, noch einmal grundsätzlich über die eigene Arbeit, den Unterricht und die Zusammenarbeit mit den Eltern nachzudenken. Das Schulleitungsteam nahm die Entwicklungen zum Anlass, die Sprecherinnen und Sprecher der Jahrgangsteams einzuladen. Einer der Tagesordnungspunkte war die Wiederbelebung von Hausbesuchen. Bianca Mittendorf, die Schulleiterin, führte in das Thema ein und erzählte von den Absichten und Ideen, die die Gründungsgeneration mit diesem Vorhaben verband. Den Einstieg mit einem Vortrag hatte sich das Schulleitungsteam überlegt, weil nur noch wenige Lehrkräfte von damals an der Schule tätig waren. Aber schon während Bianca Mittendorf erzählte, war große Unruhe unter den anwesenden Lehrkräften zu bemerken.

Alois Brettschneider, Jahrgangsleiter für die Jahrgänge 9 und 10, war das dritte Mitglied im Schulleitungsteam. Er plante, in wenigen Jahren in Pension zu gehen. Trotzdem war es ihm ein großes Anliegen, eine Schule zu hinterlassen, die die Aufgaben wahrnahm, für die er sich schon so viele Jahre einsetzte. Die konzeptionelle Einbindung von Hausbesuchen, wie damals bei der Gründung beschlossen, gehörte zu den Themen, die er gerne noch in die Zukunft tragen wollte. Er berichtete, wie ihm diese Besuche halfen, Kontakt zu Eltern zu bekommen. Es entwickelten sich Gespräche, schilderte er, die viel zum Verständnis der Lernausgangslagen seiner neuen Schülerinnen und Schüler beitrugen.

Gleich danach ergriff Nico Stein das Wort, Teamsprecher des 7. Jahrgangs. „Meine Elternschaft will gar keine Hausbesuche. Ich habe das damals beim ersten Elternabend angesprochen. Das wurde sofort abgelehnt. Ein Vater erklärte gleich, dass er ja auch nicht zu mir nach Hause käme." Jemand anderes berichtete, dass sie einen Hausbesuch machen wollte. Dafür habe sie sich über das Mitteilungsheft der Schülerin auch angemeldet. Als sie dann kam, sei sie im Treppenhaus an der Haustür in zwei Minuten abgewimmelt worden. Daraufhin ergriff Maren Bulut, die didaktische Leiterin, das Wort. „Ich verstehe, dass die Erfahrungen mit Hausbesuchen unterschiedlich sind. Das ist aber ja auch ein Hinweis darauf, dass es teilweise großes Misstrauen zwischen Elternschaft und Lehrkräften gibt. So was können wir doch nicht ignorieren." „Ich mache das nicht", erklärte Karin Köhler, Teamsprecherin des Jahrgangs 8, kategorisch und fast den Tränen nahe. „Als ich hier an der Schule anfing, da habe ich einen Hausbesuch gemacht. Das war schrecklich. Vor den Eltern hatte ich Angst, der Vater wirkte sehr bedrohlich auf mich. Er saß die ganze Zeit mit seinem Bier vor dem laufenden Fernseher.

Während ich mit der Mutter sprach, tobten drei Hunde um mich herum. Die Tür vom Kinderzimmer war ausgehängt, überall war es dreckig und es roch eklig. Ich konnte danach drei Tage nicht mehr schlafen. Ich mache so was nie wieder. Ihr könnt mich nicht dazu zwingen." Und dein Schüler muss jeden Tag da leben, dachte die Teamsprecherin des 10. Jahrgangs, Daniela Wrobel, sagte aber nichts dazu.

Das Thema nahm den Rest der Sitzung ein, die anderen Tagesordnungspunkte wurden verschoben. Das Ergebnis bestand am Ende jedoch nur aus einem ungelösten Problem und viel Unbehagen auf allen Seiten.

Es ist verständlich, wenn das Leben in Armut einzelne Lehrkräfte erschreckt. Trotzdem sind sie gefordert, hinzugucken und sich damit auseinanderzusetzen. Im Elften Kinder- und Jugendbericht informierte die Sachverständigenkommission unter anderem über den bestehenden „(...) Zusammenhang zwischen sozialer Schichtzugehörigkeit und Behinderung – und zwar nicht nur im Falle der so genannten Lernbehinderung. (...)". In dem Bericht hieß es, dass Unterschichtsangehörige bei allen Behinderungsarten in deutlich überproportionaler Weise betroffen seien. Schuleingangsuntersuchungen haben ergeben, „(...) dass Kinder aus Familien mit niedrigem sozialen Status zu fast 10%, bei hohem sozialen Status dagegen zu unter 1% von Behinderungen bedroht waren (...)"[56]. Kaum eine Lehrkraft gehört zu denjenigen, die ihre Kindheit in Armut verbracht haben. Es wird daher nicht nur schwer gelingen, sich in solch fremde Lebensverhältnisse hineinzuversetzen, sie nachzuempfinden. Trotzdem müssen sich Lehrkräfte mit aller Kraft um ein Verstehen der Prozesse bemühen, die solche Lebensverhältnisse in Menschen auslösen. Wie könnte man eine inklusive Schule aufbauen, die wirklich alle Kinder und Jugendlichen gleichermaßen zur Teilhabe befähigt, wenn solche extremen Unterschiede im pädagogischen Konzept keinen Widerhall finden?

Früher gehörte die Residenzpflicht, Dienstort gleich Wohnort, zu den althergebrachten Grundsätzen des Berufsbeamtentums. Heute heißt es zur Wahl des Wohnsitzes im § 72 des Bundesbeamtengesetzes nur noch, dass der gewählte Wohnort die Dienstgeschäfte nicht beeinträchtigen dürfe. Wohnte eine Lehrkraft früher unweit der eigenen Schule, so ist diese für heutige

---

[56] Bundesministerium für Familie, Senioren, Frauen und Jugend (Hrsg.): „Elfter Kinder- und Jugendbericht. Bericht über die Lebenssituation junger Menschen und die Leistungen der Kinder- und Jugendhilfe in Deutschland". Berlin, Stand: Februar 2002, S. 222

Lehrkräfte in der Regel nur noch eine Insel, die sie zu ihren Präsenzzeiten ansteuern. Oft wissen sie wenig über die konkrete Situation und die Lebensbedingungen im Stadtteil. Manchmal empfinden sie die schulische Umgebung sogar als bedrohlich. Das hat zu einer deutlichen Veränderung der Rolle von Lehrkräften beigetragen.

Noch in den 1960er und 1970er Jahren begegneten sich Lehrkräfte und Eltern beim Einkaufen, man war im gleichen Sportverein, wo einzelne Lehrkräfte oft eine Rolle im Vorstand übernahmen. Lehrkräfte führten die Chronik des Ortes, spielten sonntags die Orgel in der Kirche, leiteten den Chor und vieles mehr. Fast alle diese Orte der Begegnung sind verschwunden. Auch in der vermeintlich guten alten Zeit waren Hausbesuche kein übliches Mittel der schulpädagogischen Arbeit. Aber je größer die Entfernung zwischen den Leben der jeweils anderen ist, umso mehr Aufwand muss getrieben werden, um diese Kluft zu überwinden. Hausbesuche wären eine Möglichkeit. Wirft man allerdings einen Blick in die entsprechenden Internetforen, stellt man fest, dass auch auf der Seite der Eltern großes Unbehagen besteht. „Dürfen Lehrer einfach Hausbesuche machen?", scheint nicht ohne Grund ein Anliegen im „gutefrage"-Netzwerk zu sein.

In dem Lied „Mein Block" von Sido, aus dem auch der Titel dieses Abschnitts stammt, heißt es: „(…) Yeah, du in deinem Einfamilienhaus lachst mich aus, weil du denkst, du hast alles, was du brauchst. (…)" Mit diesen Zeilen beschreibt er zugleich Diskrepanzen, die nicht selten an Schulen zu beobachten sind. Lehrkräfte haben oft eine andere Sozialisation als viele der Kinder und Jugendlichen, die sie in den Schulen unterrichten. Dass manche Kinder und Jugendlichen ihre Rangordnungskämpfe und Konflikte nicht nur mit Worten austragen, kommt an vielen Schulen vor. Aber welche Lehrkraft war in der eigenen Jugend in Konflikte solcher Art verwickelt und kann emotional nachspüren, was da gerade passiert? Nicht umsonst gibt es einen Trend, sich insbesondere um einen Einsatz im gymnasialen Bereich zu bemühen. Die dort geltenden Spielregeln scheinen aufgrund der eigenen Sozialisation leichter verständlich und daher weniger verunsichernd zu sein.

Alle Kolleginnen und Kollegen nannten sie Miri, die Referendarin, die seit Beginn des Schuljahres 2009/10 an der Schule arbeitete. Den Eltern und Kindern gegenüber stellte sie sich stets als „Frau Böhm" vor. Sie war mit ihrem Bruder in der Vorstadt groß geworden. Die Eltern hatten ein Haus mit einem schönen Garten, um den sich der Vater nach Feierabend liebevoll kümmerte. Als sie klein war, wurde ihr vorgelesen, viele gemeinsame Urlaube waren mit positiven Erinnerungen besetzt. Morgens radelte sie mit ihrem Fahrrad und anderen Mädchen aus ihrem Viertel zum Gymnasium. Manchmal hatte sie Streit mit ihrem Bruder, aber meistens kam man gut miteinander aus. Jeder hatte sein eigenes Zimmer und sein eigenes Spielzeug. An ihrer Schule erlebte sie zwar vereinzelt intrigante Mitschülerinnen und Mitschüler, manchmal auch eine gewisse Niedertracht. Schlägereien, Brutalität und Gewalt hatte sie jedoch in ihrer Schulzeit nicht erlebt.

Nun, nachdem sie fast das erste Jahr ihrer Ausbildung hinter sich hatte, machte sie sich Gedanken über den Abschluss ihrer Ausbildung zur Lehrerin an einer Schule in einem sogenannten sozialen Brennpunkt. Schon öfter hatte ihre Mutter sie angesprochen, ob das wohl der richtige Ort für sie sei. An einer solchen Schule zu arbeiten, so ihre Mutter, sei ja nicht ganz ungefährlich. Vor kurzem telefonierte Miri mit ihrer Freundin. Der berichtete sie von einem älteren Schüler, der sich auf dem Schulhof mit einem Mitschüler geprügelt hatte. An diesem Tag war sie für die Pausenaufsicht eingeteilt und wurde Zeugin des Vorfalls. Am Ende des Schultages saß sie daher mit dem Schüler, von dem sie den Eindruck hatte, dass er die Prügelei herbeigeführt hatte, bei der Schulleiterin. Der Schüler erzählte aus seiner Sicht, immer noch wütend, von der Entstehung des Konflikts. Die Schulleiterin hörte ihm ruhig zu, was Miri sehr bewunderte, lief ihr doch immer noch eine Gänsehaut über den Rücken, wenn sie an den Vorfall dachte. Der Junge wurde ruhiger und die Schulleiterin erklärte ihm, was es alles für gewaltfreie Lösungsmöglichkeiten an der Schule gegeben hätte. „Ja", sagte der Junge, „vielleicht würde es an dieser Schule sogar funktionieren. Aber wissen Sie, da wo ich wohne, kann ich nicht zu einem Streitschlichter gehen. Da muss ich dafür kämpfen, dass man mir Respekt entgegenbringt. Wenn ich mich in meinem Viertel so verhalte, wie Sie es mir vorschlagen, dann bin ich ein toter Mann."

Nachdem der Schüler gegangen war, sprach die zukünftige Lehrerin noch einige Zeit mit ihrer Schulleiterin darüber, wie sie sich in solch eskalierenden Situationen verhalten könne. Und sie versuchte herauszufinden, wie ernst Bianca Mittendorf das nahm, was ihr der Junge berichtete. Das alles erzählte sie ihrer Freundin am Telefon. Ihrer Mutter hätte sie das nie so berichtet. Irgendwann meinte die Freundin bewundernd: „Ich habe wirklich Hochachtung vor dem, was du da jeden Tag machst. Ich könnte das nicht so, mit diesen Kindern. Ich hätte echt Angst."

Für die Organisation eines friedlichen Zusammenlebens und erfolgreicher Lernprozesse ist es unerlässlich, dass Lehrkräfte etwas über die Umgebung ihrer Schule und die Lebenswelt ihrer Schülerinnen und Schüler wissen. Wie sonst können sie verstehen, in welchem sozialen Kontext ihre Unterrichtsplanung steht? „Zukunftsbedeutung nach Klafki", eine Formulierung, die ich oft in den Unterrichtsentwürfen der zukünftigen Lehrkräfte gelesen habe, ist eben nicht nur ein Schlagwort, das man zwangsweise mit ein paar Sätzen streifen muss. Um die Zukunftsbedeutung eines Unterrichtsgegenstandes für die Kinder und Jugendlichen ermessen zu können, muss man zwingend eine Vorstellung von ihrem Leben und ihrer möglichen Zukunft haben. Kann sich Miri allein die Probleme ihres Schülers vorstellen und Lösungen für ein gemeinsames Lernen finden? Was bräuchte sie dafür? Wie entwickeln sich Sichtweisen über Schülerinnen und Schüler? Jede Schule braucht Lehrkräfte, die offen und mit Vertrauen darauf, dass es Lösungen geben wird, auf Kinder und Jugendliche zugehen. Für inklusive Schulen ist das ein elementarer Teil der Gelingensbedingungen. Damit ist nicht gemeint, alles zu akzeptieren. Damit ist gemeint, den Handlungsgründen der Kinder und Jugendlichen mit dem Ziel nachzuspüren, sie verstehen zu wollen.

Gleich nach den Sommerferien saß Miriam Böhm mit ihrem Fachseminarleiter für das Fach Gesellschaftslehre zusammen. Die Auseinandersetzung auf dem Schulhof und das anschließende Gespräch mit der Schulleiterin waren ihr nicht aus dem Kopf gegangen. Im Bildungsplan „Gesellschaft und Politik" hatte sie Aspekte gefunden, zu denen sie in den nächsten Wochen mit ihren Schülerinnen und Schülern aus der 6. Klasse arbeiten wollte. „Wir haben ja an unserer Schule gerade die Gruppe der Tourguides gegründet", erzählte sie ihrem Fachleiter. Gemeint war damit eine Gruppe von Schülerinnen und Schülern, die Gästen die Schule zeigten. „Ich möchte gerne daran anknüpfen und mit meiner Klasse eine Tour durch den Stadtteil planen und durchführen." Sie entwickelte ihre Vorstellungen davon, wie sie die Aspekte des friedlichen Zusammenlebens im Stadtteil mit Fragen der räumlichen Orientierung und weiterer Themenbereichen zusammenführen würde. Am Ende des Gesprächs kamen sie überein, dass daraus wesentliche Teile für ihre Abschlussprüfung entstehen könnten. Das würde sich lohnen, meinte ihr Fachleiter.

Ein paar Tage später berichtete sie ihrer Schulleiterin, Bianca Mittendorf, und ihrer Mentorin in einem gemeinsamen Gespräch von ihrem Vorhaben. „Am Anfang will ich die Schülerinnen und Schüler eine Idee entwickeln lassen, was man über ihren Stadtteil wissen muss", berichtete sie und hatte zu diesem Vorhaben auch schon konkrete Überlegungen. „Ich stelle mir vor, dass wir nach Dingen gucken wie gute Spielplätze und Treffpunkte. Ich denke, sie kennen aber auch Orte, wo man besser nicht hingehen sollte. Wo repräsentiert sich welche kulturelle Strömung oder Herkunft im Stadtteil. Die Kinder entwickeln bestimmt ganz viele Ideen." Miriam Böhms Vorstellungen und Gedanken sprudelten nur so aus ihr heraus. „Am Ende könnte man sich sogar ein konkretes Projekt aussuchen, wovon die Kinder überzeugt sind, dass man da etwas für sie im Stadtteil verbessern könnte. Dann schließt sich für meine Schülerinnen und Schüler sogar der Themenbereich ‚Verantwortung übernehmen' aus dem Bildungsplan ganz praktisch an." Bianca Mittendorf ließ sich von Miris Begeisterung mitreißen und war sofort Feuer und Flamme. „Ich würde mich freuen, wenn du am Ende, wenn du fertig bist, deine Ergebnisse in einer Dienstbesprechung vorstellen würdest. Ich werde auch mit unserem Fachbereichssprecher für Gesellschaftslehre sprechen. Vielleicht kann man das zukünftig immer in der 6. Jahrgangsstufe machen."

Wenige Tage später sprachen sie im Schulleitungsteam über das Vorhaben der Referendarin. „Erinnert ihr euch noch", fragte Bianca Mittendorf, „wie wir mit dem Thema ‚Hausbesuch' so grandios bei den Teamsprecherinnen und -sprechern gescheitert sind?" Jannes Mayer war noch ziemlich neu an der Schule und damals nicht dabei. Erst im Dezember 2009 kam er als ZuP-Leiter, Leiter des Zentrums für unterstützende Pädagogik, dazu und war Nachfolger von Alois Brettschneider im Schulleitungsteam geworden. Sie klärten ihn mit wenigen Worten darüber auf, wie ihnen die Wiedereinführung der Hausbesuche als einheitliche Regelung für jeden 5. Jahrgang misslungen war. „Vielleicht", meine Bianca Mittendorf, „gibt es ja einen Umweg, um miteinander ins Gespräch zu kommen. Ich sehe großes Potenzial im Vorhaben unserer Referendarin."

Dafür Sorge zu tragen, dass die pädagogisch Verantwortlichen sich Kenntnisse über das Umfeld der Schule verschaffen, ist unbestreitbar eine Leitungsaufgabe. Es gibt eine Vielzahl möglicher Lösungen dafür. Es ist egal, ob man mit dem Stadtteilpolizisten oder der Pastorin eine Fahrradtour durch den Stadtteil macht, ob eine Quartiersmanagerin oder andere Vertreter aus dem Stadtteil zu einem Bericht in die Gesamtkonferenz kommen oder ob die regionale Wohnungsbaugesellschaft die Lehrkräfte einlädt, in einer Muster-wohnung die übliche örtliche Wohnsituation kennenzulernen. Wichtig ist, dass man es tut, es vielfältig und immer wieder tut. Die Idee, Schülerinnen und Schüler zu Stadtführerinnen und -führern im eigenen Stadtteil zu ma-chen, ist bedeutsam, weil es sie von Objekten der Belehrung über gutes Zu-sammenleben und räumliche Orientierung zu aktiv Handelnden macht. Es ist ein großer Erfolg für einen kontinuierlichen Schulentwicklungsprozess, wenn es gelingt, solche und ähnliche Vorhaben fest im Schulcurriculum zu verankern. So eine Thematik kann auch die Kraft entwickeln, Eltern zu akti-vieren. Mit der richtigen Ansprache wäre es denkbar, eine elterliche Arbeits-gruppe aufzubauen, die eine Lehrkräftefortbildung zum Thema „Unser Stadt-teil" begleitet.

Inzwischen lag der erfolgreiche Abschluss des Referendariats hinter Miriam Böhm. Nachdem sie im 2. Halbjahr in vielen verschiedenen Lerngruppen Lü-cken schließen musste, hatte ihr die Schulleitung im Schuljahr 2011/12 end-lich eine eigene Klasse anvertraut. Nun war sie Klassenlehrerin einer der vier 7. Klassen. Sie war ein bisschen traurig, dass sie in der auslaufenden Gesamtschule eingesetzt wurde und nicht zu denen gehörte, die die neue Oberschule aufbauen und gestalten durften. Aber dafür war sie jetzt gemein-sam mit ihrer ehemaligen Mentorin, Elisabeth Kuzorra, in einem Team.

Ihre Unterrichtseinheit zum Stadtteil war ein großer Erfolg geworden. Ihre Schülerinnen und Schüler hatten begeistert besprochen, was sie den Er-wachsenen zeigen könnten. Anfänglich dachten sie ausschließlich darüber nach, welche touristischen Sehenswürdigkeiten die Lehrkräfte wohl interes-sieren könnten. Aber mit ein paar geschickt platzierten Hinweisen von Miriam Böhm kamen sie auch auf die religiösen Orte, den Park, wo Ältere mit Dro-gen handelten und man sich besser nicht sehen lassen sollte, wenn es dun-kel wurde, und vieles mehr. Kleingruppen arbeiteten voller Ausdauer, schrie-ben liebevoll Merkzettel und entwickelten eine Route für den gemeinsamen Spaziergang durch das Viertel. Neben Miri und ihrer Mentorin nahmen noch das Schulleitungsteam und drei weitere Lehrkräfte teil. Damit war ein Anfang gemacht. Dankbar nahm Miriam Böhm auf, was sie durch die Kinder an Neuem über den Stadtteil erfuhr.

Auch der Fachbereichssprecher für Gesellschaftslehre, René Komanski, war von dem Vorhaben angetan. Da diese Unterrichtseinheit Teil von Miris zweiter Staatsprüfung war, konnte sie den Mitgliedern der Fachkonferenz mit wenig Aufwand eine Mappe mit wesentlichen Hinweisen zur Unterrichtseinheit zusammenstellen. Die begrüßten den Vorschlag, das Thema in ihr Curriculum aufzunehmen. „Kann man nicht regelmäßig eine Führung für die neuen Schülerinnen und Schüler durchführen?", fragte eine Kollegin. Miriam Böhm argumentierte dagegen. Die jüngeren Kinder würden ja ihren Stadtteil kennen und sollten im nächsten Schuljahr selbst so eine Führung gestalten. Es sei etwas anderes, ob man Erwachsene führen würde, die den Stadtteil nicht gut kannten, oder Kinder aus der Nachbarschaft.

Auch das Schulleitungsteam war vom Potenzial dieser Führung durch den Stadtteil überzeugt. Sie hatten in der Lenkungsgruppe „Oberschule" angekündigt, dass sie demnächst ein schulinternes Fortbildungscurriculum zur Diskussion vorlegen würden. „Wir werden eine inklusive Schule", hatte Maren Bulut, die didaktische Leiterin, diesen Vorstoß begründet, „das verändert unsere schulische Arbeit Stück für Stück. Kolleginnen und Kollegen, die neu in unsere Oberschularbeit einsteigen, kennen unsere veränderte schulische Arbeit kaum. Wenn wir uns nachhaltig und auf Dauer verändern wollen, dann brauchen wir fest strukturierte Arbeitsweisen und eine Einführung darin." „Es heißt ja Schulentwicklung und nicht ‚Lehrerentwicklung' oder ‚Klassenentwicklung'", ergänzte Bianca Mittendorf, „das bedeutet, dass nicht jeder irgendetwas für sich selbst entwickelt, sondern wir einen einheitlichen gesamtschulischen Prozess schaffen und steuern müssen."

Die Lenkungsgruppe hatte sich schon längst dafür ausgesprochen, dass der Unterricht zukünftig individualisiert werden soll. Seit 2008 hatte man Erfahrungen mit Kompetenzrastern im Fach Deutsch gesammelt. Aber es gab ja noch mehr Fächer und daher auch eine gewisse Sorge, wie ein grundsätzlich individueller Unterricht möglich sein soll. Bianca Mittendorf hatte damit gerechnet. „Einen Unterricht, der alle Schülerinnen und Schüler in den Blick nimmt, ist eine echte Herausforderung. Das schafft natürlich keiner alleine", führte sie am Ende aus, „dafür brauchen wir Zusammenarbeit und standardisierte Verfahren. Und damit das mit allen erfolgreich klappt, brauchen wir ein Fortbildungskonzept." Die Stadtteilführung, wie sie von Miriam Böhm entwickelt wurde, würde nach den Überlegungen des Schulleitungsteams einer der zukünftigen Bausteine dieses Fortbildungscurriculums sein. Stück für

Stück entstände so ein Fundus erprobter und regelmäßig zu nutzender Unterrichtsmaterialien.

Schulentwicklung braucht nicht nur gute Ideen. Damit ein Kollegium neue Konzeptionen verlässlich in die alltäglichen Abläufe aufnimmt, ist eine Schulleitung erforderlich, die auf solche sich neu entwickelnde schulische Standards achtet und an ihnen festhält. Es braucht ein Schulleitungsteam, das dazu beiträgt, die erreichten Regularien zu erfassen, präzise zu beschreiben, und das auf eine möglichst verbindliche Umsetzung in der Schule schaut. Viele Aspekte, die sich im Lauf der Entwicklung zu einer inklusiven Schule als notwendig erweisen, wären auch in einer traditionellen Schule längst hilfreich. Die Stadtteilführung von Miriam Böhm ist ein gutes Beispiel dafür. Der Inklusionsauftrag hat aber allen Schulen eine Richtung gewiesen, in der Kenntnisse über das Leben der Kinder und Jugendlichen explizit an Bedeutung gewonnen haben. Dafür Sorge zu tragen, dass tatsächlich eine jährliche Stadtteilführung durch Kinder aller 6. Klassen für die Lehrkräfte der Schule und weitere Erwachsene durchgeführt wird, wäre somit ein bedeutsamer Entwicklungsschritt, den sicherzustellen zu den Pflichten der Schulleitung im Schulentwicklungsprozess gehört.

Eine langfristige und nachhaltige Schulentwicklung fällt deutlich leichter, wenn es der Leitung gelingt, bezüglich der anstehenden Aufgaben für Klarheit und Verständnis zu sorgen. Das Wissen darüber, wann welche Expeditionsgruppe aus dem Basiscamp ins unentdeckte Land aufbricht und wie die gesammelten Daten an alle Mitglieder der Forschungsgruppe zurückgekoppelt werden, verschafft ein Gefühl von Verlässlichkeit. So wird für alle Beteiligten transparent, wie gearbeitet wird und wer wann mit welchem Ziel wofür zuständig ist. Dazu muss die Leitung des Camps beweisen, dass sie in der Lage ist, komplexe Prozesse zu steuern, Zusammenhänge herzustellen und Unterstützung zu organisieren, wo diese erforderlich ist. Die Bereitschaft der einzelnen Forschungsgruppen, sich auf Risiken einzulassen, wächst, wenn sie den Eindruck haben, den weitgehend noch unbekannten Herausforderungen nicht allein gegenüberzustehen, wenn sie darauf vertrauen können, dass bei Problemen das ganze Camp gemeinsam nach Lösungen suchen wird.

Inklusive Schulentwicklung ist ausdrücklich nicht nur Unterrichtsentwicklung. Es geht darum, die einzelnen Kinder und Jugendlichen in ihrer

Ganzheitlichkeit als Teil einer schulischen Lerngemeinschaft willkommen zu heißen. Die Nutzung der Stadtteilführung für den Aufbau eines verbindlichen inklusiven Curriculums ist ein Schritt, andere Schritte sind genauso gut vorstellbar. Jedoch erfordern alle anfänglich besonderen pädagogischen Vorhaben viel Kraft für ihre Kreation und Entfaltung. Ein so langfristiger und umfassender Entwicklungsauftrag wie der Aufbau inklusiver Schulen ist allemal ein guter Grund für Schulleitungen, darauf zu achten, dass die in einem Kollegium vorhandenen Kräfte möglichst nützlich, zielgerichtet und dadurch schonend eingesetzt werden.

2.3 Sapere aude!

Anfang Dezember 2023 wurden die neuesten PISA-Daten veröffentlicht. Andreas Schleicher, Bildungsdirektor der Organisation für wirtschaftliche Zusammenarbeit und Entwicklung (OECD), schrieb kurz vorher eine Kolumne für Terra X vom ZDF. Darin stellte er die Forderung nach mehr Entscheidungsfreiheit und Selbstverwaltung für deutsche Schulen[57]. Im Bundesland Bremen ist die Selbstverwaltung der Schulen im Rahmen vorgegebener Rechtsvorschriften seit 1995 im Schulgesetz verankert. Mit der Einführung der Oberschulen und der damit einhergehenden Veränderung der rechtlichen Rahmenbedingungen wurden die Freiheitsgrade der Schulen durch die Einführung einer Kontingentstundentafel noch einmal deutlich erweitert[58].

Kant lässt mit seiner berühmten Antwort auf die Frage, was Aufklärung sei, keine Zweifel offen: Sapere aude, habe Mut, dich deines eigenen Verstandes zu bedienen![59] Aufklärung bedeutet, sich aus selbstverschuldeter Unmündigkeit zu befreien. Eine Aufforderung, so scheint es mir, die auch heute noch aktuell ist. Schulische Entscheidungen sind von den Schulleitungen zu verantworten. Die von der Bremer Bildungspolitik eingeräumten Freiheiten

---

[57] Andreas Schleicher: Wie moderne und gerechte Schule für alle geht. Terra X – die Wissens-Kolumne. 05.11.2023. Siehe: https://www.zdf.de/nachrichten/wissen/bildung-schule-terrax-andreas-schleicher-kolumne-100.html (Letzte Abfrage 02.02.2024)

[58] Siehe § 4 (2): „(...) Die Stundentafel gibt die Stundenkontingente an, die in den Jahrgangsstufen 5 bis 10 in den Fächern und Lernbereichen mindestens unterrichtet werden müssen (Anlage 1). Die Stundentafel enthält darüber hinaus für die Profilbildung in den Jahrgangsstufen 5 bis 10 ein Stundenkontingent."

Freie Hansestadt Bremen: „Verordnung über die Sekundarstufe I der Oberschule vom 26. Juni 2009 (Brem.GBI. 2009, S. 251), zuletzt geändert durch Geschäftsverteilung des Senats vom 02. August 2016 (Brem.GBI. S. 434)"

[59] Immanuel Kant: Beantwortung der Frage: Was ist Aufklärung? Benutzte Quelle: https://www.projekt-gutenberg.org/kant/aufklae/aufkl001.html (Letzte Abfrage: 02.02.2024)

würden es ihnen grundsätzlich ermöglichen, mutig und mit Sachverstand auf die eigene Situation bezogen zu handeln. Vor der Chance stehend, sich aus selbstverschuldeter Unmündigkeit zu befreien, fällt es manchen Schulleitungen jedoch schwer, eigene Entscheidungen zu treffen und zu verantworten.

Wieder einmal saß Bianca Mittendorf in einer Dienstbesprechung von Schulleitungen aus dem Bereich der Sekundarstufe I. Wieder einmal ging es darum, wie man sich am besten auf die Einführung der Oberschule vorbereitet. In dieser Sitzung stand die Kontingentstundentafel im Mittelpunkt. Sie war im Juli 2009 veröffentlicht worden. Jetzt, nach den Sommerferien, sollte geklärt werden, wie die Schulleitungen zukünftig damit umgehen. „Es kann doch nicht sein", meldete sich ihr Kollege aus dem Süden der Stadt zu Wort, „dass ab jetzt jeder machen kann, was er will. Das müssen wir doch absprechen!" Immer mehr Kollegen beteiligten sich an der Diskussion und bestärkten den Vorredner. „Dann hat man ja gar keine Vergleichbarkeit mehr", meinte einer. Ein anderer fragte, wie denn zukünftig mit möglicherweise sehr unterschiedlichen schuleigenen Stundentafeln noch ein Umzug innerhalb der Stadt möglich sei.

Bianca Mittendorf folgte der Diskussion aufmerksam. Sie war eine von zwei Frauen in dieser Runde und hielt sich mit Wortmeldungen zurück. Sie wollte nicht gerne als zickig wahrgenommen werden. Kritische weibliche Stimmen wurden leicht in diese Ecke gestellt. Als jedoch die Oberschulrätin die Diskussion konkret aufgriff und die Entwicklung einer gemeinsamen Stundentafel für alle Schulen aus der Kontingentstundentafel heraus vorschlug, konnte sie sich nicht länger zurückhalten. „Liebe Kollegen, liebe Anita, mit einer stadtweit gemeinsamen Stundentafel wird ja genau das wiederhergestellt, was gerade durch die Kontingentstundentafel abgelöst wurde, die Gleichschrittigkeit. Ich möchte das für meine Schule hier ganz deutlich erklären: Wir machen bei einer gemeinsamen Stundentafel nicht mit. Wir verstehen uns, wie es im Schulgesetz steht, als eigenständige pädagogische Einheit. Und wir haben schon einige Ideen entwickelt, wie wir uns als inklusive Oberschule unter Nutzung der Freiheiten, die uns die Kontingentstundentafel gibt, gut organisieren können." Innerlich vibrierte sie. Niemand widersprach gerne und ohne Not der Oberschulrätin. „Ist ja klar, dass so etwas wieder von euch kommt", raunte einer der Kollegen, drei Plätze weiter. Die Oberschulrätin sah im ersten Moment etwas unentspannt aus, hatte sich aber gleich wieder im Griff. „Wir sprechen noch einmal darüber, wenn der Vorschlag der

Arbeitsgruppe vorliegt", meinte sie dann und fuhr fort, Mitarbeiter für die Arbeitsgruppe zu suchen.

Kant betont in seinem berühmten Text das eigene Verschulden an der Unmündigkeit und er beginnt den zweiten Absatz mit den Worten: „Faulheit und Feigheit sind die Ursachen, warum ein so großer Teil der Menschen, nachdem sie die Natur längst von fremder Leitung frei gesprochen (…), dennoch gerne zeitlebens unmündig bleiben (…)"[60]. So eine Interpretation von Handlungsmotiven erklärt vielleicht, warum die Diskussionen nach PISA 2022 an Schärfe zunehmen. Beispielgebend dafür ist die im Januar 2024 von Andras Schleicher angestoßene Debatte über die Aufgabenwahrnehmung der Lehrkräfte, von der er meint, dass so eine Arbeitseinstellung „(…) in keinem anderen Job akzeptiert werden (würde)"[61]. Aber sind die Gründe, die dazu führen, dass Schulleitungen „ihre" Schulen nicht als eigenständige pädagogische Einheiten mit allen ihnen zugewiesenen Rechten leiten, wirklich allein in Faulheit und Feigheit zu finden?

Eine Kontingentstundentafel lässt große Freiheiten. Es wären Schuljahre vorstellbar, die unter bestimmten Schwerpunkten ständen, das „Mathejahr" oder das „Deutschjahr". So könnten unter jeweils zentralen Schwerpunktsetzungen innerhalb der Schuljahre ganzheitliche Lernvorhaben gesteuert werden. Es wäre genauso gut möglich, die Schulzeit in Abschnitte einzuteilen, in denen thematische Aufgaben den jeweiligen Schwerpunkt setzen. Ein Schuljahr lang untersucht der 7. Jahrgang Fragestellungen zum Thema „Fahrradfreundliche Stadt" oder der 9. Jahrgang „Berufe der Zukunft". In beiden Fällen müssten die Schwerpunkte auf ihre Lernhaltigkeit untersucht, die Inhalte den geforderten Kompetenzen aus den Bildungsplänen zugeordnet und der Zeitverbrauch mit den vorhandenen fachlichen Unterrichtsstundenkontingenten verrechnet werden. Die Frage nach dem Sinn von Schule und Unterricht sowie der Zukunftsbedeutsamkeit der unterrichtlichen Vorhaben würde sich bei den genannten Beispielen anders stellen als in der traditionellen schulischen Arbeit.

---

[60] Immanuel Kant, a.a.O.

[61] Karolin Schaefer: „'Würde in keinem anderen Job akzeptiert werden': Pisa-Boss geht hart mit deutschen Lehrern ins Gericht". Merkur, 03.02.2024. https://www.merkur.de/deutschland/studie-chef-andreas-schleicher-schule-deutschland-lehrer-lehrkraefte-pisa-92787167.html (Letzte Abfrage: 03.02.2024)

Schulen sind durch mannigfaltige Effekte miteinander kommunizierende Subsysteme des Bildungswesens. Eine Schule, die sich in einen deutlich erkennbaren Veränderungsprozess begibt, nötigt dadurch andere Schulen auf verschiedene Weisen zu Reaktionen. Bei einer Ausschöpfung von Möglichkeiten der Kontingentstundentafel könnten deutlich unterschiedliche Lernstände zwischen Schülerinnen und Schülern verschiedener Schulen entstehen. Tatsächlich sind sie auch unabhängig davon schon immer unterschiedlich, wenn auch möglicherweise nicht in dem Maße, wie es denkbar wäre. In einem inklusiven Bezugsrahmen, der davon ausgeht, dass jede einzelne Schule sich um die Lernprozesse jedes einzelnen Kindes individuell kümmert, dürfte das kein Problem darstellen. Auf die Gesamtmenge der Schulklassen gesehen, entspricht so eine Unterrichtsgestaltung jedoch noch lange nicht dem schulischen Alltag.

Man stelle sich eine Depesche der Leitstelle an alle Basiscamps entlang der Küste vor, in der zentrale Vorgaben für die bisherige Expeditionsplanung weitgehend aufgehoben werden. Ab sofort sind alle Campleitungen aufgefordert, aufgrund der örtlichen Bedingungen selbst zu entscheiden, wann sie wohin aufbrechen wollen. Verbindlich sind nur noch grundsätzliche Rahmenbedingungen, beispielsweise wann welches Gebiet kartografiert sein soll. Verbindlich bleibt gleichfalls die Aufgabe, Flora und Fauna zu erforschen, wenn auch die Art und Weise jedem Camp anheimgestellt wird. Sollten sich beim dazu erforderlichen Datenaustausch zwischen verschiedenen Basiscamps Probleme ergeben, sind diese vor Ort zu klären. Die Idee, Lösungen zu präferieren, die auf Grundlage konkreter örtlicher Gegebenheiten entwickelt werden, ist vernünftig. Leider aber bestand die Ausbildung der Campleitungen bisher darin, vorgegebene Handbücher umzusetzen und die Durchführung durch die Expeditionsmitglieder zu kontrollieren. So oder so ähnlich muss die Lage den meisten Schulleitungen 2008/09 vorgekommen sein.

Konzepte für die Nutzung der Kontingentstundentafel entwickeln ihr Potenzial erst im Zusammenhang mit umfassenden Veränderungsprozessen. Wie die geschilderte Schulleitungsdienstbesprechung zeigt, gibt es zwei gegensätzliche Reaktionsmöglichkeiten zum Umgang. Die eine besteht darin, aus Sorge vor möglichen Konsequenzen die Verwendung zu reglementieren und wieder eine lokal vorgegebene Stundentafel zu schaffen. Mit der Verhinderung der eigenständigen freien Nutzung von Gestaltungsmöglichkeiten verharren Schulleitungen, die einen solchen Weg wählen, in selbst gewählter Unmündigkeit. Die geschilderte Schulaufsichtsbeamtin unterstützt diese ängstliche Entscheidung. Ein Schulträger, der umfassende Freiheiten gewährt, müsste den Blick stattdessen auf den zukunftsorientierten konstruktiven Umgang richten. Wer Möglichkeiten schafft und deren aktive Nutzung wünscht, muss nicht nur die erforderliche Zeit für Konzeption und Umsetzung gewähren. Es ginge ebenfalls darum, den Schulleitungen zuzuhören, die Folgen einzelner Handlungen abzuschätzen und Lösungsstrategien zu entwickeln. Auch für den Umgang mit Freiheit braucht es Lerngelegenheiten.

Am Tag nach der Schulleitungsdienstbesprechung besprach sich Bianca Mittendorf mit ihrer Kollegin Maren Bulut über das, was sie am Vortag erlebt hatte. Gemeinsam versuchten sie zu ergründen, warum sie die Kontingentstundentafel als Gelegenheit sahen, während die meisten anderen Schulleitungen mit Sorge darauf guckten.

„Naja", analysierte Maren Bulut die Situation, „die Kollegen in den anderen Schulleitungen haben alle eine pädagogische Ausbildung. Ich glaube, viele Probleme können sie nicht erkennen, weil sie nicht gelernt haben, den Blick in eine Richtung zu lenken, in der sie sich eher als Geschäftsführende eines pädagogischen Betriebes verstehen müssten. Du hast dich schon in den 1990er Jahren mit einer kontraktorientierten Steuerung von Schulen beschäftigt. Und auch bei dem Moratorium zur Lehrerarbeitszeit zwischen Gewerkschaft und Senat warst du beteiligt. Das macht schon einen Unterschied."

Bianca Mittendorf erinnerte sich gut an eine Zeit, die zumindest auf ihrer Seite mit viel Hoffnung auf Veränderung verbunden war. Aber jetzt, mehr als 15 Jahre später, waren die wirklich erzielten Ergebnisse doch dürftig. „Ja", sagte sie, „ich erinnere mich. Ich habe damals versucht, deutlich zu machen, dass die Arbeitszeitregelungen für Lehrkräfte jeglicher rationalen Begründung entbehren und Schulentwicklung behindern. Und es ist heute noch so. Die Arbeit von Lehrkräften wird in Unterrichtsstunden gemessen. Jeder Ökonom kann dir schnell erklären, dass auf so einer Berechnungsgrundlage nur die Unterrichtsstunden knapp sind, nicht aber Zeit für all die anderen Aufgaben, die Lehrkräfte auch noch haben." Bianca Mittendorf war wirklich frustriert. Jetzt, in Verbindung mit einem so umfassenden Transformationsprojekt wie dem Inklusionsauftrag, wäre es hilfreich, über die Steuerung solcher Prozesse neu nachzudenken. Warum entstand keine Diskussion bei den

Schulleitungen über Kontrakte und Zielvereinbarungen, über Handlungsrahmen und Ideen zur Motivation von Mitarbeiterinnen und Mitarbeitern?

„Ich bin jedenfalls froh", meinte Maren Bulut, „dass ich mit dir an diesem Schulentwicklungsprozess arbeite. Ich kenne keine andere Person aus der Schulleitungsrunde, die so auf die Dinge guckt." „Natürlich habe ich andere Erfahrungen als die meisten Kolleginnen und Kollegen, Ich habe mich mit Themen beschäftigt, die über den normalen schulischen Alltag hinausgehen", richtete sich Bianca Mittendorf an ihre Kollegin. „Trotzdem kann ich das nicht so stehen lassen. Wenn Schulentwicklung von persönlichen Einzelschicksalen und individuellen Kompetenzen abhängig wäre, dann hätte das ja mit nachhaltiger Steuerung und Professionalität sehr wenig zu tun."

Sie diskutierten noch einige Zeit über ihre Schulleitungskollegen, dann wendeten sie sich wieder der Frage zu, wie sie an ihrer eigenen Schule die anstehenden Prozesse nachhaltig gestalten könnten.

Wie erweitert man seinen „Denkraum" und erkennt neue Chancen und Handlungsmöglichkeiten? Was führt zu Innovation und wie erreicht man den dafür notwendigen Mut zur Veränderung? Kommt es auf einzelne Personen an? Gibt es systemimmanente Antriebskräfte, die innovatives Handeln antreiben und die initiiert und gesteuert werden können? Das sind zentrale Frage, um die es in dem Gespräch zwischen den beiden Schulleitungsmitgliedern geht.

Um sich anzustrengen, braucht es Motivation. In den 1990er Jahren gab es die Idee, Schulleitungen ein Budget zu geben, aus dem sie einzelnen Lehrkräften für besondere Aktivitäten Belohnungen gewähren sollten. Abgesehen davon, dass eine extrinsische Motivation nur begrenzt wirksam ist, passt so ein Verfahren nicht zu den traditionellen Wertvorstellungen in den Lehrerzimmern. Hilfreicher wären Überlegungen zur intrinsischen Motivation. Förderlich wäre, bevor die Faulheit und Feigheit von Schulleitungen und Lehrkräften problematisiert werden, vorliegende Ergebnisse der Motivationsforschung im Lehrkräfteberuf zusammenzutragen, auszuwerten, Forschungslücken zu schließen und konkrete Maßnahmen daraus abzuleiten. Was motiviert junge Menschen überhaupt, Lehrkraft zu werden? Uwe Schaarschmidt kommt im Rahmen der von ihm geleiteten Belastungsstudie Anfang der 2000er Jahre zu der Erkenntnis, „(...) dass bei einem nicht geringen Teil der Lehramtsstudierenden problematische Eignungsvoraussetzungen vorliegen (z. B. Einschränkungen in der Widerstandskraft, Defizite in der sozial-kommunikativen Kompetenz und Beeinträchtigung des Selbstvertrauens).“[62] Anscheinend fehlen Anreize für einen Beruf, der aufgrund seiner Bedeutung für die nachwachsende Generation verstärkt mutige, risikofreudige und zuversichtliche junge Menschen braucht. Motivation für und in diesem Beruf lässt sich nicht durch Appelle auslösen. Für den Aufbau eines inklusiven Schulwesens sind perspektivisch Lehrkräfte erforderlich, die in Gemeinschaften mit anderen eine völlig neue Form von Schule gestalten. Das ist mit der traditionellen Arbeitsweise und der zeitlichen Abrechnung der Arbeit in Form von Unterrichtsstunden nicht leistbar. Aus einer sich daraus ergebenden grundsätzlichen Neugestaltung der Lehrerarbeit könnten sich Motive entwickeln, die verstärkt Menschen ansprechen, die Interesse an den inhärenten Gestaltungschancen haben.

Ebenso hilfreich wäre ein rationaler Zugang zur Frage der Feigheit. Um mutig zu sein, muss eine gewisse Risikobereitschaft als persönliche Disposition vorhanden sein. Das allein reicht jedoch nicht aus. Ein professioneller Umgang mit Risiken erfordert außerdem die Kompetenz, Gefahren zu kennen und in komplexen Zusammenhängen abwägen zu können. Das Denken in öffentlichen Verwaltungen scheint nach wie vor sehr geradlinig zu verlaufen. Jeder Fehler hat eine Ursache und damit einen Verursacher. Zwischendurch gibt es zwar immer wieder Weckrufe, die dazu auffordern, eine produktive Fehlerkultur zu entwickeln, aber inwieweit wird ein echtes „Fehlerlernen“ im öffentlichen Dienst wirklich gewünscht und umgesetzt? Gerade bei herausgehobenen Projekten ist es für Politiker leichter, mit dem Finger auf vermeintlich fehlerhaft arbeitende Mitarbeiterinnen und Mitarbeiter zu verweisen. Auch eine Kultur der Verantwortungsübernahme braucht entsprechende Rahmenbedingungen.

Mit solchen und weiteren Überlegungen sowie den erforderlichen Konsequenzen daraus kann nicht gewartet werden, bis die Phase des Lehrkräftemangels vorbei ist. Wenn Schulleitung ein eigenständiger Beruf ist, wie vielfach gut begründet dargestellt[63], dann stellt sich die Frage nach der dafür erforderlichen Berufsausbildung. Bedeutsame Entscheidungsfreiheiten

---

[62] Uwe Schaarschmidt: „Die Potsdamer-Lehrerstudie“. Zitiert nach: Bayrischer Lehrerinnen- und Lehrerverband, Institut für Gesundheit in Pädagogischen Berufen (IGP), S. 5; https://www.gesundheitsregionplus-landsberg.de/fileadmin/user_upload/projekte/gesundheits foerderung/Ergebnisse_Potsdamer_Lehrerstudie.pdf (Letzte Abfrage: 18.04.2024).

[63] http://slv-bremen.de/arbeitsschwerpunkte/berufsbild-schulleitung/ (Letzte Abfrage: 02.02.2024)

ernsthaft nutzen zu können, erfordert Schulleitungen, die sich selbst als Geschäftsführende eines pädagogischen Betriebs verstehen, die die Kompetenzen haben, Aufgaben in diesem Kontext zu beurteilen, gegenüber anderen zu vertreten und entsprechend zu handeln. Damit verbunden wären im gleichen Atemzug die angemessene Neugestaltung der Schulleitungsarbeit. Diese müsste einer solcherart veränderten Erwartung an die Aufgabenwahrnehmung eben auch entsprechen.

Das Schulleitungsteam hatte sich seit einiger Zeit den Montagnachmittag als gemeinsamen Besprechungstermin freigeräumt. Andere Termine in dieses Zeitfenster zu legen, war für alle drei ein großes Tabu. Maren Bulut und Bianca Mittendorf brachten an diesem Nachmittag erstmal Jannes Mayer auf den neusten Stand. Alle drei waren sich einig, dass sie an ihrer Schule die durch das Schulgesetz ermöglichten Freiheiten nutzen wollten.

„Wisst ihr", erzählte Bianca Mittendorf, „Veränderungen sind wirklich schwierig, auch für einen selbst. Oft tun wir Dinge, einfach weil wir glauben, dass es sich so gehört." Sie berichtete, dass bis weit in die 2000er Jahre hinein der größte Einzelposten beim Zeitverbrauch für ihre Schulleitungstätigkeit die Klassenbuchkontrolle war. Das hatte sie so von ihrem Vorgänger übernommen. „Freitags sammelte ich die Klassenbücher ein, dann habe ich stundenlang kontrolliert, ob die Stoffverteilungspläne eingetragen sind, ob die Eintragungen zu den einzelnen Fächern mit den rechtlichen Vorgaben und den Stoffverteilungsplänen übereinstimmen. Ganz besonders wichtig war die Frage, ob überhaupt alle Eintragungen gemacht waren. Und am Montag bekamen die Lehrkräfte, für die ich zuständig war, ihre Klassenbücher mit vielen kleinen Zetteln zurück." Danach schilderte sie, dass sie irgendwann nicht mehr genug Zeit für alle ihre Aufgaben hatte, insbesondere als die offene Ganztagsschule ab 2002 in die Diskussion kam. Ihre Kontrollen fanden nur noch sporadisch und mit schlechtem Gewissen statt. Besonders anfänglich, als sie der traditionellen Routine nicht mehr nachkam, bedrückte sie das Gefühl, ihre Aufgaben nicht ordnungsgemäß zu erledigen. „Ich frage euch jetzt mal: Hat dieser Aufwand wirklich geholfen, eine gute Schule zu gestalten?"

„Wir tragen die Verantwortung für die Qualitätsentwicklung und Qualitätssicherung des Unterrichts", meinte Maren Bulut. „Mit Klassenbuchkontrollen allein wird das wohl eher nicht gelingen." „Gerade jetzt, wo wir im Rahmen

des Einstiegs in inklusive Schulentwicklungsprozesse neue Wege gehen müssen und wollen, sollten wir uns genau überlegen, wie wir das machen", ergänzte Jannes Mayer. „Ihr jungen Leute könnt euch das gar nicht vorstellen", lachte Bianca Mittendorf. „Die erste Zeit als Lehrerin verbrachte ich an einer Schule, wo die beiden Parallelklassen zwei unterschiedliche Spanischbücher hatten, weil die Lehrkräfte sich nicht auf ein gemeinsames Lehrwerk einigen konnten." „So gesehen gibt es doch einen Fortschritt in der Schulentwicklung", meinte Jannes Mayer etwas zynisch und schenkte sich Kaffee nach.

Jeder kann nur als Problem erkennen, was ihm als Problem erscheint. Das sogenannte „9-Punkte-Problem" ist weithin bekannt. Es geht darum, drei mal drei Punkte, quadratisch angeordnet, mit vier geraden und miteinander verbundenen Linien und ohne den Stift abzusetzen zu verknüpfen. Dabei darf der Stift nicht abgesetzt und kein Punkt doppelt berührt werden. Die einzig mögliche Lösung, und deswegen wird dieses Problem immer wieder zur Illustration genutzt, erfordert ein Verlassen des nur scheinbar vorgegebenen Raums, ein Verlassen des einschränkenden Denkrahmens. Als 1995 die Schulleitungen aus ihrem hierarchischen Korsett entlassen wurden und Schulen per Gesetzesbeschluss zu eigenständigen pädagogischen Einheiten wurden, hatte sich niemand genau genug überlegt, was es braucht, damit sich diese Innovation und das in ihr schlummernde Potenzial auch innerhalb der Schulleitungen ausbreitet.

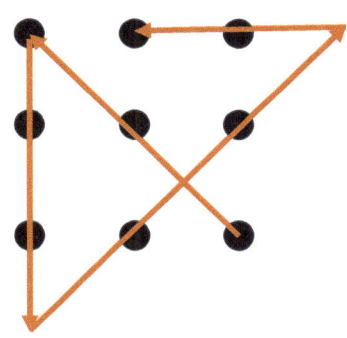

1991 veröffentlichte die Kommunale Gemeinschaftsstelle für Verwaltungsvereinfachung (KGSt) ein erstes Papier zur dezentralen Ressourcenverantwortung[64]. „Die Einführung eines neuen Steuerungsmodells ist ein längerfristig anzulegender Veränderungsprozeß. Voraussetzung hierzu sind auch Veränderungen in den Einstellungen der davon betroffenen Mitarbeiter.

---

[64] Kommunale Gemeinschaftsstelle für Verwaltungsvereinfachung (KGSt): „Dezentrale Ressourcenverantwortung: Überlegungen zu einem neuen Steuerungsmodell." Az. 10 45 08, Köln, 1991.

(...)", hieß es am Ende der Zusammenfassung. 1993 erschien ergänzend eine systematische Darstellung des Konzepts. Erneut wurden in diesem Bericht die bestehenden Verhältnisse scharf kritisiert. „Die Verbindung traditioneller bürokratischer Steuerungsinstrumente mit Gewohnheiten, die die Verwaltungen in der Wachstumsära angenommen haben, hat zu gravierenden Mängeln im Management der Verwaltung, aber auch der Beteiligungen geführt."[65] Die Autoren des Politikerhandbuchs der KGSt sprachen vor dem Hintergrund von Vergleichen mit anderen Ländern davon, dass die deutschen Kommunalverwaltungen „ein System organisierter Verantwortungslosigkeit" seien[66]. 1996 erschien ein Bericht der KGSt, der nun den Schulbereich einbezog[67]. Aus heutiger Sicht kann wohl unbestritten behauptet werden, dass mit diesem Bericht eine Chance vertan wurde. Gerade Schulleitungen mit ihrem grundsätzlich erst einmal pädagogischen Blick auf die berufliche Aufgabenwahrnehmung gewinnt man in ihrer Mehrheit nicht durch eine Diskussion über die Definition pädagogischer Produkte. Es gab damals vielfältige Bemühungen, pädagogische Tätigkeiten in Form von Produkten zu beschreiben, damit diesen wiederum Kosten zugeordnete werden konnten. So entzogen sich aber die richtigen Ansätze einer zielorientierten Steuerung durch eine ökonomistische Sicht auf die Vorgänge der Zustimmung großer Teile der Schulleitungen.

Das Gespräch über alte Zeiten und die Möglichkeiten von Schulleitungen, Verantwortung für die Unterrichtsentwicklung zu übernehmen, war nicht ohne Folgen geblieben. Immer wieder diskutierten sie, wie zukünftig eine sinnvolle und nützliche Steuerung aussehen könnte. Im Laufe des Schuljahres entwickelte das Schulleitungsteam verschiedene Ideen und verwarf sie wieder. Ausschlaggebend für den Plan, den sie Anfang des Schuljahres 2010/11 weiterverfolgten, war letztlich die Anekdote von Bianca Mittendorf über die Spanischbücher.

---

[65] Kommunale Gemeinschaftsstelle für Verwaltungsvereinfachung (KGSt): „Das Neue Steuerungsmodell. Begründungen. Konturen. Umsetzung." KGSt-Bericht 5/1993, AZ. 10 31 40, Köln, 01.09.1993, S. 9.

[66] Kommunale Gemeinschaftsstelle (Hrsg.): „KGST-Politikerhandbuch zur Verwaltungsreform". Köln 1996, S. 41.

[67] Kommunale Gemeinschaftsstelle für Verwaltungsvereinfachung (KGST): Neue Steuerung im Schulbereich". KGSt-Bericht 9/1996, Az. 10 41 10/4. Köln, 22.08.1996.

Sie hatten sich überlegt, dass das, was in verschiedenen Veröffentlichungen als Steuerung durch Ergebnisverantwortung diskutiert wurde, auch für ihre Schule gelten müsste. Ihnen war aufgefallen, dass die Bildungspläne vorgaben, was die Schülerinnen und Schüler gelernt haben sollen. Ihre Kontrollinstrumente fragten aber immer noch danach, was die Lehrkräfte den Kindern und Jugendlichen gelehrt hatten. „Ich weiß gar nicht, warum wir uns noch nie Gedanken darüber gemacht haben", überlegte Jannes Mayer in einer der langen Besprechungen. „Wir brauchen in einer inklusiven Schule einen Unterricht, der bei den einzelnen Schülerinnen und Schüler ansetzt. Was würde passieren, wenn die Fachkonferenzen gemeinsame Abschlussprüfungen zur Erfassung des individuellen Lernfortschritts in den jeweiligen Unterrichtseinheiten entwickeln würden?" Mit dieser Frage löste Bianca Mittendorf eines Tages eine Ereigniskette aus, die jetzt zu einem Gespräch zwischen der didaktischen Leiterin Maren Bulut und dem Fachsprecher für das Fach Deutsch, Thomas Böckmann, geführt hatte.

„Wir haben doch vor", begann Maren Bulut, „im nächsten Schuljahr, wenn die Oberschule startet, den Unterricht in den Kernfächern durch unsere Kompetenzraster zu individualisieren. Gleichzeitig planen wir ja auch Inputphasen, in denen Themen eingeführt, problematisiert und erläutert werden sollen." Maren Bulut und Thomas Böckmann tauschten sich intensiv darüber aus, wie sich der Deutschunterricht zukünftig entwickeln müsste. „Was wäre", fragte Maren Bulut nach einiger Zeit, „wenn das Fachkollegium diesen Input-Unterricht systematisch und gemeinsam entwickelt? Wir schaffen uns Boxen an, in die von der Fachkonferenz entwickeltes Unterrichtsmaterial kommt. Die Sonderschullehrkräfte arbeiten ganz normal an der Materialentwicklung zu den jeweiligen Themen mit. Dadurch könnte ein Fundus hochdifferenzierter Materialien entstehen, wie ihn keine einzelne Lehrkraft allein für ihren Unterricht erstellen könnte. Dann stehen für diese Input-Themen immer sorgfältig vorbereitete Unterrichtseinheiten zur Verfügung, die ein Lernen auf unterschiedlichen Niveaus zum gleichen Thema ermöglichen." Thomas Böckmann fing an, sich für diese Idee zu erwärmen.

Allen an der Schule war inzwischen klar geworden, dass Inklusion nicht zu einer Verdopplung des Lehrkräfteeinsatzes durch Doppelbesetzung führen wird. Sie suchten schon seit einiger Zeit nach anderen Konzepten der Zusammenarbeit und gegenseitigen Unterstützung. „Man könnte die Bestückung dieser Input-Kisten und die Arbeit daran über unser Kompetenzraster steuern. Einzelne Kolleginnen und Kollegen würden zu einzelnen Punkten aus dem Raster Material entwickeln, das wir in der Fachkonferenz dann zu einem Gesamtpaket zusammenführen." Thomas Böckmann hatte die Chancen, die in dieser Idee steckten, schnell erkannt und so nahm die Erörterung von Möglichkeiten zur Umsetzung Fahrt auf.

„Wir müssen aber auch möglichst erreichen, dass unsere Kolleginnen und Kollegen die Boxen nutzen", sprach Maren Bulut den wunden Punkt an. „Wir wissen ja beide, dass viele Lehrkräfte zu Hause sitzen und stundenlang über eigenem Material brüten, das vermeintlich viel besser ist als das, was ihnen vorliegt. Wir haben uns im Schulleitungsteam gefragt, was passieren würde, wenn die Fachkonferenz zu jedem Input-Thema einen daran angepassten differenzierenden Abschlusstest für alle Schülerinnen und Schüler entwickeln würde. Der Test wäre verbindlich, wie sie dahinkommen, ist den Fachlehrkräften überlassen." „Und ihr habt die Idee, dass die Kolleginnen und Kollegen die Box dann eher nutzen, wenn der Test vorgegeben ist?" „Ehrlich gesagt glauben wir, dass die Chance dann größer ist." „Und wie stellt ihr euch das mit einem Abschlusstest für alle vor? Im Augenblick passen viele ihre Klassenarbeiten an den vermeintlichen Leistungsstand ihrer Klasse an." „Weißt du, Thomas, wir haben uns auch die Frage gestellt, ob der Test zu den Input-Themen nicht so entwickelt werden könnte, dass er vom Einfachen zum Schweren führt. So hätten Kinder mit Lernhemmnissen beispielsweise die Möglichkeit zu zeigen, dass sie mehr gelernt haben, als wir ihnen ursprünglich zutrauten. Andererseits können leistungsstärkere Schülerinnen und Schüler auch mal eine schlechte Phase haben. Dann kann man zumindest sehen, wie weit sie mitgekommen sind." „Du weißt, dass das Thema von vorgegebenen Klassenarbeiten ein rotes Tuch für viele unserer Kolleginnen und Kollegen ist?", fragte Thomas Böckmann nach. „Der Gedanke einer Individualisierung der Klassenarbeiten ist allerdings ein wesentlicher Kern eures Vorschlags. Das wird keine leichte Debatte. Aber jetzt, wo die inklusive Oberschule vor der Tür steht, ist das ein Thema, das alle beschäftigt. Ich könnte mir vorstellen, dass sich mit Blick auf die Zukunft dafür eine Mehrheit in der Fachkonferenz erwärmen könnte."

Die eigene Schule nicht als Diener einer übergeordneten Macht zu beaufsichtigen, sondern sie als aktiv gestaltende Kraft zu entwickeln, erfordert mehr als eine Gesetzesänderung. Zu einem veränderten Selbstverständnis von Schulleitungen hin zu Geschäftsführenden eines pädagogischen

Betriebs gehört, die Aufgaben ökonomisch rational handelnd zu bewältigen[68]. Das bedeutet, dass sie definierte pädagogische Ziele mit möglichst geringem Mitteleinsatz zu erreichen haben oder aber mit den vorhandenen Mitteln maximal erreichbare pädagogische Ziele anstreben sollten. Dazu braucht es allerdings in allererster Linie keine betriebswirtschaftliche Kostenkalkulation für schulische Produkte, sondern klare und überprüfbare Zielformulierungen. So ein Ansatz führt zwangsläufig zu einem anderen Blick auf die Schule. Die Realisierung einer Idee von Schule, die alle Kinder und Jugendlichen individuell in den Blick nimmt, ist für eine einzelne Lehrkraft mit ihren persönlichen Unterrichtsstunden in ihrer einzelnen Klasse unmöglich. Für den Aufbau inklusiver Schulen werden deshalb Schulleitungen benötigt, die für ihren Schulbetrieb in die organisatorische und pädagogische Verantwortung gehen.

Damit sich eine veränderte Aufgabenwahrnehmung ausbreiten kann, ist zu klären, worin die Verbesserung durch die Veränderung für diejenigen besteht, die verändert handeln sollen. Hilfreich wäre auch, wenn die bildungspolitisch veranlassten Reformen kompatibel mit bisherigen Erfahrungen, Werten und Normen der Schulleitungen, aber auch denen der weiteren Mitarbeitenden wären. Das bedeutet in der Praxis, dass nicht in jedem Fall die wissenschaftlich am besten begründete und pädagogisch nützlichste Entscheidung verfolgt werden kann. Wenn beispielsweise der Schritt zu einer themenorientierten Gestaltung der Schulzeit für ein Kollegium zu groß ist, dann gibt es andere Schritte, die vorangestellt werden können und müssen, aber trotzdem schon Keime des Zukünftigen in sich tragen. Von Schulleitungen sollte erwartet werden, dass sie bei den zu treffenden Entscheidungen in der Lage sind, eine strategische Entwicklungsperspektive einzunehmen.

Jeder kennt es von sich selbst: Je komplizierter etwas Neues ist, desto geringer wird die Chance, dass man sich damit akzeptierend auseinandersetzt. Es hilft bei der Ausbreitung neuer Ideen und Tätigkeiten, wenn man etwas im kleineren Maßstab einmal ausprobieren könnte. Und nicht zuletzt: Wenn man etwas Neues gut gemacht hat, dann ist es nur menschlich und sicherlich auch motivierend, wenn man das Erreichte präsentieren kann und andere die Leistungen wahrnehmen. Diese Wahrnehmbarkeit trägt gleichzeitig dazu

---

[68] Joachim Wolff (2003), a.a.O.

bei, dass die bisher prüfend Zuschauenden eher bereit sind, sich mit der Innovation auseinanderzusetzen und sie für realisierbar zu erachten[69].

Das Licht der Aufklärung leuchtet auch im 21. Jahrhundert nicht von selbst, es braucht Menschen, die es entzünden können und verbreiten wollen. Die Veränderung von Schulen erfordert Schulleitungen, die die Türen dafür öffnen. Dazu müssen sie Möglichkeiten der Veränderung erkennen und nutzen, auch wenn diese bisher nicht zu ihrem traditionellen Erfahrungshorizont gehörten. Das gelänge besser, wenn vorgesetzte Behörden und Kultusministerien sich tiefergehend mit den von ihnen veranlassten veränderten Anforderungen an Schulleitungen sowie Konzepten der Innovationsförderung auseinandersetzten und Vermittlungsstrategien dazu entwickelten.

---

[69] Siehe Everett M. Rogers (2003): „Diffusion of Innovations". Fifth Edition. New York, London, Toronto, Sydney: Free Press.

Meine eigene Bildungskarriere ist geprägt durch die sozialdemokratische Bildungsreform ab Anfang der 1970er Jahre. Nach Abschluss der Realschule wechselte ich, wie viele andere Realschülerinnen und -schüler auch, in die 11. Klasse des wirtschaftlichen Zweigs eines Gymnasiums. Damit besuchte erstmals jemand aus meiner Familie eine höhere Schule. Für mich war die Wahl des Lehrerberufs tatsächlich der mir vorstellbare Weg zum sozialen Aufstieg. Gleich am Anfang dieses neuen schulischen Lebensabschnitts stand ein Hausaufsatz über das Drama „Andorra" von Max Frisch. Niemals zuvor und niemals danach habe ich so intensiv über ein Stück nachgedacht. Leider war das Ergebnis mit der Note „mangelhaft" kein schulischer Erfolg. Allerdings hat mich auch kein anderes literarisches Unterrichtsthema mehr beeindruckt als dieses und mich zu so viel Hausarbeit motiviert. Du sollst dir kein Bildnis machen! Es hat mich berührt und mir für den Rest meines Lebens zu denken gegeben, wie sich die Bilder, die sich Andorras Bewohner von Andri machten, ausbreiteten und ihre Sicht auf ihn prägten. Aber andererseits prägten ihre Bilder auch Andri selbst, der, um es mit Georg Feuser zu sagen, zu dem Ich wurde, dessen Du ihm die Andorraner waren.

Sich Bilder zu machen ist ein gefährliches Unterfangen. Johanna F. Schwarz beschreibt in ihrer Untersuchung auf der Basis der Innsbrucker Vignettenforschung Zuschreibung als ein wirkungsmächtiges Phänomen[70]. Gerade in einer inklusiven Schule haben Zuschreibungen auf der Basis solcher Bilder eine besondere Bedeutung. Mir ist in Erinnerung geblieben, dass Max Frisch Andri im Verlauf des Dramas als Folge des Zuschreibungsprozesses in bestimmter Weise die Hände reiben lässt. Interessanterweise beschreibt auch Schwarz die große Bedeutung „leiblicher Gesten und Gebärden" und ihre individuelle und ambivalente Wirkung bei Zuschreibungsprozessen[71]. Schon Kleinigkeiten führen zu Unterschieden.

Die Definition eines Kindes als „Inklusionskind" lässt ein Bild entstehen, das eine äußerst wirkungsmächtige Zuschreibung auslöst: das „Inklusionskind" als Butzemann. Der Butzemann gilt als Bezeichnung für einen schrecklich

---

[70] Johanna F. Schwarz (2018): „Zuschreibung als wirkungsmächtiges Phänomen in der Schule". Innsbruck, Wien, Bozen: Studien Verlag.
[71] Johanna F. Schwarz, a.a.O., S. 125 ff.

gefährlichen Geist oder Dämon. Für einige Lehrkräfte vergegenständlicht sich in dem vom Begriff „Inklusion" zu unterscheidenden Begriff der „Inkludierung" eine Bedrohung durch das Lärmen und Poltern des Butzemanns. Die Diskussionen über die in den Schulen laufenden und zukünftig noch bevorstehenden Veränderungen machen zum Teil Angst. Sie führen manchmal auch dazu, dass solche – politisch selten korrekten – Ängste offenkundig werden, Ängste, über die man bisher nicht sprechen musste.

Am schulischen Horizont zeichnete sich schon das neue Bremer Schulgesetz mit seinem Inklusionsauftrag ab. Aber obwohl das Gesetz erst im nächsten Jahr Gültigkeit erlangen sollte, ging es an der Schule hoch her. Die Schulaufsicht hatte aufgrund zusätzlicher Bedarfe angefragt, ob man bereit wäre, eine Klasse mit Kindern aufzunehmen, die einen Förderbedarf im Bereich „Wahrnehmung und Entwicklung" haben. Öffentlich wurden verschiedene Schreckensszenarien ausgemalt. „Ich habe jetzt mal den Mut anzusprechen, was viele Kolleginnen und Kollegen denken, aber sich nicht zu fragen trauen." Mit diesen Worten eröffnete Karin Köhler ihren Beitrag in der Gesamtkonferenz. „Ich möchte von der Schulleitung wissen: Muss ich Geistigbehinderte beaufsichtigen? Wer schützt mich, wenn mich einer von denen anfasst? Die sind schrecklich, ich habe Angst vor denen, ich bin ja aus gutem Grund keine Sonderschullehrerin geworden."

Nachdem die Lehrkräfte ihre Beratungen über die Umwandlung der integrierten Gesamtschule in eine Oberschule gestartet hatten, bezog das Schulleitungsteam als Nächstes die Schülerinnen und Schüler ein. Schon Mitte der 1990er Jahre waren in Bremen und Bremerhaven einige Grundschulen Standorte der kleinen Klassen des Förderzentrums für Wahrnehmungs- und Entwicklungsförderung geworden, den ehemaligen Sonderschulen für geistig Behinderte. Die Kinder dieser Grundschulen hatten daher schon während ihrer gesamten Grundschulzeit mehr oder minder intensiven Kontakt mit den gleichaltrigen Schülerinnen und Schülern des Förderzentrums. In der Klassensprecherversammlung merkte Sarah Fischer, die Vertrauenslehrerin, den Unterschied sofort. Die Klassensprecherinnen und -sprecher mit Erfahrungen aus den kooperativen Grundschulen stellten andere Fragen als manche Lehrkräfte. Taner brachte sich sofort mit seinen Kenntnissen aus der Grundschulzeit ein: „Wir brauchen so Drücker, mit denen automatisch die Türen aufgehen." Und Julia ergänzte seinen Beitrag mit dem Hinweis, dass ja auch noch ein Fahrstuhl fehle. Wenige Augenblicke später befand sich die gesamte Versammlung in einer Debatte darüber, was an der Schule alles baulich verändert werden muss, damit der gemeinsame Unterricht einen guten Anfang nimmt.

Die Stimmung in der Elternschaft war verhalten optimistisch. Mehr Lehrkräfte, mehr Förderung, mehr Sensibilität für das Lernen des eigenen Kindes prägten die Erwartungen. Niemand hatte eine Vorstellung, was Inklusion eigentlich bedeutet, der Begriff war für die Beteiligten völlig neu. Aber alle zusammen an einer Schule? Warum nicht, wenn mein Kind dadurch keinen Schaden nimmt. Das äußerten zumindest einige Eltern im Gespräch mit Maren Bulut.

Anders, als in den Modellversuchen der 1970er und 1980er Jahre versuchten nicht Elterngruppen und engagierte Lehrkräfte die anderen Mitglieder der Schulgemeinschaft mitzureißen. Ausgelöst durch die bevorstehende Verabschiedung des gesetzlichen Auftrags, inklusive Schulen aufzubauen, mussten sich alle Lehrkräfte mit den eigenen inneren Bildern von Schülerinnen und Schülern auseinandersetzen, die bisher vom Besuch ihrer Schule ausgeschlossen waren. Es wurde erforderlich, sich den vorhandenen Ängsten zu stellen, was ja in vielfältiger Form möglich ist. Das konnte durchaus mit einer Offenheit geschehen wie durch die oben beschriebene Lehrkraft. Andererseits ist es meist unüblich, eigene Ängste in größerem Rahmen offenkundig zu machen. Oft werden in solchen Fällen Ängste hinter Argumenten versteckt, die einen scheinbar rationalen Kern haben. Dann werden beispielsweise grundsätzlich die Möglichkeiten einer anderen Schulwirklichkeiten verneint oder notwendige Veränderungen an umfangreiche Anforderungen zusätzlicher und kaum erlangbarer Mittel gekoppelt.

Gespräche über Inklusion haben häufig einen ähnlichen Verlauf: Anfänglich geht es um die physische Zugänglichkeit von Schulen. Danach kommt die Frage, wie denn Schülerinnen und Schüler mit geistiger Behinderung dem Unterricht folgen können sollen. Als Nächstes entsteht eine Liste problematischer Kinder und Jugendlicher. Am Ende wendet sich die Unterhaltung den Schülerinnen und Schülern zu, die niemand haben möchte. Dann geht es um diejenigen, die das Zusammenleben und -lernen für sich und andere besonders schwierig machen. Über sie wird aber leider immer erst dann gesprochen, wenn schon alles schwierig geworden ist. Wie sollen in einem

Gemenge solch unterschiedlich bedürftiger Lernender diejenigen zu ihrem Recht kommen, die besonders motiviert und leistungsstark sind? Nur selten wird am Schluss noch einmal der Blick auf das unauffällige und unscheinbare Kind geworfen.

Inklusionsdebatten zeigen schnell, wie vielfältig die echte Schulwelt ist und manche wünschen sich dann eine Schule zurück, die es in Wirklichkeit nie gegeben hat. Sie wünschen sich einen Lernort, an dem nur Platz für einen begrenzten und ausgewählten Teil der wirklichen Welt sein soll. „Gib mir die richtigen Kinder und ich mache guten Unterricht", sagte einmal eine Lehrkraft zu mir. Dabei hat es die harmonische Welt der Homogenität nie gegeben. Mitnichten wurden die zukünftigen Erforscher des unbekannten Landes von sonnigen Traumstränden unter Palmen schanghait. Man sagt, dass sich in der Erinnerung vieles verklärt, doch leider führt diese Verklärung unvermeidbar zu Konflikten. Wenn man die öffentliche Debatte über inklusive Schulen verfolgt, kann man an manchen Stellen fast von pädagogischen Glaubenskriegen sprechen. Vielfach zeichnen sich diese Debatten durch den Austausch von persönlichen Erfahrungen und Erlebnissen aus.

Inklusive Schulen müssen als urbane pädagogische Landschaften für alle Mitglieder einer Schulgemeinschaft gedacht werden (Beschäftigte, Schülerinnen und Schüler, Angehörige, Kooperationspartner), die sowohl räumlich als auch mental eine lebensbejahende, zuversichtliche und freundliche gegenseitige Beeinflussung zwischen den Beteiligten ermöglichen. Es ist daher trotz aller Bedenken wichtig, dass sich die aktiv Handelnden ein Bild davon machen, mit welchen und für welche Menschen sie eine inklusive Schule aufbauen. Dies betrifft auch die Zusammensetzung der Klassenverbände und Lerngruppen. In einer inklusiven Schule bilden sich die kontinuierlich zusammenarbeitenden und unteilbar heterogenen Gruppen aus einzelnen und ganz unterschiedlichen Kindern und Jugendlichen, die elementarer Teil dieser urbanen Lernlandschaft sind.

An allen Schulen gab es heftige Debatten über den Sinn der Inklusion und wie man sich am besten auf den Weg macht. Parallel dazu fanden Gespräche zwischen Schulleitungen, Schulaufsichten und bildungspolitisch Verantwortlichen über pragmatische Regularien zur Aufnahme von Kindern an den aufzubauenden Oberschulen statt. Bianca Mittendorf nahm für ihre Schule an den Gesprächen teil. In diesen Runden hatte sie zwei große Ziele:

Einerseits war es für sie wichtig, die Autonomie ihrer Schule zu verteidigen. Aufgrund von Ängsten einzelner Schulleitungen vor den Folgen der zwingend notwendigen Veränderungen entstanden vereinzelt Pläne, die Umsetzung des Inklusionsauftrags auf der Basis des kleinsten gemeinsamen Nenners abzuwickeln. Ihr zweites Ziel bestand darin, eine ungeregelte Aufnahme von Schülerinnen und Schülern zu verhindern. Sie hatte Sorge, dass ohne ein verbindliches Aufnahmeverfahren wieder unbemerkt Standorte mit sehr geringer Heterogenität entstehen könnten. Da war sie sich jedoch mit vielen anderen Schulleitungen einig: Funktionierende Oberschulen brauchen heterogene Schülerschaften.

Eine Reihe von Lehrkräften, die sich aktiv für den Aufbau der inklusiven Oberschulen einsetzten, war froh, dass ihre Schulleiterin für die Zuweisung der Schülerinnen und Schüler verbindliche Regularien forderte. Die Anfang der 2000er Jahre gleichzeitig mit der Abschaffung der Orientierungsstufe beschlossene freie Schulwahl führte schon seit einigen Jahren bei den Schulen zu zum Teil deutlich unterschiedlichen Schülerschaften. Gerade das „Anwerben" leistungsstarker Schülerinnen und Schüler fiel den nicht gymnasialen Schulstandorten schwer. „Es sollte eigentlich allen klar sein", hatte Moritz Bardenhagen in der Gesamtkonferenz gesagt, „es gibt eine Konkurrenzsituation zwischen den verschiedenen Schulen in unserer Stadt. Und wenn wir ganz ehrlich sind, dann konkurrieren wir nicht um die Mühseligen und Beladenen, wir konkurrieren nicht um die Kinder, die jede Unterrichtsstunde sprengen können. Wir konkurrieren um die Kinder, die leicht lernen, die schon von Haus aus motiviert sind, die dem Unterricht mit Freude folgen. Erst wenn es uns gelingt, auch in diesem Bereich Schülerinnen und Schüler zu gewinnen, entwickelt sich eine umfassendere Heterogenität."

Man kann darüber streiten, ob inklusive Schulen ausschließlich für die Kinder in ihren Stadtteilen bereitzustehen haben, also eine freie Schulwahl wegfallen sollte. Der Verzicht auf freie Schulwahl wird in der Regel dann gewünscht, wenn das eigene Kind an der gewünschten wohnortnahen Schule keinen Platz bekam. Wenn es aber Beweggründe gibt, die gegen eine solche zugewiesene Schule sprechen, dann finden Eltern immer wieder eine Reihe von Hinweisen, die vermeintlich eine Zuordnung an eine andere Schule erfordern. Bevor das Land Bremen die freie Schulwahl ermöglichte, mussten gerade integrierte Gesamtschulen erleben, wie beispielsweise die vermeintlich problematische Betreuungssituation bestimmter, insbesondere sozial begünstigter Elternschaften die Zuweisung ihrer Kinder an die angestrebten gymnasialen Standorte fast zwingend machte. Gleichzeitig muss man feststellen, dass sich die wirtschaftliche und soziale Situation zwischen den Stadtteilen zum Teil drastisch unterscheidet, teilweise sogar innerhalb der einzelnen Ortsteile und Straßenzüge. Damit erfolgt dann jedoch auch die Verteilung der sogenannten „Risikoschüler" ungleich. Selbst wenn dieser Begriff aus gutem Grund nicht unumstritten ist, hilft er doch, manche Problematiken zu verstehen. Bei „Risikoschülern" geht es im Allgemeinen um Kinder und Jugendliche, die durch ihre Lebenslage, zum Beispiel durch beengte und unsichere Wohnverhältnisse, durch Einschränkungen in der sprachlichen und kulturellen Ausdrucksfähigkeit sowie durch diverse weitere Faktoren ungünstige Lernvoraussetzungen haben. Gleichzeitig finden ihre vorhandenen Fähigkeiten in der Regel in den Schulen nur wenig wertschätzenden Raum. Armut schafft Lernbehinderung[72]!

Eine Enquete-Kommission der Hansestadt Hamburg stellte vor dem Hintergrund der PISA-Studie 2003 fest, dass bei Überschreitung einer kritischen Schwelle an sogenannten „Risikoschülern" innerhalb eines Klassenverbandes eine zusätzliche Gefahr für das Erreichen eines anschlussfähigen Schulabschlusses entsteht. „(...) Kinder aus ungünstigen familiären Verhältnissen", so schrieben sie in ihrem Bericht, „werden in ihren Leistungen zusätzlich gebremst, wenn sie in Lerngruppen unterrichtet werden, in denen sich Problemfälle häufen."[73] Ähnlich äußert sich auch Hartmut Ditton, der in einer auf Uri Bronfenbrenner bezugnehmenden Studie feststellt, „(...) dass bei einer hohen Konzentration von Schülern mit ungünstigen Lernvoraussetzungen in einer Schulklasse oder Schule mit schlechteren schulischen Leistungen zu rechnen ist als es allein aufgrund der Individualmerkmale der Schüler der Fall ist."[74] Stellt man sich Klassenverbände vor, in denen soziale Modelle für „Leselust", „Geschichtsbegeisterung", „naturwissenschaftlichen Forschergeist" usw. fehlen, fällt ein Verständnis dieser Problematik nicht schwer. Diese Erkenntnisse sprechen daher unbedingt dafür, durch die Schaffung steuernder Regularien die Entstehung von Schulen zu

---

[72] Vergleiche Wolfgang Jantzen (1974): „Sozialisation und Behinderung ...", a.a.O.

[73] Bürgerschaft der Freien Hansestadt Hamburg: Bericht der Enquete-Kommission „Konsequenzen der neuen PISA-Studie für Hamburgs Schulentwicklung". Drucksache 18/6000, 18. Wahlperiode, 16.03.2007, S. 28.

[74] Hartmut Ditton: „Der Beitrag Urie Bronfenbrenners für die Erziehungswissenschaft". In: Zeitschrift für Soziologie der Erziehung und Sozialisation (ZSE), 26. Jahrgang, Heft 3 / 2006, S. 274.

erschweren, die von geringer sozialer Durchmischung und überdurchschnittlich vielen Kindern und Jugendlichen aus ungünstigen familiären Verhältnissen geprägt sind.

Jeder Versuch, Individuen in Gruppen zusammenfassen zu wollen, beinhalte immer die Zuschreibung von vermeintlich die jeweilige Gruppe kennzeichnenden Eigenschaften. Saskia Schuppener und andere sprechen daher im Zusammenhang mit einer auf Menschen mit geistiger Behinderung bezogenen Pädagogik von einer Pädagogik der Verbesonderung[75]. Aber tatsächlich ist jede gruppenspezifische Ausrichtung pädagogischer Aufgabenstellungen eine Verbesonderung. Die Verbesonderung schafft das Problem, das durch spezifische pädagogische Maßnahmen gelöst werden soll. Je nachdem, wie die Verbesonderung erfolgt, ändern sich die erforderlichen Maßnahmen. Das ist ein grundsätzliches Problem solcher Zuschreibungsprozesse.

Im Unterricht einer inklusiven Schule steht die einzelne Person im Vordergrund, nicht irgendeine Rolle oder ein Förderbedarf. Für eine solche Schule ist die Idee prägend, dass es nicht unterschiedliche „Sorten" oder „Typen" von Menschen gibt, die auf unterschiedliche Arten lernen. Inklusive Schulen orientieren sich daran, dass alle Menschen auf die gleiche Weise lernen, allerdings alle mit je spezifischen Besonderheiten aufgrund ihrer Umgebung, ihrer Konstitution, ihrer Wahrnehmungsmöglichkeiten etc. Die Gestaltung der inklusiven schulischen Arbeit leitet sich somit aus den Bedürfnissen der einzelnen Kinder und Jugendlichen ab. Allerdings führt das Erfordernis steuernder Regularien dazu, dass erneut Schubladen zur Kategorisierung von Kindern und Jugendlichen entwickelt werden müssen beziehungsweise auf vorhandene Schubladen zurückgegriffen wird. Wenn es ginge, müsste nach der Zuteilung der Schülerinnen und Schüler der „Schleier des Vergessens" über das Auswahlverfahren fallen. Dies wäre wünschenswert, damit die zur Klassenbildung erfolgte Kategorisierung nicht die personenbezogene Individualisierung des Unterrichts überlagert.

Das Neue trägt die Last des Alten in sich – ein erheblicher und für die angestrebte Entwicklung gefährlicher, aber trotzdem unausweichlicher Widerspruch. Die Forderung nach Inklusion ist zum weit überwiegenden Teil nicht,

---

[75] Siehe ihre Ausführungen zum Begrifflichkeitsdiskus: Saskia Schuppener, Helga Schlichtung, Anne Goldbach, Mandy Hauser (Hrsg.; 2021): „Pädagogik bei zugeschriebener geistiger Behinderung". Stuttgart: Kohlhammer Verlag, S. 20 ff.

und das ist ein Kern des Problems, als Erkenntnis innerer ungelöster schulischer Probleme aus der Mitte der Kollegien heraus entstanden. Sie ist als Auftrag an die in den Schulen Arbeitenden gerichtet worden. Schon Mitte der 1990er Jahre wiesen Wolff Fleischer-Bickmann und Norbert Maritzen auf die dadurch ausgelösten Probleme hin. „Staatliche Vorgaben oder Innovationszumutungen werden auf dem Hintergrund von eingefahrenen Unterrichtserfahrungen absorbiert und gleichsam im Prozeß der sekundären Verähnlichung dem angepaßt, was ohnehin immer schon unterrichtet wird."[76]

Erstmals stand eine Verteilung von neuen Schülerinnen und Schülern in der Oberschule an. Die Gesamtkonferenz hatte beschlossen, dass es eine Einführungswoche geben solle, in der die Kinder mit unterschiedlichen Lehrkräften und in unterschiedlichen Konstellationen von Mitschülerinnen und Mitschülern lernen, arbeiten und spielen. Nun, nach dieser Woche, erfolgte die Verteilung der Kinder auf die neuen Klassen. Für alle Kinder war in der ersten Woche ein Beobachtungsbogen geführt worden und der Jahrgangsleiter, Dirck Eckstein, hatte für jede Klasse einen „SOLL-Zettel" erstellt. Aus der Tabelle ging genau hervor, wie viele Jungen und Mädchen jede Klasse bekommen sollte, wie viele Kinder mit Leistungen unter oder über dem Regelstandard ... Außerdem mussten sie darauf achten, welche Kinder eine persönliche Assistenz mitbrachten. Auch diese sollten gleichmäßig verteilt werden. „Es gibt nur eine begrenzte Menge an Erwachsenen, die Kinder aushalten können", hatte Dirck Eckstein dieses Vorgehen begründet.

Nun begann das Gerangel um die Schülerinnen und Schüler. Alle Lehrkräfte hatten für sich schon Listen angefertigt, wen sie gerne in ihren Klassenverband aufnehmen würden. „Ich hatte schon im letzten Durchgang diesen furchtbaren Jungen, der nie auf mich gehört hat. In diesem Jahr ist mal jemand anders dran!" Damit eröffnete Claudia Rapp das große Feilschen.

Die nächsten Abschnitte dieses Kapitels befassen sich mit der Klassenbildung und mit denjenigen, um die auch in den inklusiven Schulen gefeilscht wird. Aber nicht nur. Es geht auch um ein tieferes Verständnis der zu verteilenden Schülerinnen und Schüler bzw. der Gruppen, denen sie im

---

[76] Wolff Fleischer-Bickmann, Norbert Maritzen: „Schulprogramm. Anspruch und Wirklichkeit eines Instruments der Schulentwicklung". In: Pädagogik, Heft 17, 1996, S. 13.

Verteilungsprozess zugeordnet werden. Der notwendige Spagat zwischen Sein und Sollen erfordert, dass sich möglichst alle Beteiligten von Anfang an über die Widersprüchlichkeit ihres Vorgehens bewusst sind. Wenn Heterogenität ein Erfolgskriterium inklusiver Schulen ist, dann braucht man dafür dienliche Steuerungsinstrumente. Diese bestehen aber auch aus der eigentlich ungewünschten Kategorisierung von Kindern und Jugendlichen: denen, die im späteren schulischen Alltag ungeachtet der Verteilungsprozeduren wieder als einzelne Persönlichkeiten zu sehen sind. Die Verhinderung einer zirkulären Schulentwicklung durch Prozesse der Selbstverähnlichung erfordert daher mindestens regelmäßige Reflexionsphasen innerhalb der Gemeinschaft der Lehrenden. Es ist somit auch absolut nicht egal, wie innerschulische Prozesse der Klassenbildung verlaufen und mit welcher Wortwahl dies geschieht.

3.1 Das geheimnisvolle Sein des Regelschülers

Das deutsche Schulwesen ist seit mehr als hundert Jahren Gegenstand ständiger Konfrontationen unterschiedlicher bildungs- und gesellschaftspolitischer Vorstellungen. Die Alliierten gaben dem deutschen Bildungswesen eine Mitschuld als Nährboden für den Aufstieg des Faschismus. Trotz historischer Fortschritte, wie der Einführung der vierjährigen Grundschule handelte es sich um ein Drei- Stände-Schulwesen aus Volksschule, Mittelschule und Gymnasien. In der Direktive Nr. 54 vom Juni 1947, einer der letzten gemeinsamen Erklärungen des Alliierten Kontrollrates, forderten sie daher, dass „Volksschulbildung" und „höhere Schulbildung" keine Unterschiede von Art und Güte schulischer Ausbildung bezeichnen, sondern im Bildungslebenslauf der Schülerinnen und Schüler zwei aufeinanderfolgende Abschnitte darstellen sollen[77]. Im Jahr 1952 rühmte sich demgegenüber die Kultusministerkonferenz, dass sie sich diesem Befehl zur sofortigen Schulreform entzogen und verhindert habe, dass die Besatzungsmächte den Deutschen ein der „jahrhundertealten deutschen Bildungstradition" widersprechendes Schulideal aufzwängten[78]. So blieb es auch nach dem 2. Weltkrieg bei der Hauptschule für die zukünftigen Arbeiter sowie der Realschule als mittlerer

---

[77] Schriftenreihe: Aktuelle Fragen der deutschen Schule. „Dokumente zur demokratischen Schulreform in Deutschland 1945 – 1948". Schwelm i. Westfälischen, ohne Jahrgang, S. 20

[78] KMK (Ständige Konferenz der Kultusminister der Länder in der Bundesrepublik Deutschland): Zur Entwicklung des Erziehungs- und Bildungswesens in den Ländern der Bundesrepublik Deutschland. Ein Bericht der Ständigen Konferenz der Kultusminister der Länder in der Bundesrepublik Deutschland. Horb am Neckar, o. Datum. April 1952, S. 17

Schule für potenzielle Angestellte oder Menschen mit ähnlichen Berufen. Die zukünftigen Arbeitgeber und Intellektuellen besuchten dagegen das Gymnasium. Neben der Reorganisation der Standesschule entwickelte sich außerdem wieder ein sonderpädagogisches Spezialschulwesen. Auch wenn die sozialdemokratische Bildungsreform Anfang der 1970er Jahre manche Sichtweisen veränderte und die Türen der Gymnasien sich stärker für Arbeiterkinder öffneten: Um wen sollte es in einem so organisierten Schulwesen gehen, wenn man über „Regelschule" und „Regelschüler" sprechen will?

Moritz Bardenhagen hatte einen älteren Freund, der Ende der 1980er Jahre Schulleiter geworden war. Im Sommer 2003 waren sie seit langer Zeit mal wieder zu einem gemeinsamen Bier verabredet. Im Laufe des Abends erzählten sie sich von Erlebnissen, die sie in ihren Kollegien nach dem PISA-Schock gemacht hatten. Moritz Bardenhagen berichtet, dass seine Schule zukünftig als einer der neuen Ganztagsschulstandorte vorgesehen sei. Sie tauschten sich darüber aus, wie in den Kollegien die Idee der Einführung von Ganztagsschulen aufgenommen wurde. Gegen Ende des Abends berichtete der Freund von seinen neuesten beruflichen Erlebnissen. Die Schulrätin habe ihn gebeten, an einer Arbeitsgruppe teilzunehmen. Ziel dieser Gruppe sei es, die Aufgaben und Ziele der Realschule als mittlerer Schule zwischen Hauptschule und Gymnasium zu klären. Was kann die Realschule, was nur die Realschule kann, was sind ihre Alleinstellungsmerkmale? „Ich kann keine Alleinstellungsmerkmale finden", erklärte der Freund bekümmert. „Zum einen überschneiden sich die Aufgaben mit den Lehrplänen der Hauptschule und zum anderen mit der Arbeit der Gymnasien. Die Realschüler sind irgendwie dazwischen."

Die Realschule erwarb ihre Existenzberechtigung aus der Tatsache, ein Lernort irgendwo im Dazwischen zu sein. Auch an den heutigen inklusiven Oberschulen gibt es einen Standort, an dem die Kinder, die dazwischen sind, angesiedelt werden. Allerdings führen die Veränderungen vom dreigliedrigen – eigentlich vielgliedrigen – Schulwesen zu den inklusiven Oberschulen zu einer neuen Mitte. An einer inklusiven Schule sind „eigentlich" grundsätzlich alle Schülerinnen und Schüler Regelschüler, da sie regulär und ohne Ausnahme die inklusive Schule besuchen. Trotzdem gibt es eine neue Mitte, die erneut mit dem Begriff „Regelschüler" beschrieben wird. Die jetzt von dem Begriff „Regelschüler" erfassten Kinder und Jugendlichen sind die Sandwich-Kinder des inklusiven Schulwesens. In dieser neuen Mitte, diesem neuen „Dazwischen", finden sich die Schülerinnen und Schüler, die einerseits keinen definierten Förderbedarf haben, und deren Leistungen andererseits nicht deutlich aus der Gesamtmenge der Leistungen der anderen Kinder und Jugendlichen herausragen.

Ähnlich wie das Sandwich-Kind in der Familie gleitet auch das neu verstandene „Regelschulkind" manchmal und dann fast unmerklich aus dem Fokus der Betrachtenden. Entweder wird der Blick der Lehrkräfte zu denen gerichtet, für die man sich noch eine spezifische Förderung überlegen muss, oder aber zu denen, die mit besonders guten Leistungen glänzen und vermeintlich „Extrafutter" brauchen. Die Regelschüler sind die Kinder, die mitlaufen, um die man sich nicht spezifisch kümmern muss. Das Sandwich-Kind, so erzählt man, hat häufig das Erlebnis, dass Erfolge der Geschwister mehr Beachtung finden als die eigenen. Vermutlich trifft dies auch auf die „neuen" Regelschülerinnen und -schüler zu. Für das Kind mit Förderbedarf zählen keine Standardwerte. Solche Schülerinnen und Schüler werden normalerweise über ihre individuellen Leistungen bewertet und unter Umständen belohnt. Besonders leistungsstarke Schülerinnen und Schüler dürfen ihren hervorragenden Vortrag vor der Klasse präsentieren, an der Tafel die schwere Mathematikaufgabe noch einmal erklären oder nehmen an Wettbewerben teil, für die sie unter Umständen Preise erhalten. So finden auch sie ihre Wertschätzung. Dazwischen, irgendwo, befinden sich die Sandwich-Kinder der inklusiven Schulen.

Sommer 2007, die Zeugniskonferenzen standen an. Immer wieder, wenn die Zeugnisse bevorstanden, bekam Moritz Bardenhagen Bauchschmerzen. Eines Tages versuchte er, seiner Lebensgefährtin zu erklären, was seiner Meinung nach schieflief und wofür ihm keine Lösung einfiel. „Der Schulabschluss an unserer Gesamtschule", erklärte er ihr, „richtet sich in erster Linie nach den Kursen, die du besuchst. Also Erweiterungs- oder Grundkurse. Und dann auch noch nach den Noten." Das führe dazu, so erläuterte er weiter, dass Schülerinnen und Schüler, die die Erweiterte Berufsbildungsreife erwerben, eigentlich kein Einser-Zeugnis haben können. „Die Erweiterte Berufsbildungsreife ist die heutige Bezeichnung für das, was früher der Erweiterte Hauptschulabschluss war", führte er beim Abendessen aus. „Wenn du im Grundkurs richtig gute Noten hast, dann bemühen wir uns darum, dass du im Erweiterungskurs erfolgreich bist. Wir möchten ja, dass alle Jugendlichen einen möglichst guten Abschluss bekommen." Außerdem, erklärte er, gebe es noch die integrierten Fächer, Fächer, in denen alle Schülerinnen und Schüler einer inklusiven Schule gemeinsam lernen. Hier gebe es Maßstäbe, an denen sich alle Jugendlichen messen lassen müssten und eine sich daraus entwickelnde Normalverteilungskurve der Leistungen. „Mit anderen Worten: Die ganzen Noten sind völlig verrückt", klagte Moritz Bardenhagen, „eigentlich geht es doch darum, zu beschreiben, was die Schülerinnen und Schüler gelernt und dazugelernt haben. Selbst wenn jemand das ganze Jahr faul war und kaum etwas dazugelernt hat, aber ziemlich gut Bescheid weiß, belohnen wir diesen Schüler. Es gehört aber doch jemand belohnt, der von seinem persönlichen Ausgangspunkt ausgehend besonders viel dazugelernt hat. Das könnte dann auch ein vermeintlich eher schlechter Schüler sein."

Jürgen Oelkers, zu dessen Forschungsschwerpunkten die historische Bildungsforschung gehört, weist darauf hin, dass das „(…) Notensystem fast immer eine Skala von fünf oder sechs Stufen verwendet". In diesem Zusammenhang erinnert er an den „Gothaer Schulmethodus". Durch ihn gab es im deutschen Sprachraum ab 1642 erstmalig „(…) ein einheitliches Schema für die gestufte Bewertung der Leistungen (…)". Neben einer Bewertung der Unterrichtsgegenstände (fein, fertig, ziemlich, etwas/wenig, schlecht) sieht dieser Schulmodus auch eine Bewertung der Geistesgaben (Ingenium: sehr fein, gut, ziemlich, schlecht) und des sittlichen Verhaltens (Mores: fromm, fleißig, still, unfleißig, ungehorsam) vor[79]. Obwohl sich die Welt, die Kenntnisse über sie und das, was wir über guten Unterricht und gute Schule wissen, in den letzten 400 Jahren deutlich erweitert haben, finden sich bei der Bewertung von Leistungen kaum spürbare Veränderungen. Dies ist problematisch, erst recht dann, wenn man Schulen aufbauen will, deren

---

[79] Jürgen Oelkers: „Der Wandel der Schule und seine Geschwindigkeit". Vortrag auf dem Weiterbildungstag im Gewerblichen Berufs- und Weiterbildungszentrum St. Gallen am 26. Juni 2009. Zitiert nach:
https://www.google.de/url?sa=t&rct=j&q=&esrc=s&source=web&cd=&ved=2ahUKEwip86Lpn-vOEAxXdSPEDHW-OBDoQFnoECBAQAQ&url=https%3A%2F%2Fwww.ife.uzh.ch%2Fdam%2Fjcr%3A00000000-4a53-efb4-ffff-ffffcc315959%2FSt.GallenGeschwindig-keit.pdf&usg=AOvVaw19VqXQgMZf98JrFXAWa0aW&opi=89978449 (Letzte Abfrage: 14.03.2024)

pädagogische Arbeit auf die einzelnen Persönlichkeiten hin ausgerichtet ist. Dann nämlich hat jede einzelne Person auch Anspruch auf eine individuelle Betrachtung des Geleisteten. Wie Moritz Bardenhagen seiner Lebensgefährtin zu erklären versucht, entwickelt sich dieses tradierte Bewertungssystem, das mit formalen Anpassungen in die Gesamtschulen übernommen wurde, zum Problem und Hemmschuh. An den inklusiven Schulen verstärkt sich diese Problematik nicht funktionaler Bewertungssysteme, da sie nicht mit der systemimmanenten Logik der individuellen Betrachtung von Leistungen übereinstimmen und übereinstimmen können.

Der Regelschüler ist das meist wenig beschriebene Blatt im inklusiven Dazwischen. Obwohl er die größte Teilgruppe in den inklusiven Klassen darstellt, wird über seine persönliche Lebenssituation und seine je eigene Lernausgangslage oft am wenigsten gewusst und nachgedacht.

Alle inklusiven Klassen sollten zukünftig 22 Schülerinnen und Schüler unterrichten. Diese Klassen waren damit deutlich kleiner, als die Lerngruppen, wie sie noch im letzten Schuljahr in der Gesamtschule gebildet wurden. Nach der Liste von Dirck Eckstein hatten drei Klassen 14 Regelschülerinnen und -schüler aufzunehmen. Eine Klasse nahm nur 9 Kinder aus dieser Gruppe auf, weil sie fünf Kinder mit einem Förderbedarf im Bereich „Wahrnehmung und Entwicklung" aufzunehmen hatte. Diese Schülergruppe sollte zusammengehalten und nicht aufgeteilt werden. Alle gingen davon aus, dass dies dazu beitragen würde, dass es den Kindern mit geistiger Behinderung leichter fallen würde, innerhalb der Klassen Freunde mit ähnlichen Fähigkeiten und Interessen zu finden.

Anfänglich verlief die Verteilung der Kinder unproblematisch. Die Beobachtungsbögen, die im Laufe der Einführungswoche mit Informationen über die zukünftigen Schülerinnen und Schüler ausgefüllt worden waren, bildeten die Grundlage. Diejenigen, die sie unter dem Etikett „Regelschüler" verteilten, waren häufig Kinder, auf deren Beobachtungsbögen nur sehr wenig oder gar nichts stand. Sie waren nicht aufgefallen, hatten alles klaglos mitgemacht. „Wer nimmt Rosalina in seine Klasse?", erkundigte sich Dirck Eckstein. „Wer ist das noch mal?", fragte Claudia Rapp nach. „Ich habe gar kein Gesicht vor Augen. Weiß jemand was über die?" Auch die anderen konnten sich nicht wirklich an das Kind erinnern und Claudia Rapp nahm sie auf. Zum Abschluss kamen die Regelschülerinnen und -schüler an die Reihe, wo die ersten Erfahrungen dafür sprachen, dass sie doch nicht alle so ganz regelhaft waren. „Wer von euch nimmt Bahar in seine Klasse?", fragte Dirck Eckstein. „Die ist Sprachanfängerin", warf Sarah Fischer ein. „Die nehme ich nur, wenn ich dafür den Ben nicht bekomme." Von Ben war bekannt, dass er eine Diagnose im Bereich Dyskalkulie hatte. „Die nehme ich", bot sich Moritz Bardenhagen an. „Aber ich will keinen von den Schulvermeidern. Ich habe mich schon im letzten Durchgang mit Adrian abgekämpft."

Auch in inklusiven Schulen ist die Verteilung der sogenannten Regelschülerinnen und Regelschüler auf die Klassenverbände nur dann unkompliziert und schnell erledigt, wenn man wenig über die Kinder weiß. Dabei bringen alle ihre eigene Lernbiografie mit. Ein Beobachtungsbogen ist daher ein gutes Werkzeug. Man muss sich aber darüber bewusst sein, dass es sich nicht um ein diagnostisches Instrument handelt, sondern um ein einfaches Hilfsmittel, das erfahrene Lehrkräfte kurzfristig und relativ unkompliziert erstellen können. Wie sich jedoch in der Praxis herausstellt, bestehen die Schwierigkeiten eher in der angemessenen Nutzung. Der Blick der Beobachtenden soll sich auf alle Kinder richten und gleichzeitig muss versucht werden, bei den kurzen Notizen die Reproduktion von Zuschreibungen zu vermeiden. Nur wenn man sich der Bedeutung von Zuschreibungen bewusst ist, kann man Schritte unternehmen, die verhindern, dass sie übermächtig werden.

3.2 Der unheimliche Fremdling

Das erste Buch, das ich über Autismus las, war „Der unheimliche Fremdling" von Carl H. Delacato[80]. Meine erste Begegnung mit einem Schüler, bei dem eine Autismus-Spektrum-Störung (ASS) diagnostiziert war, lernte ich etwas früher kennen, Ende der 1970er Jahre. Damals arbeitete ich als Zivildienstleistender an einer „Sonderschule für geistig Behinderte". Irgendwann wurden die Mitarbeiterinnen und Mitarbeiter zu einer schulinternen Fortbildung zusammengeholt. Gezeigt wurde ein Film über einen besonderen Jungen. Er war zu einer Therapie, so meine Erinnerung, in einer speziellen Fördereinrichtung, wo auch dieser Film über ihn gedreht wurde. Schokolade gehörte zu seinen Lieblingsspeisen. Mitarbeitende der Therapieeinrichtung versteckten daher Schokolade für ein Experiment in einem Raum. Dann

---

[80] Carl H. Delacato (1975): „Der unheimliche Fremdling. Das autistische Kind." Freiburg im Breisgau: Hyperion.

wurde das Kind in den Raum geholt, wo es zielgerichtet, also ohne zu suchen, auf das Versteck zuging und sich die Schokolade holte. Was für eine seltsame, unerklärliche Leistung.

Meine ältesten Erinnerungen an Autismus-Spektrum-Störungen sind mit dieser Veranstaltung verbunden. Autisten als Menschen, die man nicht verstehen kann, für die man selbst angeblich über einen dinglichen Status nicht hinauskommt. Damals lernte ich, dass die Anwesenheit anderer Personen für Menschen mit Autismus ziemlich egal sei. Andere Menschen, so hatte ich es verstanden, hätten ähnliche Bedeutung wie Tische oder Stühle. Mein inneres Bild war geprägt von Kindern, die mit ihren sich bewegenden Händen vor den Augen im Sonnenlicht saßen oder die bei Berührung aufschrien. Ich hatte von einem Künstler mit fotografischem Gedächtnis gelesen. Ich kannte sie aus Filmen als Menschen, die sich an alles Mögliche erinnern, die keine persönlichen Beziehungen eingehen oder wenn doch, dann auf sehr ungewöhnliche Weise.

Meine nächste Begegnung mit einem Schüler, bei dem ASS diagnostiziert worden war, hatte ich viele Jahre später im „Wirtschaft-Arbeit-Technik"-Unterricht einer 9. Gesamtschulklasse. Ich erinnere mich an ihn, weil er mein erster Schüler mit einer Persönlichen Assistenz war und er nicht mit mir sprach. Der Umgang mit einem Schüler mit Autismus, der nicht gleichzeitig eine geistige Behinderung hatte, war neu und herausfordernd für mich. „Kennst du einen Autisten, dann kennst du einen Autisten", erklärte mir der Leiter des Autismus-Therapie-Zentrums mit einem Lachen. Ich wusste damals als neurotypische Lehrkraft wirklich wenig über Autismus und Unterricht mit davon Betroffenen.

Ich kenne keinen Menschen mit Autismus-Spektrum-Störung, der von einer Schulzeit berichtet, die er als angenehm empfunden hat. Kleine Ursachen bieten das Potenzial zu maximal eskalierender Wirkung. „Die haben gesagt, ich wäre ein Amokläufer!" So berichtete es ein junger Mann mit ASS in der Selbsthilfegruppe. Er hatte als Schüler jemandem eine kräftige Ohrfeige gegeben und war nach wie vor davon überzeugt, dass dies absolut zu Recht geschah und damals wirklich notwendig war. Vieles wäre unproblematisch gewesen, wenn sich keine anderen eingemischt hätten, meinte er. Nicht zuletzt deswegen ist die Verteilung von Schülerinnen und Schülern mit Autismus-Spektrum-Störung auf die einzelnen Klassenverbände etwas, das mit großer Sensibilität erfolgen sollte. Mindestens in diesen Klassen gilt ganz eindeutig, was vielfach im Rahmen von Fortbildungen gelehrt wird: Störungen haben Vorrang!

„Wir müssen noch über Sophia sprechen", kam Dirck Eckstein, der sich akribisch vorbereitet hatte, zum nächsten Punkt auf seiner Liste für die diesjährige Verteilungskonferenz. Er verfügte nicht nur über Listen, wer welche Gruppen von Kindern aufzunehmen hatte. In den Vorwochen hatte er außerdem mit allen abgebenden Grundschulen über die zukünftigen Schülerinnen und Schüler telefoniert, zum Teil auch persönlich gesprochen. „Sophia steht in unserer Liste als Regelschülerin", berichtete er. „Sie hat jedoch eine Autismus-Spektrum-Störung. Sie hat das aber gut im Griff und benötigt keine persönliche Assistenz." „Bekommen wir denn für Autisten zusätzliche Stunden für Sonderschullehrkräfte angerechnet?", fragte Alexander Lauschter. Er war die vierte Klassenlehrkraft in dieser Runde und für die Leitung der neuen 5d eingeplant. „Nein", erläuterte Dirck Eckstein. „Bei diesen Schülerinnen und Schülern ist es egal, in welchem Topf sie stecken. Autismus wird nicht auf unsere Zuweisung mit Lehrkräften angerechnet."

Sie diskutierten eine Zeit lang, in welcher Klasse das Kind am besten zurechtkommen würde. Danach ging die Verteilung mit den nächsten Kindern weiter.

Was sind gute Verteilungskriterien? Schülerinnen und Schüler mit ASS haben oft Schwierigkeiten, wenn sie in Zusammenhängen sind, die keine für sie erkennbare Struktur haben. Pausen sind dafür ein gutes Beispiel. Für sogenannte „Neurotypische" mögen sie Entlastung und Freude sein, für Kinder und Jugendliche mit Autismus-Spektrum-Störung gehören sie oft zu den am schwierigsten zu ertragenden Phasen eines Schultages. Bildhafte oder ironische Sprache führt in der Regel zu Schwierigkeiten. Wenn eine Lehrkraft in einem Kommunikationsprozess mit einem Kind oder Jugendlichen mit ASS ist, muss sie als verlässliche Gesprächspartnerin erkennbar sein. Verbindlichkeit ist ein hohes Gut. Das gilt selbstverständlich bei allen Schülerinnen und Schülern, die Folgen von Unverbindlichkeit sind jedoch unterschiedlich intensiv. Daraus folgt, dass es bei der Zuteilung von Kindern zu Klassenverbänden auch Merkmale bezüglich der Lehrenden gibt, die günstigerweise berücksichtigt werden sollten. Unterstützend wirken sich selbstverständlich regelmäßige schulinterne Fortbildungen für die Lehrkräfte aus, um immer wieder auf Besonderheiten hinzuweisen, aber auch konkrete Lösungen für eskalierende Situationen zu entwickeln. Eigentlich ist so eine regelmäßige Fortbildung nicht nur für die Lehrkräfte, sondern für alle Mitglieder der Schulgemeinschaft erforderlich. Auch die Hausmeisterei oder das Sekretariat, die Reinigungskräfte oder das Personal in der Mensa kommt immer wieder in Situationen, wo sie sich gegenüber Schülerinnen und Schülern mit ASS angemessen verhalten müssen.

Am letzten Schultag vor den Osterferien kam Sophia in der vorletzten Unterrichtsstunde zu ihrer Schulleiterin. Sie war die Schülerin mit einer ASS-Symptomatik, die am Ende der Verteilungskonferenz der neuen 5. Klassen von Alexander Lauschter aufgenommen worden war. Bei ihm hatte sie sich am Anfang der Stunde ordnungsgemäß abgemeldet. „Ich muss zu einem Gespräch mit Frau Mittendorf!" Für Sophia war ihr Anliegen „Chefsache" und Alexander Lauschter hatte sich nichts dabei gedacht, glaubte er doch, dass Sophia von der Schulleiterin einbestellt war.

Ein Mädchen aus einer anderen Klasse hatte sie geärgert. Für Sophia war klar, dass für diese Angelegenheit ihr Klassenlehrer nicht die angemessene Ansprechperson ist. „Sie haben zu mir gesagt, dass sie für mich da sind, wenn ich ein Problem habe." So leitete Sophia das Gespräch ein, nachdem sie sich über das Sekretariat ins Büro von Bianca Mittendorf vorgearbeitet hatte. „Jetzt habe ich ein Problem und sie müssen mir helfen." Auf intensive Nachfrage schilderte Sophia ihrer Schulleiterin, was doch aus ihrer Sicht offenkundig war. Sie fühlte sich in der Pause von einem anderen Mädchen extrem geärgert. Frau Mittendorf solle die jetzt holen und mit der reden. Die müsse sich entschuldigen und Frau Mittendorf habe dafür zu sorgen, dass das nicht wieder vorkomme. Für Sophia war die Situation völlig klar und die Absprachen dazu waren ihrer Meinung nach schon vor langer Zeit eindeutig und verbindlich getroffen worden. Bianca Mittendorf konnte sich jedoch nicht vorstellen, das Problem knapp 90 Minuten vor Beginn der Ferien noch zu lösen. Mit wachsender Verzweiflung versuchte sie Sophia dies deutlich zu machen. „Ich verspreche dir", so ihr letzter Versuch der Gesprächsklärung, „sofort nach den Osterferien kümmere ich mich." Sophia war ausnahmsweise bereit, das zu akzeptieren, und das Gespräch endete. Nach den Ferien, so war es bei den Schülerinnen und Schülern fast immer, hatten sich die meisten Probleme erledigt. Bianca Mittendorf bearbeitete weiter ihre Aktenberge und begab sich dann am Ende des Tages selbst in die Ferien.

Vier Tage nach Ferienende baten Sophias Eltern sie dringend und kurzfristig um eine Beratungsgespräch. „Sophia weigert sich, zukünftig hier zur Schule zu gehen", begann der Vater das Gespräch. Ihm war seine Verzweiflung anzumerken. „Sie haben ihr versprochen, sich um den Konflikt zu kümmern, den sie vor den Osterferien hatte. Das haben sie nicht getan. Sophia sagt, sie seien eine Lügnerin." Nie wieder wolle sie an einer Schule erscheinen, wo die Chefin eine Lügnerin sei.

Was kann man schon von einer Lügnerin lernen, die ein Versprechen abgibt, aber dies nicht hält? „Versprochen ist versprochen und wird auch nicht gebrochen!" Diese Alltagsweisheit lernt fast jedes Kind. Mit geschüttelten Händen rhythmisch gesprochen, bekommt dieser Satz fast Zauberkraft. Diese Zauberkraft hat er für fast jedes Kind. Aber während neurotypische Kinder mit der Zeit lernen, dass die Zauberkraft solcher Versprechen nur begrenzt ist, ist für Kinder mit ASS ein gegebenes Wort zu jeder Zeit ein gegebenes Wort. Daher ist es für sie völlig klar, dass man keine Schule besuchen kann, die von einer Lügnerin wie Bianca Mittendorf geleitet wird. Eltern von Kindern mit ASS haben eine Vielfalt solcher Erlebnisse hinter sich. Es ist nur mit Mühe vorstellbar, dass sie in den Jahren des Aufwachsens ihres Kindes Komplimente erhalten haben wie: „Was haben sie nur für ein nettes und aufmerksames Kind." Sie müssen jeden Tag mit der autistischen Weltwahrnehmung umgehen und Lösungen finden. Oft, wenn man mit solchen Eltern zu tun hat, gewinnt man das Gefühl, sie haben sich im Laufe der Jahre an der Welt wundgescheuert. Wenn man ein Kind mit ASS in die eigene Klasse aufnimmt, dann nimmt man auch ein durch die autistische Weltwahrnehmung verändertes Familiensystem auf [81]. Anas Nashef, Mitglied der Geschäftsführung von Autismus Bremen e.V., schreibt daher schon in der Einleitung zu einem Buch, mit dem er die Lehrenden in der Zusammenarbeit mit Schülerinnen und Schülern mit Autismus unterstützen will: „(…) Das System Schule ist nicht nur für Menschen mit Autismus, sondern auch für deren Familien prägender als für die Mehrheit der anderen Schüler*innen. Dieser Umstand lässt sich kaum besser zusammenfassen als durch die Worte einer Mutter eines Schülers mit Autismus: ‚Die Schulzeit meines Kindes habe ich

---

[81] Vermutlich wäre es für betroffene Lehrkräfte hilfreich, sich mit dem ökosystemischen Ansatz von Urie Bronfenbrenner auseinanderzusetzen, um die eigene Situation in dieser komplexen Gemengelage zu erfassen. Siehe Urie Bronfenbrenner: „Die Ökologie der menschlichen Entwicklung …", a.a.O.

als Mutter damit verbracht, mich zuhause neben dem Telefon aufzuhalten und auf den Anruf der Schule zu warten.' (…)"[82]

Alle Lehrkräfte haben Bilder im Kopf, wenn sie an Schülerinnen und Schüler mit ASS denken. Auch ohne spezifische pädagogische Kenntnisse führt eine Urlaubslektüre wie „Lost in Fuseta" von Gil Ribeiro oder „Das Rosie-Projekt" von Graeme Simsion zu inneren Bildern. Diese inneren Bilder helfen jedoch nicht, den schulischen Alltag zu bewältigen. Was sich im Buch lustig liest, kann einen Schultag vollständig aus dem Ruder laufen lassen. Aus diesem Grund reicht eine regelmäßige Fortbildung des Personals nicht aus. Die Mehrzahl der Mitschülerinnen und Mitschüler führt ihr Leben nach neurotypischen Maßstäben. Zwar sind auch sie beispielsweise verletzt, wenn Versprechen nicht eingehalten werden, aber ihre Reaktionen darauf sind nicht annähernd vergleichbar. Unterschiedlichkeiten sind grundlegend für inklusive Klassen, aber gerade das Zusammenleben von neurotypischen mit autistischen Menschen erfordert es zwingend, sich mit den unterschiedlichen Formen der Weltwahrnehmung zu beschäftigen. Alle Schülerinnen und Schüler müssen herausfinden, was zu beachten ist, wenn man gut zusammenleben will. Gleiches gilt auch für die Elternschaft. Lehrer wie Alexander Lauschter wären gut beraten, mit den Eltern ihrer autistischen Schülerinnen und Schüler über eine Aufklärung der anderen Eltern ihrer Klasse nachzudenken. Außerdem sind insbesondere Schulleitungen gefordert, dieses Thema immer wieder in den Blick zu nehmen und eine stetige Beschäftigung damit anzustreben. Ohne Vermittlungsstrategien kann ein Zusammenleben nur schwer gelingen, sie sind daher für inklusive Schulen unverzichtbar.

Erlebnisse wie das mit Sophia führten dazu, dass Jannes Mayer, der ZuP-Leiter, ab dem darauffolgenden Schuljahr für eine regelmäßige Lehrkräftefortbildung zum Thema Autismus sorgte. Aus einer engagierten Diskussion erwuchs das Projekt „Missverständnisse". Der Leiter des Autismus-Therapie-Zentrums, Rupert Breitenbach, hatte die Fortbildung durchgeführt. Er berichtete, wie schwer es von ASS Betroffenen falle, Gesichtsausdrücke zu interpretieren. „Wir haben extra eine umfangreiche Kartei mit Fotos davon. Sie zu verstehen ist wie eine Fremdsprache lernen und gehört zu den

---

[82] Anas Nashef (2025): „Schülerinnen und Schüler mit Autismus unterstützen und begleiten". Stuttgart: Kohlhammer-Verlag, S. 9 f.

Übungen in unseren Therapiesitzungen", erklärte er. Auch das Verstehen von Ironie und bildhaften Redewendungen falle Menschen mit Autismus schwer. Als Beispiel erzählte er von einer Begebenheit, die ihm einer seiner Klienten berichtet hatte. „Du bekommst das Formular im Sekretariat", hätte eine Lehrerin gesagt. „Also beeil dich und mach dich auf die Socken!" Darauf habe der Klient von Rupert Breitenbach seine Lehrerin völlig entgeistert gefragt, warum er denn ohne Schuhe loslaufen solle. Derartige Geschichten führten zu einem Filmprojekt, das zukünftig auch einen Platz im Instrumentarium des Autismus-Therapie-Zentrums bekommen sollte. Kurze Filmsequenzen über Missverständnisse zwischen „Autisten" und „Neurotypischen".

Zu dem Projekt gehörte eine Einführung über Autismus für die beteiligte Klasse. Rupert Breitenbach war eingeladen worden und erklärte, was man grundsätzlich unter Autismus verstehe, wie man so etwas herausfinde, was die Aufgabe seines Zentrums sei und wie dort eine Therapie aussehen könne. Plötzlich meldete sich Julius zu Wort. „An dieser Stelle übernehme ich vielleicht mal. Ich habe nämlich Autismus." Erstmals outete sich Julius in seiner Klasse als Schüler mit ASS. „Quatsch", meinte Emily, „das stimmt doch gar nicht. Du verstehst uns doch, du weißt doch auch Bescheid, wenn du angelächelt wirst." „Naja", meinte Julius, „ich gehe auch schon seit drei Jahren zur Therapie. Ich lerne auswendig, wie Gesichter aussehen, wenn sich jemand freut ..." Mit Spannung hörten seine Klassenkameraden ihm zu, wie er seine Therapie beschrieb und was er durch sie lerne. Und man konnte ihm anmerken, dass er stolz darauf war, am heutigen Tag eine wichtige und positive Rolle in seiner Klassengemeinschaft zu spielen.

Es gibt leider keine pädagogische Glaskugel, die einem die Zukunft vorhersagt. Daher müssen im Rahmen einer Schülerverteilung verschiedene Aspekte antizipiert werden. Dazu gehören die potenziellen Wechselwirkungen zwischen Schülerinnen und Schülern ebenso wie die Folgen aus der Zusammensetzung der in der Klasse tätigen Erwachsenen. Wo kommt es durch verschiedene Faktoren zu einer besonderen Ansammlung von Erwachsenen in einer Klasse? Das kann beispielsweise geschehen, wenn sich in einer Klasse Kinder oder Jugendliche mit einem Förderbedarf im Bereich „Wahrnehmung und Entwicklung" befinden, da diese Schülerinnen und Schüler eine zusätzliche Versorgung mit zwei pädagogischen Kräften sowie weiterem Personal einbringen. Sollte sich zusätzlich ein Kind mit ASS in der Klasse befinden, dem eine persönliche Assistenz gewährt wurde, befinden sich schon mindestens vier Erwachsene regulär in jeder Unterrichtsstunde. Ungewollt kommt es in einzelnen inklusiven Klassen zu einer pädagogisch hinderlichen Ballung von Erwachsenen. Dies wird durch eine personenbezogene Steuerung von Ressourcen verursacht, wo eine systemische Steuerung notwendig wäre. Allein dieses knappe Beispiel zeigt, dass gelingender inklusiver Unterricht viel mehr Aspekte berücksichtigen muss als das einzelne Kind. Gerade die Ressourcensteuerung im Bereich der Unterstützung ist bisher nicht gut gelöst. Viel hilft eben nicht immer viel, manchmal führt es sogar zum Gegenteil.

Sind Kinder und Jugendliche mit Autismus-Spektrum-Störung wirklich so anders? Auf alle Fälle sind sie besonders sensible Seismografen für die Lerngemeinschaft, die die Erwachsenen mit den ihnen anvertrauten Kindern und Jugendlichen eingehen, und die Lernsituationen, die die Erwachsenen erschaffen. Gerade die Gruppe von Kindern und Jugendlichen mit ASS sperrt sich gegen eine Gruppierung. „Kennst du einen Autisten, kennst du einen Autisten!" Ein guter Grund für eine Broschüre über den „Unterricht mit Schülerinnen und Schülern im Autismus-Spektrum", die die niedersächsische Kultusministerin im Juni 2023 herausgegeben hat. In ihrem Grußwort schreibt sie: „(…) Der Umgang mit Schülerinnen und Schülern im Autismus-Spektrum bedarf hier einer besonderen Beachtung, aufgrund der heterogenen Erscheinungsformen und der persönlichen Situation der Schülerinnen und Schüler."[83] Das stimmt! Kinder und Jugendliche mit einer Autismus-Spektrum-Störung sind der Lackmustest, der anzeigt, wie gut ein individualisierter Unterricht schon gelingt.

3.3 Über die Grenzen im Kopf

Mein beruflicher Werdegang startete mit Schwierigkeiten. Nach dem Ende des Referendariats an einer Schule für Verhaltensgestörte erlebte ich eine Phase der Arbeitslosigkeit, die ich in einem Stadtteilprojekt zur Förderung von sozial benachteiligten Schülerinnen und Schülern überbrückte. Nach mehr als zwei Jahren fand ich dann eine Einstellung an einer Sonderschule für Lernbehinderte. In früheren Jahren war es schwer, Sonderschullehrkräfte zu finden, und es gab schon damals spezielle Ausbildungsprogramme, um

---

[83] Niedersächsisches Kultusministerium (Hrsg.): „Unterricht mit Schülerinnen und Schülern im Autismus-Spektrum. Grundlagen // Hinweise // Empfehlungen". Juni 2023, S. 3.

Lehrende für diese Schulen zu gewinnen. Ich gehörte dagegen in eine Zwischenzeit und zur Generation der arbeitslosen Lehrkräfte.

Einmal bekam ich während meines Studiums ein Gespräch zwischen einer Mutter und der Lehrerin ihres Sohnes, Schüler einer Sonderschule für Lernbehinderte, über dessen berufliche Perspektive nacherzählt. „Mein Sohn“, so die Mutter, „soll später auch einmal Lehrer werden. Kein richtiger, nur so einer wie sie.“ Diese Anekdote zeigt das Dilemma der Sonderpädagogik und der sonderpädagogisch ausgebildeten Lehrkräfte. Sind sie die hochspezialisierten Fachleute, die sich besonders gut mit Lernprozessen unter besonderen Bedingungen und deren Gestaltung auskennen? Oder handelt es sich um Lehrkräfte minderer Güte, die für den „richtigen“ Unterricht an einer regulären Schule untauglich sind?

Intensiv und hochkontrovers wurde in den 1970er und 1980er Jahren über Sonderpädagogik, ihre Perspektive und Ausrichtung diskutiert. An den Universitäten versuchten die einen, Sonderpädagogik, ausgehend von konkreten Körper- und Sinnesschäden, als eine spezielle pädagogische Wissenschaft zu etablieren. Diese Richtung betrachtete die in den Menschen liegenden Behinderungen und leitete daraus pädagogische Lösungen ab. Auf der anderen Seite dieses Konflikts standen diejenigen, die sich mit den gesellschaftlichen Ursachen und Auswirkungen von Behinderung beschäftigten. Sie vertraten die Auffassung, das menschliches Lernen nach allgemeingültigen Prinzipien funktioniere, die für alle Menschen gleich seien. Lernen unter erschwerten Bedingungen, sei es durch soziale oder physische Beeinträchtigungen, führe zu dementsprechend angepassten Lernprozessen, aber nicht zu einer anderen Form des Lernens. Diese Konflikte setzten sich in gewisser Weise in den Schulen fort.

Inzwischen war Torsten Wänzel als Sonderschullehrkraft, Schwerpunkt Lernen, Mit-Klassenlehrer einer inklusiven Klasse. Gemeinsam mit Helga Aulich, der „Regelschul-Lehrkraft“ startete er 2012/13 in der neuen 5a. Er hatte sich als einer der ersten um eine Versetzung an einen inklusiven Schulstandort beworben. Für ihn gab es keine wirkliche Alternative zur Inklusion. Das hatte er in seiner bisherigen schulischen Laufbahn für sich geklärt.

Ende der 1980er Jahre war Torsten Wänzel Referendar an einer Sonderschule für Lernbehinderte gewesen. Damals durfte man in den Schulen noch rauchen, auch wenn die Raucher inzwischen aus dem Lehrerzimmer in den

Putzmittelraum verbannt waren. Die Pausen verbrachte der junge Referendar meist dort mit den anderen Rauchern. Es gab zwar bessere Umgebungen für eine Pause als zwischen Schrubbern und Eimern mit Reinigungsmitteln, aber unter Rauchern war es immer nett. Hier wurde lebhaft diskutiert, sei es über die Schulleitung, über persönliche Erlebnisse oder über Schülerinnen und Schüler.

An diesem speziellen Tag berichtete Thorsten Wänzel über seine Versuche, Nadine im Lesen und Schreiben zu fördern. Nadine war an der Sonderschule gelandet, weil sie schon früh in der Grundschule mit ihren Leistungen nicht mithalten konnte. Und selbst an dieser Schule konnte sie mit den meisten anderen Kindern nicht mithalten. Mit der Zigarette im Putzmittelraum suchte der Referendar nach Ideen, Nadine mehr als das mühsame Erlesen einfach strukturierter Sätze unter Verwendung eines deutlich reduzierten Wortschatzes beizubringen. „Mach dir keine Sorgen", meine Gertrud Schenker, die Hauswirtschaftslehrerin. „Bei Nadine ist der Kopf voll, da passt einfach nichts mehr rein. Das ist eben manchmal so, die ist ja nicht ohne Grund lernbehindert und bei uns."

Schon im 16. Jahrhundert soll François Rabelais, ein französischer Schriftsteller, erklärt haben, dass Kinder keine Gefäße seien, die gefüllt, sondern Feuer, die entzündet werden wollen. Trotzdem hält sich die Vorstellung hartnäckig, dass die Köpfe von Kindern und Jugendlichen mit einer diagnostizierten Lernbehinderung dadurch gekennzeichnet seien, dass in sie nur eine begrenzte Menge an Wissen hineinpasse. Vielleicht ist nur im Laufe des kindlichen Lebens das Holz nass geworden und es braucht andere Vorgehensweisen, um das Feuer zu entzünden. Vielleicht muss aber auch nicht jedes Feuer zu jeder Zeit gleich hoch brennen.

Seit Ende der 1960er Jahre, dem Beginn einer Diskussion in der Bundesrepublik über die Integration Behinderter, ist der Begriff der „Lernbehinderung" umstritten und seltsam unklar. Im Land Bremen ist es inzwischen üblich, nicht mehr von „Lernbehinderung" zu sprechen, sondern von Kindern und Jugendlichen mit Leistungen unter dem Regelstandard. Eine Veränderung der Begrifflichkeiten zeichnete sich schon Ende der 1980er Jahre ab und fand seinen Ausdruck in den Empfehlungen der Kultusministerkonferenz (KMK) zur sonderpädagogischen Förderung von 1994. 1972 sprach die KMK noch von „Sonderschulbedürftigkeit". Sonderschulbedürftige Lernbehinderung, so hieß es damals, liege vor, wenn die Kinder nicht dem Unterricht in der Grundschule oder der nachfolgenden Schulstufe folgen könnten. Dabei handele es sich um „(…) Schüler (…) mit geringerer intellektueller Begabung, mit Schwächen in der Aufnahme, Konzentration, Verarbeitung und Gestaltung"[84]. Erwin Reichmann u.a. wiesen darauf hin, dass der so definierte Begriff lediglich ein Verhältnis beschreibt, nämlich das Verhältnis zwischen dem jeweiligen Kind und den Standards des Schulsystems[85].

Ab 1994 sprach die KMK von einem „sonderpädagogischen Förderbedarf". Dieser sei dann anzunehmen, wenn die „(…) Bildungs-, Entwicklungs- und Lernmöglichkeiten so beeinträchtigt sind, daß sie (die Kinder und Jugendlichen, d.V.) im Unterricht der allgemeinen Schule ohne sonderpädagogische Unterstützung nicht hinreichend gefördert werden können. (…)"[86]. Trotz der neuen Formulierung wurde an der Beschreibung von Lernbehinderung als einem Verhältnis zwischen Person und Institution festgehalten. Während ein Mensch mit einer Körperbehinderung lebenslänglich körperbehindert ist, bleibt eine Lernbehinderung durch die Kopplung an die „nicht hinreichende Förderung" in der allgemeinen Schule auf die Schulzeit begrenzt. Lernbehinderung gibt es somit vor und nach der Erfüllung der Schulpflicht nicht.

War früher die Sonderschule die Bildungsinstitution für diese Gruppe von Schülerinnen und Schülern, so entwickelten sich unter dem Label „Integration" ab den frühen 1970er Jahren vermehrt weitere Förderorte. Ulrich Bleidick, im behindertenpädagogischen Spektrum eher dem konservativen Lager zuzurechnen, spricht in diesem Zusammenhang gemeinsam mit anderen über eine „kopernikanische Wende"[87]. Zusammen kritisieren sie die

---

[84] Beschluss der Kultusministerkonferenz vom 16.03.1972: „Empfehlung zur Ordnung des Sonderschulwesens". Zitiert nach der Anlage zum KMK-Beschluss vom 06.05.1994: „Empfehlungen zur sonderpädagogischen Förderung in den Schulen in der Bundesrepublik Deutschland".

[85] Siehe Erwin Reichmann, Klaus Struve, Ulrich Müller (1984): „Lernbehinderung". In: Handbuch der kritischen und materialistischen Behindertenpädagogik und ihrer Nebenwissenschaften. Solms-Oberbiel: Jarick, S. 407 – 417.

[86] KMK-Beschluss vom 06.05.1994: „Empfehlungen zur sonderpädagogischen Förderung in den Schulen in der Bundesrepublik Deutschland", S. 5.

[87] Ulrich Bleidick, Waltraut Rath, Karl Dieter Schuck: Die Empfehlungen der Kultusministerkonferenz zur sonderpädagogischen Förderung in den Schulen der Bundesrepublik Deutschland. Zeitschrift für Pädagogik 41 (1995) 2, S. 248.

von der KMK veränderte Begriffsbestimmung zu Recht als tautologisch: Sonderschulbedürftig ist, wer sonderschulbedürftig ist[88].

Die Weltgesundheitsorganisation (WHO) verfügt über eine internationale statistische Klassifikation der Krankheiten und verwandter Gesundheitsprobleme, dem ICD („International Statistical Classification of Diseases and Related Health Problems"). Der ICD-10:F81 behandelt „Umschriebene Entwicklungsstörungen schulischer Fertigkeiten", wozu auch die Lernbehinderung gehört. Dabei handelt es sich, so die Definition, um eine Störung, die nicht nur durch den Mangel an Lerngelegenheiten, aber auch nicht nur in Folge einer Intelligenzminderung, erworbenen Hirnschädigung oder Hirnerkrankung zu erklären ist[89]. Im Bundesland Bremen nennt der § 14 der „Ersten Verordnung für unterstützende Pädagogik (EVuP)"[90] eine vielfältige Liste an Inhalten, die im Rahmen eines Verfahrens zur Ermittlung eines sonderpädagogischen Förderbedarfs bearbeitet werden müssen. Auch wenn der Intelligenztest nicht direkt erwähnt wird, gehört er zum üblichen Instrumentarium zur Bestimmung der Lern- und Entwicklungsstände und hat eine große Bedeutung für die Entscheidungsfindung. Eine „Intelligenzminderung" ist nach dem ICD-10 zumindest Bestandteil einer Lernbehinderung, wenn auch nicht der alleinige. Daher befindet sich auch das Kind mit einer diagnostizierten Lernbehinderung irgendwo im Dazwischen. Wäre die „Intelligenzminderung" schwerwiegend, würde eine Diagnostik in Richtung geistiger Behinderung weisen. Wäre die gemessene Intelligenz durchschnittlich, so könnte man nicht von einer Lernbehinderung sprechen.

Clara Meyerdierks arbeitete seit Sommer 1985 an der Sonderschule und war die Mentorin von Torsten Wänzel. Am Abend nach dem Gespräch im Putzmittelraum telefonierten die beiden miteinander. Torsten Wänzel berichtete von dem Gespräch in der Pause, das ihn doch sehr beschäftigte. Wie konnte eine Lehrkraft bloß denken, dass in einen Kopf nur eine bestimmte,

---

[88] Bleidick u.a., a.a.O, S. 254

[89] Bundesinstitut für Arzneimittel und Medizinprodukte: ICD-10-GM Version 2021, Kapitel V Psychische und Verhaltensstörungen (F00-F99), Entwicklungsstörungen (F80-F89). Zitiert nach: https://www.dimdi.de/static/de/klassifikationen/icd/icd-10-gm/kode-suche/htmlgm2021/block-f80-f89.htm#F80 (letzte Abfrage: 18.03.2024)

[90] Die Senatorin für Kinder und Bildung, Bremen: „Erste Verordnung für unterstützende Pädagogik (EVuP)" Vom 22. Mai 2013 (Brem.GBl. S. 252) in der Fassung vom 14. Juli 2021 (Brem.GBl. S. 542). In: Handbuch des bremischen Schulrechts. Vorschriftensammlung für das bremische Schulwesen. Allgemeinbildender Bereich. Stand: Januar 2023

scheinbar abmessbare Menge an Wissen hineinpasst? „Weißt du", erklärte Clara Meyerdierks am Telefon, „ein lernbehindertes Kind ist ja erst einmal nur ein Schulversager. Dieses konkrete Kind hat die Anforderungen, die die Lehrkräfte in den vorhergehenden Schulen gestellt haben, nicht erfüllen können." Sie merkte, wie sie sich im Laufe des Gesprächs immer mehr aufregte. „Frag Gertrud das nächste Mal, ob sie schon einmal einen lernbehinderten Maurer kennengelernt hat. Wer den Gesellenbrief hat ist Maurer. Da wird nicht mehr nach dem Schulabschluss gefragt. Da ist es egal, ob du vorher Abitur hattest oder auf einer Sonderschule warst. Den Begriff Lernbehinderung gibt es doch nur in der Schule." Sie kamen gar nicht mehr zur Beratung über pädagogische Herausforderung, die Nadines Lernen für Torsten Wänzel darstellte. „Weißt du eigentlich", führte Clara Meyerdierks aus, „die meisten Kinder mit Lernbehinderung kommen aus armen Familien. Je ärmer eine Familie ist, je schlechter ihre Wohnsituation, umso häufiger sind die Kinder als lernbehindert diagnostiziert. Da gibt es gesellschaftlich gesehen keine Gaußsche Normalverteilungskurve. Du versagst in der Schule. Aber dein schulisches Versagen wird durch die Diagnose ‚Lernbehinderung' plötzlich zu einem in dir liegenden Persönlichkeitsmerkmal."

Im Land Bremen tragen alle Schülerinnen und Schüler mit Leistungen unter dem Regelstandard einen Rucksack mit Lehrendenstunden bei sich, die in die inklusive Oberschule einfließen. Diese Stunden gehen an die Schule und nicht persönlich an die Kinder und Jugendlichen. Dadurch stehen den Schulen zusätzliche Unterrichtsstunden für die Gestaltung eines inklusiven Unterrichts zur Verfügung. Gleichzeitig baut sich so eine Mischung der Kompetenzen in den Teams der Unterrichtenden auf, die bisher an einer sogenannten Regelschule nicht denkbar war. Ein spezieller Blick auf besondere Lernhemmnisse kann auch einem „Regelschüler" helfen. Methodische Kenntnisse zur Individualisierung von Unterricht, was in der Unterrichtung von Kindern und Jugendlichen mit Förderbedarfen selbstverständlich sein sollte, dienen allen Schülerinnen und Schülern, auch den sehr begabten Kindern und Jugendlichen.

Ein Problem entsteht grundsätzlich dadurch, dass Lernbehinderung in wirtschaftlich schwächeren Ortsteilen deutlich häufiger vorkommt als in Ortsteilen mit einer wirtschaftlich starken Elternschaft. Wenn man verhindern möchte, dass die Schülerschaft einzelner Schulen erheblich mehr geprägt ist von Kindern und Jugendlichen, denen das schulische Lernen schwerfällt, dann muss von Seiten der Schulbehörde lenkend eingegriffen werden.

Üblicherweise nahm die Schule acht Kinder mit Leistungen unterhalb des Regelstandards auf, zwei pro Klasse. „Es haben sich in diesem Jahr leider nur sieben Kinder mit Erstwahl bei uns angemeldet", berichtete Dirck Eckstein. Es war das zweite Schuljahr, in dem die Verteilungskonferenz nach den neuen Kriterien für die Oberschulen stattfand, und inzwischen hatte er etwas mehr Routine. „Mandy hat mit den drei Wahlmöglichkeiten ihrer Eltern trotzdem keinen Schulplatz an einer ihrer ausgewählten Schulen bekommen. Sie wurde uns jetzt zugewiesen, weil wir einen freien Platz hatten. Die Eltern haben schon beim Schulamt angerufen, weil sie das nicht so gut finden. Das Schulamt wird die Busfahrkarte bezahlen, aber natürlich hat Mandy einen weiteren Schulweg als ihre Freundinnen und Freunde." „Dann sollten wir ihr und ihren Eltern mal zeigen, dass es sich lohnt, zu uns zu kommen", meinte René Komanski und nahm sie in seine Klasse auf.

Will man den von der Hamburger Enquete-Kommission beschriebenen negativen Effekt durch ein verstärktes Zusammentreffen sogenannter Risikoschülerinnen und -schüler vermindern, muss man zu steuernden Maßnahmen greifen. Diese haben auch einen Effekt auf die Schulen, die in sozial weniger herausfordernden Stadtgebieten liegen. So lernen die Schülerinnen und Schüler dort etwas über das Zusammenleben mit Menschen aus ganz unterschiedlichen Lebenssituationen und mit ganz verschiedenen Zukunftsperspektiven. Das gilt auch für alle anderen Mitglieder der Schulgemeinschaft. Das gelingt allerdings nur dann erfolgreich, wenn die Lehrkräfte und insbesondere die Schulleitung sich der Problematik von kulturellen Differenzen bewusst ist und diese in der pädagogischen Arbeit berücksichtigt.

3.4   Das defekte Kind

Obwohl es schon eine neuere Version gibt, ist die ICD-10 immer noch die derzeit genutzte WHO-Klassifikation für Krankheiten und den damit verbundenen Gesundheitsproblemen. Im Kapitel V geht es um „Psychische und Verhaltensstörungen". Einer der Unterpunkte ist der Abschnitt „Intelligenzstörung", der in verschiedene Grade der Intelligenzminderung unterteilt ist, womit „ein Zustand von verzögerter oder unvollständiger Entwicklung der geistigen Fähigkeiten" beschrieben wird[91]. Die größte Gruppe der Menschen mit einer Intelligenzstörung stellen diejenigen dar, deren Intelligenzquotient zwischen 50 und 69 liegt, was als „Leichte Intelligenzminderung" definiert ist. Kinder und Jugendliche mit dieser Diagnose stehen, wenn man sich im Alltag über schulische Inklusion unterhält, als typisches Muster für diejenigen, die es im Rahmen der UN-Behindertenrechtskonvention zu „inkludieren" gälte. Sie, insbesondere Kinder und Jugendliche mit Trisomie 21, sind neben den sich im Rollstuhl bewegenden Kindern und Jugendlichen am häufigsten auf den gut gemeinten Abbildungen zum Thema „inklusive Schule" zu finden.

Am Anfang meines Studiums der Behindertenpädagogik Ende der 1970er Jahre fuhr ich mit einer Gruppe Studierender bis nach Bozen in Italien, um dort ein Kind mit geistiger Behinderung kennenzulernen, das in einer ganz normalen Grundschulklasse unterrichtet wurde. „Integration" war damals das prägende Schlagwort und der von uns Bremer Studierenden angestrebte pädagogische Alltag. Die in Italien erlebte Praxis entsprach unserem inneren Bild von dem, wofür wir uns engagieren wollten: einzelne Kinder mit geistiger Behinderung, die am Schulleben der „Normalos" teilnehmen durften und von diesen fürsorglich unterstützt wurden. Als das veränderte Bremer Schulgesetz 2009 verabschiedet war, traf das Wort „Inklusion" bei mir auf genau dieses innere Bild von integrativem Unterricht. Damals gab es umfangreiche Fortbildungsangebote, denen ähnliche Muster zugrunde lagen. Gemeinsam war all diesen Erlebnissen, dass die Kinder mit geistiger Behinderung überwiegend als Objekte der Unterstützung und Fürsorge ihrer Lehrkräfte sowie der Mitschülerinnen und Mitschüler wahrgenommen wurden. Unter anderem nahm ich an einer Veranstaltung teil, für die ein Kinosaal angemietet worden war. Gezeigt wurde „Berg Fidel – Eine Schule für alle", ein Film über eine inklusive Grundschule in Münster. Einer der Protagonisten war ein Junge, Jakob, mit Trisomie 21. Gezeigt wurde, wie Jakob als einziges Kind mit geistiger Behinderung in seiner Grundschule lernte und wie alle miteinander gut zurechtkamen.

Grundlage solcher Konzepte, so mein Eindruck, ist die Vorstellung davon, dass eine Gleichbehandlung aller Schülerinnen und Schüler möglich wäre. Aber sollte eine inklusive Schule versuchen, Gleichheit zu erzeugen, oder

---

[91] Bundesinstitut für Arzneimittel und Medizinprodukte: ICD-10-GM Version 2021, Kapitel V Psychische und Verhaltensstörungen (F00-F99), Intelligenzstörung (F70-F79). Zitiert nach: https://www.dimdi.de/static/de/klassifikationen/icd/icd-10-gm/kode-suche/htmlgm2021/block-f70-f79.htm (letzte Abfrage: 16.01.2024)

nicht viel eher einen gemeinsamen Raum für Ungleiches schaffen? Die Schulbesuchsjahre 5 – 10 sind geprägt durch die Pubertät. Spätestens dann muss man sich auch mit der Frage auseinandersetzen, ob Schülerinnen und Schüler mit geistiger Behinderung unter den Bedingungen der Vereinzelung in verschiedenen Klassen die Möglichkeit haben, beispielsweise Liebesbeziehungen zu entwickeln und sich darin zu erproben. Kinder und Jugendliche mit geistiger Behinderung brauchen das Zusammenleben und -lernen mit allen möglichen unterschiedlichen Gleichaltrigen. Aber sie brauchen auch eine Bezugsgruppe, die ihnen selbst ähnlich ist. Es ist nicht inklusiv, wenn einzelne Schülerinnen und Schüler überwiegend die Objekte von wohlgemeinter Hilfestellung ihrer Mitschülerinnen und Mitschüler sind. Auch diese müssen sich als Subjekte erleben, die Hilfen geben können. Und sie brauchen eine Peergroup.

Es spricht aus diesem Grund viel dafür, die Schülerinnen und Schüler mit einem Förderbedarf im Bereich „Wahrnehmung und Entwicklung" als kleine Gruppe einer Klasse zuzuordnen und auf eine personenbezogene Auswahl in den Verteilungskonferenzen zu verzichten. Aber das, was einerseits gut und richtig ist, führt andererseits zu ungewollten Grouping-Effekten, weil die fünf oder sechs Kinder mit Förderbedarf im Bereich Wahrnehmung und Entwicklung (W+E) als einzige eine vermeintlich klar definierte Teilgruppe darstellen. Obwohl sie Teil ihrer jeweiligen Klasse sind, haben sie die an sie gebundenen speziellen Lehr- und weiteren Unterstützungskräfte dabei. In den bremischen Schulen hat sich für diese Gruppe von Schülerinnen und Schülern die Bezeichnung „W+E-Kinder" etabliert. Nicht selten wird der Begriff von den „W+E-Kindern" auch für die Jugendlichen in den höheren Jahrgängen verwendet. Indem Lehrkräfte, Mitschülerinnen und Mitschüler, selbst die Eltern von „den W+E-Kindern" sprechen, entsteht aufs Neue ein abgrenzender Blick auf uns und die anderen statt des erforderlichen Blicks auf die Einzelperson in der unteilbar heterogenen Gruppe. Diese Problematik zeigt sich in dieser Schärfe für keine andere Kategorie von Kindern und Jugendlichen in einer inklusiven Schule. In keinem anderen Bereich hängt das Gelingen einer inklusiven Schulentwicklung so intensiv davon ab, mit welcher pädagogischen und politischen Ausrichtung die zuständigen Lehrkräfte ihren beruflichen Auftrag wahrnehmen, wie in diesem.

Helga Aulich gehörte nicht zu den Lehrkräften, die laut jubelten, als sie erfuhren, dass zukünftig W+E-Kinder an die Schule kommen werden. Aber inzwischen hatte sie die ersten Ängste überwunden und einen guten Draht zu diesen Schülerinnen und Schülern aufgebaut. Umso enttäuschter war sie, dass Heike Rautenbach und Guido Bertininger fast immer mit den W+E-Kindern ihren Deutschunterricht verließen, um sich in einem kleinen Differenzierungsraum aufzuhalten. Zahra, so hatte sie festgestellt, hörte immer genau zu, wenn gelesen wurde. Sie hatte Spaß daran, Worte wiederzuerkennen und diese aufzuschreiben. Wenn sie im Unterricht über Texte diskutierten, dann wusste Zahra stets ihre Meinung zu äußern und sie zu begründen. Das Mädchen verfügte über eine deutliche Vorstellung davon, was sie für gerecht und richtig hielt oder was für falsch.

Die beiden W+E-Lehrkräfte mussten ihre bisherige Klasse am Förderzentrum nach dem 10. Schuljahr abgeben und 2012/13 in einer inklusiven Schule neu starten. Guido Bertininger war ausgebildeter Sonderschullehrer mit zweitem Staatsexamen. Heike Rautenbach hatte Soziale Arbeit mit dem Schwerpunkt Menschen mit geistiger Behinderung studiert. Jahrelang leitete sie eine Wohngruppe für entsprechende Erwachsene. Irgendwann waren ihr der Schichtdienst und der regelmäßige Einsatz am Wochenende zu viel geworden und sie nutzte die Chance, in den Schuldienst zu wechseln.

Eines Tages sprach Helga Aulich ihre Kollegin Heike Rautenbach auf die Teilnahme am Deutschunterricht an. „Warum bleibt ihr nicht in meinem Unterricht? Ihr seid doch zu zweit, wenigstens ein Teil der Kinder könnte doch bleiben! Ich merke doch, wie viel Spaß zumindest Zahra am Unterricht hat. Deutsch macht ihr wirklich Freude. Und ich habe oft Ideen, wie ich sie gut einbinden könnte." „Vielleicht hast du Recht", meinte Heike Rautenberg, „aber du musst dir klarmachen, dass Zahra später in einer Werkstatt für Menschen mit Behinderungen arbeiten wird. Oder glaubst du, dass sie auf dem Ersten Arbeitsmarkt in Konkurrenz zu all den anderen bestehen kann?" „Das verstehe ich nicht. Was hat denn das eine mit dem anderen zu tun?" „Ich mache mir große Sorgen, dass der inklusive Schulunterricht dazu führt, dass meine Schülerinnen und Schüler Ansprüche entwickeln, die ihnen die Gesellschaft nicht erfüllen kann und will", erläuterte Heike Rautenbach ihre Überlegungen. „Sie wird später mal in einer Wohngruppe wohnen und muss sich dort zurechtfinden. Gerade dafür muss sie ganz andere Sachen lernen."

Helga Aulich war ein bisschen sprachlos. Sie sah es bisher als ihre Aufgabe an, bei ihren Schülerinnen und Schülern ein Gefühl für Gerechtigkeit, Zusammenhalt und den Wunsch nach friedlichem Zusammenleben zu fördern. Das waren in der Regel ihre Auswahlkriterien für literarische Themen.

Natürlich hatten sie sich in ihren Klassen auch mit Themen aus der Berufswelt auseinandergesetzt und vieles mehr. „Ich könnte mir durchaus vorstellen, dass wir gemeinsam einen Weg finden, auch die Arbeit in einer Behindertenwerkstatt im Unterricht mit aufzugreifen", versuchte sie Heike Rautenbach entgegenzukommen. „Das würde sicherlich auch die anderen Schüler interessieren. Das kann ich allerdings nicht alleine."

Darin sah ihre Kollegin jedoch keinen Sinn. „Für das, was auf Zahra zukommt, muss sie wirklich andere Sachen lernen." „Mit gleichem Recht könnte man fragen", erwiderte Helga Aulich, „ob sich unsere Bemühungen zur Alphabetisierung von Kindern lohnen, die das Lesenlernen bisher noch nicht geschafft haben. Vielleicht reicht deren Lesekompetenz am Ende nur für die Überschriften in der BILD-Zeitung. Bildung in der allgemeinbildenden Schule ist doch etwas, wo alles erworbene Wissen ein Gewinn ist, der nicht ausschließlich unter dem Gesichtspunkt der direkten Verwertbarkeit steht." Das wiederum sah Heike Rautenbach völlig anders und beschrieb, was aus ihrer Sicht für das Leben in einer Wohngruppe erforderlich wäre. Das dafür zu Lernende gehöre zu keinem traditionellen Fach, wie es in der Regelschule unterrichtet würde. „Die Kinder müssen überlegen, was sie essen wollen. Sie müssen einkaufen gehen und sich im Geschäft angemessen verhalten können. Es ist erforderlich, dass sie wissen, was Geld ist und wie man damit bezahlt. Sie müssen ein Brot schmieren können ..."

Die Erforschung des unentdeckten Landes dient nicht der Befriedigung wissenschaftlicher Neugierde aus sich selbst heraus. Es geht um das Sammeln von Wissen, das die zukünftige Besiedelung für alle Mitglieder der menschlichen Gemeinschaft ermöglicht. Diese notwendigen Kenntnisse lassen sich finden, wenn Umwelttechniker, Meteorologen, Chemiker und viele andere an gemeinsamen Fragestellungen arbeiten und ihre Kenntnisse zusammentragen. Es bedarf interdisziplinärer Forschungsgruppen. Hinweise, auf deren Notwendigkeit zwar in den Handbüchern zur Leitung der Forschungscamps hingewiesen wird, aber Hinweise sind eben noch keine Umsetzungskonzepte.

Innovationen setzen sich dann leichter durch, wenn sie mit den Normen und Werten derjenigen kompatibel sind, die diese Innovationen übernehmen sollen. Per Dalin und Hans-Günter Rolff weisen auf „Werte-Barrieren" gegenüber Veränderungsprozessen hin. Dazu führen sie kritisch aus, dass einige Schulreformer sich mehr für die technischen Aspekte interessieren als für die mit der Veränderung verbundenen Werte[92]. Gerade aber die Werte-Barrieren sind bei der inklusionsbedingten Veränderung von Schule hochbedeutsam.

Im obigen Gespräch kommt zum Ausdruck, dass das grundlegende Verständnis der eigenen Aufgabe als Lehrkraft und die Bedeutung der Zukunftsperspektiven der Lernenden für die persönliche Form der Aufgabenwahrnehmung sehr unterschiedlich ist. Noch im Jahr 2002 hieß es im Rahmenplan für sonderpädagogische Förderung im Land Bremen, dass die Erziehung und Unterrichtung von Schülerinnen und Schülern mit geistiger Behinderung unter „(…) besonderer Berücksichtigung der praktischen Bewältigung ihres Lebens (…)" stattzufinden habe. Es ging bei der sonderpädagogischen Förderung um die „aktive Lebensbewältigung" und ein „Leben in größtmöglicher Selbstständigkeit und Selbstbestimmung"[93]. Thematisch drückt sich so eine Sichtweise dann im Einüben von Körperhygiene, Frühstückssituationen, Einkaufen, Wäschepflege usw. aus. Diese enge Ausrichtung auf die selbständige Lebensführung hat sich auch beim Aufbau eines inklusiven Schulbetriebs aufrechterhalten. Immer noch richtet eine hohe Zahl der zuständigen Lehrkräfte ihren Unterricht für diese Schülerinnen und Schüler weitgehend begrenzt auf eine lebenspraktische Bildung aus. Aus solchen Vorgaben und Sichtweisen erwachsen in der inklusiven Praxis jedoch Hemmnisse, die schwer zu überwinden sind.

Einmal im Jahr fand an der Schule ein Informationsabend für die Eltern aus der Grundschule statt. Den gab es schon seit vielen Jahren, aber er gewann nach der Abschaffung der Orientierungsstufe und Einführung der freien Schulwahl erheblich an Bedeutung. Die Einladung zu diesem Abend richtete sich auch ausdrücklich an die Kinder. Gemeinsam mit ihren Eltern sollten sie die Möglichkeit bekommen, sich ein Bild von der neuen inklusiven Schule zu machen.

Im Schuljahr 2014/15 hatte die Schulgemeinschaft dafür schon viel Routine entwickelt. Alle nahmen diesen Abend als wichtige Veranstaltung wahr und unterstützten ihre Schule. Die beiden Schul-Elternsprecherinnen waren

---

[92] Per Dalin und Hans-Günter Rolff (unter Mitarbeit von Herbert Buchen), a.a.O., S. 22

[93] Der Senator für Bildung und Wissenschaft, Freie Hansestadt Bremen: „Sonderpädagogische Förderung. Rahmenplan für die Primarstufe, die Sekundarstufe I und II". Bremen, 2002, S. 45 f.

gekommen, um die Veränderungen des Schullebens aus ihrer Sicht zu erklären. Kinder aus den ersten Oberschulklassen zeigten, wie sie im Unterricht individualisiert arbeiten. Auch Ehemalige kamen, um ihre Schule zu unterstützen und zu zeigen, dass sie an einer guten Schule ihren Abschluss erworben hatten.

Ein Informationsangebot an diesem Abend war der gemeinsame Vortrag von Fernando und Karsten. Beide waren Schüler der Klasse 8c. Sarah Fischer bildete mit Silke Moosbacher und Frank Rentz, den beiden W+E-Spezialisten, ein gut funktionierendes Klassenlehrkräfte-Team. Als die drei Lehrkräfte zu Beginn des zweiten Halbjahres bei ihren Schülerinnen und Schülern nachfragten, wie sie als „Inklusions-Fachleute" den Eltern aus der Grundschule den gemeinsamen Unterricht beschreiben könnten, hatte die Klasse die Unterrichtseinheit über den Stromkreis in bester Erinnerung. Das, so sagten sie, würde alle überzeugen. Damit könnten die Eltern aus der Grundschule sehr leicht verstehen, wie der Unterricht bei ihnen abläuft.

Ganz am Anfang ihrer gemeinsamen Zeit beschäftigten sie sich im Naturwissenschaftsunterricht mit dem Stromkreis, eine Unterrichtseinheit, die besonders Fernando, einem Schüler mit Förderbedarf im Bereich „Wahrnehmung und Entwicklung", viel Freude gemacht hatte und diesem gut im Gedächtnis geblieben war. Gemeinsam mit Karsten untersuchte er damals, wie der Fahrraddynamo funktioniert. Karsten war am Anfang seiner Schulzeit in der neuen Schule als schwieriger Schüler wahrgenommen worden. Er war der erste, für den das Team damals eine Helferkonferenz durchführte. Die Zusammenarbeit mit Fernando klappte aber unglaublich gut. Karsten interessierte sich dann noch zusätzlich für die Beleuchtung im Treppenhaus und wie man dafür den Stromkreis schalten muss. Den beiden, die von ihrer Klasse für diesen Vortrag vorgeschlagen worden waren, merkte man den Stolz, aber auch die Aufregung deutlich an. Gemeinsam mit ihren Mitschülerinnen und Mitschülern hatten sie eine PowerPoint-Präsentation erarbeitet und ihren Beitrag vor der Klasse geübt. Fernandos Eltern waren extra mit der kleinen Schwester für diesen Vortrag gekommen und auch die Mutter von Karsten war dabei. Nachdem der Vortrag vorbei war und das Publikum tüchtig geklatscht hatte, wischte sich Fernandos Papa verstohlen einige Tränen aus den Augen.

Die Frage nach der Bedeutung einer Allgemeinbildung für Schülerinnen und Schüler mit Förderbedarf „Wahrnehmung und Entwicklung" steht auf der Tagesordnung und ist bisher unbeantwortet. Der Vortrag der beiden Schüler zeigt, dass es schon heute und ohne großen methodisch-didaktischen Aufwand Möglichkeiten des gemeinsamen Lernens am gleichen Unterrichtsgegenstand auf unterschiedlichen Niveaus gibt, wenn die Lehrkräfte den Raum dafür öffnen. Da die Menge des menschlichen Wissens immens ist, muss kritisch hinterfragt werden, was Allgemeinbildung heutzutage umfassen kann. Wolfgang Klafki hat schon vor einigen Jahren eine Ausrichtung an „epochaltypischen Schlüsselproblemen" gefordert. Unbestritten ist beispielsweise der Klimawandel so ein Thema. Aber die Frage, ob dies auch ein Thema für den gemeinsamen Unterricht aller Kinder ist, wird unterschiedlich beantwortet. Eine unbestreitbare Tatsache ist, dass auch Menschen mit einer geistigen Behinderung wahlberechtigt sind. Allein schon aus diesem Grund müssen sie die Möglichkeit erhalten, sich mit den politischen Problemen unserer Gesellschaft auseinanderzusetzen.

Helga Aulichs Ärger wird nicht helfen, die Situation zu verändern. Deswegen muss an den inklusiven Schulen zwischen den Lehrkräften aus dem sogenannten Regelschulbereich und den Lehrkräften aus dem Bereich der Wahrnehmungs- und Entwicklungsförderung die Diskussion über die Bedeutung und den Inhalt von Allgemeinbildung für alle Schülerinnen und Schüler explizit geführt werden. Auch Schülerinnen und Schüler mit geistiger Behinderung haben einen Anspruch auf einen individualisierenden Unterricht, der sich an ihren persönlichen Lernvoraussetzungen orientiert und nicht an den vermeintlichen Lernvoraussetzungen einer W+E-Gruppe. Dabei ist die Klärung der Rollen innerhalb eines gemeinsamen Klassenverbandes von nicht unerheblicher Bedeutung. In der Regel sind in inklusiven Klassen mehrere Lehrkräfte tätig, die sich miteinander abstimmen müssen. Welche Rolle nehmen im Gefüge einer inklusiven Klasse die Sonderschullehrkräfte ein? Sind sie Spezialkräfte für definierte förderbedürftige Kinder und Jugendliche oder sind sie gleichberechtigte Teile einer Klassenlehrkräftegemeinschaft? Auch dies ist eine Situation voller Widersprüche, die sich in der Praxis nicht von allein auflöst.

„Ich weiß gar nicht, warum ihr die Arbeit hier immer so gelobt habt", startete Heike Rautenbach in das Gespräch mit Kolleginnen und Kollegen aus dem W+E-Bereich. Sie trank einen Schluck Kaffee und dann legte sie los. „Ihr

glaubt es nicht, was für einen Konflikt wir in unserer Klasse haben. Seit Schuljahresanfang streiten wir, wer welche Aufgaben hat. Daniela hat gar keine Ahnung von unserer Arbeit, aber stellt immer neue Forderungen!"

Daniela Wrobel war die Regelschullehrkraft in dem neu gebildeten Dreierteam. Ziemlich schnell nach Gründung der neuen Klasse stellten sich völlig unterschiedliche Vorstellungen zwischen ihr und den beiden W+E-Lehrkräften heraus. Daniela Wrobel hatte inzwischen eine Tabelle mit den Aufgaben von Klassenlehrkräften erstellt. Heike Rautenbach und Guido Bertininger erklärten daraufhin, dass diese Tabelle für sie keine Gültigkeit habe. Sie seien schließlich die Sonderpädagogen für die W+E-Kinder und darauf sei ihr Aufgabenfeld ausgerichtet. Jetzt gab es einen zähen Kleinkrieg. „Wie macht ihr das in eurer Klasse beispielsweise mit den Ausflügen?", fragte Guido Bertininger. „Naja", antwortete Frank Rentz, „wie man das so macht. Ich habe für den letzten Ausflug den Elternbrief an die Eltern aller Kinder geschrieben, Silke hat das Fahrgeld eingesammelt und Sarah hat sich um das Ausflugsziel gekümmert." „Sarah hat sich echt Mühe gegeben und auch gleich geguckt, ob wir da barrierefrei hinkommen können", ergänzte Silke Moosbacher, „wir haben dann am Ende gemeinsam nach den Uhrzeiten geschaut und das Abholen geklärt. Sarah hat ja nicht so viel Erfahrung mit dem Taxi-Dienst." Ähnlich wie Daniela Wrobel hatte auch Sarah Fischer hohe Erwartungen an die Zusammenarbeit mit den W+E-Lehrkräften gehabt. Anders als Daniela Wrobel hatte sie das Glück auf ihrer Seite.

Heike Rautenbach und Guido Bertininger waren ein bisschen sprachlos. „Das sind doch gar nicht eure Aufgaben", brach es aus Heike Rautenbach heraus. „Wir sind doch nicht hier, um die Arbeit der Regelschullehrkräfte zu machen. Wir haben ganz spezifische Aufgaben, um die wir uns kümmern müssen." „Ich kümmere mich beispielsweise bei einem solchen Ausflug ganz intensiv um Karim", erklärte Guido Bertininger. „Da kann ich mich nicht auch noch um Regelschüler kümmern. Außerdem hören die ja gar nicht auf mich. Die sehen in mir doch nur den W+E-Fuzzi, der für sie nicht zuständig ist." „Das, was du da beschreibst, erlebe ich nicht so", erwiderte Silke Moosbacher. „In unserer Klasse sind wir alle drei für alle Kinder ansprechbar. Jeder kümmert sich um jeden und die Kinder unterscheiden da auch gar nicht."

Die Diskussion wogte noch einige Zeit hin und her, ohne dass sich Gemeinsamkeiten herauskristallisierten. Während Heike Rautenbach und Guido Bertininger ihre Zuständigkeit darin sahen, die Zeugniskopien und Förderberichte für die W+E-Schüler abzuheften, fühlten sich Silke Moosbacher und

Frank Rentz für alle Aspekte der innerschulischen Dokumentation gleichberechtigt zuständig, also auch für das Einsortieren von Krankmeldungen aller Kinder oder die Aktualisierung persönlicher Daten. Sie teilten sich die Teilnahme an allen regelmäßig stattfindenden Drei-Standpunkte-Gesprächen zwischen Eltern, Kindern und Lehrkräften auf. Und auch Sarah Fischer, die Regelschul-Klassenlehrkraft, nahm ganz selbstverständlich an den Gesprächen der formal als förderbedürftig geltenden Schülerinnen und Schüler teil.

Gerade diese Vorgehensweise brachte die beiden anderen richtig auf. „Wir sind die Sonderpädagogen. Wir haben dafür die Kompetenzen erworben", schimpfte Heike Rautenbach, „also müssen wir auch diese Gespräche führen. Da kann eine Regelschullehrkraft doch gar keinen sinnvollen Beitrag leisten. Das öffnet ja auch Tür und Tor für eine Dequalifizierung der sonderpädagogischen Kompetenzen. Als wenn das jeder könnte." „Vielleicht sieht sie etwas, dass du oder ich mit unserem jahrelangen Tunnelblick auf die Kinder und Jugendlichen gar nicht mehr sehen", brachte sich Frank Rentz noch einmal frustriert von dem Gespräch ein.

Das Ziel, zur selbständigen Lebensführung von Kindern und Jugendlichen mit Förderbedarfen im Bereich „Wahrnehmung und Entwicklung" beizutragen, führt bei den sonderpädagogisch zuständigen Lehrkräften zu einer sehr uneinheitlichen Organisation der Lernprozesse. Bildungspolitische Vorstellungen entstehen vielleicht am sogenannten grünen Tisch, aber sie materialisieren sich in der Schule. Schulgesetze, Verordnungen, Bildungspläne sind komplexe Vorgaben an die Lehrenden und die weiteren für Schule verantwortlich handelnden Personen. Anders aber als beispielsweise an einem Fließband kann man die persönliche Aufgabenwahrnehmung im Schulbetrieb nur begrenzt erzwingen. Daher muss jedes Kollegium und insbesondere jede einzelne Lehrkraft eine Redefinition dieses Auftrags durchlaufen und ihn in eigenes Handeln übersetzen[94]. Da, wo Lehrkräfte bereit sind, sich besonders zu engagieren, setzen sie einen Schwerpunkt ihrer Selbstbelastungsbereitschaft und konkretisieren so die tatsächlichen Handlungsziele der Schule[95], das tatsächlich gelebte Schulentwicklungsprogramm.

---

[94] Joachim Wolff (2003), a.a.O., S. 145 ff.
[95] Ebenda, S. 106.

Elisabeth Kuzorra, Klassenlehrerin der 10b, hatte nicht direkt mit Heike Rautenbach und Guido Bertininger zu tun. Aber sie kannte den Ruf der beiden W+E-Lehrkräfte, die sich Schritt für Schritt einen der kleinen Differenzierungsräume zum eigenen Unterrichtsraum umgestalteten. Dort bastelten sie Weihnachtsschmuck, führten Singspiele durch und deckten den Tisch für das Frühstück, das sie als besonders wichtigen Teil ihres Unterrichts betrachteten. Wenn die Lehrküche frei war, nutzten sie diese für sich und „ihre W+E-Kinder", um ein paar Kleinigkeiten zu kochen. „Wenn sie wenigstens für die ganze Klasse kochen würden", hatte sich Daniela Wrobel schon vor einiger Zeit bei ihrer Freundin Elisabeth Kuzorra beschwert.

So war Elisabeth Kuzorra wirklich überrascht, als Heike Rautenbach sie nach den Herbstferien ansprach. „Du bist doch die Betreuerin der Tourguides, oder?" Die beiden waren sich zufällig in der Pause über den Weg gelaufen. Elisabeth Kuzorra betreute diese Gruppe von Schülerinnen und Schülern seit ihrer Gründung. Sie waren dafür verantwortlich, den unterschiedlichsten Gästen der Schule, Grundschulkindern, aber beispielsweise auch Politikern oder Lehrkräften anderer Schulen, die Schule zu zeigen. Wer Tourguide werden wollte, musste einige Ausbildungsmodule bei ihr und den „alten Hasen" ihrer Gruppe durchlaufen. „Ich habe eine Schülerin, Zahra, die auch gerne Tourguide werden würde", setzte Heike Rautenbach das Gespräch fort.

Das ist mal eine völlig neue Nachricht, dachte Elisabeth Kuzorra, und freute sich sehr. „Ich habe mir überlegt", erklärte Heike Rautenbach, „dass ich Zahra ein paar Dinge aus dem W+E-Bereich zeigen könnte. Wenn dann Gäste Interesse an speziellen Dingen aus unserem W+E-Bereich haben, dann könnte Zahra ihnen ein paar Sachen vorführen." „Du weißt aber, dass es für die Tourguides eine Ausbildung gibt?" Die erste Freude hatte sich bei Elisabeth Kuzorra schon wieder gelegt. „Ja", antwortete Heike Rautenbach, „deswegen würde ich die Präsentation mit Zahra einüben." „Ich kann mir das so nicht vorstellen", entgegnete Elisabeth Kuzorra, „aus meiner Sicht kann es an einer inklusiven Schule nicht zwei Sorten von Tourguides geben." „Das ist doch kein Problem", meinte Heike Rautenbach, „wir können uns ja absprechen. Du sagst mir, was deine Tourguide-Ausbildung für die Schülerinnen und Schüler ohne Förderbedarf enthält, und ich passe die entsprechenden Module für Zahra an." „Ich muss ehrlich gestehen, dass mir das widerstrebt. Ich bin davon überzeugt, dass alle Schülerinnen und Schüler ein Recht auf die individuell bestmögliche Unterstützung haben. Es hat bisher immer nur eine gemeinsame Ausbildung für alle gegeben, die Tourguides werden wollten. Gerade die Zusammenarbeit in der Gruppe ist ja wichtig. Das ist überhaupt nicht einfach, einer Gruppe kritischer Lehrkräfte unsere Schule zu zeigen. Da muss man sich gegenseitig unterstützen. Das alles kann Zahra nicht ohne die anderen lernen."

„Ich würde sie auch nur auf einige ausgewählte Aspekte vorbereiten. Sie könnte dann als Expertin dazukommen, beispielsweise für das Pflegebad." „Ich mache dir einen anderen Vorschlag: Du sagst Zahra, dass sie sich bei mir anmelden soll. Ich kümmere mich um sie. Ich würde mich wirklich sehr freuen, wenn du Lust hättest, mitzumachen und mich zu unterstützen. Aber eben alle zusammen und nicht Zahra alleine." „Das kann ich nicht verstehen. Ich habe gehört, dass eines deiner Ausbildungsmodule sich mit Inklusion-Exklusion-Kooperation beschäftigt. Das ist doch viel zu kompliziert für ein W+E-Kind. Ich würde mir wirklich Zeit nehmen und ihr das auf angemessene Weise erklären." „Gut, dass du das ansprichst", erwiderte Elisabeth Kuzorra, „denn das ist etwas, was ich für ungeheuer bedeutend halte. Wenn erstmals eine Schülerin mit geistiger Behinderung Tourguide wird, dann bekommt das Thema ‚Inklusion' ja eine ganz andere Bedeutung."

Sie führte mit großem Engagement aus, wie schwer es ihr bisher falle, die persönliche Bedeutsamkeit des Inklusionsthemas deutlich zu machen. Die sogenannten nichtbehinderten Kinder und Jugendlichen seien traditionell mehr oder weniger Teil der Lebensgemeinschaften in Schule, Stadtviertel oder Sportverein. Wenn jetzt Zahra Tourguide würde, wäre Inklusion kein Abstraktum mehr. „Weißt du", meinte Elisabeth Kuzorra weiter, „mit ihr wäre jemand Teil der Gruppe, für den das Recht auf Teilhabe natürlich eine Selbstverständlichkeit ist. Aber wenn man jetzt gemeinsam darüber nach-denkt, wie Menschen mit geistiger Behinderung früher behandelt wurden und wie sie Bildung erhielten, dann erfährt das Thema plötzlich ganz persönliche Bedeutung – sowohl für Zahra als auch für die anderen."

Auch die Schülerinnen und Schüler mit W+E-Förderbedarf müssen erken-nen, dachte Elisabeth Kuzorra, dass ihr Recht, an einer Schule mit allen an-deren zu sein, keine Selbstverständlichkeit ist. Ihr Recht wird ständig bedroht und wo es möglich ist, müssen auch diese Schülerinnen und Schüler das verstehen und sich für ihre Rechte einsetzen. Was für eine Chance! Ande-rerseits war sie sich auch darüber im Klaren, dass das eine Herausforderung war, die hoher Sensibilität bedurfte. „Weißt du, Heike, je länger ich darüber *nachdenke, umso mehr wünsche ich mir, dass Zahra Tourguide wird. Hilf mir doch bitte, ihr diese Chance zu geben."*

In inklusiven Klassen entstehen Lernprozesse, die in dieser Form an gruppenspezifischen Schulen nicht möglich wären. Auch dadurch eröffnen sich die erweiterten Bildungsmöglichkeiten im inklusiven Setting. Das betrifft hochbegabte Kinder und Jugendliche ebenso wie Schülerinnen und Schüler mit geistiger Behinderung. Inklusion bildet alle. Während sich eine Gruppe der sonderpädagogisch tätigen Lehrkräfte für einen möglichst umfangreichen gemeinsamen Unterricht engagiert, setzen andere ihre Schwerpunkte auf das, was vermeintlich für ein „selbständiges Leben" gebraucht wird. Selbst dann, wenn diese Lehrkräfte sich angeregt fühlen und neue Inhalte für das Lernen der Schülerinnen und Schüler mit geistiger Behinderung entdecken, bleibt ihr Blick in der Regel fokussiert auf „ihre" Kinder und Jugendlichen. Heike Rautenbach dafür zu begeistern, mit Zahra gemeinsam an den Modulen zur Tourguide-Ausbildung teilzunehmen, wäre vor diesem Hintergrund tatsächlich kein Schritt, sondern ein Sprung nach vorne. Die Gelingensbedingungen dafür herauszufinden, ist eine der unterschätzten Aufgaben im Schulentwicklungsprozess. Gut gestaltete Gemeinsamkeit schafft ganz unverhinderbare inklusive Lernchancen. Modelllernen ist etwas, was Vielfalt braucht und in vermeintlich homogenen Lerngruppen kaum möglich ist. Modelllernen braucht Modelle, und die gibt es nun einmal in heterogenen Lerngemeinschaften viel eher als anderswo.

Chayenne war eine Schülerin, die wenig Wert auf ihr Äußeres legte. Ihre Mutter tat sich jeden Tag schwer damit, dass sie sich die Zähne putzte und die Haare kämmte. Je länger sie aber in der Klasse von Silke Moosbacher und den beiden anderen Lehrkräften blieb, desto mehr beobachtete die Mutter Veränderungen an ihrer Tochter. Die anderen Mädchen aus ihrer Klasse hatten sie auf der Toilette in erste Aspekte der Schönheitspflege eingeführt.

„Das muss ich dir unbedingt erzählen!" Silke Moosbacher hatte sich schon den ganzen Tag gefreut, endlich auf ihre Kollegin Sarah Fischer zu treffen. „Ich hatte am Freitag noch ein Telefonat mit der Mutter von Chayenne." Eigentlich ging es darum, den Termin für das erste Drei-Standpunkte-Gespräch im Schuljahr 2013/14 zu verlegen. Aber das Telefonat hatte sich ganz unerwartet entwickelt. „Sie war ganz begeistert vom inklusiven Unterricht.

Das musste sie mir unbedingt erzählen. Seit Chayenne bei uns ist, verändert sie sich Schritt für Schritt. Inzwischen braucht sie ihr nicht mehr regelmäßig zu sagen, dass sie sich waschen soll. Stattdessen hat Chayenne nach einer neuen Haarbürste gefragt. Sie habe ihrer Mutter gesagt, dass sie genauso hübsch sein wolle wie ihre Klassenkameradinnen."

Leider ist der tatsächliche Erfolg einer inklusiven Schule nicht allein vom eigenen Wollen und Handeln abhängig. Am Ende seiner 2015 verfassten Studie über „Inklusion in Deutschland" kommt Klaus Klemm zu einer denkwürdigen Aussage: „(...) Solange die berufsbildenden Schulen nicht in den Inklusionsprozess einbezogen werden, besteht die Gefahr, dass all das, was auf dem Weg zur Inklusion in Grundschulen und in weiterführenden Schulen erreicht wird, beim Wechsel in die Bildungswege der Sekundarstufe II wieder verlorengeht."[96]

Rosa Luxemburg wies darauf hin, dass diejenigen, die sich nicht bewegen, ihre Fesseln nicht spüren können. Und man möchte fast unterstellen, dass aus wohlmeinender Fürsorge eine Gruppe der Sonderschullehrkräfte verhindert, dass Kinder und Jugendliche mit Förderbedarf W+E ihre Fesseln spüren. Zugleich zeigt sich die gesellschaftspolitische Dimension von Inklusion. Inklusion, verstanden als die Aufforderung an eine Gesellschaft, jeden ohne Angst verschieden sein zu lassen, hat Sprengkraft. Plötzlich geht es nicht mehr allein um die Frage, was Kinder und Jugendliche in der Schule lernen, sondern auch darum, wofür man sie die erworbenen Kompetenzen, ihr Wissen und ihre Fähigkeiten zukünftig gebrauchen lässt. Welche Kompetenzen sind nützlich und wertvoll? Wer eine inklusive Schule aufbauen möchte, muss daher gleichzeitig auch für den inklusiven Zugang aller an vollständiger gesellschaftlicher Teilhabe kämpfen.

Auch die Schülerinnen und Schüler, die einer W+E-Gruppe zugerechnet werden, haben ein Recht auf Individualisierung und damit auf Teilhabe am allgemeinbildenden Unterricht. Dazu tragen praktische grenzsprengende Aktivitäten bei, beispielsweise eine schulinterne Ausbildung zum Tourguide. Selbst so eine außerunterrichtliche Aktivität reicht deutlich über den traditionellen Bildungslebenslauf der Schülerinnen und Schüler mit geistiger

---

[96] Prof. Dr. phil. Klaus Klemm im Auftrag der Bertelsmann Stiftung (2015): „Inklusion in Deutschland. Daten und Fakten." Bertelsmann-Stiftung, Gütersloh, S. 40

Behinderung hinaus. Die inklusive schulische Arbeit beginnt im Klassenraum, aber sie endet nicht an der Klassenraumtür. Das gilt sowohl für innerschulische Aktivitäten als auch für außerschulische und auch für die Zeit nach dem Schulabschluss.

3.5 Oskar weiß Merkwürdiges

Oskar und Rico sind die Namensgeber einer Buchreihe für ältere Kinder von Andreas Steinhöfel. Rico sieht sich als „tiefbegabt" und Oskar entwickelt sich zu seinem „hochbegabten" Freund. An einer Stelle im ersten Band beschreibt Rico als einen Unterschied zwischen sich und Oskar, dass Oskar jede Menge merkwürdiger Dinge weiß[97]. Rico kam zu dieser Schlussfolgerung, nachdem Oskar begründete, warum er stets mit einem Sturzhelm auf dem Kopf herumläuft. An einer inklusiven Schule würden die beiden möglicherweise die gleiche Klasse besuchen und wären Klassenkameraden. Die im Bundesland Bremen 2009 verabschiedeten Schulgesetze würden das möglich machen. Eine inklusive Oberschule Bremer Prägung böte den gemeinsamen Lernraum für Schülerinnen und Schüler wie Rico, Oskar und ihre unterschiedlichen Merkwürdigkeiten.

Wieder einmal saß die Lenkungsgruppe zusammen, um die Gründung der Oberschule im nächsten Schuljahr vorzubereiten. Das Schulleitungsteam hatte sich akribisch auf diese Sitzung vorbereitet. „Wir werden keine echte inklusive Schule werden", so eröffnete Maren Bulut ihren Beitrag, „wenn es uns nicht gelingt, auch die leistungsstarken Schülerinnen und Schüler für uns zu gewinnen. Ich habe mir daher angeguckt, was für Angebote wir bisher solchen Kindern und Jugendlichen gemacht haben. Ich möchte das mal in ein paar pointierten Sätzen zusammenfassen: Melde dein schlaues Kind bei uns an der integrierten Gesamtschule an, weil es hier nicht sitzenbleiben kann. Das ist gut, wenn es während der Pubertät mal in Schwierigkeiten kommt. Bei uns kann man sich an ‚Jugend forscht' beteiligen. Und bei uns kann man darüber hinaus schwächeren Schülerinnen und Schülern helfen. Das steigert die Sozialkompetenz und man durchdringt den eigenen Unterrichtsstoff intensiver, wenn man ihn aktiv vermittelt." „Mal ehrlich", übernahm jetzt Bianca Mittendorf das Wort, „das ist ja alles richtig. Aber würdet ihr eure

---

[97] Andreas Steinhöfel (2008): „Rico, Oskar und die Tieferschatten". Hamburg: Carlsen Verlag, S. 68.

eigenen klugen und leistungswilligen Kinder auf so eine Beschreibung hin bei uns anmelden?"

„Wir haben ausführlich darüber diskutiert, dass wir unseren Unterricht individualisieren und auf die Kinder und Jugendlichen ausrichten müssen", brachte sich Moritz Bardenhagen ein. „Wir wollen für die schwächeren Schülerinnen und Schüler durch unsere Arbeit mit Kompetenzrastern die Möglichkeit schaffen, dass sie Dinge nachträglich nachlernen können. Wenn wir wirklich inklusiv sein wollen, dann muss es für motivierte und leistungsstarke Schülerinnen und Schüler auch die Möglichkeit des Vorlernens geben." Nico Stein war schon längere Zeit unruhig auf seinem Stuhl hin und her gerutscht. „Das ist doch Quatsch", rief er plötzlich dazwischen. „Welche Eltern melden denn ihr motiviertes und leistungsstarkes Kind an einer Schule an, wo ihre Tochter oder ihr Sohn plötzlich mit geistig behinderten oder lernbehinderten Kindern im Unterricht sitzt? Das macht doch keiner!"

Es ist unmittelbar einleuchtend, dass ein individualisierender Unterricht für jedes Kind und jeden Jugendlichen lernförderlich ist. Ein Unterricht, der sich an einem vermeintlichen Durchschnitt orientiert, könnte ein Unterricht sein, der keinen einzigen der beteiligten Lernenden erreicht, da sich der Durchschnitt aus der Mittelung von Einzelwerten ergibt. Kombiniert man beispielsweise die Lesekompetenz mit den mathematischen Grundfertigkeiten und trägt dies in einen Graphen ein, so könnte sich das dargestellte Bild ergeben.

Interessanterweise ist ein wesentlicher Aspekt des Streits um inklusive Beschulung nicht, dass der klassische Schulunterricht zu weiten Teilen seine

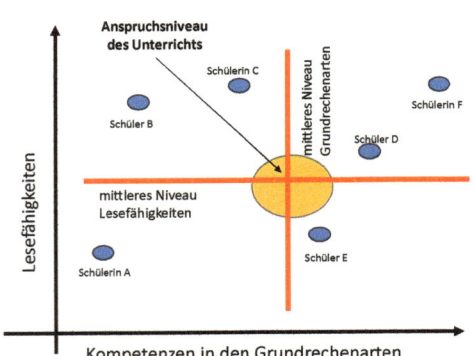

Zielgruppe verfehlt, sondern ob Individualisierung überhaupt möglich ist. Inklusion, so heißt es dann, sei ein heldenhafter Ansatz, aber völlig realitätsfern. Und weil in den Augen dieser Kritiker Inklusion schlicht eine weltfremde Idee von Gutmenschen ist, schließen sie daraus, dass das traditionelle exklusive

Lernen im deutschen Schulwesen mit einer angemessenen Gruppierung der Schülerinnen und Schüler restauriert werden müsse.

Gabriele Weigand und Michaela Kaiser schreiben im Rahmen einer Klärung des Begriffs der „inklusiven Begabungs- und Begabtenförderung": „Entscheidend ist, dass auf eine vorgängige Einteilung in spezifische Kategorien – wie etwa hochbegabt, durchschnittlich oder besonders förderbedürftig – verzichtet wird."[98] Man könnte darunter verstehen, dass sich eine Klasse zum Beispiel durch ein Losverfahren als Black Box bildet. Tatsächlich aber kommen alle Kinder mit einer Vorgeschichte aus der Grundschule in der Sekundarstufe I an und haben schon eine Zuordnung hinter sich. Diese besteht im Bundesland Bremen aus der Einteilung in die Kategorien „Leistungen über dem Regelstandard", „Leistungen unter dem Regelstandard" und als Konsequenz daraus folglich auch „Leistungen im Regelstandard". Eine Einteilung der Schülerinnen und Schüler beispielsweise im Rahmen eines willkürlichen Losverfahrens beinhaltet die Gefahr neuer Verwerfungen.

Zu den Gelingensbedingungen inklusiver Beschulung gehört eine möglichst große Heterogenität unter Einschluss der besonders leistungsstarken Schülerinnen und Schüler. Sowohl die leistungsstarken und motivierten Schülerinnen und Schüler brauchen unterschiedliche Rollenmodelle als auch diejenigen, die nicht zu solchen besonders herausragenden Leistungen fähig sind. Sie sollten nach Möglichkeit gleichmäßig auf die Klassen verteilt sein.

Um den Aufbau einer möglichst großen Heterogenität an den Oberschulen zu unterstützen, war nicht nur die Zahl der aufzunehmenden Schülerinnen und Schüler mit Leistungen unter dem Regelstandard begrenzt worden. Gleichzeitig wurden Regularien geschaffen, die dafür sorgten, dass bis zu einem Drittel Kinder mit Leistungen über dem Regelstandard aufgenommen werden konnten. Sollten insgesamt mehr Kinder die Schule angewählt haben, als diese Plätze hat, so erhielt dieses Drittel einen Schulplatz, ohne in den Lostopf zur Vergabe der Plätze zu wandern.

Heute wurden die Ergebnisse der Anwahlen bekanntgegeben. Bisher war keine Oberschule so angewählt worden, dass das Drittel erreicht worden

---

[98] Gabriele Weigand, Michaela Kaiser (2021): „Separativ oder integrativ? Inklusive Begabungs- und Begabtenförderung". In: Victor Müller-Oppliger / Gabriele Weigand (Hrsg.): „Handbuch Begabung". Weinheim, Basel: Beltz Verlag, S. 290.

wäre. Für das Schulleitungsteam waren diese Zahlen jedoch ein wichtiger Indikator dafür, wie gut es ihnen bisher gelang, ihr besonderes Schulkonzept den Eltern der leistungsstarken Schülerinnen und Schüler darzustellen. Zum vierten Mal war es darum gegangen, für die neuen inklusiven Klassenverbände ausreichend Erstwahlen zu erhalten. Ein innovatives Konzept kann mit Familien, die sich freiwillig darauf bewerben, eher umgesetzt werden als mit Familien, die an ihren Wunschschulen keinen freien Platz bekamen und zwangsweise kommen mussten. Die andere wichtige Frage war eben, ob es ihnen gelang, auch sogenannte bildungsnahe Eltern für sich zu begeistern.

Als das Schulleitungsteam mit den Listen zusammensaß, konnte Jannes Mayer die Spannung nicht mehr aushalten. „Guck doch mal schnell nach", sprach er Bianca Mittendorf an, „haben Dayyans Eltern ihren Sohn jetzt bei uns angemeldet oder nicht?" Alle im Team erinnerten sich an die beiden Gespräche, die sie zusammen mit Dayyans Eltern geführt hatten. Nach dem Infoabend waren diese auf sie zugegangen und hatten um ein persönliches Gespräch gebeten.

Ihr Sohn hatte in der Grundschule eine Klasse übersprungen. Er war klein, zierlich und verbrachte seine Pausen gerne auf der Schaukel. Als er in die Grundschule kam, kannte er schon alle Buchstaben. Mit vier Jahren lernte er mit seinem Opa Blindenschrift, nur so aus Spaß. Dabei las er nicht nur „Mama", „Papa", „Dilara", „Maus" und andere Wörter, sondern er erkannte eben auch, wie das mit den Buchstaben funktioniert. Oft musste er daher in der Grundschule warten, bis die anderen so weit waren. Manchmal bekam er von der Klassenlehrerin Blätter mit zusätzlichen Aufgaben, die er ebenfalls schnell bearbeitete. Aber am Anfang des vierten Schuljahres protestierte er energisch gegen dieses „Extrafutter", wie seine Lehrerin es nannte. „Ich mache diese zusätzlichen Blätter nicht mehr", erklärte er eines Tages. „Die anderen müssen auch nicht solche Blätter bearbeiten. Sie bestrafen mich, weil ich schneller bin. Ich habe mir jetzt eine Pause verdient. Die anderen haben auch Pause, wenn sie eher fertig sind." Schule, das hieß für Dayyan seit Jahren viel Stress und Langeweile. Seine Langeweile zeigte er auch gerne und sehr demonstrativ in den Schulstunden.

Dayyans Eltern waren sich bei der Schulwahl nach der vierten Klasse sehr unsicher. Sie suchten nach einer Schule, die ihrem Sohn eine gute Schulzeit ermöglichte. Dazu gehörte einerseits, dass er sich dort wohlfühlen sollte, und andererseits, dass er im Lernen genug herausgefordert würde. In ihrem Bekanntenkreis war man sich einig. So ein Ort konnte nur das Gymnasium sein.

Der Infoabend hatte sie aber ins Schwanken gebracht. „Hier steht er", freute sich Bianca Mittendorf. „Sie haben sich tatsächlich für uns entschieden."

Viele wissenschaftliche Beobachtungen bestätigen die positive Wirkung eines inklusiven Unterrichts. Inzwischen wird das Thema Inklusion auch im Bereich der Begabungs- und Begabtenförderung diskutiert und wirkt sich auf die dort diskutierten Entwicklungsprozesse aus[99]. Für Schulen mit inklusiven Konzepten ist es jedoch weiterhin schwierig, diese Zielgruppe als Schülerinnen und Schüler zu gewinnen. Tritt Begabungsförderung im Kontext inklusiver Oberschulen auf, geht es oft immer noch vorrangig um die „Mobilisierung der Begabungsreserve". Unter dieser Überschrift stand in den 1960er Jahren die Reaktion auf eine unterdurchschnittliche Beteiligung von Kindern bestimmter sozialer Gruppen (Bauern- und Arbeiterkinder, Katholiken, Mädchen) an Realschulen und Gymnasien[100]. Auch sechzig Jahre später wirken noch Prozesse der sozialen Entmischung, die es zu kompensieren gilt. Dies scheint den statusmäßig unterhalb der Gymnasien angesiedelten Schulen auch zumindest zu einem Teil zu gelingen. So berichtet Kai Maatz in einem Interview mit dem Deutschen Schulportal der Robert Bosch Stiftung von der Beobachtung einer Aufwärtsmobilität: „(…) Während in der 5. Klasse 27 Prozent der Kinder aus einem Elternhaus mit sozialökonomisch niedrigem Status das Gymnasium besuchen, sind es sechs Jahre später 31 Prozent. (…)"[101]. Trotz solcher Erfolge müssen inklusive Schulen ihren Anspruch, auch die leistungsstarken und besonders motivierten Kinder und Jugendlichen gut fördern zu können, explizit formulieren. Gleichzeitig ist damit, meist anders als bei den Gymnasien, die Erwartung betroffener Eltern verbunden, die Fähigkeit zur guten Förderung dezidiert unter Beweis gestellt zu bekommen. Aber wie zeigt man seine Leistungsfähigkeit für Schülerinnen und Schüler, die man erst noch für seine Schule gewinnen muss? Was hat die inklusive Schule, was das Gymnasium nicht hat?

Vor einiger Zeit sprach ich mit einem Schüler, der ein duales Studium durchführte. Er berichtete lachend, dass seine Kommilitonen Angst hätten, über

---

[99] Siehe: Gabriele Weigand, Michaela Kaiser: „Separativ oder integrativ …". A.a.O., S. 290-301.

[100] Kurt Heller (1970): „Aktivierung der Bildungsreserven". Bern: Gemeinschaftsverlag Hans Huber, S. 28.

[101] https://deutsches-schulportal.de/bildungswesen/infografik-kai-maaz-von-welchen-faktoren-haengen-bildungsverlaeufe-ab/ (Letzte Abfrage: 24.10.2024)

den Platz in die Werkstatt zu gehen. „Die waren ja die ganze Zeit nach der Grundschule im Gymnasium", berichtete er. „Die haben in ihrem ganzen Leben noch nie mit einem zu tun gehabt, der Erweiterte Berufsbildungsreife hat, und wollen später deren Chef sein. Für mich sind das ja eher meine Klassenkameraden von früher."

An allen Schulen gibt es Schülerinnen und Schüler, die etwas leichter lernen als die anderen Mitglieder der Klassengemeinschaft, die etwas motivierter sind oder etwas besser strukturiert. Diese, so hört man es in den Lehrerzimmern oft, brauchen „Extrafutter". Jedoch scheinen sich diese „Extrafutter" gebenden Lehrkräfte nicht darüber bewusst zu sein, dass die darin enthaltene innere Logik, zur Ausgrenzung der Kinder und Jugendlichen als „Streber" und „Nerds" beiträgt. Sie werden zu Mitlernenden gemacht, deren Leistungen verdeutlichen, wie langsam doch die anderen im Vergleich zu ihnen sind. Sie sind die „Akkordverderber" im Unterrichtsbetrieb. Gleichzeitig wird schnelle und motivierte Arbeit durch zusätzliche Arbeitsaufträge bestraft. Eine andere Situation entsteht erst im Rahmen eines individuellen und kontraktgesteuerten Lernens, wozu gehört, dass jedes Mitglied der Klasse erkennbar persönlich schwierige Aufgaben erhält. Das leistungsfähige Kind bekommt in einem solchen Fall nicht mehr Aufgaben, sondern andere, unter Umständen eben deutlich herausfordernder gestaltete. Die Verabschiedung vom gleichschrittigen Lernen und dem „Extrafutter" gehört zu den Grundprinzipien einer inklusiven Schule und ist deshalb ein wichtiges Unterscheidungsmerkmal zu anderen Schularten.

Trotz vielfältiger Bemühungen hatte Dirck Eckstein immer nur verhältnismäßig wenig Schülerinnen und Schüler mit Leistungen über dem Regelstandard auf seinem Zettel. Vom angestrebten Drittel der Anmeldungen waren sie immer noch deutlich entfernt. Umso heftiger wurde in der Verteilungskonferenz um diese Kinder gerungen, erhoffte man sich doch von ihnen, dass sie sich motiviert und mit Freude in den Unterricht einbringen und zu einer harmonischen Gestaltung des Zusammenlebens in der Klasse beitragen würden. Da alle von Dayyan und seinen fürsorglichen Eltern gehört hatten, war er ein besonders begehrter Schüler. Außerdem löste die Tatsache, dass er noch so jung war, ein Gefühl von Fürsorge und Wohlwollen aus. Nach zähem Ringen bekam Stephanie Maurer Dayyan in ihre neue 5a.

Dayyan war nicht sonderlich beliebt in seiner neuen Klasse und saß allein. An manchen Tagen war ihm diese Isolation anzumerken und er versuchte, mit einigen Mitschülerinnen und Mitschülern, insbesondere mit Sarah, ins Gespräch zu kommen. Aber das endete oft damit, dass er über seine Lieblingsthemen dozierte, ungeduldig wurde und frustriert war, dass sich niemand außer ihm dafür interessierte. Gleichzeitig war er aber ein Junge, der sich gern unterhielt und das Gespräch suchte. Oft stand er dann vor dem Tisch der Lehrkräfte: „Haben Sie gestern auch den Film über die Gletscherflieger gesehen?" Die Alpen, Bergrettung, Eis und Schnee, das waren Dinge, für die sich Dayyan besonders interessierte. Er hatte eine Karte der Schweiz mitgebracht und ein selbstgebasteltes Heft mit verschiedenen Typen von Rettungshubschraubern. „Das ist doch ein wichtiges Thema. Können wir das nicht mal im Unterricht durchnehmen?"

Kein Thema für den Englischunterricht, dachte Stephanie Maurer, seine Englischlehrerin. Trotzdem dauerte es einige Zeit, bis sie Dayyans Redeschwall unterbrochen und ihn auf seinen Platz bugsiert hatte. Nun kramte Dayyan umständlich in seiner Büchertasche. Es war ihm ein großes Anliegen, seinen Arbeitsplatz ordentlich einzurichten, aber es dauerte eben. Er brauchte das Etui für die farbigen Stifte, das lange Lineal und das Geodreieck. Hausaufgabenheft, Arbeitsheft und Englischbuch, die Schere … Jeder Versuch, ihn zu einer anderen Arbeitsweise zu bewegen, endete in einer Diskussion über das, was ihm die Lehrkräfte in der Einführungswoche über gute Arbeitsvorbereitung erzählt hatten.

Am Abend, als Stephanie Maurer an ihrer Unterrichtsvorbereitung saß, ärgerte sie sich sehr über sich selbst. Warum eigentlich, so fragte sie sich nun, sollten die Gletscherflieger kein Thema in ihrem Englischunterricht sein? „Da bin ich Lehrerin an einer inklusiven Schule und sehe die Chancen nicht, wenn man sie mir auf einem Silbertablett auf den Tisch legt", haderte sie mit sich. In der nächsten Englischstunde ging sie von sich aus sofort auf Dayyan zu. „Sag mal", fragte sie ihn, „du hast mir doch vor kurzem von den Gletscherfliegern erzählt. Könntest du dir vorstellen, deinen Klassenkameraden auf Englisch einen Vortrag über die Flieger zu halten? Vielleicht könntest du auch mit PowerPoint ein paar Bilder dazu zeigen." Ein Strahlen ging über Dayyans Gesicht. „Ich dachte mir", erklärte Stephanie Maurer, „dass du Recht hast. Menschen, die gefährliche Aufgaben für die Gemeinschaft übernehmen, sollten in jedem Unterricht ein Thema sein. Und in der Fliegerei ist Englisch ja die übliche Sprache." Dayyan hatte noch ein paar Nachfragen

und am Ende war Stephanie Maurer mit einem glücklichen Dayyan überein-
gekommen, dass in 14 Tagen die Gletscherflieger zum Highlight des Eng-
lischunterrichts werden.

Wenn Lehrkräfte an leistungsstarke und motivierte Kinder denken, geht es oft um Schülerinnen und Schüler, die sozialverträglich in der Klasse agieren, die gerne mitarbeiten und gute Leistungen bringen. In der Regel ist ein leistungsstarkes Kind von der Grundschule an in einer besonderen Situation. Lehrkräfte erklären häufig den Rest einer Aufgabe, die in der Schule nicht geschafft wurde, zur Hausaufgabe. Motivierte und leistungsstarke Kinder schaffen ihre Aufgaben in der Schule. Egal, was man grundsätzlich von Hausaufgaben hält, diese Kinder und Jugendlichen haben oft einfach keine Hausaufgaben auf. Ihre Arbeitsblätter sind ordentlich abgeheftet und sie wissen daher immer ziemlich genau, worum es in der nächsten Klassenarbeit geht. Anders als ihre Mitlernenden werden sie nur äußerst selten an ihre Leistungsgrenzen geführt. Aber auch sie haben ein Recht auf Scheitern, auch sie müssen lernen, mit Versagenserlebnissen umzugehen und wieder aufzustehen, Resilienz zu entwickeln. Für die Organisation solcher Lernchancen gibt es verschiedene Möglichkeiten.

Seit Jahren diskutierten sie an der Schule sporadisch über die Art und Weise, wie sie die leistungsstarken, lernwilligen und motivierten Kinder und Jugendlichen im Rahmen des inklusiven Schulbetriebs besonders fördern könnten. Inzwischen gab es in jedem neuen Jahrgang ein paar wenige dieser Schülerinnen und Schüler. Das gesamte letzte Schuljahr hatte sich das Team, das den allerersten Oberschuljahrgang unterrichtete, den Kopf über einen Vorschlag zerbrochen, den sie nun erstmals am Anfang des Schuljahres 2015/16 in der Lenkungsgruppe präsentierten. Sie waren als gesamtes Team zu dieser Sitzung eingeladen worden.

Als Teamsprecher begann Moritz Bardenhagen die Vorstellung ihrer Idee. „Die zeitweilige Gruppierung von Kindern und Jugendlichen, zum Beispiel im Alphabetisierungskurs, gehört zu unseren grundsätzlichen Arbeitsformen. Wir schlagen heute vor, auch den leistungsstarken Kindern und Jugendlichen ein Angebot zu machen, indem wir Wettbewerbsgruppen für das Fach Mathematik gründen." „Diese Gruppe", so erklärte Clara Meyerdierks weiter, die Sonderschullehrerin für den Bereich „Lernen" im Team, „sollte von einer

Mathematiklehrkraft geleitet werden. Wir stellen uns vor, dass so eine Wett-
bewerbsgruppe wöchentlich eine Stunde dauert und alle mathebegeisterten
Schülerinnen und Schüler eines Jahrgangs teilnehmen können. In dieser
Zeit würde ich den Mathematikunterricht in einem Klassenverband überneh-
men." „Dieser Rollentausch wäre für unsere Schule ein echter Fortschritt",
führte Sarah Fischer nun weiter aus. Sie hatten sich gut auf die Sitzung vor-
bereitet und ihre Argumente auf verschiedene Teammitglieder aufgeteilt.
„Die veränderten Aufgaben brechen die bisherigen Klischees auf: Einerseits
werden auch leistungsstarke Kinder zur Förderung aus dem Unterricht ge-
holt und andererseits ist nicht immer die sonderpädagogisch ausgebildete
Lehrkraft für die Außenförderung zuständig. Im Gegenteil, in dieser Situation
steht sie der gesamten Klasse als Ansprechpartnerin zur Verfügung."

Ähnlich wie Kinder und Jugendliche mit geistiger Behinderung brauchen
auch leistungsstarke Lernende zeitweilig Arbeitssituationen unter ähnlich
motivierten Schülerinnen und Schülern. Eine Förderung wie die vorgeschla-
gene Wettbewerbsgruppe kann dazu ein guter Einstieg sein. Gruppierung
wird damit nicht mehr nur zu einem exkludierenden Erkennungsmerkmal für
Kinder und Jugendliche mit anerkannten Förderbedarfen, sondern zum normalen Bestandteil einer an den Lernenden ausgerichteten Schule. Durch
den angestrebten Rollentausch entwickelt sich auch im Team der Lehrkräfte
ein erweitertes Verständnis für die Nutzung der eigenen Verschiedenheit. Es
geht in inklusiven Schulen um Schülerinnen und Schüler, deren Abschlüsse
unterschiedlich sind, aber auch um Kinder und Jugendliche mit unterschiedlichen Lerngeschwindigkeiten. Eine solche Schule würde im Laufe der Jahre
und mit wachsenden Erfahrungen weitere Fördermöglichkeiten entdecken.

Die Karg-Stiftung für die Förderung hochbegabter Kinder schreibt: „(…) Intelligenz spielt für Hochbegabung eine wichtige Rolle, insbesondere für die
intellektuelle, aber auch für die musikalische, künstlerische oder sportliche
Hochbegabung. Hohe Intelligenz ist damit eine notwendige, aber keine hinreichende Bedingung für Hochbegabung. Daher gelten Intelligenzdefinitio-
nen von Hochbegabung (z. B. ein IQ über 130) vielerorts als überholt.
(…)"[102]. Ein Intelligenzquotient von über 130 bedeutet außerdem nicht
gleichzeitig, dass man es in jedem Fall mit sozialverträglichen, lebensklugen,

---

[102] Siehe: https://www.fachportal-hochbegabung.de/fragen/welche-rolle-spielt-die-intelligenz/
(Letzte Abfrage: 23.03.2024)

lernwilligen und motivierten Kindern zu tun hat. Auch im Bereich der Hochbegabung hat man mit vielfältig sich unterscheidenden Persönlichkeiten zu tun.

Nach der Verabschiedung ihrer ersten inklusiven Oberschulklasse vor den Sommerferien erwartete Sarah Fischer nun, dass der zweite Durchgang leichter werden würde. Schließlich hatte sie in den letzten sechs Jahren einiges erlebt und gelernt. Da kannte sie aber Johannes noch nicht. In der schulinternen Verteilungskonferenz erfuhr sie, dass es sich um einen hochbegabten Jungen handle, obwohl die Grundschule keine Leistungen über dem Regelstandard attestierte. Ein schulpsychologisches Gutachten wies auf einen IQ von 132 als Teilergebnis einer Untersuchung hin. Johannes, dessen Eltern seit einigen Jahren getrennt lebten, wohnte bei seiner Mutter und besuchte jedes zweite Wochenende seinen Vater.

Gleich zum Schuljahresbeginn bat die Mutter um ein Gespräch, in dem sie Sarah Fischer die Probleme während der Grundschulzeit anvertraute. „Deswegen war ich überhaupt nur bei den Schulpsychologen", erzählte sie. „Die haben dann den hohen IQ festgestellt. Da ist es ja kein Wunder, dass es in der Grundschule Schwierigkeiten gab. Mein Sohn war ständig unterfordert und langweilte sich. Deswegen machte er ja den ganzen Unsinn." Sie wünschte sich, dass man Johannes mit anspruchsvollen Aufgaben versorge, aber dass Sarah Fischer auch mal ordentlich durchgreife. „Sie müssen ihm genau erklären, was richtig und was falsch ist. Zuhause mache ich das auch so, und da ist er ein wirklich netter Junge." Nach dem Gespräch telefonierte Sarah Fischer mit dem ehemaligen Klassenlehrer aus der Grundschule. Johannes sei leistungsschwach und habe nie gezeigt, was man nach der IQ-Messung von ihm hätte erwarten müssen, berichtete dieser. „Er will immer Chef sein", führte er aus und schilderte, dass der Junge sich nur an selbst festgelegte Regeln hielt.

Heute war Johannes Thema in der Helferkonferenz des Teams. „Er hört nicht auf mich, ich bin wirklich frustriert", berichtete Claudia Rapp. „Dauernd macht er ganz leise, aber doch hörbar abfällige Bemerkungen über einzelne Mädchen." „In meinem Deutschunterricht beteiligt er sich nur unregelmäßig", erzählte Moritz Bardenhagen. „Meistens hat er weder Arbeitsmaterial noch Hausaufgaben dabei und wenn ich ihm eine besonders anspruchsvolle

Aufgabe stelle, dann kommt nur der höhnische Hinweis, dass das alles Babykram sei, den er bestimmt nicht machen werde."

Am Ende der Teambesprechung verabredeten sie, mit dem Jungen eine Zielvereinbarung auszuprobieren. In einer der nächsten Pausen behielt seine Klassenlehrerin ihn daher im Klassenraum. „Wir haben ja oft Streit miteinander", begann Sarah Fischer das Gespräch. „Das ist für dich nicht schön und für uns Lehrkräfte auch nicht. Wir möchten eine Verabredung mit dir treffen, die klärt, welche Pflichten du und welche Pflichten wir Lehrkräfte übernehmen." „Wie soll das gehen?", fragte Johannes. „Ich habe den Lehrerinnen und Lehrern ja gesagt, dass ich schwere Aufgaben will. Die kümmern sich gar nicht um mich. Ich melde mich so oft und niemand nimmt mich dran." „Da habe ich andere Dinge gehört. ‚Babykram' hast du gesagt, als dir Herr Bardenhagen besondere Aufgaben geben wollte. Und den Rest seines Unterrichts hast du dauernd so laut auf den Fußboden gestampft, dass kein Unterrichtsgespräch mehr möglich war. Zum Schluss hast du ihn noch gefragt, ob er dich jetzt endlich nach Hause schicken würde."

Am Ende der Pause einigten sie sich darauf, einen Versuch zu wagen. Sarah Fischer würde seine Mutter in die Schule einladen, um zu dritt über die Inhalte eines Vertrags zu sprechen. „Bekomme ich einen Pokal, wenn ich das mache?", fragte Johannes zum Abschluss mit leicht spöttischem Ton.

Eine hohe Begabung führt nicht zwangsläufig zu hohen Leistungen. George T. Betts and Maureen Neihart haben 1988 verschiedene Begabungstypen beschrieben[103]. Es gibt eben nicht „den Hochbegabten". Die beiden Autoren unterschieden sechs verschiedene Typen. Dabei entsprach der „Erfolgreiche" vermutlich am ehesten den leistungsstarken und motivierten Schülerinnen und Schülern. Die beiden beschrieben außerdem den „Herausforderer", der immer wieder in Konflikte und Machtkämpfe verwickelt ist. Die „Verborgenen", die Herausforderungen scheuen, über ein geringes Selbstwertgefühl verfügen und von Lehrkräften oft als widerspenstig erlebt werden. Eine weitere Kategorie waren die „Risiko-Kinder", widerspenstige Einzelgänger, die den Unterricht stören und deren schulischen Leistungen in der Regel deutlich unterhalb des oberen Drittels liegen. Den Typ der „mehrfach

---

[103] George Betts / Maureen Neihart: „Profiles of the gifted and talented". In: Gifted child Quarterly, 32. Jahrgang, 1988, Heft 2, S. 248-253.

Außergewöhnlichen" kennzeichnete unter anderem unorganisiertes und langsames Arbeiten. Lehrkräfte nehmen diese Schülerinnen und Schüler oft als hilflos wahr. Die Kategorie der „Selbständigen" beschrieb Kinder und Jugendliche, die, anders als die „Erfolgreichen", nicht durch gute Noten, sondern durch die eigenen Interessen begeistert intrinsisch motiviert lernen und von Lehrkräften als verantwortungsbewusst wahrgenommen werden[104].

Es ist zu bedenken, dass es sich bei solchen Darstellungen um grundsätzliche Zuordnungen nach wiederkehrenden Verhaltensmustern handelt. Tatsächlich aber bringen alle diese Persönlichkeiten ihre eigene Lebensgeschichte und individuelle Ausprägung der Typisierung mit. Wo also könnten so vielfältig unterschiedliche Kinder und Jugendliche besser lernen als in einer Schule, die Unterschiedlichkeit zur Grundlage ihrer pädagogischen Arbeit macht?

3.6 Der Struwwelpeter

Kaum ein älterer Erwachsener kennt ihn nicht: „Sieh einmal, hier steht er, Pfui! Der Struwwelpeter!" – der garstige Struwwelpeter, 1844 als Weihnachtsgeschenk vom Frankfurter Arzt Dr. Hoffmann für seine Kinder erdacht. Struwwelpeter lässt sich die Haare und Nägel nicht schneiden, er verweigert Mitte des 19. Jahrhunderts die Anpassung an das bürgerliche Leben. Struwwelpeter steht in der Tradition der „Warn- und Unglücksgeschichten". Ein Buch aus der Zeit des Biedermeier, in dem es um das richtige Verhalten des bürgerlichen Kindes geht. Da Kinder trotz aller guten Worte manchmal deutlich gegen Regeln verstoßen, wundert es wenig, dass 1890 ein Buch über die „Kinderfehler" entstand, Ludwig Strümpells „Die pädagogische Pathologie oder die Lehre von den Fehlern der Kinder"[105]. Das zweite Kapitel trägt die Überschrift „Alphabetisches Verzeichnis der Kinderfehler". Mit 56 Seiten ist es das deutlich längste Kapitel dieses Werks. Es startet mit „Ängstlichkeit", „Abneigung oder Antipathie" und „Ausgelassenheit". Strümpell erklärt, dass „Mucken haben" bedeute, „eigenwilligen Ansichten und Absichten nachhängen, auch nachträglich sein; daher wenig umgänglich". Mit Begriffen

---

[104] Eine gute Beschreibung in Stichworten findet sich hier: https://www.talente-ooe.at/hochbegabung/hochbegabungs-typen/derdie-herausfordernde-derdie-kreative (Letzte Abfrage: 24.03.2024)

[105] Ludwig Strümpell (1890): „Die pädagogische Pathologie oder die Lehre von den Fehlern der Kinder. Versuch einer Grundlegung für gebildete Ältern, Studirende der Pädagogik, Lehrer, sowie für Schulbehörden und Kinderärzte". Leipzig: Boehmes Nachfolger.

wie „Zimperlich", „Zappelig", „Zu früh reif", „Zauberkunststücke", „Zwangs-vorstellungen" oder „Zwangshandlungen" findet das Verzeichnis seinen Abschluss. Spätestens seit Einführung der Schulpflicht ist Struwwelpeter auch ein Schulkind. Nicht nur er, auch der böse Friederich, der Suppen-Kaspar, der Zappelphilipp, Paulinchen und all die anderen. Gerade deswegen bekommen die vermeintlichen Fehler der Kinder überhaupt erst so ein Gewicht. Woran es keinen Zweifel zu geben scheint, ist, dass es sich eindeutig um Fehler der Kinder handelt, nicht um Probleme, die möglicherweise durch Erwachsene verursacht sind. Von Anfang an ist klar, dass die Erwachsenen sich darum kümmern müssen, diese Kinder auf den rechten Pfad zu führen.

Wie bezeichnet man ein Kind, das den Unterricht nachhaltig und dauerhaft stört, möglichst diskriminierungsarm? Die vorhandenen Begriffe sind vielfältig: Entwicklungsgestörte, Entwicklungsgehemmte, Entwicklungsgeschädigte, Erziehungsschwierige, Gemeinschaftsschwierige, Gemeinschaftsbedrängende, Gemeinschaftsbedrängte, Kinder mit herausforderndem Verhalten, Schwererziehbare, sozial Auffällige, Sozialbehinderte, sozial-emotional Förderbedürftige, Verhaltensgestörte, Verhaltensoriginelle, Verwahrlosungsbedrohte. Wir reden über körperlich aktive und zum Teil aggressive Kinder und Jugendliche, aber nicht nur. Bei all diesen Begriffen vergisst man leicht, dass es auch noch eine andere Seite der Medaille gibt: die stillen, in sich gekehrten Kinder, die sich teilweise psychisch und / oder physisch gegen sich selbst richten, die Traurigen und Verzweifelten. Diese Kinder und Jugendlichen, die leise im Unterricht sitzen, entfallen oft der direkten Wahrnehmung durch ihre Lehrkräfte.

Auch wenn es die Gruppe der „Stillen" gibt, fast immer geht es in diesem Kontext um die sich auf unterschiedlichste Weise gegen ihre Lebensverhältnisse aktiv wehrenden Kinder und Jugendlichen. Sie sind diejenigen, an die meistens gedacht wird, wenn es um scheiternde Versuche inklusiver Beschulung geht. Mehr noch als der schwierige Umgang mit Heterogenität (33 Prozent) nennen Lehrkräfte im Schulbarometer von 2024 das Verhalten der Schülerinnen und Schüler (35 Prozent) als ihre aktuell größte Herausforderung[106].

---

[106] Robert Bosch Stiftung (2024): „Deutsches Schulbarometer: Befragung Lehrkräfte. Ergebnisse zur aktuellen Lage an allgemein- und berufsbildenden Schulen". Robert Bosch Stiftung, S. 14.

„Wie wird das bei der Inklusion eigentlich mit diesen Schwererziehbaren?", fragte Karl Röcker seine Schulleiterin. Er hatte sich einen Termin geholt, um mit ihr über seinen Eintritt in den Ruhestand, möglicherweise vorzeitig, zu sprechen. „Wir haben ja jetzt schon ohne Inklusion viele Kinder, die uns das Unterrichten schwer machen."

„Ich weiß nicht, ob schwererziehbar das richtige Wort für das ist, was wir hier an manchen Tagen erleben", meinte Bianca Mittendorf. „Aber es stimmt natürlich, dass wir einige Schülerinnen und Schüler haben, die uns Schulleben und Unterricht wirklich nicht leicht machen. Aber die sind ja jetzt schon da, sie sind ja schon immer unsere Schülerinnen und Schüler." „Ich weiß", warf Karl Röcker ein, „aber ich sage das ja schon seit Jahren: Die gehören hier nicht her. Ich befürchte, dass das erst die Spitze des Eisbergs ist, die richtig schweren Fälle kommen bestimmt erst noch." Karl Röcker machte sich große Sorgen darüber, ob er die anstehenden Herausforderungen überhaupt bewältigen könnte. „Wir sind gar nicht dafür ausgestattet, solche Kinder zu betreuen", setzte er fort. „Die gehören in eine Spezialschule, wo die entsprechenden Fachleute sind!"

Für ihn war dies eine hochemotionale Thematik. Er gehörte zu den Lehrkräften, die häufiger in eskalierende Situationen mit Schülerinnen und Schülern gerieten, oft aus Nebensächlichkeiten heraus. Beim letzten Mal ging es um ein Etui mit Stiften, das jeder am Anfang der Stunde auf seinem Tisch liegen haben sollte, obwohl gar nicht geschrieben wurde. Das Verlangen hatte er auf Nachfrage seiner Schülerinnen und Schüler mit den Worten begründet: „Weil ich euer Lehrer bin und das so will." Daraus entwickelte sich eine lange Kette von sich steigernden Konflikten im Klassenraum.

„Du hast Recht, im Augenblick sind diese Kinder unsere Schülerinnen und Schüler, ohne dass man uns dafür eine angemessene Beratung stellt, wir hilfreiche räumliche Bedingungen schaffen können oder sonderpädagogisch ausgebildete Lehrkräfte haben. Aber das wird sich ja zukünftig ändern." „Du musst das als Schulleiterin wohl sagen", entgegnete Karl Röcker, „aber du und ich wissen doch, dass es noch viel schlimmere Kinder gibt. Wenn die kommen, dann bricht hier der ganze Laden zusammen." „Ich habe mich in letzter Zeit ein bisschen mit den aktuellen Zahlen befasst. Die, die ich gefunden habe, sind aus dem Schuljahr 2008/09. Danach haben 0,7 Prozent aller Schülerinnen und Schüler einen Förderbedarf im Bereich sozial-emotionales

Verhalten[107] oder wie auch immer man das nennen will. Für uns bedeutet das rechnerisch, dass wir ungefähr jedes zweite Jahr ein Kind aufnehmen, das unseren traditionellen Schul- und Unterrichtsbetrieb vor extreme Herausforderungen stellt. Aber mit dem Beginn der inklusiven Klassen im Schuljahr 2011/12 kommen auch Sonderschullehrkräfte an unsere Schule, diese Kräfte hatten wir bisher nicht. Sie werden uns auch bei den Kindern helfen, die wir sowieso haben und im Bereich Verhalten Unterstützung bedürfen. Ich sehe da nur Verbesserungen auf uns zukommen", beendete sie mit großem Optimismus ihren Einwand gegen Karl Röckers Sorgen.

Der Vergleich von Bildungsstatistiken, insbesondere in Deutschland, ist nicht unkompliziert. Des Öfteren führen bildungspolitische Entscheidungen dazu, dass die für die Statistik erhobenen Aspekte nicht wirklich vergleichbar sind. Bildungsstatistiken können jedoch trotzdem auf bestimmte Entwicklungen aufmerksam machen. Klaus Klemm hat in seinem 2022 veröffentlichten Bericht Werte des letzten Schuljahres vor Unterzeichnung der UN-Behindertenrechtskonvention durch die Bundesrepublik Deutschland im Schuljahr 2008/09 mit Werten aus dem Schuljahr 2020/21 verglichen. Obwohl das Schuljahr 2020/21 sehr von Corona und den ersten Lockdown-Maßnahmen geprägt war, ist davon auszugehen, dass der statistische Effekt auf die Statuierung von Behinderungen zu diesem Zeitpunkt noch gering war. Klemm stellte fest, dass im genannten Zeitraum der Anteil der sonderpädagogisch förderbedürftigen Kinder und Jugendlichen mit dem Förderschwerpunkt „Lernen" von fast 45 Prozent auf 40 Prozent abgesunken ist. Der Anteil der im Bereich „emotionale und soziale Entwicklung" Förderbedürftigen sei dagegen von fast 12 Prozent auf 18 Prozent gestiegen. Vergleicht man jedoch beide Gruppen gemeinsam, dann beträgt der Anstieg nicht einmal 2 Prozent, von gut 56 Prozent auf 58 Prozent. Ausgehend von diesen Zahlen kann vermutet werden, dass es innerhalb dieser beiden Gruppen zu einer Umgruppierung gekommen ist. Ein Teil der Kinder, die früher das Förderzentrum Lernen besuchten, gelten heute im Rahmen verstärkter inklusiver Schulangebote als emotional und sozial förderbedürftig. Dies könnte ein Indiz dafür sein, dass Inklusion tatsächlich dazu beiträgt, dass im Unterrichtsbetrieb

---

[107] Dieser Wert lässt sich auf der Basis der von Klaus Klemm dargestellten Zahlen errechnen. Siehe: Klaus Klemm: „Inklusion in Deutschlands Schulen: Eine bildungsstatistische Momentaufnahme 2020 / 21". Bertelsmann Stiftung, Gütersloh, Juni 2022

genauer auf einzelne Kinder geguckt wird. Es könnte auch ein Indiz dafür sein, dass in früheren Jahren Kinder und Jugendliche, die einen Lernrückstand aufgrund ihres Verhaltens im Unterricht hatten, in Ermangelung von Alternativen mit einer Diagnose der Förderbedürftigkeit im Bereich Lernen aus der Regelschule abgeschoben wurden.

Unabhängig von Statistiken gibt es eine deutliche Differenz zwischen der Anzahl der von Lehrkräften im Rahmen ihres Unterrichts als äußerst schwierig empfundenen Schülerinnen und Schüler zu der geringeren Zahl der in Testverfahren als sozial-emotional förderbedürftig diagnostizierten Kinder und Jugendlichen. Für jede Schule, erst recht für eine inklusive, kann die Konsequenz daraus nur sein, genau hinzugucken und selbstkritisch zu analysieren, was in der Schule passiert.

Freitagnachmittag, das Schulleitungsteam ließ wieder einmal die Woche gemeinsam ausklingen. Ein schönes Ritual, weil sie danach viele Probleme in der Schule lassen konnten und wussten, dass sie mit den ganzen Herausforderungen, die sie zu bewältigen hatten, nicht allein dastanden. „Unsere persönliche Psychohygiene-Veranstaltung", hatte Bianca Mittendorf das einmal genannt. Heute ergriff Jannes Mayer sofort das Wort. „Ich bin wirklich frustriert", startete er. „Wir haben in unser Inklusionskonzept geschrieben, dass die Teams alle drei Wochen eine Helferkonferenz durchführen sollen. Das tun sie auch. Ich habe jetzt als ZuP-Leiter an einigen Sitzungen teilgenommen. Das war jedoch sehr ernüchternd!"

Jedes Jahr mussten in der Verteilungskonferenz auch die Kinder einen Platz in den Klassen bekommen, die als besonders problematisch angekündigt waren und dies oft auch schon in den ersten Tagen der Einführungswoche unter Beweis stellten. Das war der schwierigste Teil der Verteilungskonferenzen: die Verteilung der Ungewollten. Diese Herausforderungen hatten zur Einführung der „Helferkonferenzen" beigetragen. Sie sollten dazu dienen, präventiv und nicht durch konkrete Ereignisse veranlasst über solche Kinder und Jugendliche zu beraten. Die Gesamtkonferenz beschloss dieses Verfahren mit großer Zustimmung und nahm das Vorhaben 2015/16 in das schulinterne Inklusionskonzept auf – erhofften sich doch alle, dass durch das Zusammenwirken ihrer verschiedenen Kompetenzen und Wahrnehmungen in diesen Sitzungen Lösungen für eine Entlastung angespannter Situationen zu finden seien.

„Was ist denn passiert?", fragte Maren Bulut bei Jannes Mayer nach. „Es war wirklich richtig schlimm! Da haben wir es schon fast ein ganzes Jahr programmatisch verankert und dann das! Da saß das ganze Team zusammen und hatte, wie verabredet, für den Tag ein einzelnes Kind auf der Tagesordnung. Aber kaum war guten Tag gesagt, ging es schon los. Ich war in einer Veranstaltung, in der nur über das Kind geklagt wurde. Als ich mal vorsichtig nachfragte, ob es nicht irgendetwas gibt, was das Kind gut kann, kam als einziges die zynische Antwort: ‚stören'. Dass sie dann keine guten Lösungen für ihren Alltag mit dem Kind finden konnten, wundert mich nicht."

Das Ziel, inklusiv zu arbeiten, ist kein Erfolgsversprechen. Schülerinnen und Schüler, die das gemeinsame Lernen im Klassenverband als schwierig erleben und es möglicherweise gleichzeitig für alle anderen schwierig machen, stellen für Lehrkräfte ein großes Problem dar. Nicht selten ist unklar, wie ein gemeinsamer Unterricht erfolgen kann, wenn das Kind es kaum schafft, ohne Konflikt mit zwei oder drei anderen Menschen in einem Raum zu sein. Dafür gibt es keine perfekten Lösungen, erst recht keine Standardlösungen. Alle betroffenen Kinder und Jugendlichen haben ihre jeweils eigenen Gründe, jedes Verhalten seine eigenen Ursachen. Erst wenn wirklich hingesehen wird, können – vielleicht – Unterstützungsmöglichkeiten entdeckt und ermöglicht werden. Christel Manske weist darauf hin, dass die Feststellung einer Lehrkraft, eine Schülerin oder ein Schüler sei verhaltensgestört, letztlich nur „(…) ein gestörtes Verhältnis zwischen Lehrer und Kind" spiegele. „Im Grunde genommen kann man nur von ‚Störung' als einem Grundtypus mißglückter Interaktion oder instabiler Intersubjektivität sprechen"[108].

Die Entwicklung von optimistischen pädagogischen Handlungsoptionen für Kinder und Jugendliche, die sich und anderen das Lernen schwer machen, ist nicht leicht. Es bedarf nicht nur des Blicks auf die Kinder und Jugendlichen. Wichtig ist auch, eine Entlastung für die betroffenen Lehrkräfte zu erreichen. Dazu gehört, sich als Gruppe auf die pädagogische inhaltliche Auseinandersetzung mit den betroffenen Schülerinnen oder Schülern einzulassen und durch eine Rationalisierung in der analytischen Betrachtung

---

[108] Christel Manske (1988): „Nicht die Kinder stören die Lehrer, sondern das Lehrer-Schüler-Verhältnis ist gestört". In: Hans Eberwein (Hrsg.): „Behinderte und Nichtbehinderte lernen gemeinsam. Handbuch der Integrationspädagogik". Weinheim, Basel: Beltz Verlag, S. 197.

erlebte Verletzungen zu relativieren. Dabei könnte ein Hinweis auf „stören" als besondere Leistungen ja durchaus ernsthaft durchdacht werden. Lassen sich auslösende Faktoren für die Störungen erkennen? Sind die Störungen zu allen Zeiten gleich? Was braucht es eigentlich für Kompetenzen, um erfolgreich den Unterricht zu stören, und wo könnte man solche Kompetenzen sinnvoller einsetzen? Um solche Überlegungen auszulösen, braucht es aber ein strukturiertes Beratungskonzept, das den Rahmen für ein systematisiertes Nachdenken über Kinder und Jugendliche ermöglicht. Die bloße Einrichtung eines Zeitfensters für die gemeinschaftliche Beratung allein reicht dafür nicht.

Der Frust von Jannes Mayer über die Helferkonferenzen hatte Bianca Mittendorf die ganze Woche beschäftigt. Diesen Freitag sprach sie das Thema von sich aus erneut an und erkundigte sich nach seinen ursprünglichen Erwartungshaltungen. „Naja", antwortete Jannes Mayer nachdenklich, „wenn ich nicht weiß, wie ein Kind lebt, was es gut kann, woran es Spaß hat, was für dieses Kind von Wert ist, mit wem es sich gut versteht, wie soll ich denn da pädagogische Maßnahmen entwickeln? Ich glaube einfach auch nicht, dass immer und zu jeder Zeit alles gleich schlecht ist. Selbst wenn es nur Dinge gäbe, die weniger schlecht wären als andere, dann hätten wir doch zumindest eine Richtung, in die wir gucken könnten." „Und warum glaubst du, dass die Teams so über Schülerinnen und Schüler diskutieren können?", wollte Maren Bulut wissen. „Wo sollten sie gelernt haben, sich so intensiv mit den Kindern und Jugendlichen zu befassen?" „Ich war bisher davon ausgegangen, dass ein analytischer Blick auf die Kinder und Jugendlichen zum Standard jeder Lehrkräfteausbildung gehört, egal ob Oberstudienrätin oder Sonderschullehrer", meinte er.

„Da irrst du dich leider gewaltig", meinte Bianca Mittendorf. „Ich habe in meiner Ausbildung mehr mit den Unterrichtsfächern und der entsprechenden Aufbereitung des Stoffs zu tun gehabt." „Aber wenn es nicht zur Ausbildung gehört und wir als inklusive Schule Kompetenzen in diesem Bereich brauchen, dann sollten wir darüber nachdenken, wie wir diese Kompetenzen in unserem Kollegium erzeugen!" Maren Bulut war bekannt dafür, dass sie bei allen Dingen zügig eine konstruktive Komponente suchte.

Eigentlich ist es banal: Etwas tun ist besser als nichts tun und jeder Schritt in die richtige Richtung ist ein Schritt in die richtige Richtung. Hilfen für Kinder und Jugendliche zu entdecken und zu organisieren, die uns mit ihrem Verhalten ihre Not fast schreiend zeigen, ist ohne eine gemeinschaftliche, wertschätzende und zielorientierte Beratung der Erwachsenen fast unmöglich. Eine pragmatische „Helferkonferenz" im schulischen Alltag kann man sich kaum anders als eine Such- und Entdeckungswerkstatt für kurzfristig realisierbare Unterstützungsideen vorstellen. Dazu müssten sich diejenigen zusammenschließen, die im Jahrgangsteam und in der konkreten Klasse mit dem konkreten Kind oder Jugendlichen zusammenarbeiten. Strukturiert und planmäßig müssten sie sich mit den jeweils betroffenen Schülerinnen oder Schülern beschäftigen. Natürlich wird nicht jede Diskussion zu guten Lösungsmöglichkeiten führen, nicht jede Maßnahme wird Erfolg bringen. Aber schon die Diskussion und die gemeinsame Arbeit in so gearteten pädagogischen Werkstätten verändert den Blick und letztlich auch die Zusammenarbeit mit allen Kindern und Jugendlichen.

Gemeinsam hatten sie im Schulleitungsteam darüber beraten, was zu besseren Helferkonferenzen beitragen würde. Die Entwicklung einer verbindlichen Systematik für die Durchführung hielten sie für eine gute Idee. Das sollte ergänzt werden durch regelmäßige Fortbildungen für die Lehrkräfte, die zukünftig die Helferkonferenzen leiten sollten. Die hausinterne Ausbildung von Spezialisten empfanden sie als weitere gute Idee. Gemeinsam mit den Vertretungen der Teams in der Lenkungsgruppe hatten sie sich darauf geeinigt, zukünftig eine feste Tagesordnung für diese Sitzungen einzuführen, eine Art Durchführungsritual. Dazu gehörte, sich zuallererst umfassend mit der Lebensgeschichte des jeweiligen Kindes oder Jugendlichen zu beschäftigen. Als weiteres festes Element war ein umfangreiches und ernsthaftes Brainstorming über das vorgesehen, was die betroffene Schülerin, der betroffene Schüler besonders gut kann. Das sollte der Steinbruch werden, aus dem die Bausteine für Unterstützung und Hilfe abgebaut werden könnten. Stück für Stück hatten sie sich mit den notwendigen Inhalten einer solchen Fortbildung auseinandergesetzt. „Ich will ja nicht Wasser in den Wein gießen", warf Bianca Mittendorf damals ein, „aber um Stärken zu finden in einem Klima, wo man dem Kind am liebsten den Hals umdrehen würde, braucht es eine gute Fragetechnik. Das lernt keiner von uns wirklich im Studium. Ich denke, wir müssten die Sitzungsleitungen auch darin schulen."

Ein Schuljahr später kam das freitägliche Gespräch im Schulleitungsteam wieder auf das Thema „Helferkonferenzen". Inzwischen waren die Konferenzleitungen der Teams wie verabredet ausgebildet. Alle drei Wochen in der Schulzeit trafen sich die Teams für etwa neunzig Minuten zur Beratung. Alle konnten Kinder oder Jugendliche vorschlagen, über die man eine Beratung für notwendig hielt. Ziel war es, die Beratung zu beginnen, bevor sich ein unvermeidbarer Handlungsdruck aufgebaut hatte. Das gelang jedoch nicht immer so, wie gewünscht.

Fast euphorisch berichtete Jannes Mayer von seinem Erlebnis in einer solchen Sitzung am Wochenanfang. „Es ging um Susanne", begann er seinen Bericht. „Ihr wisst doch, dies farbige Mädchen, das sich bei dir, Bianca darüber beschwerte, dass der Hausmeister am Kiosk immer noch Negerkuss-Brötchen verkauft." Bianca Mittendorf erinnerte sich gut. Susanne gehörte zu den auffälligen Schülerinnen, die ständig im Streit mit anderen Jugendlichen oder den Lehrkräften lagen. Sie war öfter Gast in Bianca Mittendorfs Büro, wo die Schulleiterin versuchte, die Wogen zu glätten und Schlimmeres zu verhindern.

Anlass der Helferkonferenz, die sich mit Susanne beschäftigte, war die Tatsache, dass sie mitten im Unterricht ihren Tisch umgeschmissen hatte, die Lehrerin wüst beschimpfte und aus der Schule gerannt war. Das hatte das Fass zum Überlaufen gebracht. In der Konferenz ging es noch einmal um die Unterrichtssituation, in der es zur Eskalation gekommen war. Die Lehrerin übte mit ihren Schülerinnen und Schülern für den Wettbewerb „Jugend debattiert". Zur Vorbereitung hatte sie einen Text mit Aussagen über Migranten zusammengestellt, in dem auch die Ansichten des stellvertretenden AFD-Vorsitzenden Gauland über den Nationalspieler Boateng enthalten waren[109]. Die Lehrerin wollte erreichen, dass sich die Jugendlichen ernsthaft mit Alltagsrassismus auseinandersetzen. Wie üblich, wurde gelost, wer welche Position vertreten solle. Susanne wurde dem Team zugelost, das Positionen von Alexander Gauland und anderen zu verteidigen hatte. Jannes Mayer berichtete, dass sich Susanne, kurz bevor sie ihren Tisch umwarf, heftig dagegen wehrte, diese Position vertreten zu müssen. Die Lehrerin

---

[109] Alexander Gauland wird in der Frankfurter Allgemeinen Zeitung mit dem Satz zitiert: „„Die Leute finden ihn als Fußballspieler gut. Aber sie wollen einen Boateng nicht als Nachbarn haben." Siehe: Markus Wehner, Eckart Lohse: „„Nicht als Nachbarn': Gauland beleidigt Boateng". 29.05.2016. Zitiert nach: https://www.faz.net/aktuell/politik/inland/afd-vize-gauland-beleidigt-jerome-boateng-14257743.html (Letzte Abfrage: 24.10.2024)

versuchte dagegen deutlich zu machen, wie hilfreich es für zukünftige Diskussionen wäre, wenn man sich gut in die Gegenseite hineinversetzen könne.

„Ich habe zum ersten Mal erlebt, dass sie sich in dieser Helferkonferenz wirklich damit auseinandergesetzt haben, wie es Susanne ging. Was sie für Erlebnisse hat. Plötzlich konnten sich alle Kolleginnen und Kollegen an einzelne Szenen erinnern, in denen Susanne Signale gegeben hatte, wie sehr sie ihre Erfahrungen mit alltäglichem Rassismus belasteten. Jannes Mayer berichtete dann weiter, wie sich ein Gefühl der Betroffenheit im Lehrkräfte-Team entwickelte und wie sie überlegten, was Susanne helfen könnte …

Nicht jedes Kind, nicht alle Jugendlichen, die sich in der Schule massiv ungebührlich verhalten, sind sozial-emotional förderbedürftig. Bei vielen Kindern und Jugendlichen, wie beispielsweise Susanne, lassen sich bei genauerer Nachschau Ursache und Wirkung entdecken. Entdeckungen, die für die Entwicklung von inklusiven intervenierenden Strategien genutzt werden können. Es gibt aber natürlich auch die Kinder und Jugendlichen, die in erheblicher Weise traumatisiert sind, bei denen sich deutliche psychische Probleme diagnostizieren lassen, die Hilfe durch psychiatrische Einrichtungen und Fachkräfte brauchen. Nicht für alle Schülerinnen und Schüler werden solche „Helferkonferenzen" langfristige Hilfen und wirksame Unterstützungsmaßnahmen finden. Trotzdem eröffnet ein kritisch suchender Blick auf die Ursachen von Verhaltensweisen, die den jeweiligen Schülerinnen und Schülern das erfolgreiche schulische Lernen erschweren, neue Möglichkeiten des Umgangs miteinander. Gleichzeitig sind solche „Helferkonferenzen" auch wichtige Orte der Zusammenarbeit, zum einen innerhalb der Gruppe der Lehrkräfte, aber auch mit externen Partnern, die sich unterstützend einbringen. Der gemeinsame und erweiterte Blick auf die problematischen Situationen, in denen sich die einzelnen jungen Menschen innerhalb einer Klasse befinden können, ist entlastend. Auch das ist eine wichtige Voraussetzung, um sich erfolgreich auf die Suche nach pädagogischen Handlungsoptionen zu begeben.

Man kann wohl davon ausgehen, dass es niemanden gibt, der von Natur aus gern ohne Freunde sein, der gern unbeliebt und nirgends willkommen sein möchte, der gern immer und überall Streit hat. So ein Leben kostet unendlich viel Kraft, ist ungeheuer anstrengend. Unglücklich zu sein ist kein Zustand, den irgendjemand aktiv anstrebt. Wir reden über Kinder und Jugendliche, die durch ihr Verhalten zeigen, dass sie sich in einer Notlage befinden, aus der sie sich selbst nicht ohne Hilfe herausbewegen können. Und es zeigt sich erneut, dass sich wieder ein ganzes Universum eröffnet, sobald man sich gedanklich auf das Leben der einzelnen „Struwwelpeter" einlässt. So eine Sicht ermöglicht auch den Blick darauf, dass inklusive Schulen Lernorte sein müssen, die versuchen, sich den Kindern und ihren Nöten gegenüber zu öffnen, indem sie versuchen, kinderreif zu werden, und Modelle für andere Handlungsoptionen anbieten.

Nach sechs Jahren hatten sie den ersten Jahrgang der Oberschule zum Abschluss geführt. Die meisten Lehrkräfte in der Verteilungskonferenz erlebten den Ablauf nach so vielen Jahren mit vielen Verbesserungen nun zum zweiten Mal. Trotzdem blieben auch in diesem Jahr am Schluss die „schwierigen Fälle" übrig. Der letzte Schüler, um den gestritten wurde, war Marvin. Bisher wollte ihn keiner in seiner Klasse haben. Er war dem Jahrgangsleiter, Dirck Eckstein, schon von der abgebenden Grundschule als Schüler angekündigt worden, der es den Lehrkräften nicht leicht machen wird.

In den ersten Tagen an der neuen Schule wuchs auf seinem Beobachtungsbogen die Zahl derjenigen, mit denen er besser nicht gemeinsam in eine neue Klasse gehen sollte. In den Aufzeichnungen der Lehrkräfte fand sich nichts Positives über ihn. Von den zehn vorgegebenen Beobachtungskriterien erreichte er nur für die Bereitstellung seiner Arbeitsmaterialien eine neutrale Bewertung. Stattdessen füllte sich in dieser ersten Woche das kleine Feld für zusätzliche Bemerkungen. Feststellungen wie „zerstört Gruppen-ergebnisse", „sucht Lehreraufmerksamkeit", „Problemfall!", „stört, lenkt ab, unangenehm" fanden sich dort. Nur eine einzige Bemerkung schien positiv zu sein, nämlich dass er sich engagiert an Unterrichtsgesprächen beteiligte.

Dirck Eckstein hatte sich den Beobachtungsbogen von Marvin vor der Konferenz etwas frustriert angeguckt. Ihm war daran noch einmal deutlich geworden, dass der Weg zu einer Schule für die Kinder doch noch deutlich länger sein würde, als er ursprünglich gedacht hatte. Am Ende nahm Alexander Lauschter Marvin auf, der somit Schüler der neuen 5d wurde.

Marvins Probleme in der Schule ließen seine Mutter verzweifeln. Schon in der Grundschulzeit hatte sie alles Mögliche versucht. Irgendwann aber war sie die Beschwerden der Lehrkräfte leid. Irgendwann dachte sie, dass das nicht alles nur an ihrem Sohn liegen könne, und ging in eine Konfrontationshaltung gegenüber der Schule. „Sie sind doch die studierte Pädagogin", hielt sie beim letzten Beschwerdeanruf der Klassenlehrerin aus der Grundschule entgegen.

Marvin fiel es sehr schwer, im Umgang mit seinen Mitschülerinnen und Mitschülern den richtigen Ton zu treffen. Mit Mädchen, so erklärte er immer wieder, gebe er sich gar nicht erst ab. Von den Jungs fühlte er sich dagegen häufig beleidigt oder ungerecht behandelt. Die Unfähigkeit, auf angemessene Art und Weise Kontakte zu knüpfen, zeigte sich die nächsten Wochen und Monate auch an der neuen Schule sowohl auf dem Schulhof in den Pausen als auch innerhalb der Klasse. Letztlich ging es Marvin schon so, seit er im Kindergarten war.

Gleich nach der Zusammenstellung der neuen Klasse beschwerte sich Marvins Mutter bei der Schulleitung. Ihr Sohn sei neu an der Schule, würde aber von Anfang an diskriminiert. Das sehe man schon nach der Einführungswoche bei der ungerechten Klassenbildung. Ihr Sohn sei der Einzige, der ohne Freund in eine Klasse gekommen sei, dabei sei jedem garantiert worden, dass mindestens ein Freund mit in der neuen Klasse sei. Ihr Sohn habe auch Wünsche geäußert, die jedoch nicht berücksichtigt wurden. Was sie nicht wusste, war, dass kein anderes Kind sich ihren Sohn als Partner gewünscht hatte.

Es war somit nicht verwunderlich, dass Marvin zu den ersten gehörte, über den sie in einer der Helferkonferenzen sprachen. Fast alle Lehrkräfte wussten zu berichten, dass Marvin ihnen erzählt hatte, dass er bald zu seinem Vater ziehen werde. Aber jedes Mal, wenn der Umzug scheinbar direkt bevorstand, kam etwas dazwischen. „Wisst ihr", erzählte Alexander Lauschter, „in meinem ersten Drei-Standpunkte-Gespräch brach seine Mutter in Tränen aus und schimpfte über den Vater. Ich hatte den Eindruck, der sitzt gedanklich jeden Tag bei denen mit am Tisch." Das Verhältnis zu ihrem ehemaligen Partner beschrieb Marvins Mutter als zerrüttet und wenig vertrauensvoll. „Der Herr", so die Mutter, „macht meinem Marvin immer wieder Versprechungen und hält kein einziges Wort."

Wenn Mama so weinte, das war im Laufe der Helferkonferenz der gemeinsame Eindruck, dann mochte Marvin seine Mutter nicht allein lassen. Gleichzeitig wollte er aber auch endlich bei seinem Vater leben. Er schilderte gegenüber Klassenkameraden, dass sein Papa als Security-Mann arbeiten *würde. Sein Vater sei ein großer und kräftiger Typ, der häufig bei Konzerten in der Stadthalle die Einlasskontrolle mache. Wenn er erst bei seinem Papa wohnen würde, dann wäre er regelmäßig bei den Konzerten dabei.*

Kinder und Jugendliche, denen der Schulbesuch aufgrund ihres Verhaltens nicht leicht fällt, verfügen oft über problematische Erfahrungen mit Erwachsenen. Thomas Müller, Hochschullehrer an der Universität Würzburg mit dem Schwerpunkt Pädagogik bei Verhaltensstörungen, beschäftigt sich unter anderem mit Vertrauen als Thema der Sonderpädagogik. Wenn die Erfahrung dieser Schülerinnen und Schüler ist, „(...) dass Abhängigkeitsverhältnisse mit Erwachsenen sie eher gefährden als stärken", schreibt er, „so tun sie bisweilen alles dafür, diese Einschätzung bestätigt zu sehen, um am Ende eines konfliktreichen Beziehungsgeschehens konstatieren zu können, dass sie von vornherein wussten, dass der Erwachsene nicht vertrauenswürdig sei."[110]

Auch die beteiligten Eltern haben eigene Sorgen und Nöte. Sie bieten ihren Kindern oft genug hinreichende Gründe für ein berechtigtes Misstrauen. Trotzdem muss eine Schule versuchen, auch mit diesen Eltern eine Erziehungspartnerschaft herzustellen. Dazu braucht es gleiche Augenhöhe. Die entsteht nicht, wenn die Lehrkräfte sich regelmäßig über das Verhalten des jeweiligen Kindes beklagen und Änderung verlangen. Erst die Herstellung einer gemeinsamen Beratungssituation, die Wertschätzung und Einbindung der Eltern als Experten bezüglich ihrer eigenen Kinder, könnte zu anderen Ergebnissen führen.

Der Volksmund sagt, dass es zum Streiten immer zwei braucht. Wenn Lehrkräfte über Unterrichtsstörungen sprechen, findet man nicht in jedem Fall auch die Bereitschaft, selbstkritisch in den Spiegel zu schauen. Die sogenannten schwierigen und von den Erwachsenen enttäuschten Kinder und Jugendlichen mussten beispielsweise Verantwortung für suizidgefährdete Eltern übernehmen, haben Elternteile gepflegt, sind verraten und missbraucht worden ... Die Gründe, Erwachsenen nicht zu trauen, sind vielfältig. Vertrauen muss man sich durch Taten erwerben, auch Lehrkräfte! Unverzichtbar daher, sich Gedanken darüber zu machen, wie die Situation des

---

[110] Thomas Müller: „Epistemisches Vertrauen in seiner Bedeutung für die Pädagogik bei Verhaltensstörungen". In: Zeitschrift Menschen. Heft 5/202. Zitiert nach: https://www.zeitschrift-menschen.at/content/view/full/9223 (letzte Abfrage: 05.01.2024)

jeweiligen Kindes oder Jugendlichen vermutlich sein könnte und wie es dazu kam. Leider gelingt das oft nur unzureichend. Die Fähigkeiten solcher Schülerinnen und Schüler, mit Leichtigkeit jeden Unterricht sprengen zu können, lösen bei allen Lehrkräften Sorgen und teilweise extreme persönliche Belastungen aus. Vielfach erleben Lehrkräfte solches Verhalten als narzisstische Kränkung. Die Handlungen der Kinder und Jugendlichen werden als Demütigung und Herabsetzung wahrgenommen, die die betroffenen Lehrkräfte in ihrer Rolle entwertet – leicht verständlich, wenn sich dann im Rahmen von Ordnungsmaßnahmenkonferenzen Reaktionen entwickeln, die mehr mit Rache als mit Problemlösung zu tun haben. Trotzdem ist Änderung möglich, wenn sich die Lehrkräfte als pädagogische Experten zusammensetzen und sich gemeinschaftlich konstruktiv beraten, selbst bei Struwwelpeter und Paulinchen.

3.7   Worüber noch zu sprechen ist

Das Ziel jeder Klassenbildung ist es, Gruppenkonstellationen zu finden, in denen die Schülerinnen und Schüler gut miteinander arbeiten können, miteinander harmonieren und sich von ihren Stärken her ergänzen. Das gilt sowohl für die Kinder untereinander als auch für die Eltern und Lehrkräfte. Bei der Klassenbildung an inklusiven Schulen kommt es zusätzlich darauf an, in diesen Klassen und Lerngruppen die an der Schule insgesamt vorhandene Heterogenität der Schülerschaft abzubilden. In den vorangegangenen Abschnitten wurden dazu einige Aspekte und sich daraus ergebende Folgen angesprochen. Für die Bildung solcher Klassenverbände gibt es kein „Rezeptbuch", nicht jede Überlegung ist alternativlos und leider erweist sich nicht jede Entscheidung am Ende als wirklich gelungen.

Es wurden die Schülerinnen und Schüler vorgestellt und gruppiert, die den größten Teil derjenigen ausmachen, die bisher in inklusiven Schulen zusammentreffen. Ansprechen muss man sicherlich in diesem Zusammenhang zusätzlich die Schülerinnen und Schüler, die ohne Deutschkenntnisse in die Schulen kommen. Sie werden oft Sprachanfänger genannt, obwohl sie meist schon zwei oder drei Sprachen sprechen, nur nicht Deutsch. Sie gelangen häufiger traumatisiert und fast immer mit völlig anderen kulturellen Vorstellungen in die deutschen Schulen. Diese Gruppe hat heute eine deutlich größere Bedeutung als 2011/12, dem Jahr, in dem im Land Bremen spätestens mit der Gründung der Oberschulen begonnen sein musste. Sollen diese Kinder und Jugendlichen ausschließlich miteinander in Sprachkursen unterrichtet werden, sollen sie zusätzlich schon Klassenverbänden zugeordnet sein und zumindest in einzelnen Unterrichtsstunden dort mitarbeiten? Ist eine vollständig im Klassenverband organisierte Sprachförderung vorstellbar?

Was ist mit den anderen jungen Menschen, über die ich bisher nicht gesprochen habe? „Schulische Inklusion macht es erforderlich", so schreibt die Bundesvereinigung Lebenshilfe e.V. im Januar 2016 in ihren Kernthesen zur inklusiven Bildung in der Schule, „individuelle, differenzierte und bedarfsorientierte Bildungsangebote zu entwickeln, die die Förderung aller Kinder und Jugendlichen in heterogenen Lerngruppen in den Mittelpunkt stellen."[111] Karl-Ernst Ackermann spricht vom „Unteilbarkeitspostulat", das er auf die Wiener Weltmenschenrechtskonferenz von 1993 zurückführt[112]. In der „Wiener Erklärung und Aktionsprogramm" dieser Konferenz wird unter Punkt 22 davon gesprochen, dass die Möglichkeiten Behinderter, „(...) alle Menschenrechte und Grundfreiheiten auf der Basis der Gleichheit zu genießen (...)" besonderer Aufmerksamkeit bedürfen.[113] Die Notwendigkeit von Inklusion und ihrer Unteilbarkeit ist jedoch kein Naturgesetz, sie ist ein Akt des Wollens. Die Gleichzeitigkeit von Inklusion für einige und Exklusion für andere ist schwer vorstellbar. Der Ausschluss einzelner aufgrund der vermeintlich in ihnen liegenden Exklusionsgründe ist ohne einen weitergehenden Ausschluss aus der Gemeinschaft der Menschen kaum vorstellbar. Inklusion nur für einige Auserwählte würde daher einhergehen mit einer Entmenschlichung der Ausgeschlossenen. Inklusion muss unteilbar sein. Aber in der schulischen Praxis zeigen sich heute noch ungelöste Probleme. Die „Stiftung Deutsches Taubblindenwerk"[114] betreibt beispielsweise ein eigenes Internat. Es ist tatsächlich schwer sich vorzustellen, wie die für die Unterrichtung

---

[111] Bundesvereinigung Lebenshilfe e. V.: Kernthesen der Bundesvereinigung Lebenshilfe zur Inklusiven Bildung in der Schule. Januar 2016. Zitiert nach: https://www.lebenshilfe.de/fileadmin/Redaktion/PDF/2_Informieren/Publikationen/Positionspapier-Thesen-Inklusive-Schule.pdf (Letzte Abfrage: 24.10.2024), S. 2.

[112] Karl-Ernst Ackermann: „Unteilbar, aber doch begrenzt". In: Die Zeitschrift, II/2012. Zitiert nach: https://d-nb.info/1191935019/34 (Letzte Abfrage: 21.03.2025)

[113] Deutsche Gesellschaft für die Vereinten Nationen e.V. (Hrsg.): „Gleiche Menschenrechte für alle. Dokumente zur Menschenrechtsweltkonferenz der Vereinten Nationen in Wien 1993". Bonn 1994, S. 21. Zitiert nach: https://menschenrechte-durchsetzen.dgvn.de/fileadmin/user_upload/menschenr_durchsetzen/bilder/Menschenrechtsdokumente/2.1_Wiener_Erklaerung_und_Aktionsprogramm_web.pdf (Letzte Abfrage: 24.10.2024)

[114] https://www.taubblindenwerk.de/bildung/foerderschule-mit-internat/ (Letzte Abfrage: 24.10.2024)

dieser doppelt sinnesbehinderten Kinder (blind und gehörlos) an einer „normalen" inklusiven Schule die notwendige Fachkompetenz bereitgestellt und kontinuierlich weiter ausgebildet werden könnte. Wie soll der inklusive Unterricht von Kindern mit vielfältigen Formen der Körperbehinderungen oder klinisch behandlungsbedürftigen psychischen Auffälligkeiten gestaltet werden? Im Zusammenhang mit inklusivem Unterricht ist auch über die Kinder mit begrenzter Lebenserwartung zu sprechen. Je genauer man schaut, um so herausfordernder gestaltet sich das Inklusionsideal.

Einmal im Jahr traf sich Jannes Mayer mit drei ehemaligen Kommilitonen für ein gemeinsames Wochenende. Gemeinsam hatten sie Sonderpädagogik studiert, allerdings mit unterschiedlichen Förderschwerpunkten. Damals hatten sie zu viert eine umfassende Arbeit geschrieben. Seit dieser Zeit trafen sie sich einmal im Jahr, um über alte Zeiten zu plaudern, die Freundschaften zu pflegen und neue Ideen zu teilen. Inzwischen arbeiteten alle vier an verschiedenen Standorten in ganz Norddeutschland. In diesem Jahr standen die Erfahrungen von Jannes Mayer als ZuP-Leiter einer inklusiven Oberschule im Mittelpunkt der Gespräche. Alle waren neugierig, übernahm das Bundesland Bremen doch im Bereich der Inklusion so etwas wie eine Vorreiterrolle.

Inzwischen war der Tisch abgeräumt, das Geschirr abgewaschen und der Abend nahm seinen Lauf. Den ganzen Tag über hatte er ausführlich über die Arbeit an seiner Schule berichtet. „Die Aufnahme von einzelnen Schülerinnen und Schülern, die im Rollstuhl sitzen, ist noch keine Inklusion der Kinder und Jugendlichen mit Körperbehinderung", warf irgendwann Johannes ein, der an einer Förderschule für körperliche und motorische Entwicklung arbeitete. „Ich kann mir nicht vorstellen, dass das, was ihr macht, eine generelle Lösung für alle meine Schülerinnen und Schüler werden könnte." „Es ist vielleicht schwierig, aber wenn man Inklusion will, dann muss man dafür Lösungen finden", entgegnete Jens. Jens war Lehrer an einer Schule für Hörgeschädigte. Dort gehörte er zum ambulanten Dienst für die inklusive Beschulung dieser Schülerinnen und Schüler an der Regelschule. Jens war darüber nicht wirklich glücklich, hatte er doch das Gefühl, mit seiner Arbeit zu einer Aufteilung der Kinder und Jugendlichen in „inklusionsfähig" und „nicht inklusionsfähig" beizutragen. „Ich sehe das genauso wie Jens", unterstützte ihn Michael, „Inklusion muss unteilbar sein. Wenn wir die vermeintlich inklusionsfähigen Kinder und Jugendlichen heraussuchten, dann erzeugten wir für diejenigen mit den größten Förderbedarfen die anregungsärmsten pädagogischen Milieus." Michael arbeitete in einer Krankenhausschule. Erst war er in einer psychiatrischen Klinik tätig, derzeit arbeitete er an einem onkologischen Krankenhaus.

Der Ausschluss einer kleinen Teilmenge behinderter Menschen ist in der Praxis ein Akt der Gewalt, für oder gegen den man sich entscheiden muss. Man kann juristisch argumentieren und feststellen, dass die Behindertenrechtskonvention den Schülerinnen und Schülern mit Behinderung garantiert, dass sie „(...) nicht aufgrund von Behinderung vom allgemeinen Bildungssystem ausgeschlossen werden (...)[115]. Letztlich handelt es sich aber um eine interpretierbare Garantie, deren Gestaltung von Willensentscheidungen abhängt. Der ehemalige Bildungsminister von Mecklenburg-Vorpommern, Mathias Brodkorb, definierte 2013 Inklusion als „Kommunismus an Schulen"[116]. Zur Begründung dieser Behauptung bezog er sich auf einen Satz von Karl Marx aus der „Kritik des Gothaer Programms": „Jeder nach seinen Fähigkeiten, jedem nach seinen Bedürfnissen!"[117] Aber warum eigentlich sollte das eine falsche Vorstellung vom pädagogischen Auftrag inklusiver Beschulung sein?

Johannes ergriff wieder das Wort. „Ich habe an meiner Schule viel mit stark beeinträchtigten Kindern und Jugendlichen zu tun. Wir sprechen über zum Teil wirklich kluge Menschen, die Hilfe brauchen, wenn sie sich umdrehen wollen oder wenn sie umgedreht werden müssen, damit sie keinen Dekubitus bekommen. Wir reden über Menschen, die es brauchen, mal gestreichelt und berührt zu werden. Ihr könnt euch ja gut vorstellen, dass wir mit teilweise mit ganz basalen und sehr spezifischen Herausforderungen konfrontiert sind. An einer Schule wie meiner gibt es unglaublich viel Know-how, was in dieser Form an einer Schule wie deiner, Jannes, gar nicht aufgebaut werden könnte." Johannes berichtete von der hochkompetenten medizinisch-

---

[115] Artikel 24, Absatz 2, Buchstabe a) der UN-Behindertenrechtskonvention.

[116] Mathias Brodkorb: „Warum Inklusion unmöglich ist. Über schulische Paradoxien zwischen Liebe und Leistung". In: „Profil", April 2013, S. 28

[117] Karl Marx (1987): „Kritik des Gothaer Programms". In: Marx-Engels-Werke, Band 19, Berlin: Dietz Verlag, S. 21.

therapeutischen Versorgung innerhalb der Schule, den liebevollen Pflegekräften und vielem mehr. Er berichtete, wie die Musiklehrerin gemeinsam mit einem Techniker aus der Elternschaft über die Erfindung von Musikinstrumenten für einzelne Schülerinnen und Schüler gebrütet hatte. Beeindruckt hörten ihm die anderen drei zu.

„Ich engagiere mich ja nicht für eine inklusive Schule, damit es den Kindern und Jugendlichen am Ende schlechter geht", warf Jannes ein. *„Für mich ist Inklusion nicht ein fertiges Verfahren, das es nur noch umzusetzen gilt. Meiner Meinung nach müssen wir uns jeden Tag anstrengen, nach neuen Lösungen suchen und sie dann auch entdecken."*

Marx soll einmal gesagt haben, dass er kein Marxist sei. Vermutlich wollte er damit ausdrücken, dass er sich als Wissenschaftler versteht und nicht als religiöser Dogmatiker. Wissenschaftliche Erkenntnis verändert fortwährend die Welt, ergänzt das Wissen über sie oder zwingt dazu, Dinge in einem anderen Licht neu zu interpretieren. Dogmatische Glaubenssätze brauchen dagegen die Kontinuität der Sichtweisen und Aussagen über die Welt. Das Bekenntnis zum Aufbau einer inklusiven Welt ist ausdrücklich kein Glaubensbekenntnis, sondern eine selbstgewählte Entscheidung, danach zu forschen, was erforderlich ist, um allen Menschen die unteilbare Zugehörigkeit zur menschlichen Gemeinschaft zu ermöglichen.

Der Aufbau inklusiver Schulen ist gleichzeitig die größte in Deutschland je durchgeführte Aktivität zur schulischen Qualitätsentwicklung. Bei der Entwicklung einer inklusiven schulischen Praxis handelt es sich um ein Entdeckungsverfahren: Was funktioniert? Warum? Was verändert sich dadurch? Wie wirkt es zurück? Es wäre wünschenswert, dass Lehrkräfte sich auf der Basis qualitativer-heuristischer Sozialforschung[118] zu einem Entdecker-Netzwerk zusammenschlössen. Das ist leichter gesagt als getan, schließlich erfordert ihre Arbeit jeden Tag neue Lösungen, wodurch selten Zeit für einen Austausch mit Vertretungen anderer Schulen bleibt und noch weniger für einen reflektierenden Blick zurück auf die eigenen Entwicklungsprozesse. Auch wenn solche informellen Treffen der vier ehemaligen Kommilitonen

---

[118] Siehe: Gerhard Kleining: „Qualitativ-heuristische Sozialforschung: Schriften zur Theorie und Praxis". Hamburg, 1994, S. 22 ff. Zitiert nach: https://nbn-resolving.org/urn:nbn:de:0168-ssoar-7731

solche Ansätze nicht ersetzen können, sind sie für die Beteiligten trotzdem hilfreiche Instrumente der persönlichen Kompetenzentwicklung.

„Aber es kann ja nicht so sein, dass ein paar Schülerinnen und Schüler mit Körperbehinderung in den sogenannten Regelschulen unterrichtet werden und alle anderen exklusiv in Förderzentren", warf Jens ein. „Wir diskutieren an unserer Schule darüber, zukünftig einen Teil an nicht behinderten Kindern und Jugendlichen aufzunehmen, umgekehrte Inklusion", teilte Michael mit und berichtete vom Netzwerk seiner Schule. „Niemand kennt sich mit Körperbehinderung so gut aus wie unsere Ehemaligen. Sie bilden mit ihrem Beistand ein unglaublich stabiles und schützendes Geflecht um unsere Schule. Wenn einzelne Jugendliche bestimmte Praktikumsberufe suchen, dann finden wir die auch." Er beschrieb die verschiedenen Vorzüge seiner Schule und erklärte, warum sie dort glaubten, dass das Lernen an ihrem Standort auch für nicht behinderte Schülerinnen und Schüler sehr attraktiv sein könnte.

Tatsächlich gibt es Kompetenzen, technische Einrichtungen, Personal, das nicht an allen schulischen Standorten vorgehalten werden kann. Wirkliche Fachkompetenz kann sich auch nicht aufbauen, wenn die Konfrontation mit spezifischen herausfordernden Anforderungen nur sporadisch und selten erfolgt. Karl-Ernst Ackermann, bis 2011 Professor für Geistigbehindertenpädagogik an der Berliner Humboldt-Universität, spricht davon, dass Inklusion zwar unteilbar sei, aber doch begrenzt. „(…) Diese Grenzen gilt es dort wahrzunehmen, wo sie sich in der Regel abzeichnen, nämlich an den Schnittflächen zwischen Strukturen von Einrichtungen, die allgemeinen Bedarfen gerecht werden sollen, und der besonderen individuellen Bedürfnislage einzelner Menschen."[119] Unter Bezugnahme auf dänische Erfahrungen gelangt er zu der Schlussfolgerung, dass auch in der Inklusion eine gewisse Exklusivität bleibe und bleiben müsse. Auch diese Exklusivität, das Recht, sich spezifisch zu gruppieren, ist vermutlich Teil einer zukünftigen inklusiven Schulwirklichkeit.

---

[119] Ackermann, a.a.O., S. 40.

„Meine Arbeit stellt sich im Vergleich zu eurer ganz anders dar", erzählte Michael im Laufe des Abends. „Unsere Schülerinnen und Schüler kommen ja sowieso nur auf Zeit in die Krankenhausschule. Ich wünschte mir aber, dass die Zusammenarbeit mit den Stammschulen intensiver gestaltet werden könnte." Michael berichtete, dass er sehr unterschiedliche Erfahrungen mache. „Es war ja schon an der psychiatrischen Klinik nicht leicht. Oft wissen Lehrkräfte nicht so genau, wie sie sich verhalten sollen. Aber jetzt in der Onkologie ist es sehr besonders. Es geht ja nicht nur um die Auseinandersetzung mit dem Kind. Nicht alle meine Schülerinnen und Schüler werden geheilt in ihre früheren Schulen zurückkehren. Manche werden sterben. Das ist wirklich hart. Manchmal scheuen Lehrkräfte vor dieser Thematik zurück. Es bedeutet ja auch immer, sich mit dem Tod und der eigenen Sterblichkeit zu beschäftigen." In diesem Augenblick empfand jeder im Raum die besondere Dramatik bezüglich der pädagogischen Arbeit Michaels in der Krankenhausschule. „Wenn der Tod ums Haus schleicht, wechseln viele lieber auf die andere Straßenseite", meinte Johannes. Aber alle waren sich einig, dass Inklusion ein Thema ist, das alle Bereiche des menschlichen Seins betrifft. Für den Aufbau inklusiver Strukturen dürfe es keine Tabus geben, auch nicht für das Sterben.

Immer deutlicher zeigte sich im Laufe des Abends die Vielfältigkeit des Inklusionsthemas, die Betrachtung der unterschiedlichen Aspekte war wie der Blick in ein Kaleidoskop aus Herausforderungen und Möglichkeiten. „Es gibt eben nicht nur einen einzigen Weg zum Ziel", fasste Jannes Mayer am Ende des Abends die Gespräche zusammen. „Es geht darum, für alle Kinder und Jugendlichen eine heterogene, herausfordernde und vielfältige Lernumgebung zu schaffen, die sie unterstützt, sich gemeinsam die Welt anzueignen. Eine Welt, die für alle Menschen gleichermaßen zugänglich sein muss." Den Rest des Abends versuchten sie, die Bedingungen und Kriterien zu definieren, die alle ihre unterschiedlichen Bestrebungen, eine inklusive Bildung zu realisieren, verbinden würden.

Wenn man das unbekannte Land der Inklusion betreten hat und sich umschaut, dann macht man vielfältige Erfahrungen. Der Hinweg sieht anders aus als der Rückweg. Der See schillert im Sonnenlicht anders als bei Regenwetter. Je nachdem, von welcher Seite, bei welcher Beleuchtung, aus welcher Richtung man schaut, entdeckt man immer wieder Neues. Die Entdeckungen sind nicht mit einer Zeichnung der vermeintlich objektiv

vorgefundenen Topografie abgeschlossen. Die Aufdeckung der im unbekannten Land verborgenen Geheimnisse geht weit darüber hinaus. Später
werden sich Menschen im unbekannten Land ansiedeln und auf die gesammelten Erkenntnisse der Forschungsgruppen zurückgreifen. Touristen werden kommen und sich die besonders schönen Stellen ansehen. Vielleicht
werden die schönsten einheimischen Pflanzen für den Export gezüchtet. Um
die Voraussetzungen dafür zu schaffen, bedarf es allerdings auch einer
Reihe von leidenschaftlichen Entdeckern.

Der Aufbau inklusiver Schulen hat nicht eine spezifische   – „behinderten-freundliche" – Öffnung der Schulen zum Inhalt. Inklusion, die Gestaltung von Lernorten für untrennbar heterogene Gruppen, erfordert eine ganzheitliche Veränderung. Sie geht einher mit umfassenden, grundlegenden und qualitativ weitreichenden Entwicklungserfordernissen in allen Bereichen. Die Annahme, Inklusion würde durch das Öffnen der Schultüren für Kinder und Jugendliche mit sonderpädagogischen Förderbedarfen und einer entsprechenden personellen und räumlichen Ausstattung realisiert, ist eines der größten Missverständnisse in diesem Prozess.

Die Überwindung solcher Missverständnisse erfordert eine gemeinschaftliche Aneignung neuer konstruktiver Deutungen der entstehenden Aufgaben. Wenn Mathias Brodkorb meint, schulische Inklusion als pädagogischen Kommunismus bezeichnen zu müssen, dann ist an Bert Brechts Gedicht vom „Lob des Kommunismus" zu erinnern: „(…) Er ist das einfache / Das schwer zu machen ist." Der Aufbau einer veränderten Praxis ist alles andere als eine Kleinigkeit.

Die Schulleiterin, der Schulleiter leitet die Schule und trägt die Gesamtverantwortung. Im Rahmen der Gesamtverantwortung hat diese Person „für die Qualitätsentwicklung und die Qualitätssicherung des Unterrichts Sorge zu tragen und hat in diesem Bereich das Letztentscheidungsrecht"[120]. Die Lehrkräfte tragen in der Schule zwar die unmittelbare pädagogische Verantwortung, sind aber in ihrer Ausübung beschränkt durch rechtliche Vorgaben, schulische Beschlüsse und insbesondere Entscheidungen der Schulleitung[121]. Aus diesem Grund kann Schulentwicklung nur mit Schulleitungen gelingen, aber nicht gegen sie. Der Aufbau einer inklusiven Schule braucht daher weises Handeln einer Schulleitung, die willens ist, unter Nutzung der zugestandenen Entscheidungsfreiheiten die Schulgemeinschaft für diesen Transformationsprozess zu gewinnen. Von so einer Leitung kann zu Recht verlangt werden, dass sie in der Lage ist, Mitarbeitende für den gemeinsamen Weg in eine neue Form schulischer Arbeit zu begeistern. Dazu gehört

---

[120] Bremisches Schulverwaltungsgesetz (BremSchVwG) in der Fassung der Bekanntmachung vom 28. Juni 2005 (Brem.GBl. 2005, S. 280, 388, 399), zuletzt geändert durch Gesetz vom 13. Juli 2021 (Brem.GBl. S. 582, ber. 736). § 63 (1), Schulleiterin / Schulleiter

[121] BremSchulG § 59 (1), Aufgaben der Lehrkräfte

neben der notwendigen Fähigkeit, solche Prozesse steuern zu können, ebenso die Bereitschaft, sich durch ein kontexterweiterndes Denken aus selbstverschuldeter Unmündigkeit zu befreien.

Aber auch eine motivierte und kompetente Schulleitung kann eine Schulentwicklung nicht erzwingen. Es gibt keine Schulentwicklung gegen ein Kollegium. Im Gegenzug ist die Schulleitung abhängig von der Selbstbelastungsbereitschaft der vorhandenen Lehrkräfte. Zumindest ein deutlich erkennbarer Teil eines Kollegiums müsste seine Arbeitsschwerpunkte klar auf die erforderliche Schulentwicklung ausrichten. Daher ist es nicht nur erforderlich, dass eine Schulleitung mit eigenen Ideen motivieren kann. Eine engagierte und reflektierte Schulleitung muss auch erkennen, wenn Beschäftigte Wege beschreiten, die für die Gesamtorganisation bedeutend sein könnten und bei der Realisierung solch wichtiger innovativer Ideen Unterstützung organisieren.

Wer losgeht und sein Ziel nicht kennt, kommt unter Umständen an ungewünschten Orten an. In den Forschungsgruppen müssen, um die richtigen Wege zu finden, eine Vielzahl unterschiedlicher Professionen nutzbringend zusammenarbeiten. Von den Biologen muss man erwarten, dass sie Artengemeinschaften erkennen und das Wechselspiel der Bedingungen, die ihr Zusammenleben ermöglichen. Geotechniker untersuchen die Bodenbeschaffenheit, um Orte für Siedlungen oder Anpflanzungen zu finden, die sich ökologisch sinnvoll in die Landschaft einpassen. Kartografen tragen die gesammelten Informationen zusammen, um bestmöglich die raumbezogenen Informationen für den weiteren Forschungsprozess zur Verfügung zu stellen. Die Vielzahl gleichzeitig vorhandener unterschiedlicher Anforderungen erfordert von den Forschungsgruppen, dass sie innerhalb ihres Teams die Ziele untereinander klären und priorisieren. Solche Anforderungen liegen jenseits der traditionellen individualistischen Schulpraxis und sind sowohl für das Kollegium als auch für die Schulleitenden nicht widerspruchsfrei lösbar.

Eine innovative Schulleitungsarbeit erfordert, sich nicht auf die Verwaltung des Bestehenden zu begrenzen, sondern Vorbild zu sein und im entscheidenden Moment für das als richtig Erkannte einzustehen[122]. Man muss

---

[122] Siehe Artikel 26 der Bremer Landesverfassung: „Die Erziehung und Bildung der Jugend hat im wesentlichen folgende Aufgaben: (…) 3. Die Erziehung zum eigenen Denken, zur Achtung vor der Wahrheit, zum Mut, sie zu bekennen und das als richtig und notwendig Erkannte zu tun. (…)"

davon ausgehen, dass ein Großteil dessen erlernbar ist, was Schulleitungen für die Verantwortungsübernahme in solch rigorosen Entwicklungsprozessen brauchen, wie sie der Aufbau inklusiver Schulen darstellt. Andernfalls wäre Schulentwicklung ausschließlich abhängig von charismatischen Einzelpersönlichkeiten. Eine Verneinung der Erlernbarkeit würde bedeuten, dass ein System mit einer Verantwortung für weit mehr als acht Millionen Kinder und Jugendliche nicht steuerbar wäre, sondern abhinge von individuellen Zufällen.

Am Anfang steht die Frage nach den mit dem Veränderungsprozess verbundenen Wertvorstellungen und deren Kompatibilität bezogen auf das bisherige Tun. Eine inklusive Schule ist ein Ort, an dem eine Vielzahl höchst unterschiedlicher Menschen zusammentreffen. Diese Pluralität muss sich nicht nur in der Unterrichtsentwicklung, sondern auch in der Schulkultur abbilden. Es wäre allerdings ein Missverständnis, verstände man Pluralität in einer inklusiven Schule als ein Nebeneinanderbestehen sich unter Umständen widersprechender Werturteile. Pluralität kann daher ebenso Wachstum und gegenseitige Bereicherung bedeuten wie Polarisierung und Entfremdung.

Wer sollte sich für etwas anstrengen, das von Anfang an für falsch, unerreichbar oder gar als ungerecht empfunden wird? In vielen Bereichen, zum Beispiel in der Gestaltung von Unternehmenskultur, aber insbesondere in sozial bedeutsamen Bereichen wie der Krankenpflege, der therapeutischen Arbeit, der Arbeit in Kindergärten oder der Jugendhilfe, wird davon gesprochen, dass es auf die Haltung ankäme. Ich habe noch nie gehört, dass es auch bei Produktionshelfern an Fließbändern auf die Haltung ankäme. Berufliche Arbeit und Haltung tauchen in der Regel nur in sozial bedeutsamen Kontexten auf. Auch in den Schulen wird im Zusammenhang mit dem Aufbau inklusiver Strukturen immer wieder an die dafür notwendige Haltung appelliert. Es ist kritisch zu hinterfragen, ob diese vielfach angemahnte Haltung wirklich das ausschlaggebende Kriterium ist, um eine inklusive Kultur in der sich verändernden Schule aufzubauen. Der Problematisierung des Appells an die Haltung ist der erste Abschnitt dieses Kapitels gewidmet.

Manche Zahlen sind erschreckend. „Psychische Auffälligkeiten zählen zu den häufigsten Belastungen im Kindes- und Jugendalter", schreibt 2021 das Robert-Koch-Institut[123]. Allein solche Aussagen sollten Grund genug sein,

---

[123] Claudia Schmidtke, Raimund Geene, Heike Hölling, Thomas Lampert: „Psychische Auffälligkeiten, psychosoziale Ressourcen und sozioökonomischer Status im Kindes- und

die Beschäftigung damit, wie man Kindern und Jugendlichen in den Schulen unterstützend zur Seite stehen kann, zur professionellen Aufgabenwahrnehmung von allen Lehrkräften zu zählen. Jedem ist unmittelbar einleuchtend, dass Lernen unter Bedingungen von Angst und Unsicherheit nur schwer erfolgreich sein kann. Für alle Schulen, aber insbesondere für inklusive Schulen ist daher Bindung als eine Lernvoraussetzung ein Thema. Aus diesem Grund ist die Formung des Beziehungsgefüges ein wichtiges Gestaltungselement – ein Gefüge, das sich in bedeutsamer Weise aus der Klärung von Nähe und Distanz, Macht und Unterordnung herausbildet.

Für den Aufbau einer bindungssicheren Schule ist insbesondere das Konzept des Mentalisierens hilfreich. Dabei geht es um das Bemühen, den anderen in gewisser Weise von innen zu sehen, sich selbst dagegen von außen zu betrachten. Dieses Konzept findet seine Anwendung im schulischen Zusammenhang beispielsweise in den „Familienklassen", die sich seit einigen Jahren als schulische Interventionsmaßnahmen für den Umgang mit Kindern und Jugendlichen in schwierigen Lernsituationen bilden. Natürlich ist der Beruf von Lehrkräften kein therapeutischer und es ist weder gewollt noch sinnvoll, dass Lehrkräfte therapeutisch arbeiten. Trotzdem scheint es mir sinnvoll zu sein, die Themen „Bindung" und „Mentalisieren" aus der Expertenecke zu holen. Beide Begriffe könnten Lehrkräften helfen, ihre schulische Arbeit achtsamer zu gestalten. Wenn der Fokus der inklusiven Schule auf die individuellen Menschen gerichtet ist, die gemeinsam lernen, dann sollte eine Verbreitung von solchem Wissen an alle professionell in der Schule Handelnden einen größeren Nutzen für die gesamte Schulgemeinschaft erbringen. Im zweiten Teil dieses Kapitels geht es daher unter der Überschrift „Nähe und Macht" um das Nachspüren der Bedeutung der menschlichen Verhältnisse und des Miteinanders in der Schule. Seit Jahrzehnten besteht für Lehrkräfte anscheinend im Verhalten der Schülerinnen und Schüler unverändert die größte Herausforderung[124]. Es geht daher darum herauszufinden, welche

---

Jugendalter – Eine Analyse mit Daten von KiGGS Welle 2". In: Journal of Health Monitoring, Robert-Koch-Institut, Berlin, Ausgabe 4/2021, S. 21. https://edoc.rki.de/bitstream/handle/176904/9114/JoHM_04_2021_Psychische_Auffaelligkeiten_Ressourcen_SES.pdf?sequence=1

[124] Das zeigte sich im schon erwähnten Schulbarometer 2024 ebenso wie in der Untersuchung von Schaarschmidt u.a. zur psychischen Gesundheit im Lehrerberuf, die 2005 feststellen, dass „(…) übereinstimmend von den Lehrern aller Regionen und Schultypen als die belastendsten (Faktoren) hervorgehoben werden: das destruktive Verhalten durch schwierige Schüler, die Klassengröße und die Stundenzahl (…)". Siehe: Uwe Schaarschmidt (Hrsg.; 2005):

grundlegenden Strukturen gebraucht werden, um es möglichst allen Mitgliedern der Schulgemeinschaft zu ermöglichen, ihren Platz in der Schule und in den schulischen Lernprozessen zu finden.

Nach meiner Erfahrung sind die meisten Lehrkräfte gut darin, den Blick immer weit nach vorne zu richten, auf das vermeintlich abschließende Reiseziel, die Endstation. Der Aufbau einer inklusiven Schule mit einem Tunnelblick auf die Berggipfel wird jedoch misslingen. Die Vorstellung von fast unüberwindlichen Beschwerlichkeiten schreckt viele Mitglieder der Forschungsgruppen schon im Vorfeld ab. Die Beteiligten müssen sich fragen, ob wirklich alle die Gipfel erklimmen müssen. Und natürlich gibt es auch immer diejenigen, denen es schwerfällt, sich etwas anderes vorzustellen als das, was sie schon immer zu kennen glauben. Und es gibt auch diejenigen, die sich mit einer Vielzahl von Bedenken dem leibhaftigen Aufbruch in eine neue pädagogische Welt verweigern.

Der angestrebte Transformationsprozess braucht langen Atem und die entsprechende Geduld, aber auch viele kleine Schritte, die in ihrer Wirkung aufeinander abgestimmt erfolgen müssen – ein langer Weg, der immer wieder neue Etappensiege braucht. Nur so ist die Komplexität auf übersichtliche Bausteine zu reduzieren und wird eine Erprobbarkeit der einzelnen Teilelemente der Entwicklung möglich. Im dritten Abschnitt dieses Kapitels wird daher deutlich werden, dass es am Ende für den Aufbau einer inklusiven Praxis die vermeintlichen Nebensächlichkeiten sind, die zu wirklicher Veränderung führen.

4.1 Begründete Werturteile statt Haltung

Auf die Haltung kommt es an. Insbesondere in Fortbildungsveranstaltungen zum Thema Inklusion darf dieser Satz anscheinend nicht fehlen. Das Wort „Haltung" bezieht sich auf eine „innere Einstellung und das dadurch geprägte Denken, Handeln, Auftreten, Verhalten"[125]. Denken, handeln, auftreten, sich verhalten sind menschliche Aktivitäten, daher können es auch nur einzelne Menschen sein, die Träger einer in ihnen – wie auch immer – entstandenen Haltung sind. Wenn es auf diese individuelle Haltung ankäme, wäre daher als Nächstes zu fragen, wie sich eine solche „innere Einstellung" von

---

„Halbtagsjobber? Psychische Gesundheit im Lehrerberuf – Analyse eines veränderungsbedürftigen Zustandes". Weinheim und Basel: Beltz, S. 145.

[125] Duden (2002): „Das Bedeutungswörterbuch". Mannheim: Dudenverlag.

Menschen entwickelt. Das Duden- Bedeutungswörterbuch umschreibt Einstellung mit „Anschauung, Ansicht, Auffassung, Denkart, ... Meinung". Gibt es die „richtige Haltung", die einen zur „guten Lehrkraft" macht? Woran erkennt man eine falsche Haltung? Kann man, darf man, mit einer falschen Haltung Lehrerin oder Lehrer werden? Wenn es auf die Haltung wirklich ankäme, müsste diese dann nicht vor Eintritt in das Lehramtsstudium geprüft werden?

Der Beruf der Lehrkräfte ist traditionell individualistisch ausgerichtet: „Ich und meine Klasse". Die Lehrprobe am Ende des Referendariats entspringt der persönlichen Arbeit am eigenen häuslichen Schreibtisch. Spätestens mit dem Ziel, inklusive Schulen aufzubauen, muss sich der Beruf der Lehrkräfte von diesem Bild eines individuelle Produkte fertigenden mittelalterlichen Handwerkers lösen und sich mindestens zur Manufakturarbeit weiterentwickeln. Das spezifische Kennzeichen der Manufakturarbeit ist, dass unterschiedliche Spezialisten an einem gemeinsamen Produkt arbeiten. Wie anders soll eine inklusive Unterrichtsstunde entstehen, die alle Schülerinnen und Schüler individuell anspricht? Damit das gelingen kann, braucht die inklusive Schule als Organisation einen Kompass aus Werten und Werturteilen, der dieser Zusammenarbeit Orientierung gibt und hilft, sie zu steuern.

Ein inklusiver Wertekanon entwickelt und verfeinert sich in einem dialektischen Prozess zwischen dem, was in kritischer Reflexion des eigenen Tuns an neuen Erkenntnissen erworben wird, und den Auswirkungen dieser neuen Erkenntnisse auf das zukünftige eigene Handeln. Solche Wertentwicklungsprozesse waren in den Anfangsjahren integrativer Schulentwicklung sicherlich abhängig von der persönlichen Haltung der einzelnen Beteiligten. Wie sonst hätte in einer weit überwiegend exklusiv denkenden deutschen Schulwirklichkeit integrative Schulentwicklung von engagierten Elterngruppen und Gesamtschullehrkräften wie in Bonn oder Köln materielle Kraft entfalten können? Für das Land Bremen stellt sich aber die Situation seit 2009 völlig anders dar: Die Umsetzung des Inklusionsauftrag ist gesetzlich verankerte Pflicht jeder Bremer Lehrkraft. Auf die Haltung kommt es nicht (mehr) an.

Es sind nicht mehr Einzelne, die sich aufgrund ihrer persönlichen Haltung zu kühnen Innovatoren entwickeln und denen es gelingt, Veränderungsprozesse in ihrer Institution zu auf den Weg zu bringen. Inzwischen ist die Innovation verordnet und als Teil von Schulentwicklung und Qualitätssicherung elementarer Bestandteil der Schulleitungsarbeit. Allerdings nehmen Lehrkräfte den Inklusionsauftrag sehr unterschiedlich wahr. Die Spannweite reicht von mehr oder minder offenem Widerstand gegen unverständliche Innovationszumutungen bis zu aktiver Unterstützung. Es wäre daher falsch und unverantwortlich, würden Schulleitungen darauf bauen, dass ihr Personal die richtige Haltung mitbringt. Es wäre auch falsch, wenn Schulleitungen glaubten, bestimmte Entwicklungen seien unmöglich, weil es an der entsprechenden Haltung ihres Personals fehle. Sie müssen sich stattdessen systematisch und aktiv mit Prozessen der Wertebildung im praktischen Tun der Schule beschäftigen. Dies läuft auf eine systematisch angeleitete und reflektierte Leitbildentwicklung hinaus.

Dem in diesen Wechselwirkungsprozessen entstehenden Leitbild müssen sich die einzelnen Mitglieder der Organisation unterordnen. Dies zu fordern und möglichst auch durchzusetzen gehört ebenfalls zu den Leitungsaufgaben. Ein solches Erfordernis gilt insbesondere gegenüber denjenigen, die später in die sich wandelnde Schule eintreten. Das werden Neue allerdings nur dann annehmen können, wenn sie systematisch in die veränderten Denkweisen und daraus resultierenden schulischen Aktivitäten eingeführt werden und sie verstehen. Die veränderte Schulwirklichkeit ist erklärungsbedürftig. Schulen im aktiven Veränderungsprozess produzieren schneller Neues, als Lehre, Ausbildung oder praktische Arbeit an Schulen mit langsamerer Entwicklungsgeschwindigkeit vermitteln können.

„Wir haben uns bei einem Treffen der Stiftung kennengelernt. Sie hatten uns angeboten, dass wir mal zur Hospitation vorbeikommen könnten." Es war nicht das erste Telefonat dieser Art, das Bianca Mittendorf in diesem Schuljahr führte. Schulen, die etwas verändern wollten, trafen sich bei verschiedenen überregionalen Gelegenheiten. Das Schulleitungsteam freute sich über solche Möglichkeiten des Austauschs und machte gern die Tür für Hospitationen auf. Da sie damit jedoch sehr unterschiedliche Erfahrungen gesammelt hatten, bevorzugten sie inzwischen Schulen, mit denen sie schon im Kontakt waren oder die sich gut informiert zeigten und mit konkreten Fragen kamen. Nach einiger Zeit war ein Termin verabredet und geklärt, mit wie vielen Personen der Besuch erfolgen sollte.

An diesem Mittwoch, kurz vor den Osterferien 2019, war es so weit. Kaffee und Tee stand auf dem Tisch und pünktlich um 07:45 Uhr waren die Hospitanten im Büro von Bianca Mittendorf. Eine herzliche Begrüßung, eine

Schilderung des Tagesplans und dann standen auch schon die „Tourguides"
bereit, um die Gäste abzuholen. Wer Tourguide werden wollte, musste an
mehreren Nachmittagen in die Schule kommen und sich mit der pädagogischen Idee der Schule und deren Architektur beschäftigen. Von diesen
Schülerinnen und Schülern wurde außerdem erwartet, dass sie lernten, wie
man verschiedene Routen durch die Schule plant, Zeitvorgaben einhält, gut
erklärt und kritische Nachfragen bewältigt. Danach trafen sie sich in unregel-
mäßigen Abständen zum Erfahrungsaustausch. Dass Kinder aus dem 5. bis
7. Jahrgang sie durch die Schule führten und nicht die Schulleiterin, war die
erste Überraschung für die Gäste.

Eine Etappe führte in die Lehrküche. Manuel, ein Schüler mit Förderbedarf
im Bereich „Wahrnehmung und Entwicklung", erklärte das Zonierungskon-
zept. Ein Wort, dass er nie ohne sich zu verhaspeln über die Lippen bekam,
aber an dem er sich immer wieder versuchte. Er war öfter hier, weil er in
einer Gruppe mitarbeitete, die Marmeladen für den schulischen Stand auf
dem Wochenmarkt herstellte. Aufgeregt und etwas zappelig erklärte er die
Aufteilung der Küche. „Hier kommt man rein", zeigte er. „Dann kann man erst
mal seine Jacke aufhängen und die Büchertasche wegstellen. Dann kommt
man direkt am Waschbecken vorbei, bevor man an den Herd geht. Wenn
man in der Küche arbeitet, dann muss man immer saubere Hände haben."

Die Tourguides hatten sich für diesen Tag intensiv mit der Frage beschäftigt,
was ihre Gäste wohl interessieren könnte. Sie führten sie daher als Nächstes
zu den Bienenstöcken. Hier berichtete Anne, die auch in der Mathe-Wettbe-
werbsgruppe war, von der Arbeit mit den Bienen und ihrem Plan, Imkerin zu
werden, wenn sie erst mal alt genug dafür sei. Auf dem Weg zur nächsten
Station fragten die Gäste allerdings nicht nur nach dem Honig und seinem
Verkauf am Marktstand, sondern auch nach der Wettbewerbsgruppe und
danach, ob Anne nicht lieber nur mit den leistungsstarken Schülerinnen und
Schülern lernen würde. „Wir arbeiten alle zusammen in einer Klasse und
helfen uns gegenseitig. Das ist für mich das Inklusive an unserer Schule",
erklärte Anne ihnen. „Inklusion bedeutet für mich, dass es gut ist, mit allen
Kindern Spaß zu haben und zu lachen."

Weiter ging es zum Lehrerzimmer. Mit offenem Mund sahen die Gäste zu,
wie ein Schüler mit dem Generalschlüssel den Raum aufschloss. „Hier finden Sie die Zonierung wieder, die wir Ihnen schon in der Küche gezeigt haben", erklärte Dillon. „Das ist der Eingang und dort hängen unsere Lehrerinnen und Lehrer ihre Jacken auf. Da ist die Kaffeeküche und dort sind die

Tischgruppen der Jahrgangsteams, wo unsere Lehrerinnen und Lehrer Pause machen …" Zwischendurch wurde Dillon gefragt, ob er denn auch in einer Wettbewerbsgruppe sei. Das verneinte er. Er sei ja in den Grundkursen. In die Wettbewerbsgruppen könne man nur, wenn man im Erweiterungskurs sei. Aber er sei in einem Wahlpflichtkurs, der Fotos von der Homepage beschreibe. Die fertigen Texte würden dann vorgelesen und wären danach mit wenigen Klicks auf der Homepage zugänglich. „Wir sind ja eine inklusive Schule", erklärte er selbstsicher und stolz den Besuchern. „Da müssen ja auch Blinde die Gelegenheit haben, unsere Fotos auf der Homepage erklärt zu bekommen."

Am Ende des Tages saßen alle wieder zusammen mit dem Schulleitungsteam in Bianca Mittendorfs Büro. Inzwischen hatten sich die Gäste noch Unterricht angeguckt, der mit Kompetenzrastern individualisiert wurde, mit Lehrkräften gesprochen und sich auch schon untereinander ein bisschen ausgetauscht. „Wenn ich es nicht selbst erlebt hätte, ich hätte es nicht geglaubt", begann der Schulleiter der Gastschule das Gespräch. „Wie selbstverständlich die Tourguides mit uns umgegangen sind. Was sie alles über die Schule wussten, ich bin wirklich sprachlos. Aber was mich wirklich umgehauen hat, ist, wie gut sich diese unterschiedlichen Kinder gegenseitig ergänzt haben und als Gruppe aufgetreten sind." In der Runde wurden dann noch verschiedene weitere Beobachtungen angesprochen und so endete der Besuch mit einem ausführlicheren Feedback der Gäste.

Es fällt schwer, sich Schülerinnen und Schüler vorzustellen, die einerseits so kompetent und selbstbewusst ihre Schule präsentieren und andererseits fügsam einem lehrkräftezentrierten Unterricht folgen. Ein solches Selbstbewusstsein und kompetentes Auftreten gegenüber schulischen Gästen ist nicht das Ergebnis der „richtigen Haltung" einzelner Lehrkräfte. Es ist der dialektische Prozess, der Motor der schulischen Entwicklung ist: Der inklusive Unterricht formt die Schulgemeinschaft und die inklusive Schulgemeinschaft formt den Unterricht. Haltung beschreibt eine in der einzelnen Person angelegte innere Einstellung und nimmt Bezug auf persönliche Wertentscheidungen. Damit individuelle Haltungen über die einzelnen Personen hinaus wirksam werden können, müssen sie in das Selbstverständnis der jeweiligen Organisation einfließen, in ihr Leitbild. „Wenn sich Menschen zusammenfinden, um ein Leitbild zu entwickeln, dann entstehen

Wertaussagen, die über die subjektiven Werte der Beteiligten im Alltag hinausreichen."[126]

Erst in diesem Kontext entsteht die notwendige Dynamik, die die Schülerinnen und Schüler befähigt, beispielsweise als Tourguides zu arbeiten. Die Zerstörung eines erreichten Entwicklungsstandes geht deutlich schneller. Eine inklusive Schule muss daher gleichzeitig immer auch eine über den Unterrichtsalltag hinausgehende nach innen gerichtete Bildungsinstitution sein. Sie muss diese Dialektik zwischen dem, was neu entsteht, und dem, was die handelnden Menschen bisher wussten und dachten, zum Gegenstand innerschulischer Lernprozesse der Schulgemeinschaft machen. Das gilt eben nicht nur für die Lehrkräfte, sondern ebenso für das weitere Personal, die Eltern und auch die Schülerinnen und Schüler. Hospitationen anderer sind dabei durchaus hilfreich, weil sich alle Beteiligten als Vertretung der Schule präsentieren und die Reaktion der Gäste hilft, auf bestimmte Dinge noch einmal den Blick zu richten. Das gilt sowohl im Sinne eines kritischen Hinterfragens bisherigen Tuns, aber genauso einer Bestärkung für das schon Erreichte.

Natürlich kann es bei solchen Hospitationen auch zum Aufeinanderprallen gegensätzlicher Werte kommen und in jedem Fall werden Urteile über das gefällt, was man zu sehen bekam. Ein Werturteil besteht aus zwei unterschiedlichen Teilen. Zum einen geht es um den Wert einer Sache. Ein Wert kann immer nur im Vergleich zu anderen Werten bestimmt werden: Etwas ist mehr oder weniger wert als etwas anderes. Wertvoll ist, was der jeweilige Mensch als wertvoll empfindet. Letztlich entzieht sich die Beurteilung von Werten im Sinne ethischer Normen einer objektiven Beurteilung. Wenn es aber keine objektive Herleitung eines letzten Grundes gibt, dann ist eine begründete Entscheidung erforderlich. Damit die aus dieser Entscheidung entstehenden Überlegungen und Ideen dem intersubjektiven Diskurs zugänglich sind, müssen sie offenkundig gemacht werden. Im Rahmen der kontroversen Diskussionen um den australischen Utilitaristen Peter Singer betonte der Frankfurter Erziehungswissenschaftler Micha Brumlik die Bedeutung der Willensentscheidung: „(...) Gemeinsinn allen Mitgliedern der menschlichen Gattung gegenüber aber ist nichts, was gleichsam objektiv vorliegt, was wir gleichsam nur entdecken und anwenden müssen. Vielmehr

---

[126] Joachim Wolff: „Leitbild und Verwaltungsmodernisierung. Neue Überlegungen zu einem alten Thema." In: Der Personalrat. Heft 7 / 2002, S. 297.

handelt es sich dabei ‚nur' um einen Beschluß – um eine Willensbekundung, ja in gewisser Weise um einen Konstruktionsakt."[127] Er macht damit gleichzeitig deutlich, dass eine grundlegende pädagogische Werteentscheidung immer ein Akt des Willens ist: Ich will mir genau diese Werte zur Grundlage meines Handelns machen.

Kurz vor den Osterferien 2018 startete der unangenehme Teil des Anwahlverfahrens für die neuen Fünftklässler. Es waren Entscheidungen über die zum Teil aufwendig verfassten Härtefälle zu treffen[128]. Eltern berichteten von besonderen familiären Sorgen und Nöten, von vielfältigen Gründen, warum ihr Kind bei der Aufnahme in die gewünschte Schule vorgezogen werden sollte. Wieder einmal sichtete das Leitungsteam mit der Schulelternsprecherin und dem Schulelternsprecher die eingegangenen Anträge.

„Eigentlich müssten wir dieses Kind aufnehmen", unterbrach der Elternsprecher, Leandro Mendes, plötzlich die Stille. Alle schauten überrascht von ihren Blättern auf. „Ich lese das mal vor", sagte er. „Die Mutter schreibt in ihrer Begründung: Meine Tochter hat eine Hörbehinderung. Wir haben zusammen die Infoabende von vier Schulen besucht. Aber nur an einer haben wir Lehrkräfte gefunden, die uns zuhörten. Wir sind auf viel Ablehnung gestoßen. An einer Schule wurde uns gesagt, dass sie keine Ahnung von Kindern mit Hörbehinderung hätten. An einer anderen erklärte man, dass mein Kind ja aufgenommen werden müsste, wenn ich es anmelden würde, ob sie wollen oder nicht. Ich möchte nicht, dass meine Tochter an eine Schule gehen muss, wo sie abgelehnt wird."

„Oha!" Jannes Mayer, der ZuP-Leiter, meldete sich zu Wort. „Ich erinnere mich an das Gespräch mit der Mutter beim Infoabend. Das war eine kleine, unscheinbare Frau mit schiefen Zähnen. Sie erzählte mir, dass sie Reinigungskraft sei und alleinerziehend. Der Vater interessiere sich nicht für seine

---

[127] Micha Brumlik (1995): „Menschenwürde ohne Metaphysik". In: Wolfgang Jantzen (Hrsg.): „Euthanasie" – Krieg – Gemeinsinn. Solidarisch handeln, demokratisch verantworten: Für ein humanes Leben aller!", Jahrbuch für systematische Philosophie. Münster: LIT Verlag, S. 16 – 29.

[128] Im Rahmen der Wahl einer weiterführenden Schulart haben Eltern die Möglichkeit, einen Härtefallantrag zu stellen. Siehe: Magistrat Bremerhaven: „An die Erziehungsberechtigten, deren Kinder im Schuljahr 2024/2025 die 4. Klasse einer Bremerhavener Grundschule besuchen. Informationen zur Wahl einer weiterführenden Schulart für Ihr Kind". Januar 2025, S. 4. Veröffentlicht: https://www.zeb-bremerhaven.de/wp-content/uploads/2025/01/25_01-Elternbrief-zum-SJ-25_26.pdf (Letzte Abfrage: 15.01.2025)

Tochter." „Ja, jetzt wo du es sagst", erinnerte sich auch Maren Bulut, die didaktische Leiterin, „ich war bei dem Gespräch dabei."

Sie sprachen damals mit der Mutter darüber, was sie an ihrer Schule bisher zum Aufbau einer gewissen Hörsensibilität getan hatten, und zeigten ihr die Klassenräume. Aufgrund der Aufnahme von Kindern mit ähnlichen Problemen in den letzten Schuljahren verfügten sie über erste Erfahrungen mit Hörgeräten und entsprechenden Anlagen. Außerdem hatten sie eine jährliche Kurzfortbildung für die Lehrkräfte eingeführt. Obwohl es um sehr einfache Dinge ging, zum Beispiel nicht mit der Tafel, sondern mit den Kindern zu sprechen, hatte das für die Schulentwicklung Bedeutung. Auch diese Kurzfortbildungen trugen zur Sensibilisierung des Kollegiums bei. Menschen mit Hörproblemen brauchten nicht nur das gesprochene Wort, sie mussten auch das Mundbild sehen können – etwas, das ebenfalls für Menschen mit normaler Hörfähigkeit hilfreich ist.

Maren Bulut und Jannes Mayer erinnerten sich an ein langes Gespräch, an dessen Ende die Mutter weinte. „Wissen Sie", sagte die Mutter damals, „Sie sind die ersten, die sich mit mir unterhalten. Sie geben mir das Gefühl, dass Sie meine Sorgen ernst nehmen und dass meine Tochter hier nicht falsch wäre."

Inzwischen hatten sie sich längere Zeit über diesen Fall unterhalten. „Leider muss ich sagen, dass der Frust über andere Schulen kein Grund für einen Härtefall ist, der zum bevorzugten Besuch unserer Schule berechtigt", beendete Bianca Mittendorf das Gespräch, nicht ohne ein gewisses Unbehagen.

Alle Schulen im Bundesland Bremen sind beauftragt, sich zu inklusiven Schulen zu entwickeln. Wie kommt es trotzdem zu einem so unterschiedlichen Handeln von Schulen, wie in der obigen Szene geschildert? Eine Organisation entsteht immer aus den in ihr und für sie handelnden Menschen. Dalin und Rolff unterschieden in ihrem 1990 herausgegebenen „institutionellen Schulentwicklungsprogramm" drei Typen von Schulen: Die klassische Schule sei die „fragmentierte Schule", in der nur wenig kooperiert werde und in der es kein „konsistentes System von Strategien" gebe. Ihr überlegen sei die „Projektschule", in der projekthaft, also temporär, einzelne Erneuerungsprozesse stattfänden. Das höchste Stadium im Schulentwicklungsprozess sehen sie in der „Problemlöseschule", einer „Sich-selbst-erneuernden-

Schule"[129]. Die Lehrkräfte, die sich der Mutter gegenüber abweisend geäußert haben, zeigen deutlich, dass sie die Aufnahme der Tochter als Problem wahrnehmen, das sie gerne nicht hätten.

Arbeiten Lehrkräfte unverbunden in einem System, in dem sie allein die pädagogische Verantwortung für ihr Handeln und ihre Klasse tragen, ist dies kaum verwunderlich. Inklusion ist an fragmentierten Schulen tatsächlich eine Frage der individuellen Haltung und wird so gleichzeitig auch zur persönlichen Last. Die Behauptung, dass es auf die Haltung ankäme, die persönliche innere Einstellung, individualisiert den schulischen Entwicklungsauftrag und verstärkt eine dramatische Fehlentwicklung. Die Anforderung an die Entwicklung einer Institution wird zur Anforderung an vereinzelte Personen. Wie schon dargestellt, können Einzelne jedoch den komplexen Individualisierungsauftrag gar nicht allein umsetzen. Ihr zwangsläufiges Versagen an dieser nicht leistbaren Aufgabe führt bei den Betroffenen nicht nur zu Zweifeln an der eigenen Haltung, sondern auch zu maximal ungesunden Belastungssituationen.

An fragmentierten Schulen fehlt ein verbindendes Wertesystem, das eine der Voraussetzungen für ein wertschätzendes und lösungsorientiertes Gespräch mit der Mutter gewesen wäre. Eine inklusive Schule entsteht nicht dadurch, dass genügend Menschen mit der vermeintlich richtigen inneren Einstellung zusammenkommen. Eine inklusive Schule entsteht als Willensentscheidung der in der Organisation wirkenden Menschen für konkrete Werte, die sich im Leitbild manifestieren. Das Leitbild wirkt auf jedes Mitglied einer solchen Schule zurück als Maßstab und Kontrollinstanz für das eigene Handeln. Darüber hinaus muss dieses kollektive Fundament gepaart sein mit dem erklärten gemeinschaftlichen Ziel, Probleme für lösbar zu halten und lösen zu wollen. Eine inklusive Schule ist daher nur als „Problemlöseschule" denkbar. Diese Erkenntnis ist zugleich ein weiterer Indikator dafür, dass Inklusion als ein genereller schulischer Qualitätsverbesserungsprozess anzusehen ist. Es geht deutlich erkennbar um viel mehr, als um eine Verbesserung der Zugangsregeln für den regulären Schulbesuch von Kindern und Jugendlichen mit Behinderung.

Die in einem Leitbild fixierten Willensentscheidungen haben Folgen. Sie sind wie Steine, die man ins Wasser wirft und deren dadurch ausgelöste Wellen sich danach ausbreiten. Erst nach der willentlichen Entscheidung für

---

[129] Per Dalin und Hans-Günter Rolff (unter Mitarbeit von Herbert Buchen), a.a.O., S. 30 f.

bestimmte Werte kann die Frage nach den daraus resultierenden Urteilen gestellt werden. Ähnlich wie die Frage nach dem Wert ist auch die Frage nach der Bedeutung des Wortes „Urteil" nicht banal. In der Regel sind Urteile auf Werten basierende Entscheidungen. Man kann auf dieser Grundlage einerseits die Werte kritisch betrachten, die den Urteilen zugrunde liegen. Andererseits kann eine Handlung auch danach beurteilt werden, wie sie der Realisierung der gewählten Werte dient. So sind Urteile einer Überprüfung zugänglich. Es kommt daher nicht auf die individuelle Haltung einzelner Handelnder an, sondern auf die offenkundig gemachten Werte und Werturteile einer schulischen Organisation, die Probleme lösen will.

Für den Aufbau einer inklusiven Schule lassen sich vier fundamentale Wertentscheidungen anführen. Durch ihre Offenlegung wird es möglich, sich über diese Werte auseinanderzusetzen, sie abzulehnen, sie zu ersetzen, sich ihnen anzuschließen oder sie zu ergänzen. In Kenntnis der getroffenen Wertentscheidungen kann geprüft werden, ob eine Schule mit dem, was sie tut, einem nach diesen Entscheidungen ausgerichteten Kurs treu bleibt. Ob die Dinge, die dort getan werden, die richtigen Dinge sind. Dadurch wäre außerdem die Prüfung der jeweiligen Schulentwicklung unter Effizienzgesichtspunkten möglich. Es könnte nachvollzogen werden, inwieweit die richtigen Dinge auch richtig getan werden. Das wiederum wäre ein bedeutender Baustein für ein pädagogisch orientiertes Kontraktmanagement und die Weiterentwicklung der Arbeit der Lehrkräfte, weg von ihrem bisherigen Individualismus.

4.1.1 Inklusion ist eine politische Position

Jürgen Böhm, Bundesvorsitzender des Deutschen Realschullehrerverbandes, klagte im Juli 2023 über viele Schülerinnen und Schüler ohne Schulabschluss. Die Schuld dafür sah er in einer verfehlten Schulstrukturreform und konkretisierte diese Aussage mit dem Hinweis: „In einigen Ländern wurden Schularten systematisch abgeschafft und einer rigorosen Gleichmacherei mit Einheitsschulen unterworfen."[130] Immer wieder werden Schulen, die ein inklusives Schulentwicklungsprogramm verfolgen, wie hier von Böhm der Gleichmacherei geziehen. Vermutlich entstehen solche Bilder im Rückgriff

---

[130] Pressemitteilung Nr. 11/2023 vom 04. Juli 2023, Deutscher Realschullehrerverband: Abgehängt und auf der Strecke geblieben: 50.000 Jugendliche ohne Schulabschluss! Gescheiterte Schulstrukturreformen produzieren mehr Bildungsverliere. Zitiert nach: https://www.vdr-bund.de/media/news/206/intern/media.pdf (letzte Abfrage: 11.12.2023)

auf Konzepte der „kompensatorischen Bildung". Franz E. Weinert berichtete in einem Vortrag bei der Max-Planck-Gesellschaft im Juni 1999: „,Man ist nicht begabt, sondern man wird begabt', wurde zur hoffnungsvollen Maxime, später zur verzweifelten Hoffnung ungezählter Lehrer". Die mit solchen Vorstellungen verbundene Idee der „Egalisierung der geistigen Entwicklung unterschiedlicher Menschen (…) wurde zum fundamentalen Ziel vieler Politiker." Im weiteren Verlauf seines Vortrages problematisiert er die zusätzliche benötigte Lernzeit, die das „Modell des zielerreichenden Lernens und Lehrens" erfordern würde und kommt zu der Feststellung: „Ein statistischer Witzbold hatte deshalb schon früh errechnet, dass man die Schulzeit einfach auf einhundertzwanzig Jahre verlängern müsste, damit jeder und jede Heranwachsende einen universitären Abschluss erreicht."[131]

Aber ist die Vorstellung von der „Gleichmacherei" eine, die sich sinnvoll als Maxime für den Aufbau unteilbar heterogener Lerngemeinschaften ergibt? Ein Kind mit einer geistigen Behinderung wird nicht plötzlich Abiturient, weil es eine inklusive Schule besucht. Ein Rollstuhlfahrer wird kein Star in der traditionellen Fußballmannschaft der Schule. Das hochbegabte Kind verliert nicht plötzlich seine Talente. Bleibt man bei dem Bild von den „Zuckerkindern", so ändert auch die Entstehung des Zuckers nichts daran, dass seine Bestandteile Kohlenstoff, Sauerstoff und Wasserstoff sind.

Wo, außer in der Schule, treffen Kinder und Jugendliche, ihre Eltern und das dort arbeitende Personal, Menschen aus ganz verschiedenen Lebenswirklichkeiten, zusammen? Natürlich stimmt das nur eingeschränkt. Bei den jüngeren Kindern führt die wohnortnahe Grundschule dazu, dass die Gutsituierten in ihren Wohngebieten eher unter sich bleiben, genauso wie sozial schlechter gestellte Familien in ihren Vierteln. Bei den älteren Schülerinnen und Schülern regeln sich solche Entmischungsphänomene zusätzlich durch die Zuordnung zu Bildungsgängen, die freie Schulwahl und die dafür erforderliche Mobilität. Trotzdem gibt es kaum einen anderen Ort als die Schule, an dem sich Menschen miteinander verständigen müssen, die von einem selbst mehr oder minder deutlich verschieden sind.

---

[131] Franz E. Weinert (2012): „Begabung und Lernen. Zur Entwicklung geistiger Leistungsunterschiede." Nachgedruckt in: Armin Hackl; Claudia Pauly; Olaf Steenbuck; Gabriele Weigand (Hrsg.): „Werte schulischer Begabtenförderung. Begabung und Leistung." Karg Hefte 04. Beiträge zur Begabtenförderung und Begabungsforschung. Frankfurt am Main: Karg-Stiftung, S. 23 f.

In der öffentlichen Diskussion wird zum Teil zwischen Heterogenität und Inklusion unterschieden. Inklusion, so manche Ansichten, bezöge sich auf Behinderte und deren mit Ressourcen unterstützten Unterricht in der Regelschule. Bei einem akzeptierenden Umgang mit Heterogenität ginge es dagegen um einen Unterricht, der soziale Vielfalt wertschätzend einbezieht. Versteht man jedoch Inklusion als Aufgabe, jedem Menschen das gleiche Recht auf Achtung, Würde, Wertschätzung und Zugang zu Bildung zu ermöglichen, wird die Frage nach solchen Unterscheidungen nebensächlich. Insofern ist Inklusion ein hochpolitischer Begriff und eine solche inklusive Schule hat sich schon im Augenblick ihrer Gründung positioniert. Die Grundlage ihrer Existenz ist die prinzipiell erklärte Zuständigkeit für alle Kinder und Jugendlichen, womit sie sich diametral gegen die deutsche Bildungstradition stellt.

Aber nicht nur das. Adorno schreibt in seinem Aufsatz „Erziehung nach Auschwitz", dass die erste Forderung an Erziehung sein müsse, ein zukünftiges Auschwitz zu verhindern. Er führt aus, dass diese Forderung „(…) so sehr jeglicher anderen voran(geht), daß ich weder glaube, sie begründen zu müssen noch zu sollen."[132] Adorno setzt hiermit einen Wert, der sich nur verstehen lässt als pädagogischer „kategorischer Imperativ" der postfaschistischen Zeit. Inklusive Schulen sind Treffpunkte unterschiedlicher Menschen. Wenn nicht eine solche Schule der Ort ist, an dem die Verhinderung von Entwertung und einer fabrikmäßigen Vernichtung von Menschen zu den kategorischen Imperativen gehört, welcher Ort dann? Menschen, die einen Ort für alle Kinder und Jugendlichen gestalten, tragen Verantwortung für diese, müssen sie schützen. Nicht nur das, sie müssen auch die Kinder und Jugendlichen dabei unterstützen zu lernen, sich selbst und andere zu beschützen. Daher ist auch Adornos Hinweis auf den Einsatz dafür, dass alle ohne Angst verschieden sein dürfen, untrennbar damit verbunden.

Solche Dinge klingen hochabstrakt, stellt man sich die Situation in einer beliebigen Lerngruppe einer beliebigen Schule vor. Nicht in jeder Mathematikstunde geht es um die Rettung der Welt. Trotzdem ist der Blick darauf für die Realisierung einer inklusiven Schulkultur konstitutiv. Im Detail und im schulischen Alltag stellt man schnell fest, dass es nicht so einfach ist, ohne Angst verschieden zu sein.

---

[132] Theodor W. Adorno (1966): „Erziehung nach Auschwitz". In: Theodor W. Adorno: Erziehung zur Mündigkeit. Frankfurt: Suhrkamp Verlag, 6. Auflage, S.88 - 104.

Im Sommer 2015 hatte Thomas Böckmann seine 10. Gesamtschulklasse zum Abschluss geführt und war seitdem Klassenlehrer einer inklusiven Oberschulklasse, die sich jetzt im 7. Schuljahr befand. Heute war Böckmann mit sich und seiner 7c am Hadern. Es begann gleich am Mittwoch nach den Zeugnisferien. „Lukas zeigt ihn gerne!" stand neben einem großen Penis an der Tafel. Als er in die Stunde kam, wollte Lukas gerade mit hochrotem Kopf die Tafel wischen, während der Rest der Klasse lauthals grölte. „Guckt mal, wie rot er wird. Lukas liebt wohl Schwänze", schrie Jason. Thomas Böckmann nahm Lucas den Schwamm weg, schickte alle auf ihre Plätze und putzte die Tafel selbst. „Was ist hier los?", wollte er von seiner Klasse wissen. „Ist nur Spaß", kam von Leon zur Antwort. „Ein Spaß ist es nur, wenn alle das lustig finden", antwortete Thomas Böckmann. Er fühlte sich allerdings nicht gut auf diese Situation vorbereitet. Also plante er, ein ausführlicheres Gespräch über diesen Vorfall zu verschieben und in der nächsten Klassenstunde zu führen. Mit ungutem Gefühl begann er seine Deutschstunde.

Die Klassenstunde hatte noch nicht stattgefunden. Dafür suchte einer seiner Klassensprecher, Aytac, am Donnerstag nach der letzten Stunde ein vertrauliches Gespräch mit ihm. „Ich möchte Ihnen etwas erzählen", begann Aytac das Gespräch. „Aber niemand darf wissen, dass Sie das von mir haben!" „Das kann ich nicht hundertprozentig versprechen", hatte er geantwortet. „Manche Dinge muss ich mit der Schulleitung besprechen. Ich weiß ja gar nicht, was du mir jetzt erzählen willst. Aber vielleicht sprechen wir miteinander und überlegen dann zusammen, was als Nächstes zu tun ist." Aytac berichtete von einem Vorkommnis auf dem Jungenklo. Jason und sein Freund David aus der 7a waren hereingekommen. Aytac erzählte, dass er nicht bemerkt worden sei, da er schon auf Klo saß. Dann sei Lukas reingekommen. Die beiden hätten sofort angefangen, Lukas anzupöbeln. Er sei schwul und wolle ihnen bestimmt nur auf den Penis gucken und solche Sachen. Als Lukas sich dann in einer Kabine einschließen wollte, hätten sie das nicht zugelassen, dagegengedrückt und ihn weiter beschimpft. Am Ende habe David dann gesagt: „Wenn du hiervon irgendjemandem erzählst, dann habe ich ein Problem. Und wenn ich ein Problem habe, dann, ich schwör, du auch!" Thomas Böckmann dankte Aytac für das Vertrauen und erklärte, dass er mit so etwas nicht gerechnet habe und jetzt erst einmal darüber nachdenken müsse.

Am Abend telefonierte er mit seiner Teamkollegin Elisabeth Kuzorra. Er hatte das Gefühl, dringend einen Rat zu brauchen. In diesem Konflikt ging es nur bedingt um die tatsächliche sexuelle Orientierung der Beteiligten. Hier ging es um abwertende Zuschreibungen, es ging um das Erzeugen von Angst, um das Fehlen von Unterstützung für Lukas. Es war ihm anscheinend in seiner Klasse bisher nicht gelungen, Zivilcourage herauszubilden. Selbst Aytac empfand sein Tun als ein Verpetzen beim Klassenlehrer. Solidarität mit den Tätern statt mit dem Opfer?

Thomas Böckmann war nach dem Telefonat mit seiner Kollegin sehr froh. Sie hatten verabredet, die anderen aus ihrem Team darum zu bitten, die geplante Klassenstunde gemeinsam durchzuspielen und verschiedene Abläufe zu proben. Außerdem war ja auch Miriam Böhm als Klassenlehrerin von David betroffen. Sie wollten zusätzlich ihren ZuP-Leiter, Jannes Mayer, mit ins Boot holen. Thomas Böckmann war sehr erleichtert, fühlte er sich doch nicht mehr allein diesem Problem ausgesetzt. Gemeinsam, das traute er seinem Team zu, würden sie einen Weg finden.

Die Gründe, warum Eltern ihre Kinder in einer sich aktiv zur Inklusion bekennenden Schule anmelden, sind vielfältig. Die Schule ist in Wohnortnähe, die Eltern selbst waren schon Schülerinnen und Schüler dieser Schule, im persönlichen Umfeld wurde die Arbeit der Schule gelobt … Eher selten handelt es sich um eine gezielte Entscheidung für ein inklusives Schulkonzept. Dementsprechend sind die Schülerinnen und Schüler, die an eine solche Schule gelangen, nicht spezifisch anders als alle anderen Kinder und Jugendlichen. Sie sind Elemente einer widersprüchlichen und zum Teil deutlich polarisierten Gesellschaft. Somit muss insbesondere in den inklusiven Schulen aktiv um die Werte, die sie auszeichnen, gerungen werden. Niemandem wird es schwerfallen, das Verhalten in der 7c als „kollektivistische Entwertung"[133] gegenüber Lukas zu beschreiben. Die Absicht, einen Ort zu schaffen, an dem alle ohne Angst verschieden sein können, führt nicht dazu, dass er entsteht. Veränderungen müssen sich die Beteiligten erarbeiten.

---

[133] Zum Thema „kollektivistische Entwertung" siehe die durch das „Demokratiezentrum Bremen" veröffentlichte Studie: Ursula Dreyer und Frank Meng unter Mitarbeit von Moritz Müller: „Kollektivistische Entwertungen in der Schule. Zur Verbreitung von und zum Umgang mit Facetten rechtsextremer Deutungsmuster in Bremer und Bremerhavener Schulen". Akademie für Arbeit und Politik der Universität Bremen, März 2010.

Die Beobachtung von Entwertungsprozessen ist daher keine eher mit Nachsicht zu behandelnde pubertätsbedingte Privatsache zwischen den Kindern und Jugendlichen. Das Erlernen einer lösungsorientierten demokratischen Streitkultur gehört zu den elementaren Anforderungen an eine Schule. Sie muss dafür die entsprechenden zeitlichen und organisatorischen Räume schaffen. Aber das erfordert gleichzeitig, dass die dort tätigen Lehrkräfte sich befähigen und gegenseitig unterstützen, solche Prozesse auch steuern zu können. Nur wenn Lehrkräfte auf solche Diskurse gut vorbereitet sind, bestehen Chancen auf eine angemessene und erfolgreiche Auseinandersetzung mit gesellschaftlich verursachten Entwertungsprozessen im schulischen Umfeld. Sich widersprechende Werte und unterschiedliche Moralvorstellungen sind alltägliche Erfahrungen in Schulen. Jedoch kann nur durch einen aktiven und pädagogisch gesteuerten Umgang mit dieser Thematik eine Schule entstehen, in der die Idee von einem Ort der angstfreien Unterschiedlichkeit durch eine Mehrheit getragen und verteidigt wird. Nicht zu Unrecht lautet der allererste Satz im Buch von Marina Weisband: „Demokratie muss man nicht nur wollen, man muss sie auch können."[134]

Eine gut begründete Wertentscheidung reicht deshalb für den Aufbau einer inklusiven Schulkultur und Unterrichtsentwicklung allein nicht aus. Es bedarf auch des erforderlichen Handwerkszeugs und der notwendigen pädagogischen Techniken, also die Beherrschung von Verfahren, Fertigkeiten und Methoden zur systematischen und konsistenten Unterrichtsvorbereitung, zur Entwicklung herausfordernder, aber erreichbarer Lernziele, zur Entwicklung angemessener Materialien, zur Gestaltung von Unterrichtssituationen usw. Die Nutzung des Handwerkszeugs und der Technik muss aber durch ein inklusives Leitbild gesteuert sein, erst dadurch entstehen die unterschiedlichen, aber gemeinsam getragenen Unterrichtskonzepte. Erst darauf aufbauend entsteht eine „Problemlöseschule".

Eine Lehrkraft die davon überzeugt ist, dass nur die Unterwerfung unter ihr Lehrregime Erfolg bringt, wird anders mit Kindern und Jugendlichen umgehen als eine, die auf Partizipation und Beteiligung baut. Beide brauchen, soll ihr Unterricht gelingen, einen kompetenten Einsatz von Handwerkszeug und technischen Kenntnissen. Trotzdem hätten die Schülerinnen und Schüler,

---

[134] Marina Weisband (2024): „Die neue Schule der Demokratie. Wilder denken, wirksam handeln." Frankfurt am Main: S. Fischer Verlag, S. 9.

auch wenn sie am Ende möglicherweise alle die gleiche Aufgabe lösen könnten, Unterschiedliches gelernt.

4.1.2 Inklusion fordert Mündigkeit

„Ich kann dich nichts lernen." – Lernen und Lehren sind zwar zwei Seiten derselben Medaille, bezeichnen aber deutlich Verschiedenes. Lehrend wirke ich auf andere ein. Aber lernen kann jeder nur selbst. Lernen findet im eigenen Kopf statt. Nicht immer in der Form, wie die Lehrenden es sich wünschen, aber unverhinderbar. Wenn es jedoch um die zielgerichtete Erzeugung einer Eigentätigkeit der Lernenden durch Lehren geht, dann müssen sich diese an der Gestaltung ihrer Lernprozesse beteiligen, sich mindestens darauf einlassen, besser noch: dafür interessieren. Aus diesem Grund braucht eine Schulgemeinschaft die fruchtbare Energie des „pädagogischen Optimismus", ein Begriff, der auf einen Artikel von Jürgen Habermas aus dem Jahr 1962[135] zurückgeht. Er spricht davon, dass die Erwachsenen den Kindern und Jugendlichen einen Schonraum schaffen müssen, in dem diese sich als mündig erleben können. Dieser Schonraum soll ihnen die Möglichkeit eröffnen, „(…) unvertretbar für sich selbst zu handeln (…)." Er nennt das „(…) unter der Obhut vorgeschossener Mündigkeit mündig werden (…)." Auch dies ist keine Frage der richtigen Haltung, sondern eine Frage nach der konzeptionellen Umsetzung von Werturteilen und der angemessenen Nutzung von Handwerk und Technik. Wie kann man sich einen solchen Ort vorstellen, der Mündigkeit für formalrechtlich Unmündige ermöglicht, ja eher noch erfordert?

Die integrierte Gesamtschule wurde ab dem Schuljahr 2003/04 zusätzlich offene Ganztagsschule. Als Antwort auf den PISA-Schock 2000 gedacht, war das mit so knapper Mittelausstattung eine echte Herausforderung. In der Lenkungsgruppe der Schule diskutierten sie über die Gründung von „Studiengruppen". Leistungsstärkere Jugendliche sollten für die schulische Unterstützung der jüngsten Schülerinnen und Schüler gewonnen werden. „Weißt du, Bianca", sprach Nico Stein die Schulleiterin in einer der Sitzungen an, „man kann nicht einfach Jugendliche in ihrer Freizeit einsetzen und ihnen dann kein Honorar zahlen." Diese Frage war neben der praktischen

---

[135] Jürgen Habermas (1961): „Pädagogischer Optimismus vor Gericht einer pessimistischen Anthropologie". *Neue Sammlung 1* (1961, S. 258), S. 251–278.

Umsetzung ein zentraler Diskussionspunkt. Moritz Bardenhagen brachte sich an dieser Stelle mit dem Hinweis auf die seit mehr als fünf Jahren implementierte Streitschlichtung ein. „Bei denen haben wir noch nie über Honorar gesprochen. Die bekommen ihre Ausbildung, sie erhalten Respekt für die Arbeit und den Streitschlichterraum. Das ist ihre Anerkennung." Auch Bianca Mittendorf meldete sich zu Wort. „An unserer Schule sollte es selbstverständlich werden, sich gegenseitig zu helfen. Wir haben jetzt die Chance, dies durch ein paar gezielte Maßnahmen zum Teil unseres Schulethos zu machen." Am Ende bestand Einigkeit. Es würde kein Honorar geben, aber eine verlässliche Begleitung von Seiten der Lehrkräfte. Außerdem sollten Fortbildungen angeboten werden, die die Jugendlichen für ihre persönlichen Portfolios zertifiziert bekämen. Eine Unterstützung bei anfallenden Problemen war ohnehin selbstverständlich.

Wenige Jahre nach dem Start der Studiengruppen im Schuljahr 2004/05 hatten sich die Studiengruppenleitungen zu einer angesehenen Gruppe in der Schule entwickelt. Helga Aulich, die Fachkollegin für Lese- und Rechtschreibförderung, führte dreimal im Jahr Fortbildungen für die Jugendlichen durch. Ihr Angebot war beliebt, bei ihr mussten die Schülerinnen und Schüler mal ganz anders über Lernen nachdenken. Schließlich gehörte es zu ihrer ehrenamtlichen Arbeit, die Kleinen in ihren Gruppen zu begeistern und ihnen etwas beizubringen. Die Studiengruppenleitungen entwickelten unglaublichen Ehrgeiz und waren stolz auf ihre Leistungen. Inzwischen gab es erste Jugendliche, die in der 5. Klasse selbst in Studiengruppen gelernt hatten und nun Studiengruppenleitung werden wollten.

Draußen war es warm, der Sommer 2008 kündigte sich endlich mit einigen sonnigen Tagen an. Trotzdem waren zur heutigen Fortbildungsrunde mit Helga Aulich fast alle Studiengruppenleitungen gekommen. Sie diskutierten intensiv darüber, wie die Kommunikation zwischen den Lehrkräften und den Studiengruppenleitungen verbessert werden könnte. „Wir wissen oft viel besser, woran es liegt, wenn die Kleinen ihre Hausaufgaben nicht hinbekommen", erklärte Jasmin in der Runde. Sie war in der 10. Klasse und schon im zweiten Jahr Studiengruppenleiterin. Damit gehörte sie zum Kreis derjenigen, die den neuen Studiengruppenleitungen die Arbeit erklärten. „Ab und zu schreibe ich dann auch ins Mitteilungsheft, dass wir viel geübt haben. Manche von meinen Schülerinnen und Schülern haben Angst, dass ihre Eltern sonst zu Hause noch weitere Schularbeiten von ihnen verlangen." „Sie müssen mal mit ihren Kollegen reden", brachte sich Santiago ein, einer von *den neueren in der Gruppe, „einige von uns haben schon mal versucht, mit einzelnen Lehrerinnen und Lehrern über Schwierigkeiten bei den Hausaufgaben zu sprechen. Ich will ja jetzt keine Namen nennen, aber ein paar haben uns einfach weggeschickt, obwohl wir in der Pause die ganze Zeit vor dem Lehrerzimmer auf sie gewartet haben."*

Mündigkeit ist nichts, was man im theoretischen Exkurs und mit entsprechenden Arbeitsblättern beibringen könnte. Mündigkeit kann sich nur im tatsächlichen Tun, in der Praxis, entwickeln. Was also müsste geschehen, damit eine Schule zu einem Ort wird, an dem die jungen Menschen unter der Obhut der zuständigen Erwachsenen die Möglichkeit bekommen, unvertretbar für sich selbst zu handeln? Jasmin macht ihre Lehrkraft, Frau Aulich, unmittelbar auf so ein Problem aufmerksam. Die Jugendlichen versuchen, Verantwortung für ihre Unterstützung im Bildungsprozess der jüngeren Schülerinnen und Schüler zu übernehmen. Das Jugendliche in das Mitteilungsheft an die Eltern eintragen, betrifft unmittelbar den Handlungsraum der Lehrkräfte. Schülerinnen und Schüler nehmen damit direkten Einfluss auf die Umsetzung der von den Lehrkräften veranlassten Arbeitsaufträge.

Eine selbstbewusste Aneignung von echter Verantwortung auf Seiten der Jugendlichen, über die zu sprechen notwendig wäre. Die fundamentale Bedeutung dieser Handlung ist vermutlich nicht allen Lehrkräften bewusst. Einige werden sie vielleicht sogar als ungehörigen Eingriff in ihre Lehrtätigkeit rügen. Was könnte eine fehlende Bereitschaft erklären, den Jugendlichen zuzuhören, ihre Leistungen wertschätzend wahrzunehmen und den Erfahrungen der Jugendlichen zu vertrauen? Natürlich können alle Schulen Elemente einer Kinder- und Jugendbeteiligung aufbauen. Aber für das Lehren und Lernen an inklusiven Schulen sind Beteiligungsstrukturen existenziell. Ohne sie können die von Habermas geforderten Schonräume nicht entstehen. Aus diesem Grund muss die betreuende Lehrkraft die Jugendlichen mit allen Mitteln unterstützen, einen Dialog zwischen den Lehrkräften und den Studiengruppenleitungen zu erreichen.

Das Herkunftswörterbuch[136] verweist im Zusammenhang mit „Beteiligung" auf Begriffe, wie „teilnehmen" und „mitwirken", „bei etwas mitarbeiten" oder

---

[136] Der Duden, Band 7 (1997): „Etymologie. Herkunftswörterbuch der deutschen Sprache". Mannheim, Leipzig, Wien, Zürich: Duden Verlag.

auch „bei etwas die Hand im Spiel haben". Die drei Buchstaben der Präposition „mit" deuten auf eine nur begrenzte Autonomie der eigenen Entscheidungsrechte hin, da man nur dann "mit-wirkt", wenn es sich um mehr als einen Menschen oder eine Gruppe handelt. Darum kann jemand, der „mit-wirkt" oder „mit-arbeitet", auch nur teilweise die Verantwortung für das eigene Wirken und Arbeiten übernehmen. Jede Person kann entscheiden, an einer Angelegenheit „mit-wirken" zu wollen, diese Mitwirkung ist aber immer davon abhängig, dass andere die dazu erforderlichen Handlungen zulassen.

Habermas verweist bei seinem Begriff der „vorgeschossenen Mündigkeit" auf Kant. Dieser hat zwar den Begriff der Mündigkeit nicht definiert, aber erläutert, dass es sich bei Unmündigkeit um das Unvermögen handelt, „sich seines Verstandes ohne Leitung eines anderen zu bedienen"[137]. Somit wird der Grad des eigenständigen Denkens und Handelns der Schülerinnen und Schüler gleichzeitig zur Messlatte für das Gelingen von Teilhabe. Zur Zulassung von „Eigenständigkeit mit Wirkung" gehört untrennbar das Abtreten von Verantwortung an die Handelnden. Über das Verb „verantworten" findet sich im Herkunftswörterbuch der Hinweis, dass es aus dem mittelhochdeutschen stammt und sich zunächst auf „antworten" speziell vor Gericht bezog. Die Bedeutung habe sich weiterentwickelt hin zu „für etwas einstehen" und „sich rechtfertigen"[138]. Blickt man in das Bedeutungswörterbuch zum selben Stichwort, findet man den Hinweis, dass es bei „verantworten" darum geht, etwas „(…) auf sich (zu) nehmen, für die eventuell aus etwas entstehenden Folgen einzustehen: eine Maßnahme (zu) verantworten; (…)"[139]. So verstanden geht es darum, dass Kinder und Jugendliche innerhalb ihrer Schule für etwas „mit" einstehen können, sogar müssen, und sich dafür „mit" rechtfertigen. Geht das überhaupt? Natürlich müssen Kinder und Jugendliche für ihre eigenen Taten innerhalb des Systems Schule geradestehen. Aber können sie auch für das geradestehen, was sie im Rahmen schulischer Partizipationskultur tun? Und wenn die Jugendlichen Verantwortung tragen, wie gestaltet sich ein solches „Geradestehen" formal?

Die Schulgesetze sehen schulische Gremien zur Beteiligung vor, die Klassensprecherinnen und Klassensprecher, deren Versammlungen und die

---

[137] Immanuel Kant, a.a.O.

[138] Der Duden, Band 7 (1979): „Etymologie …". a.a.O.

[139] Der Duden, Band 10 (ohne Jahr, Vorwort vom Januar 2002)): „Das Bedeutungswörterbuch". Mannheim, Leipzig, Wien, Zürich: Duden Verlag.

gewählten Schulsprecherinnen und Schulsprecher. Das Bremer Schulgesetz nennt unter anderem die Vermittlung von „Problemlösefähigkeit" als Auftrag[140], wobei es der einzelnen Lehrkraft überlassen bleibt, wie sie diese vermittelt. Aber braucht es dazu nicht echter Probleme, die einer Lösung bedürfen? Probleme, für deren Lösung die Kinder und Jugendlichen bereit und fähig sind, die erforderlichen Kompetenzen zu erwerben. Entsteht nicht erst durch ein solcherart gestaltetes Lernen die Fähigkeit, überlegt und im kantischen Sinne mündig zu handeln?

Adem Ekinci war Klassenlehrer der 9c, einer der letzten Gesamtschulklassen. Auf den Physikunterricht in den ersten beiden Stunden heute hatte er sich sehr gefreut. Er plante, seiner Klasse die radioaktive Kettenreaktion zu erklären, und hatte dafür gestern Nachmittag schon 100 Mausefallen gespannt, die das anschaulich zeigen sollten. Jetzt kam er zu spät in den Unterricht und überlegte, ob die Zeit überhaupt noch reichen würde, den so gut vorbereiteten Unterricht auch nur annähernd wie geplant durchzuführen.

Kaum hatte er das Lehrerzimmer verlassen, um in den Unterricht zu gehen, war Frau Sprengler auf ihn zugekommen. Sie hatte vor der Lehrerzimmertür auf ihn gewartet. Wortreich beschwerte sich die Mutter eines seiner Schüler. Die Englischlehrerin gebe immer zu schwere Hausaufgaben auf. Auch die Studiengruppenleitungen hätten das bestätigt. Die hätten schließlich ins Mitteilungsheft ihres Sohnes geschrieben, dass der sich zwar angestrengt habe, aber die Aufgabe nicht lösen konnte. Jetzt sei das Fass übergelaufen. „Warum bieten sie überhaupt Studiengruppen an ihrer Schule an, wenn die Jugendlichen das alles selbst gar nicht können?" Adem Ekinci konnte gar nicht so schnell darauf eingehen, wie die Vorwürfe auf ihn einprasselten. „Frau Sprengler, ich verspreche Ihnen, ich kläre diese Sache auf und dann rufe ich Sie an. Das schaffe ich aber heute nicht mehr, Sie müssen mir ein paar Tage Zeit geben. Aber jetzt muss ich wirklich in meinen Unterricht." Nur mit Mühe gelang es ihm, sich aus diesem Gespräch zu lösen.

In der nächsten Pause traf er auf Helga Aulich, der er sein morgendliches Erlebnis schilderte. „Das war ja echt ein mieser Start heute!" Adem Ekinci

---

[140] Bremer Schulgesetz (BremSchulG), §5 (3): „(3) Die Schule hat den Auftrag, Basiskompetenzen und Orientierungswissen sowie Problemlösefähigkeiten zu vermitteln, die Leistungsfähigkeit und -bereitschaft von Schülerinnen und Schülern zu fördern und zu fordern und sie zu überlegtem persönlichen, beruflichen und gesellschaftlichen Handeln zu befähigen. (...)".

hatte wirklich ihr Mitgefühl. „Dein Gespräch zeigt aber, wie ungeschickt es von uns ist, dass wir Lehrkräfte mit den Studiengruppenleitungen nicht so richtig gut zusammenarbeiten. Alles hängt davon ab, wie die einzelnen Kolleginnen und Kollegen damit umgehen. Ich finde, wir sollten mit Maren darüber reden. Mit den Vorwürfen von Frau Sprengler gibt es ja jetzt einen wirklich wichtigen Anlass, das Problem mal grundsätzlich zu thematisieren."

Am Mittag hatten sie gemeinsam die Gelegenheit, mit ihrer didaktischen Leitung, Maren Bulut, zu sprechen. Sie hatte sofort verstanden, dass dies Problem nicht zwischen Adem Ekinci und Frau Sprengler allein geklärt werden konnte. „Ich schlage vor", ergriff sie in ihrer üblich anpackenden Art und Weise die Initiative, „du, Helga, lädst ein paar Studiengruppenleitungen zu einer unserer nächsten Dienstbesprechungen ein. Sie sollen dort ihre Arbeit vorstellen, aufzeigen, wie sie die Kleinen unterstützen. Dann können sie auch erzählen, welche Probleme sie bei der Hausaufgabenunterstützung feststellen und wie sie sich die Zusammenarbeit mit den Lehrkräften wünschen." Helga Aulich hatte ihr schon vor einiger Zeit von der Kritik der Studiengruppenleitungen an den Lehrkräften berichtet. Jetzt gab es eine Gelegenheit, das Problem anzupacken. „Und du, Adem, kannst Frau Sprengler berichten, dass du das Problem mit der Schulleitung besprochen hast und wir uns in den nächsten Wochen als Schule um eine Lösung kümmern werden. Vielleicht sprichst du vorher noch einmal mit Hannelore über den Vorfall." Hannelore Geitler war nicht nur Teamkollegin von Adem Ekinci und Klassenlehrerin der 9a, sondern auch die Englischlehrerin, um deren Hausaufgaben es ging.

So stand nach den Osterferien 2009 das Thema „Die Arbeit der Studiengruppenleitungen" auf der Tagesordnung der Dienstbesprechung. Helga Aulich hatte den Schülerinnen und Schülern bei der Vorbereitung ihrer Präsentation geholfen. Alle hatten ein Thema, zu dem sie berichten wollten, und Beispiele, mit denen sie das Gesagte untermauern konnten.

„Wow! Ich habe gar nicht geahnt, wie kompetent die vortragen können." Hannelore Geitler war wirklich beeindruckt und tauschte sich mit Thomas Böckmann über das Erlebte aus. „Ja", erwiderte dieser, „ich hätte mir so einen Auftritt von Santiago vorher auch nicht vorstellen können. Ich glaube, wir wären alle gut beraten, noch mal darüber nachzudenken, wie wir besser mit den Studiengruppen zusammenarbeiten können."

Eine Problemlöseschule zu sein setzt zuallererst voraus, dass es gelingt, die für die Schule bedeutenden Probleme zu entdecken. In einer Schule kommt es immer wieder zu Ungleichzeitigkeiten von Entwicklungsprozessen. Nicht alle Lehrkräfte richten ihre Aufmerksamkeit zur gleichen Zeit auf die gleichen Dinge und nicht alle Probleme haben das gleiche Gewicht. Den Schülerinnen und Schülern einen Raum zu schaffen, in dem sie sich und ihre Arbeit kompetent vorstellen können, ist ein wichtiges Mittel, um die geschilderten Hindernisse zu beseitigen. Die Erzeugung eines Dialogs, der den Jugendlichen eine Beteiligung „mit Wirkung" ermöglicht, gehört für eine inklusive Schule zu den notwendig zu lösenden Problemen. Die sich dadurch gemeinsam verändernden Sichtweisen schaffen neue Entwicklungsräume.

Eine Schule braucht Ansatzpunkte, um Kondensationskerne mündigen Handelns aufzubauen. An der Schule von Bianca Mittendorf ist der Weg über den Aufbau freiwilliger Aktivistengruppen (Streitschlichtung, Studiengruppen, Tourguides) gewählt worden. Das hat den Vorteil, dass man an diesen Punkten fast ausschließlich mit intrinsisch motivierten Kindern und Jugendlichen arbeitet. Andererseits haben diese kein Mandat durch die Mitschülerinnen und Mitschüler wie beispielsweise die Klassensprecherinnen und Klassensprecher. Der Weg über die Klassensprecherversammlung erfasst zwar einerseits die gesamte Schule, andererseits wirken eine Reihe unterschiedlicher Faktoren ein. Die Klassenlehrkräfte gehen unterschiedlich mit dem Wahlverfahren um. Die Motive, sich wählen zu lassen beziehungsweise jemanden zu wählen, sind unterschiedlich. Nicht umsonst ist eine gute Unterstützung durch Erwachsene eine wichtige Voraussetzung für erfolgreiche Gremienarbeit der Kinder und Jugendlichen. Der Aufbau von Kondensationskernen mündigen Handelns durch Lehrkräfte ist schwierig und erfolgt zum Teil in unübersichtlichen sozialen Kontexten. Schülerinnen und Schüler befinden sich sechs Jahre an der Sekundarstufe I. Sie müssen neue Wege kennenlernen und eigene Traditionen aufbauen. Wenn diese Tätigkeiten dauerhaft Einfluss auf die Gestaltung der Schule nehmen sollen, dann müssen die jungen Aktivisten auch Wege finden, ihre Kenntnisse und die Traditionen ihrer Gruppen an die kommenden Generationen weiterzugeben. Um wirklich nachhaltig eine Schule der Partizipation aufzubauen, müssen letztlich alle zur Verfügung stehenden Wege genutzt werden.

Ob Schülerinnen und Schüler Verantwortung übernehmen wollen und können, ist untrennbar mit dem Verhalten aller Lehrkräfte gegenüber solchen Vorhaben verbunden. Es geht nicht um die Haltung einzelner Lehrkräfte, sondern um das organisierte Handeln der Menschen innerhalb der Institution. Unterstützen und fördern sie solche Absichten? Trauen sie Schülerinnen und Schülern Leistungen in eigener Verantwortung zu? Die in einer Abstimmung erkämpfte Mehrheit reicht für eine Umsetzung solcher Vorstellungen von Schule nicht aus. Das erfordert zusätzlich Lehrkräfte, die die darin enthaltenen Herausforderungen verstanden haben und sich für deren Bewältigung engagieren.

Letztlich entstehen an inklusiven Schulen im Laufe solcher Prozesse völlig neue Handlungsbedarfe. Wenn tatsächlich gewünscht ist, dass sich ein Schulethos entwickelt, das auf gegenseitiger Hilfe und Unterstützung beruht, muss dies dann nicht ein Angebot an alle Schülerinnen und Schüler der Schule sein? Aber können alle Kinder und Jugendliche in ihrer Schule für etwas einstehen, das über ihr eigenes individuelles Lernen und Schulleben hinausgeht? Können sie Verantwortung für und in der Schule übernehmen und für die entstehenden Folgen geradestehen? Erst dann, wenn alle im Rahmen ihrer Möglichkeiten innerhalb einer Schulgemeinschaft angesprochen sind, könnte man ja wahrhaftig von einem Schulethos sprechen.

Bei dem Ziel, inklusive Schulen aufbauen zu wollen, ergeben sich eben auch immer neue Entdeckungen, die es zu erfassen und zu bewahren gilt. Man muss von den Erwachsenen verlangen, dass sie mit offenen Augen und Ohren durch die Schule gehen. Zuhörend und hinguckend lassen sich Orte entdecken, die die unterschiedlichsten Schülerinnen und Schüler gern verantwortlich gestalten würden. Das können sie, wenn man ihnen hilft, die zu bewältigenden Aufgaben ernst zu nehmen und Lösungen dafür zu erfinden. Die Kinder und Jugendlichen haben vielfältige Ideen, wenn man sie nur lässt, angefangen vom selbstverwalteten Kreativzentrum über die Gärtnerei bis zum Pfadfinderraum. An diesen Orten entstehen echte Probleme, die echte Lösungen brauchen.

4.1.3 Inklusion braucht pädagogischen Takt

Täglich kommen in einer Schulklasse Menschen in fremdbestimmten Konstellationen zusammen. Während die Klassenlehrkräfte unter Umständen Wünsche zur Zusammensetzung ihrer Klassen äußern konnten, erscheinen die übrigen Lehrkräfte dort in der Regel zugeordnet nach Fächern und Stundenplan. Oft haben sich Eltern mit verschiedenen Bitten an die Schulleitung gewandt. Sie möchten, dass ihr Kind mit diesen oder jenen gemeinsam in eine Klasse kommt oder auf gar keinen Fall mit bestimmten anderen

Kindern. Sie wünschen sich einzelne Lehrkräfte und andere nicht. Die Schulleitung hat vermutlich bei der Klassenbildung versucht, statistische Aspekte zu berücksichtigen, um in allen Lerngruppen eine vergleichbare Heterogenität zu erzielen. Nur die Schulpflicht führt alle Beteiligten zusammen.

In diesen Gruppen steht jede Person einem persönlich nicht umfassend kontrollierbaren Gemisch aus unterschiedlichen Werten, Normen, Vorlieben, Lebensstilen und Möglichkeiten, das eigene Leben zu gestalten, gegenüber. Gleichzeitig sind alle mit den vielfältigsten eigenen wie fremden Erwartungshaltungen konfrontiert. An kaum einem anderen Ort finden so viele Vergleiche zwischen Menschen statt wie in der Schule. Daraus ergeben sich Erlebnisse von Scham und Beschämung, von Takt und Taktlosigkeit. Diese Gegensatzpaare betreffen nicht nur Schülerinnen und Schüler, sondern alle Mitglieder einer Schulgemeinschaft.

Das Dorsch-Lexikon der Psychologie definiert Scham als eine negative Emotion, entstehend aus dem Gefühl, „(…) bestimmten Werten, Normen, Regeln oder Ansprüchen nicht gerecht geworden zu sein (…)"[141]. Manche Kinder und Jugendliche empfinden sich im handwerklich orientierten Unterricht als zu ungeschickt. Im sportlichen Bereich fühlen sie sich im Vergleich mit anderen als zu dick, zu dünn, nicht vergleichbar beweglich oder schnell. Einige würden sich am liebsten verkriechen, wenn es um das Vorlesen geht, weil sie sich als nicht gut genug erleben. Eltern trauen sich am Elternabend nicht, die hohen Kosten der geplanten Klassenfahrt zu kritisieren. Manchmal erfährt eine Lehrkraft, dass Eltern die Schulleitung aufgefordert haben, ihr Kind nicht in die eigene Klasse zu geben.

Die Gründe, warum Menschen Scham empfinden, sind vielfältig. Aber während Scham immer ein inneres persönliches Gefühl ist, entsteht Beschämung durch das aktive Handeln anderer. Taktlos handelt, wem das Gefühl für Anstand fehlt. Dieses aktive, bei anderen Scham auslösende Verhalten findet einerseits absichtlich statt. Für einige Lehrkräfte scheint es sich dabei um den verbalen Ersatz des Rohrstocks zu handeln. Andererseits entsteht Beschämung auch durch unbeabsichtigtes verletzendes, indiskretes und insgesamt unangebrachtes Verhalten.

Wenn eine inklusive Schule nur als Ort gedacht werden kann, an dem alle Mitglieder der Schulgemeinschaft einen angstfreien Raum für ihre

---

[141] https://dorsch.hogrefe.com/stichwort/scham (Letzte Abfrage: 15.02.2024)

Unterschiedlichkeit haben, dann muss dort eine hohe Sensibilität für den Umgang mit Menschen bestehen, die sich schämen. Gleichzeitig ist aktiv daran zu arbeiten, Beschämung zu verhindern. Tatsächlich aber gibt es immer wieder verletzende Situationen, auch in inklusiven Schulen. Sie entstehen aus einer fehlenden oder unzureichenden Antizipation der Auswirkungen geplanter Handlungen heraus oder aus der unzureichenden Reflexion entstandener Situationen. Dies aber sind lösbare Herausforderungen, wenn sich die Organisation Schule dem Problem stellt. Inklusive Schulen stehen für die Unantastbarkeit der Würde jedes Menschen ein. Deshalb muss man von ihnen fordern, sich der Problematik des Takts als einer der bedeutenden Entwicklungsaufgaben anzunehmen. Pädagogischer Takt gehört zu den grundlegenden Werten einer inklusiven Schule.

Die Abschlussfahrt des ersten Jahrgangs der inklusiven Oberschule lag hinter ihnen. Alle vier Klassen waren gemeinsam an die Ostsee gereist. Gleich nach den Osterferien 2017 brachten Merle und Louis einen Film von der Fahrt mit. Die beiden hatten in einem Ganztagsschulkurs gelernt, Filme zu gestalten, zu drehen und zu schneiden. Sie freuten sich daran, die mit einer kleinen Kamera gedrehten Aufnahmen zusammenzustellen, und hatten sich inzwischen sogar ein Schnittprogramm besorgt.

Alexander Lauschter, Klassenlehrer der 10d, saß mit seiner Klasse um die Leinwand herum. Merle und Louis übernahmen die Leitung, führten in den Film ein und inzwischen hatte es manches Gelächter gegeben. Die nächste Szene zeigte das Ballspielfest. Verschiedene Übungen waren zu einem Wettkampf zusammengestellt worden. Bei einer Aufgabe ging es darum, mit dem Fußball Äste umzuschießen, die an ein Geländer lehnten. Im Hintergrund vernahm man die Stimme von Moritz Bardenhagen, der seine Schülerinnen und Schüler begeistert anfeuerte. „Super, du hast schon fast getroffen. Noch mal!", hörte man ihn rufen, oder auch: „So ein Mist! Fast hättest du ihn weggehauen." Wie Alexander Lauschter feststellte, hörte man auch ihn. „Mann, das kannst du doch besser! Oh Gott, schon wieder vorbei! Streng dich mal an! Die andere Klasse liegt schon drei Punkte vor …"

So hatte er sich selbst noch nie wahrgenommen. Ihm war bisher nicht bewusst gewesen, wie entmutigend er mit seinen Schülerinnen und Schülern sprach und welche Distanz darin zum Ausdruck kam. Er war froh, dass ihn niemand auf diese Szene ansprach, weder seine Schülerinnen und Schüler noch die Kolleginnen und Kollegen.

Was dem in dieser Szene geschilderten Lehrer peinlich erscheint, ist eigentlich ein im schulischen Kontext alltäglich zu beobachtendes Phänomen. Die vermeintliche Bestärkung von Kindern und Jugendlichen durch das Aufzeigen von Schwächen und negativen Aspekten. Selbsterkenntnis ist ein wichtiges Element zur Einleitung einer inneren Veränderung, allerdings kein hinreichendes. Alexander Lauschter erkennt in dieser Szene seinen eigenen Veränderungsbedarf. Aber für eine Veränderung des eigenen Verhaltens braucht es oft mehr als guten Willen. Bei ihm geht es vermutlich um die Veränderung einer in der persönlichen Sozialisation verankerten Rückmeldekultur. Dafür wären Strukturen hilfreich, in denen Lehrkräfte miteinander über solche Dinge in einem geschützten Raum nachdenken können. Die Idee einer „kollegialen Unterrichtsreflexion" kann dafür eine gute Möglichkeit sein[142].

Schulen im inklusiven Entwicklungsprozess sind keine Inseln der Seligen. Insbesondere die Lehrkräfte müssen sich nicht nur kontinuierlich mit dem eigenen Tun auseinandersetzen. Im Klassenverband finden permanent Erlebnisse von Scham und Beschämung statt, auf die es angemessen zu reagieren gilt. Dazu gehört, Beschämungssituationen schnell zu erkennen und meist spontan Ideen zu entwickeln, sich in diesen Situationen angemessen – anständig – zu verhalten. Manchmal gelingt dies leichter, manchmal schwerer und das eine oder andere Mal braucht man eine Portion Glück.

Die wöchentliche Klassenstunde nutzte Helga Aulich am Anfang des Schuljahres 2013/14 zur Wahl der Klassensprecherin und des Klassensprechers. Dazu stellte sie im Stuhlkreis die Frage nach den Aufgaben für die gewählten Vertretungen. Olivia hatte sich sofort zu Wort gemeldet. Sie war schon einmal in der Grundschule zur Klassensprecherin gewählt worden. „Nehmen wir an, der Lehrer verlässt die Klasse", begann Olivia, „weil er noch etwas kopieren muss. Dann muss die Klassensprecherin aufpassen, dass alle

---

[142] Zur „kollegialen Unterrichtsreflexion" gibt es eine Reihe von Materialien. Als erster Hinweis: https://deutsches-schulportal.de/konzepte/kollegiale-unterrichtsreflexion-gemeinsam-den-unterricht-voranbringen/ (Letzte Abfrage: 25.02.2024)

ruhig auf ihren Plätzen bleiben. Wenn dann zum Beispiel Yannick rumrennt, dann muss sie Yannicks Namen an die Tafel schreiben."

Yannick war in der 6a nicht sonderlich beliebt. Oft lief er durch den Klassenraum und bei dem einen oder anderen Gang ärgerte er im Vorbeigehen seine Mitschülerinnen und Mitschüler. Als er hörte, was Olivia erklärte, blickte er auf, sagte aber nichts. Helga Aulich jedoch unterbrach Olivia. „Das verstehe ich jetzt nicht", warf sie ein. „Yannick sitzt doch grade ganz ruhig auf seinem Platz." „Genau!", rief Yannick dazwischen. „Versuch es mir noch einmal anders zu erklären ..." Yannick strahlte über das ganze Gesicht, Olivia nicht.

Lehrkräfte haben in professioneller Weise Kinder und Jugendliche zu bilden, zu betreuen und zu erziehen[143] und sind somit für die Abläufe im Klassenraum verantwortlich. Beschämung verhindert man mit Taktgefühl, oder vielleicht durch eine Spiegelung der Taktlosigkeit. Takt ist mit einem Gefühl für Schicklichkeit und Anstand verbunden. Das Wort steht außerdem im Zusammenhang mit dem französischen Wort „tactile", den Tastsinn betreffend. Das ist insofern ein guter Hinweis, da Taktgefühl auch immer etwas damit zu tun hat, sich vorsichtig an jemanden heranzutasten, herauszufinden, wer man selbst ist und mit was für einem Menschen man es zu tun hat.

Es gibt keine gute Lernumgebung ohne „pädagogischen Takt". Johann Friedrich Herbart, einer der Begründer der wissenschaftlich fundierten Lehrkräfteausbildung, schrieb 1802, dass „(...) bloße Praxis eigentlich nur Schlendrian, und eine höchst beschränkte, nichts entscheidende Erfahrung gebe". Herbart sieht den „pädagogischen Takt" als notwendiges Zwischenglied zwischen Theorie und Praxis. Eine auf erkenntnistheoretische Einsichten beruhende Tugend sollte seiner Meinung nach unsere Unterrichtstätigkeit bestimmen. Er spricht von einer „(...) Vorbereitung auf die Kunst durch die Wissenschaft (...)"[144].

Herbart macht mit diesem Hinweis auf etwas aktuell Hochbedeutsames aufmerksam: Der Lehrkräftemangel führt zu einem immer umfangreicheren

---

[143] Siehe BremSchulG § 4 (2).

[144] Herbart, Johann Friedrich (1802): „Die erste Vorlesung über Pädagogik". In: Benner, D. (Hrsg.): „Johann Friedrich Herbart. Systematische Pädagogik. Band 1: ausgewählte Texte". Weinheim: Deutscher Studienverlag, S. 43 – 46.

Einsatz von Quer- und Seiteneinsteigenden, also Lehrpersonal ohne umfassende Lehramtsausbildung. Folgt man Herbarts Sichtweise, so fehlen diesem Unterrichtspersonal wichtige erkenntnistheoretische Voraussetzungen. Unterricht soll sich aber zur Kunst entwickeln und nicht zur schlichten Weitergabe von Erfahrungswissen verkommen. Das, was taktvoll ist, ergibt sich als Ergebnis der Reflexion des eigenen Tuns auf der Grundlage aktueller wissenschaftlicher Erkenntnisse. Das Ergebnis dieses Prozesses bestimmt das weitere unterrichtliche Handeln und so wird Stück für Stück die Unterrichtstätigkeit zur Kunst.

Wenn man aber nur auf sich selbst begrenzt ist, die notwendigen Reflexionsprozesse intraindividuell bleiben, fehlen korrigierende Impulse von außen. Man möchte an dieser Stelle auf die Inschrift am Tempel des Apollo in Delphi verweisen: „Erkenne dich selbst." Aber kann ich mich wirklich selbst ohne Hilfe anderer erkennen? Sicherlich kann ich mein Bild von mir erkennen, aber um dieses Bild mit einer Fremdsicht auf mich zu vervollständigen, braucht es eben auch die fremde Sicht. Diese kann ich nicht allein in innerer Zwiesprache mit mir selbst erzeugen. Das Erlernen von pädagogischem Handwerkszeug und pädagogischer Technik muss mit diesem Auftrag zur Selbsterkenntnis und wissenschaftlich basierten Selbstreflexion zum „pädagogischen Takt" verschmelzen. Erst dann kann in einer vielfältig miteinander verflochtenen Lernumgebung und ihren unendlich vielen Variablen ein guter Unterricht entstehen.

Die Herausbildung dieses Elements der Lehrkräftepersönlichkeit gelingt deshalb nur in Gemeinschaft. Inklusive Schulentwicklung funktioniert nur als Mannschaftssport und auch Taktgefühl erfordert die gegenseitige Widerspiegelung in gemeinsamen Prozessen des Nachdenkens. Dass diese Prozesse selbst Taktgefühl erfordern und daher einen streng geschützten Bereich brauchen, ist selbstverständlich. Aber letztlich können nur so die erforderlichen innerschulischen Lernräume für die Lehrenden entstehen. Diese böten gleichzeitig auch Orte für die berufsbezogene Bildung von Quer- und Seiteneinsteigenden. Pädagogischer Takt gehört zum unverzichtbaren Instrumentarium jeder verantwortungsbewusst handelnden Lehrkraft. Das ist allerdings nicht gleichbedeutend damit, dass jederzeit und immer taktvolles Verhalten gelingt.

Auch René Komanski übernahm zum Schuljahr 2012/13 eine neue Klasse und gehörte nun mit Helga Aulich sowie einigen anderen zu denen, die die neue Oberschule mit ihren inklusiven Klassen aufbauen sollten. Nachdem er an so vielen vorbereitenden Sitzungen teilgenommen hatte, stand er der Aufgabe mit viel Vorfreude, aber auch gehörigem Respekt gegenüber. Was ihn überzeugte, war der Vortrag, den Moritz Bardenhagen in der Gesamtkonferenz gehalten hatte: „Ohne Angst verschieden sein!" Das, fand er, war ein überzeugendes Programm, dem er sich anschließen konnte.

In seiner neuen Klasse befanden sich auch die Zwillinge Jette und Jenny, die mit Leistungen unter dem Regelstandard in die Oberschule kamen. In früheren Zeiten wären beide am Förderzentrum Lernen unterrichtet worden. Nun waren sie Schülerinnen seiner Klasse und er hatte sich fest vorgenommen, ihnen eine gute Schulzeit zu ermöglichen.

Zur Vorbereitung der Wahlen von Klassen- und Schulsprechern hatte er gemeinsam mit Kolleginnen und Kollegen aus der Fachkonferenz Gesellschaftslehre eine Unterrichtseinheit entwickelt. Sie bestand aus verschiedenen und vielfältig differenzierten Arbeits- und Informationsblättern über Konflikte und Konfliktlösungsmöglichkeiten. Auch ein Interview der Streitschlichterinnen und Streitschlichter durch die neuen Schülerinnen und Schüler war vorgesehen. Zusätzlich gab es kleine Hörspiele über Kinderrechte und vieles mehr.

Nach seiner mündlichen Einführung ins anstehende Thema zeigte er die verschiedenen Aufgaben und Materialien, die er dabei erklärte. Er hatte auch ganz spezielle Arbeitsblätter für die Schülerinnen und Schüler mit Leistungen unterhalb des Regelstandards dabei. Ohne Angst verschieden sein, genau das war sein Ziel. Dazu gehörte für ihn auch, offen mit der Verschiedenheit umzugehen. „Ihr wisst ja", erklärte er daher seiner Klasse, „dass Jette und Jenny das Lernen nicht so ganz leichtfällt. Auch das Lesen ist für sie schwieriger als für die meisten von euch. Wir haben daher ein paar Zettel vorbereitet, die leichter sind und mehr Hilfen enthalten. Außerdem wisst ihr ja, Jette, Jenny, wenn ihr weitere Unterstützung braucht, sprecht mich an, ich bin für euch da. Natürlich könnt auch ihr anderen, wenn ihr nicht gut zurechtkommt, diese Zettel von mir bekommen."

Jette und Jenny liefen rot an und schauten betreten auf den Tisch. René Komanski spürte sofort, dass das nur gut gemeint war. Hier war etwas wirklich schiefgelaufen.

Wenn sie nicht zurechtkommen, dann können auch die anderen Jettes und Jennys Zettel erhalten. Damit teilt der Lehrer seine Klasse in Jette und Jenny einerseits sowie „die anderen" andererseits auf. Gutgemeint beschämt René Komanski diese beiden Mädchen zutiefst als spezielle Schülerinnen, die nicht zurechtkommen, und verwehrt ihnen so ihren Platz als Teil der „Zucker-kinder" in der Klassengemeinschaft. Dies ist kein Plädoyer gegen die Bereit-stellung zusätzlicher und vielfach differenzierter Lernmaterialien. Die Frage ist aber, wie so eine Situation taktvoll zu gestalten ist. Taktvoll wäre es si-cherlich auch nicht gewesen, wenn er ihnen die differenzierenden Blätter heimlich gereicht hätte. Ein Verfahren, dass durchaus in inklusiven Schulen, zumindest in der Anfangszeit, zu beobachten war. Aber auch diese Heim-lichkeit würde eine Trennung zwischen der Klasse und den beiden Mädchen erzeugen. So eine Trennung hebt sich erst auf, wenn es normal ist, dass es ganz unterschiedlich schwierige und vielfältige Aufgaben für alle Kinder und Jugendlichen gibt.

„(...) Takt vermittelt sich durch Sprache, Stille, Blicke, Gesten, Atmosphäre und Beispiel. ‚Tact of teaching' bedeutet neues, unerwartetes Umgehen mit Situationen, die nicht antizipiert werden können."[145] Natürlich kann man sich nicht präventiv auf jede denkbare Variable des im Unterrichtsgeschehen Möglichen vorbereiten. Deswegen ist die Ausbildung eines spezifischen und auf pädagogische Situationen ausgerichteten Taktgefühls unerlässlich, um grundsätzlich über ein möglichst großes Handlungsrepertoire verfügen zu können. Dies ist nicht durch die vermeintlich „richtige Haltung" einfach von Natur aus vorhanden. Die Entwicklung von Taktgefühl, von Anstand als Teil des professionellen Lehrkräftewissens braucht ein systematisches Verfah-ren, um kollektiv solche Dinge zu üben und gemeinschaftlich zu reflektieren. Und auch dazu muss wiederum ein über die einzelnen Individuen hinausrei-chendes Wertegerüst aufgebaut und gepflegt werden.

4.1.4 Inklusion ist dialogisch

Mensch werden und sein kann man nur unter Menschen. Die Entwicklung von Sprache, Denken oder Kultur ist ohne menschliche Gemeinschaft nicht vorstellbar. „Ich werde am Du; ich werdend spreche ich Du." So beschreibt

---

[145] Michael Schratz, Johanna F. Schwarz, Tanja Westfall-Greiter (2012): „Lernen als bildende Erfahrung. Vignetten in der Praxisforschung." Innsbruck: Studienverlag, S. 30.

es der Religionsphilosoph Martin Buber. Ich bin kein religiöser Mensch und kann Buber daher an für ihn grundsätzlichen Stellen nicht folgen. Seine Überlegungen zur Dialogethik enthalten trotzdem auch für mich wertvolle Hinweise auf menschliches Miteinander – Hinweise, die für den Aufbau von inklusiven Schulen hochbedeutsam sind. „Alles wirkliche Leben ist Begegnung", fasst Buber seine Gedanken zum menschlichen Sein zusammen[146]. Erst im Dialog zwischen einem ganzheitlichen Ich und einem ganzheitlichen Du werden wir, so verstehe ich Buber, zu denen, die wir sind. Wenn sich Lehrkraft und Schülerinnen oder Schüler begegnen, dann stehen sich diese beiden eben nicht nur in dieser einen Rolle gegenüber. Sie sind auch Kinder, vielleicht Angler, Sportler, Fahrradfahrer, Liebende und vieles andere mehr. Dieses Viele macht am Ende ihre Ganzheit aus, mit der sie dem jeweils anderen im Dialog gegenüberstehen.

Traditionell sind Schulen Orte, an denen Gruppen, Klassenverbände, unterrichtet werden. Im Laufe des Unterrichts erkennen die Lehrkräfte innerhalb ihrer Klassen die einzelnen Schülerpersönlichkeiten. In der inklusiven Schule muss das Denken sich dagegen andersherum entwickeln. Es gibt viele Persönlichkeiten mit individuellen Stärken und Schwächen, die zusammenkommen und aus denen ein gut zusammenarbeitender Klassenverband werden soll. Dem anderen ein Du zu sein, so führt Buber aus, erfordert, sich mit seinem ganzen Sein auf die andere Person einzulassen. Die Lehrkräfte müssen sich darauf einlassen, den ihnen anvertrauten Kindern und Jugendlichen mit ihren ganz eigenen Lebenserfahrungen, Fähigkeiten und Fertigkeiten zu begegnen. Das ist die Ganzheitlichkeit, um die es ihm geht. In diesem Prozess wird der Mensch am Du zum Ich. In dieser Wechselwirkung klärt sich „(...) von Mal zu Mal wachsend, das Bewußtsein des gleichbleibenden Partners, das Ichbewußtsein", so Buber[147].

René Komanski war inzwischen eine Lehrkraft mit viel Erfahrung im inklusiven Unterricht. Dazu hatte auch die gute Zusammenarbeit mit Torsten Wänzel beigetragen. Er war die ihrem Team zugewiesene Sonderschullehrkraft für Lernen und Sprache. Im Schuljahr 2016/17, Komanskis Schülerinnen und Schüler befanden sich im 9. Schulbesuchsjahr, übernahm er die Ausbildung

---

[146] Martin Buber (1984, 5. durchgesehene Auflage): „Ich und Du". In: Martin Buber: „Das dialogische Prinzip". Heidelberg: Verlag Lambert Schneider, S. 15.
[147] Ebenda, S. 32.

eines Referendars als Mentor. Mit Torsten Wänzel hatte er abgesprochen, dass sie die Betreuung und Unterstützung der Nachwuchslehrkraft gemeinsam übernehmen wollten.

Im Dezember lagen die ersten Ausbildungsmonate hinter Maximillian Müller, dem Referendar. Freitag, endlich war das Ende einer anstrengenden Woche erreicht. Zu dritt saßen sie zum Abschluss des Schultages zusammen und ließen miteinander die letzten Wochen Revue passieren. Außerdem sprachen sie darüber, was bis zu den Weihnachtsferien noch zu erledigen sei. Am Ende wusste keiner mehr, wie sie darauf gekommen waren. Aber Maximillian Müller hatte erzählt, dass es ihm bei seiner Arbeit wichtig sei, die Schülerinnen und Schüler da abzuholen, wo sie stehen. Er konnte nicht ahnen, dass er damit einen Nerv von Torsten Wänzel getroffen hatte.

„Ist das nicht ein bisschen arrogant?", fragte dieser gleich ziemlich spitz nach. „Wieso?", erwiderte Maximillian Müller. „Wir sind doch hier an einer inklusiven Schule. Du selbst sagst mir immer, dass wir die Kinder und Jugendlichen bei unserer Unterrichtsplanung ganz individuell betrachten sollen." „Ja, das stimmt. Das halte ich auch für richtig. Aber wenn du sagst, dass du die Kinder abholst, behauptest du auch zu wissen, wo sie stehen", mischte sich nun René Komanski ein. „Schule und Freizeitgestaltung ist ja eines der Bildungsplanthemen in Deutsch", setzte er fort. „Das gehört in den Bereich, mit Sprache Wahrnehmung zu ermöglichen. Was würde es denn beispielsweise bei diesem Thema bedeuten, die Kinder abzuholen?" „Naja, wenn ich erst einmal alle berichten lasse, was sie so machen, dann kann jeder mit dem Wortschatz beginnen, über den er verfügt. Die Kinder lernen sich untereinander besser kennen und dann kann man sich austauschen und Dinge vertiefen", stellt Maximilian Müller spontan seine ersten Gedanken dazu vor. „Was ist daran falsch? Ich bin ja schließlich der Erwachsene und ihre Lehrkraft", brachte er sich weiter ein. „Jetzt weiß ich, wo sie stehen, und kann darauf aufbauend Übungen zur Erweiterung des Wortschatzes planen und individuell anpassen."

„Das ist alles richtig", versuchte nun Torsten Wänzel seine Position zu erläutern. „Aber zu gucken, welche Wörter und Satzkonstruktionen ein Kind schon kann und daraus eine Lernausgangslage abzuleiten, greift einfach zu kurz." „Wieso?", fragte Maximillian Müller. „Das verstehe ich nicht." „Du berücksichtigst nur die sprachliche Komponente", übernahm nun wieder René Komanski. „In meiner Klasse unterscheiden sich die Lebenserfahrungen der Schülerinnen und Schüler drastisch. Niclas hat vor einiger Zeit seinen Vater verloren und nun hat seine Mutter eine Krebserkrankung. Alinas Oma sitzt im Rollstuhl und hat offene Beine. Alina geht jeden Tag zur Oma, trägt Creme auf und verbindet ihr die Beine. Kein anderer aus ihrer Familie mag das tun, aber sie brauchen das Pflegegeld. Jennifer hat in den Sommerferien 14 Tage mit ihren Eltern in Dubai Urlaub gemacht. Klingt toll, trotzdem ritzt sie sich die Arme auf. Was wissen wir wirklich über das Leben der uns anvertrauten Kinder? Über welche Freizeitgestaltung würden sie in so einer Unterrichtseinheit sprechen?"

René Komanski versuchte, die Bedenken bezüglich des Abholens von Kindern noch weiter auszuführen. „Eine Schülerpersönlichkeit ist ja keine Lernapparatur, die man nur mit dem richtigen Material füttern muss." Er erklärte weiter, dass nicht alle Wörter für alle Kinder die gleiche Wichtigkeit haben. „Jennifers Eltern haben einen Garten und Alina kennt bestimmt verschiedene Gartengeräte. Murats Eltern haben nicht einmal einen Balkon. Hat das Wort Harke tatsächlich die gleiche Bedeutung für alle?" Ohne das Maximillian die Chance hatte, übernahm wieder Torsten Wänzel den Faden. „Unsere Kinder und Jugendlichen haben glückliche Erlebnisse, aber auch Ängste und Sorgen. Sie sind in der Pubertät, haben Hoffnungen und Wünsche, gute und schlechte Lebenserfahrungen gesammelt. Allein schon die häufig nach den Sommerferien gestellte Frage, wie denn die Ferien waren, beantwortet sich für ein Kind aus einer Familie mit alkoholkranken Eltern anders als für ein Kind, dass gerade mit Mama, Papa und den Geschwistern eine wunderschöne Zeit am Strand verbracht hat." „Wir können ja nicht in die Kinder und Jugendlichen hineingucken, wir können nur von außen auf sie blicken. Deshalb stehen zwei Kinder, die unter Umständen ähnliche Wissensstände haben, nicht am gleichen Ort. Wir können in Wirklichkeit höchstens Vermutungen darüber anstellen, wo sie stehen könnten", schloss René Komanski die Darstellung der gemeinsamen Position von ihm und Torsten Wänzel ab.

Die Forderung, die Kinder und Jugendlichen dort abzuholen, wo sie stehen, hält sich hartnäckig in der pädagogischen Diskussion. Ein exemplarischer Blick dazu auf das „Onlineportal für die Schulaufsicht", ein Angebot der Deutschen Kinder- und Jugendstiftung und der Stiftung Mercator: „Zu den Kernanforderungen an gute Ganztagsschule gehört inzwischen, in individualisierten Lernsettings den Kompetenzerwerb von Schülerinnen und Schülern zu fördern. Das bedeutet, jedes Kind da abzuholen, wo es steht – mit seinem

Lerntempo, seinen Stärken und Interessen."[148] Natürlich sollen Lernsettings nicht losgelöst von den Stärken, Interessen und dem Lerntempo der Lernenden entstehen. Aber den Schülerinnen und Schülern ein Lernen zu ermöglichen, das sich aus einem dialogischen Prozess heraus entwickelt, ist etwas anderes als die Berücksichtigung bestimmter Lernvoraussetzungen.

Oft sind gerade die Lehrkräfte vom notwendigen Abholen überzeugt, die sich besonders viele Gedanken über die ihnen anvertrauten Kinder und Jugendlichen machen. Sie wollen Türen öffnen, motivieren und fördern. Sie übersehen aber, dass das Bild von der „pädagogischen Bushaltestelle" mit einer Machtdemonstration beginnt: Ich, deine Lehrkraft, weiß, wo du stehst. Bleibe da stehen, bis ich dich abhole, denn ich kenne den Weg, den du jetzt gehen solltest. Verbunden ist dies mit dem darin enthaltenen Versprechen, dass diejenigen erfolgreich sein werden, die den Vorgaben folgen. Auch unterschwellig, unbeabsichtigt und unbewusst haben Bilder Macht über die Art und Weise, wie wir über Dinge denken. Die Idee vom Abholen erschwert es uns, neugierig und vertrauensvoll die selbstgewählten Wege der Kinder und Jugendlichen zu betrachten, zu bestaunen und sie an den entscheidenden Schnittstellen zielgerichtet zu unterstützen. Das schließt nicht aus, dass im Zweifel natürlich auch lenkend einzugreifen sein mag.

Die Vorstellung vom Abholen steht einer pädagogischen Wertvorstellung entgegen, die sich auf ein dialogisches Prinzip beruft. „Um den besten Möglichkeiten im Wesen des Schülers helfen zu können, sich zu verwirklichen, muß der Lehrer ihn als diese bestimmte Person in ihrer Potentialität und ihrer Aktualität meinen, genauer, er muß ihn nicht als eine bloße Summe von Eigenschaften, Strebungen und Hemmungen kennen, er muß seiner als einer Ganzheit inne werden und ihn in dieser Ganzheit bejahen."[149] Auch für die Beziehung zwischen Schülerinnen und Schülern auf der einen Seite und Lehrkräften auf der anderen Seite gilt Bubers Einsicht, dass der Mensch am Du zum Ich wird. Georg Feuser ergänzt diesen Satz um einen weiteren notwendigen Gedanken: „Er wird zu dem Ich, dessen Du wir ihm sind!"[150]

---

[148] https://www.schulaufsicht.de/qualitaetsentwicklung/individualisiertes-lernen/jedes-kind-da-abholen-wo-es-steht (Letzte Abfrage: 21.02.2024)

[149] Martin Buber, a.a.O., S. 130 f.

[150] Georg Feuser: „Der Mensch wird am Du zum Ich. Das Menschenbild als gesellschaftlicher Auftrag im Feld der Pädagogik". Vortrag, 25.09.2004. Zitiert nach: https://www.georg-feuser.com/wp-content/uploads/2019/06/V-Druck-2.pdf (letzte Abfrage: 14.12.2023)

Jedes „Ich" ist ein einzigartiges und unverwechselbares „Ich" mit ganz persönlichen Entwicklungspotenzialen. Die einzelnen Kinder und Jugendlichen einer Klasse sind nicht mit Variablen wie Alter, Einkommen der Eltern, Wohnsituation ... zu erfassen und zu verstehen. Nicht ohne Grund fordert Buber die Bejahung des ganzheitlichen Schülerinnen- und Schüler-„Du"s. Die Einzigartigkeit dieser jeweiligen „Ich"s lassen sich dann anders erkennen, wenn man sich ihnen beispielsweise mit Bronfenbrenners systemischem Modell der ökologischen Entwicklung annähert. Mit diesem Modell gelingt es, die Entwicklung von Kindern und Jugendlichen als Ergebnis verschiedener auf unterschiedlichen Ebenen ineinander wirkender Systeme zu verstehen[151]. Erst diese jeweils einzigartige Verschränkung macht die Ganzheitlichkeit und Unverwechselbarkeit des jeweiligen „Ich" verstehbar.

Der notwendige Wille zum Dialog äußert sich in dem Bestreben, der Schülerin oder dem Schüler als Lehrkraft bejahend gegenüberzutreten. Gerade diejenigen, die es sich, den Mitlernenden und ihren Lehrkräften schwer machen, brauchen diese bejahende Ganzheitlichkeit der Lehrkräfte. Das meint nicht, dass Lehrkräfte verständnisvoll über alles hinweggucken sollen, im Gegenteil. Zu dem bejahenden ganzheitlichen Gegenüber gehört insbesondere auch die Bereitschaft, sich auseinanderzusetzen. Auch das ist eine Form der Wahrnehmung, der Achtsamkeit und des Respekts. Erst indem Lehrkräfte den Schülerinnen und Schülern ein entsprechendes Du sind, ermöglichen sie diesen das Wachstum ihres eigenen Ichs. Ohne dieses Streben der Lehrkräfte, ein bejahendes, aber auch auseinandersetzungsfähiges Gegenüber sein zu wollen, fehlt den inklusiven Schulen die Kraft, Orte zu sein, in denen jeder ohne Angst verschieden sein darf.

---

[151] Uri Bronfenbrenner, a.a.O. Es würde hier zu weit führen, die komplexe Theorie Bronfenbrenners auszuführen. Grundsätzlich sei jedoch angemerkt, dass es Bronfenbrenner darum geht, die Umwelt, in der sich ein Individuum entwickelt, deutlicher in die Untersuchung der menschlichen Entwicklung einzubeziehen. Er kritisiert, dass „(...) wir ein Übermaß von Theorien und Untersuchungen über die Eigenschaft der Person (finden), aber nur sehr rudimentäre Vorstellungen und Charakterisierungen ihrer Umwelt." (S. 32) Und an anderer Stelle führt er aus: „Was hier vorgeschlagen wird, ist, soweit es die Außenwelt betrifft, eine Theorie der Umweltkontexte und ihrer Auswirkungen auf die Kräfte, die das psychische Wachstum unmittelbar beeinflussen." (S. 24).

Eine sehr kurze und übersichtliche Darstellung des ökosystemischen Ansatzes findet sich in: Renate Jegodtka (2013): „Berufsrisiko Sekundäre Traumatisierung? Im Arbeitskontext den Folgen nationalsozialistischer Verfolgung begegnen". Heidelberg: Carl-Auer-Verlag, S. 14 – 19 („2.1 Ein ökosystemischer Ansatz").

Unterricht ist der institutionelle Rahmen für diesen Prozess zwischen Sein und Werden. Die ganzheitliche Wahrnehmung, die ein Kind oder Jugendlicher durch seine Lehrkraft in diesem Prozess erfährt, ist nur ein Umwelteinfluss neben vielen anderen, aber ein bedeutsamer. „Die meisten erfolgreichen Menschen", schreibt Andreas Schleicher, „hatten in ihrer Schulzeit wenigstens eine Lehrkraft, die ihr Leben entscheidend beeinflusst hat – weil diese ein Vorbild war, sich für ihr Wohlergehen und ihre Zukunft interessierte und emotionale Unterstützung bot, wenn sie sie brauchten."[152]

Und es ist kein Geheimnis, dass die gleichen Mechanismen auch auf die Lehrkräfte einwirken. Das Bewusstsein über die Bedeutung des Dialogs und die Fähigkeit, Dialoge reflektierend zu betrachten, ist daher selbstverständlicher Bestandteil der Arbeit von Lehrkräften, die inklusiv arbeiten. Sie holen nicht ab, sondern sie befinden sich in einem gemeinsamen kontinuierlichen Prozess des aneinander Werdens und Wachsens.

4.2 Nähe und Macht

Mit Recht wird erwartet, dass Lehrkräfte ihre Aufgabe und die damit verbundene Rolle professionell und fachkundig ausüben. Unter „fachkundig" ist zu verstehen, dass der Beruf nach den aktuell bekannten neuesten Erkenntnissen ausgeübt wird. Niemand wünscht sich einen Arzt, der seine Patienten nach den aktuellen Kenntnissen des 20. Jahrhunderts behandelt. Gleiche Wünsche muss man den Kindern und Jugendlichen unterstellen, deren Bildungsprozess für sie umfassende Zukunftsbedeutung hat. Was aber sind die Elemente einer fachkundig ausgeführten Lehrkräftearbeit? Unbestritten gehört die angemessene Entfaltung der Inhalte eines Lerngegenstandes, seine Aufbereitung für den Vermittlungsprozess im Unterricht und der Unterricht selbst dazu. Im § 3 des Bremer Schulgesetz heißt es im ersten Abschnitt, dass „der Auftrag der Schule (…) bestimmt (wird) durch den Erziehungs- und Bildungsauftrag der Landesverfassung, ergänzt durch die sich wandelnden gesellschaftlichen Anforderungen an die Schule." Das beschreibt einen wenig definierten und im Prinzip unbegrenzten Arbeitsauftrag. „Bildung", so drückt es Aladin El-Mafaalani aus, „gilt als Allheilmittel für fast alle gesellschaftlichen Missstände."[153] Das zeigt sich auch in einer Vielzahl von

---

[152] Andreas Schleicher: „Was macht den Lehrkräfteberuf für junge Menschen attraktiv?" In: Erziehung und Wissenschaft, Zeitschrift der Bildungsgewerkschaft GEW. Heft 9/2024, S. 35.

[153] Aladin El-Mafaalani (2022): „Mythos Bildung. Die ungerechte Gesellschaft, ihr Bildungssystem und seine Zukunft." Köln: Kiepenheuer & Wisch, S. 21.

Vorschlägen für neue und scheinbar dringend erforderliche Unterrichtsfächer. „Benimmunterricht", „Glück", „Schönschrift", „Finanzkompetenz" oder „Geldanlage" sind Beispiele dafür.

Schulen sind ein bedeutender Teil der Gestaltung einer Gesellschaft, einer Nation. Dies gilt insbesondere für die Staatswesen, deren Ausformung gekennzeichnet ist durch die Aufklärung und die Französische Revolution. Die Bedeutung von funktionierenden und umfangreichen Familienbeziehungen ist in diesen Staaten eher gering ausgeprägt und wird ersetzt durch einen fiktiven Generationenvertrag. Auf dieser Grundlage stellen die mittlere und die ältere Generation Forderungen an die jungen Menschen, auf deren Erfüllung sie aus dem Generationenvertrag heraus glauben, Anspruch zu haben. Die erfolgreiche Ausbildung der Jungen ist Voraussetzung dafür, dass die mittlere Generation zukünftig Rente erhalten kann und so von familiären Abhängigkeiten mindestens teilweise frei ist. Gute Schulen sind somit existenziell für die mittlere Generation und das Fortbestehen des Vertrags, woraus sich ihre umfassende Zukunftsbedeutung erklärt. Die Erwachsenen verpflichten die Kinder und Jugendlichen, sich in den Schulen mit von ihnen festgelegten Dingen auseinanderzusetzen. Die Erwachsenen erwarten, dass die Kinder und Jugendlichen diese „Lerninhalte" in sich aufnehmen, verstehen und (später) nutzen. Dadurch sollen sie auf ihre anstehenden Aufgaben im Generationenvertrag vorbereitet sein. Die Zielerreichung durch die Kinder und Jugendlichen wird üblicherweise in Zahlen zwischen eins und sechs gemessen, den Zensuren. Nach Abschluss der Schulzeit werden die Jugendlichen zu den Zahlenden im Generationenvertrag, was den Lebensunterhalt und die wertvolle Gestaltung der restlichen Lebenszeit der dann Alten sichern soll. In diesem Rahmen geht es jedoch nicht nur um die Vermittlung beruflich verwertbarer Kenntnisse. Es geht auch um den Aufbau von Sensibilität, Feingefühl und Gemeinsinn. Diese sollen sicherstellen, dass die zahlende Generation sich auch der Gestaltung eines lebenswerten, würdevollen und selbstbestimmten Alterns der Älteren verpflichtet fühlt.

Es geht aber nicht nur darum, die vermeintlich richtigen und notwendigen Dinge zu lehren. Es geht auch darum, einen angemessenen Raum zu schaffen, in dem die erforderlichen Dinge richtig gelernt werden können. Der Behauptung, dass das in einer Umgebung, die als unpersönlich, kalt und distanziert beschrieben wird, weniger erfolgreich gelingt als in einer von Wohlwollen geprägten warmen Atmosphäre, wird keiner widersprechen. Für einen erfolgreichen Bildungsprozess in der Schule ist daher ein angemessenes Verhältnis von Nähe und Distanz bedeutsam. Darum handelt es sich bei solchen Gestaltungsprozessen um wesentliche, zur erfolgreichen Berufsausübung zugehörige Teilelemente der Lehrkräftearbeit. Das Verhältnis von Nähe und Distanz ist gleichzeitig untrennbar mit einem verantwortungsbewussten Umgang mit Macht und Unterordnung verbunden. Menschliche Beziehungen sind geprägt vom Austarieren der natürlichen Differenzen. Der Begriff „verantwortungsbewusst" ist daher im Wortsinn gemeint. Alle Menschen, in der Schule insbesondere die Lehrkräfte, müssen sich im Umgang mit dem Gegensatzpaar Macht und Unterordnung ihrer hohen Verantwortung bewusst sein. Unterordnung, egal aus welchen Gründen, findet immer freiwillig statt und ist damit etwas vollständig anderes als Unterwerfung, die immer erzwungen wird. Gleichzeitig stellt sich so die Frage nach der Autorität im schulischen Miteinander.

Dass die Klärung der menschlichen Verhältnisse im Klassenraum wichtig ist, zeigen die Zahlen des Robert-Koch-Instituts zur psychischen Gesundheit der 11- bis 17-Jährigen, die das Institut seit einigen Jahren erhebt. Diese Altersgruppe stellt in der Regel die Schülerschaft der Sekundarstufe I. Fast 16 Prozent der Menschen in dieser Altersgruppe sind psychisch auffällig. Diese Auffälligkeit verteilt sich allerdings nicht über alle sozialen Schichten gleichmäßig. Kinder und Jugendliche mit einem niedrigen sozialen Status sind zu knapp unter 20 Prozent betroffen, während in der Gruppe mit hohem sozialem Status nur etwa 10 Prozent auffällig sind. Diese Befunde gehen einher mit der Feststellung, dass auch die Ressourcen ungleich verteilt sind, die einer psychischen Erkrankung entgegenwirken könnten. So verfügen beispielsweise rund 27 Prozent der Kinder und Jugendlichen mit einem sozial niedrigen Status nur über wenige personale Ressourcen (Selbstwirksamkeit, Optimismus, Wohlbefinden, Kohärenzgefühl[154]), während diese Problematik bei Kindern und Jugendlichen mit hohem sozialem Status nur auf etwas über 13 Prozent zutrifft[155].

Rechnerisch bedeuten diese Zahlen, dass in einer Schulklasse jedes sechste Kind psychisch auffällig ist. Liegt die Schule in einem sozialen

---

[154] Beim Thema Kohärenz geht es um Fragen des Vertrauens in die persönliche Fähigkeit und Überzeugung, das eigene Leben gestalten zu können. Hohe Kohärenz geht einher mit der Überzeugung vom Sinn des Lebens und der Fähigkeit, Zusammenhänge verstehen zu können. Zum Messen des „Sense of Coherence" gibt es entsprechende Messverfahren und Skalen.

[155] Robert-Koch-Institut, a.a.O.

Brennpunkt, dann ist es jedes fünfte Kind, liegt sie in einer gutsituierten Gegend, ist immerhin noch jedes zehnte Kind betroffen. Vielleicht handelt es sich darüber hinaus nicht immer um dieselben Kinder und Jugendlichen, die im Laufe der Schulzeit an der Sekundarstufe I psychisch auffällig sind. Vor dem Hintergrund solcher Daten entstand beispielsweise das ERASMUS⁺-Projekt „Achtsame Schule", das in einer Kooperation von europäischen Einrichtungen zwischen März und Dezember 2022 umgesetzt wurde. In ihrem Manual zur Umsetzung des Projekts sprechen die Autorinnen und Autoren weitere Probleme an. In jeder Klasse befänden sich zwei bis fünf Kinder oder Jugendliche, bei denen ein Elternteil „(…) an einer Angststörung, einer Depression oder an einer anderen psychischen Erkrankung leidet. In jeder Klasse befinden sich circa zwei Schüler*innen (…) die sich um chronisch kranke oder pflegebedürftige Angehörige kümmern (…)."[156] – Zahlen, die jede Lehrkraft betroffen machen müssen und darauf hinweisen, dass im Rahmen einer fachkundigen Berufsausübung die Auseinandersetzung mit dieser Problematik erforderlich ist. Es bedeutet nicht, dass sie neben ihrem Unterricht zusätzlich in die Rolle von Psychologinnen, Therapeuten oder Psychiaterinnen schlüpfen müssen. Wohl aber müssen sie sich bewusst sein, dass das, was sie an Gestaltung der menschlichen Verhältnisse in ihrem Klassenraum, auf dem Schulhof und in der Schule insgesamt leisten, hochbedeutsam für die Beteiligten ist.

Im Schuljahr 2012/13 unterrichtete Helga Aulich ihre erste inklusive Oberschulklasse. Die Herausforderungen waren groß und die Zeit verging wie im Flug. Viel Neues und Unerwartetes prasselte auf sie ein. Aber auch ein heftiger Streit mit einem Kollegen.

Ende Mai gab es die erste Ordnungsmaßnahmenkonferenz in ihrer neuen 5. Klasse. Nico Stein hatte sie eingefordert. „Dem Yannick muss mal einer zeigen, wann hier Schluss ist! Inklusion bedeutet ja nicht, dass man sich jede Respektlosigkeit gefallen lassen muss." Yannick war bekannt dafür, den Unterricht zu stören. Er verweigerte die Mitarbeit, stritt mit den Mitschülerinnen und Mitschülern, die er manchmal auch heftig beleidigte. So hatte er nach kaum drei Monaten Unterricht schon mehr als zehn Einträge im Klassenbuch. Den Ausschlag für die Konferenz gab eine Sportstunde bei Nico Stein.

---

[156] Kristin Osterholz, Alena Meusel, Lina Ahrens und Henner Spierling: „Achtsame Schulen. Manual zur Umsetzung des Projektes". Kidstime Deutschland, 2023, S. 5.

Yannick war wiederholt ohne Turnzeug und Sportschuhe im Unterricht. Diesmal sollte er jedoch nicht mehr auf der Bank sitzen. „Los! Schuhe und Strümpfe aus, und dann setzt du dich hier zu uns in die Mitte!" Yannick weigerte sich. Ein Wort gab das andere, erst beschimpfte er Nico Stein, seinen Sportlehrer, dann rannte er aus der Sporthalle und knallte die Tür zu.

Helga Aulich hatte schon mehrfach mit Yannick und seiner Mutter gesprochen. Diese fühlte sich mit ihrer Situation als Alleinerziehende völlig überfordert. Deshalb brachte sie regelmäßig ihre eigene Mutter mit zu den Gesprächen in der Schule. Yannicks Oma hatte mit Helga Aulich vor der Ordnungsmaßnahmenkonferenz vertraulich gesprochen. Sie begleitete an diesem Tag Yannick an Stelle seiner Mutter. „Sie können sich das gar nicht vorstellen", sagte Yannicks Oma unter vier Augen, „meine Tochter ist mit dem Jungen völlig überfordert. Wenn ich zu Besuch komme, dann gucke ich erst einmal den Kleiderschrank durch und wasche seine Unterwäsche. Ob Sie es glauben oder nicht, der hat keinen einzigen heilen Socken im Schrank und nur ein einziges Paar Schuhe. Aber ich habe ja nur eine kleine Rente." Nach dem Gespräch hatte Helga Aulich eine ziemlich klare Vorstellung davon, warum Yannick seine Schuhe und Strümpfe nicht ausziehen wollte und stattdessen lieber diesen riesigen Streit mit seinem Sportlehrer in Kauf nahm.

Sie suchte vor der Konferenz das Gespräch mit Nico Stein. Eigentlich wollte sie ihm von der Not des Kindes berichten und mit ihm gemeinsam nach einer Lösung suchen. Sie war überzeugt, dass es Wege gäbe, die es Yannick leichter machen würden, am Sportunterricht teilzunehmen. Nico Stein war aber nicht für so ein „Gutmenschentum", wie er es nannte, zu gewinnen. „Erziehung ist Sache der Eltern, ebenso wie die Versorgung mit Kleidung und Essen. Wenn seine Mutter das nicht hinbekommt, dann muss die Schulleitung ihr eben das Jugendamt auf den Hals hetzen", so Nico Stein. Das war der Moment, an dem Helga Aulich erstmals einem Kollegen deutlich ihre Meinung sagte.

Die vorbehaltlose Anerkennung von Macht und Autorität ist spätestens seit dem deutschen Faschismus und der von Hannah Arendt berichteten „Banalität des Bösen" generell zweifelhaft[157]. Trotzdem sind Schulen keine

---

[157] Hannah Arendt (2020): „Eichmann in Jerusalem. Ein Bericht von der Banalität des Bösen." München: Pieper. Sich sowohl auf die Nürnberger Prozesse als auch auf den Eichmann-

herrschaftsfreien Räume, in denen sich das Zusammensein zwischen gleichberechtigten Partnern entwickelt. Unterordnung entsteht durch die Akzeptanz einer übergeordneten Autorität. Das gelingt in der Regel nur dann widerspruchsfrei, wenn diese Autorität gesamtgesellschaftlich als üblich und normal empfunden wird. Gewöhnlich ist diese Form von Autorität verbunden mit einem vermeintlich unhinterfragbaren Wissensvorsprung. Eltern wie Lehrkräfte wissen mehr als die Kinder, sie haben umfangreichere Lebenserfahrung, Berufspraxis, unter Umständen mehr Bücher gelesen und Weiteres mehr. Das begründete in früheren Jahren ihren Anspruch darauf, als Autorität angenommen zu werden. Dieser Informationsvorsprung besteht heutzutage jedoch nur noch eingeschränkt. In einer Welt mit fast unendlich vielen Informationen, die den Kindern gut und unter Umständen sogar leichter zugänglich sind, gibt es keinen grundsätzlich vorauszusetzenden Vorsprung der Erwachsenen mehr. Schnelle Veränderungen in der Berufswelt führen dazu, dass die Beratung durch Eltern, und leider nicht selten auch durch Lehrkräfte, bei der Berufswahl zwar immer noch bedeutend ist, aber in einer Reihe von Fällen nicht angemessen sachkundig erfolgt. Außerdem fehlt vielfach in einer immer pluraler werdenden Gesellschaft eine allgemein akzeptierte Verständigung darüber, was als üblich und normal bewertet wird. Die Menschen in den Schulgemeinschaften müssen sich daher mit der Frage beschäftigen, in welcher Beziehung sie zueinander stehen und stehen wollen. Es geht um die Klärung dessen, was sie aneinander bindet und was sie voneinander trennt. Erst darauf aufbauend können die weiteren Fragen nach Nähe und Distanz, Macht und Unterordnung, Anerkennung von Autorität gestellt werden.

Die Bremerhavener Nordsee-Zeitung zitierte in einem Artikel vom März 2024 eine Lehrkraft, die aus vermeintlicher Angst vor ihrem Dienstherrn anonym bleiben wollte[158], unter anderem mit folgender Bemerkung: „Was mich persönlich besonders ärgert, sind die fehlenden Umgangsformen und die

---

Prozess beziehend schreibt Hannah Arendt in ihrer Vorrede: „(...) Was wir in diesen Prozessen fordern, ist, daß Menschen auch dann noch Recht von Unrecht zu unterscheiden fähig sind, wenn sie wirklich auf nichts anderes mehr zurückgreifen können als auf das eigene Urteil, das zudem unter solchen Umständen in schreiendem Gegensatz zu dem steht, was sie für die einhellige Meinung ihrer gesamten Umgebung halten müssen. (...)", S. 64.

[158] An dieser Stelle sei noch einmal auf den Absatz 3 des Artikels 26 der Bremer Landesverfassung verwiesen. Wenig vorbildlich lässt diese Lehrkraft es am Mut mangeln, die (eigene) Wahrheit „(...) zu bekennen und das als richtig und notwendig Erkannte zu tun".

schwindende Disziplin."[159] Schon am Anfang war diese Lehrkraft darauf zu sprechen gekommen, dass es früher mal ein funktionierendes Schulsystem gegeben habe. Offen blieb jedoch, wann dieses „Früher" war und worin die bessere Gestaltung von Macht- und Beziehungskonstellationen zu dem gedachten Zeitpunkt bestand. Haim Omer und Arist von Schlippe weisen darauf hin, dass „die Autorität früherer Zeiten (…) auf dem Status der Autoritätsperson (basierte)"[160]. An anderer Stelle beschreiben die Beiden die Wirkung dessen, was auch Nico Stein im oben geschilderten Fall widerfährt. Die Beschädigung der eigenen Autorität im Sportunterricht macht für ihn die Ordnungsmaßnahmenkonferenz ja gradezu zwingend. „Der Machtkampf", so Omer und von Schlippe, „verursacht daher einen doppelten Schaden: Zum einen führt er zum Eskalieren der Situation, zum anderen zu einer weiteren Erschütterung der Autorität."[161] Eine Verletzung der qua Amt gegebenen Autorität wird gleichzeitig als eine weitreichende Verletzung der eigenen Person wahrgenommen. Seit mehr als zwei Jahrzehnten werben die beiden für eine neue Form von Autorität, die die von ihnen beobachtete Polarisierung zwischen autoritärer Unterwerfung und Partnerschaftlichkeit überwinden soll. Es ist unzweifelhaft, dass konzeptionelle Entscheidungen zum Thema Autorität, Macht und Unterordnung getroffen werden müssen. Grundlegende Verabredungen über den Umgang mit Störungen innerhalb der Schulgemeinschaft können jedoch nur auf Basis der Werte entstehen, die das Handeln der Schule bestimmen.

Das Verhalten von Yannicks Mutter entspricht nicht dem Verhalten einer Frau, deren Handlungen von Selbstwirksamkeitserwartungen geprägt sind, es handelt sich nicht um ein optimistisches und der Zukunft zugewandtes Verhalten. Es wirkt nicht so, dass die Mutter das Zuhause für ihren Sohn zu einem Ort des Wohlfühlens gestalten kann. Sie erweist sich als Person, die nicht für heile und saubere Wäsche sorgen kann. In ihrer Außenvertretung sucht sie die Unterstützung der eigenen Mutter. Was kann ein Kind in Yannicks Lebenssituation tun? Dieser Schüler weiß, dass er den gestellten Erwartungen an ordentliche Kleidung und Ähnliches nicht gerecht werden kann. Selbstverständlich weiß dieses Kind auch, dass seine Mutter nicht tut,

---

[159] Denise von der Ahé: „Das System Schule kollabiert. Bremerhavener Lehrer redet Klartext: Es gibt keinen Leistungsanspruch mehr – Gute Umgangsformen Fehlanzeige". In: Nordsee-Zeitung vom 01.03.2024

[160] Haim Omer / Arist von Schlippe (2016): „Stärke statt Macht. Neue Autorität in Familie, Schule und Gemeinde." Göttingen: Vandenhoeck und Ruprecht Verlage, S. 31.

[161] Ebenda, S. 42.

was viele andere Mütter tun. Welche Möglichkeiten gäbe es für Yannick, einer verletzenden Beschämung zu entkommen? Hätte Nico Stein anders handeln können?

Nachdem einzelne Forschungsgruppen damit begonnen haben, das unentdeckte Land der Inklusion zu durchstreifen, machen sie ganz unterschiedliche Erfahrungen. Plötzlich gelangen sie in eine Gegend, wo der Fluss, dem sie bisher folgten, in eine uferlose Sumpflandschaft übergeht. Es nützt nichts, diejenigen wüst zu beschimpfen, die für die Karte verantwortlich waren, die einen auf diesen Weg geführt hat. Es kommt darauf an, Lösungen zu finden. Vielleicht muss man zurückgehen und einen ganz anderen Weg suchen. Wenn die Gruppe sich zuversichtlich auf den Weg ins unentdeckte Land der Inklusion aufmacht und darauf eingestellt ist, dass Entdeckungsprozesse und der Aufbau eines Wegenetzes Zeit brauchen, dann entsteht der innere Freiraum, weitere Teile des unentdeckten Landes kennenzulernen und deren ökologische Zusammenhänge zu verstehen. Außerdem ist dies eine gute Voraussetzung, um die notwendige Resilienz zu entwickeln, die man für einen optimistischen Umgang mit Fehlschlägen braucht.

Ein alternatives Vorgehen wäre der Lehrkraft vermutlich gelungen, wenn sie die Sicht auf den Unterricht um einen intensiveren Blick auf die Lebenslagen der Schülerinnen und Schüler erweitert hätte. Dazu hätte sie mehr über die Lebensumstände der ihr anvertrauten Kinder wissen müssen. Zur Auseinandersetzung mit solchen Aspekten der Lernvoraussetzungen gehört aber als Allererstes, dass eine Lehrkraft sich für zuständig erklärt. Das stellt Nico Stein deutlich in Frage. Natürlich ist Yannicks Mutter für die Ausstattung ihres Kindes mit den Dingen verantwortlich, die dieses in der Schule braucht. Aber muss der Schüler die Last der Beschämung tragen, die aus der Unfähigkeit seiner Mutter resultiert, das Leben für sich und ihren Sohn angemessen zu gestalten? Es reicht nicht aus, andere Wege finden zu wollen, Yannick für sein unangemessenes Verhalten zu disziplinieren. Hier handelt es sich um einen Jungen, der sich gegen Lebensumstände wehrt, die er allein nicht aktiv positiver gestalten kann. Spätestens dann, wenn er deswegen nicht am (Sport-)Unterricht teilnehmen kann, geht es auch die Schule etwas an. Aber an der Stelle, wo der Junge Schutz und Unterstützung braucht, sanktioniert ihn die Lehrkraft und der Bildungsprozess scheitert. Schülerinnen und Schüler brauchen Erwachsene, die achtsam sind, die die Signale bemerken, wenn sie ausgesendet werden. Um dem Gegenüber ein ganzheitliches Du zu sein, braucht es keine therapeutische Ausbildung.

Was also wäre aus Yannick geworden, wenn die Schule von einer solchen Art von Achtsamkeit geprägt gewesen wäre? Was wäre daraus gefolgt, wenn der Sportlehrer frühzeitig mit der Klassenlehrerin über das fehlende Sportzeug gesprochen hätte? Wodurch entständen Möglichkeiten der besseren Zusammenarbeit mit der Mutter? Wie hätte Yannick reagiert, wenn seine Klassenlehrerin ihm in einem vertraulichen Gespräch angeboten hätte, gemeinsam für angemessenes Sportzeug zu sorgen?

Im Sommer 2013 machte die letzte Gesamtschulklasse von Nico Stein ihren Schulabschluss. Lange vor den Sommerferien bat er die Schulleitung, ihn im neuen Schuljahr nicht mehr als Klassenlehrer einzusetzen. Er wolle sich erst einmal besser in der Oberschule orientieren. Aber schon in den ersten Tagen des neuen Schuljahres holte er sich einen Termin bei Bianca Mittendorf und erklärte ihr, dass er zum nächstmöglichen Zeitpunkt, am liebsten sofort, die Schule wechseln wolle. „Ich habe in den Sommerferien wirklich mit mir gerungen. Ich bin ja schon lange an dieser Schule", erklärte er. „Aber diese Form, wie hier Inklusion stattfindet, das ist nichts für mich", begründete er seinen Wunsch. Bianca Mittendorf erlebte dieses Gespräch als sehr offen und in gegenseitiger Wertschätzung. So hatten sie beide schon lange nicht mehr miteinander gesprochen. Dabei streiften sie die verschiedensten Erlebnisse, die sie gemeinsam im Rahmen der Schulentwicklung der letzten Jahre gehabt hatten, unter anderem auch die Ordnungsmaßnahmenkonferenz von Yannick. An vielen Stellen wurde deutlich, wie unterschiedlich die Wertvorstellungen und die Sichtweisen auf die sich verändernde Arbeit von Lehrkräften war. Eine Trennung im Guten, das hatten sie am Ende verabredet.

Die Forderung nach einer Schule, in der man ohne Angst verschieden sein darf, ist keine Forderung nach der Freiheit, beliebige Werte vertreten zu können und zu dürfen. Wenn sich ein gemeinsames Wertegerüst nicht herstellen lässt, ist eine Trennung unerlässlich. Eine „Schule für alle" ist eben keine Schule für alle denkbaren Sichtweisen und Meinungen, im Gegenteil. Es geht bei der Frage der Ausgestaltung der menschlichen Verhältnisse ganz zentral um Fragen des gegenseitigen In-Beziehung-Stehens. Es geht um die Schlussfolgerungen, die aus dem wechselseitigen Kontakt, in dem die Mitglieder der Schulgemeinschaft stehen, gezogen werden.

Des Öfteren wird die Idee vertreten, dass Klassenlehrkräfte viel in ihrer eigenen Klasse, auch fachfremd, unterrichten sollten, weil es nur so gelänge, eine vertrauensvolle Bindung zwischen Schülerinnen und Schülern einerseits, und der Klassenlehrkraft andererseits, zu erzeugen. Solche Positionen stellen die Quantität des Zusammenseins als entscheidenden Faktor in den Mittelpunkt. Es lässt sich jedoch in der Regel zeigen, dass es nicht um die Menge der gemeinsam verbrauchten Zeit, sondern um die Qualität der Beziehung geht.

Ist die Lehrkraft ehrlich, kann man ihr vertrauen, oder verspricht sie Dinge, die sie nicht einhalten kann? Viele Kinder und Jugendliche sind aus gutem Grund misstrauisch gegenüber Erwachsenen. Fühlen sich die Schülerinnen und Schüler durch ihre Lehrkraft wahrgenommen? Sieht die Lehrkraft emotionale Veränderungen ihrer Schülerinnen und Schüler und nimmt sie diese als Gesprächsanlass? Ist die Lehrkraft bereit, sich Kritik anzuhören, und kann sie das, ohne gleich in Rechtfertigung oder Abwehr auszuweichen? Hört die Lehrkraft zu und ist sie bereit, den Kindern und Jugendlichen bei der Suche nach Lösungen für zum Teil existenzielle Probleme zu helfen? Es ist eben nicht so, dass die Lösungsideen von Lehrkräften qua Amt die besseren sind. Es geht nicht um gutgemeinte Fürsorge. Vielmehr besteht der Auftrag darin, Betroffenen beim Verlassen des Objektstatus zu helfen, statt sie durch das Für-sie-Sorgen weiter darin zu fixieren. Es geht darum, die Entdeckung eigener Handlungsoptionen zu fördern und das Vertrauen in das eigene Selbst zu stärken. Bezogen auf Yannick geht es eben nicht darum, ihm einen Turnbeutel zu geben, sondern mit ihm zu überlegen, wie er an einen gefüllten Turnbeutel gelangen kann. Dazu muss man auch danach fragen, ob eine Lehrkraft sich mentale Zustände vorstellen kann, die aktuell innerhalb des Denkens der jeweiligen Kinder und Jugendlichen möglicherweise bedeutend sind?

Wie gehen Lehrkräfte damit um, wenn Eltern einen großen Teil des Kindergeldes für Alkohol und Zigaretten statt für die Kosten des Mensa-Essens aufwenden? Wer trägt die Verantwortung und wer die Last? Wann müssen Lehrkräfte sich deutlich abgrenzen und wann müssen sie nahe sein? Durch die immer stärkere Heterogenität gesellschaftlicher Lebensverhältnisse wächst die Bedeutung der kulturellen Aspekte dieser Thematik. Elterngespräche sind Orte, wo kulturelle Differenzen schnell offenkundig werden können. Die richtige Gestaltung der Beziehungen herauszufinden ist umso anspruchsvoller, je heterogener eine Gruppe ist. Aber unabhängig davon gilt die grundlegende Forderung an alle Lehrkräfte, allen ihren Schülerinnen und Schülern, aber auch deren Müttern und Vätern zu zeigen: „Ich sehe dich, du bist mir wichtig."

Auf solcher Grundlage entsteht langfristig Vertrauen und Bindung. Sie entsteht als Willensentscheidung einer Schulgemeinschaft, die damit die Basis schafft, über das Zusammensein in der Schule neu zu beratschlagen. Es geht um ein kriteriengeleitetes Nachdenken über die Gestaltung von Abläufen und Prozessen, die der wertschätzenden Beziehungsgestaltung dienlich sind. Es braucht die Entdeckung der dafür erforderlichen Maßnahmen. Dadurch macht sich eine Schule auf den Weg, in ihrem Rahmen sichere Bindungen zu ermöglichen. „Eine feinfühlige Betreuung, die von Bindungstheoretikern als Eckpfeiler einer sicheren Bindung betrachtet wird (...), kann sich entfalten, wenn die Betreuungsperson das Kind als intentionales Wesen wahrnimmt."[162] So äußern sich Peter Fonagy und andere zu einer auf Säuglinge und Kleinkinder bezogenen sicheren Bindung. Es gibt keinen Grund dafür anzunehmen, dass für eine Schule, die nach Bindungssicherheit strebt, anderes gelten sollte. Eine solche Schule böte allen ihr anvertrauten Kindern und Jugendlichen eine für die psychische Gesundheit guttuende Lernumgebung. Was für Kinder und Jugendliche mit psychischen Auffälligkeiten erforderlich ist, nützt gleichzeitig allen Mitgliedern der Schulgemeinschaft.

Das Finden des richtigen Verhältnisses von Nähe und Distanz ist nicht einseitig, es beschäftigt alle Mitglieder einer Schulgemeinschaft. Schülerinnen und Schüler sind jeden Tag damit befasst, ihre Lehrkräfte einzuschätzen. Das „aufeinander Einschwingen" kann ganz unterschiedliche Gründe haben, ist aber für einen gelingenden Schulalltag unverzichtbar. Gelingt es heute, den Lehrer in ein Gespräch zu verwickeln, um dem eigentlichen Unterricht aus dem Weg zu gehen? Ist heute ein Tag, wo man mit kleinen Scherzen dazu beitragen kann, gemeinsam mit der Lehrerin eine humorvolle Unterrichtssituation zu erzeugen? Muss man vorsichtig sein, weil die Lehrkraft eine kurze Zündschnur hat? Entsteht heute eine gute Atmosphäre, in der es mir leichtfällt, mit der Lehrkraft meine Fragen bezüglich der problematischen Aufgabe zu klären?

---

[162] Peter Fonagy, György Gergely, Elliot L. Jurist, Mary Target (2004): „Affektregulierung, Mentalisierung und die Entwicklung des Selbst". Stuttgart: Klett-Cotta, S. 63.

Amari war mit ihren beiden Freundinnen Adrienne und Jaden von der Klassensprecherinnen- und -sprecherversammlung bestimmt worden, um in der Lenkungsgruppe der Schule über das Seminar zu berichten. Drei Tage hatten die Klassensprecherinnen und Klassensprecher mit einer Prozessbegleiterin für Kinder- und Jugendbeteiligung in einer Tagungsstätte gearbeitet. An einem Abend war sogar die Schulleiterin gekommen. Die Kinder und Jugendlichen hatten sie auf den „Heißen Stuhl" gesetzt und ihr alle Fragen gestellt, die sie als Vertretungen ihrer Klassen schon immer mal geklärt haben wollten. Wie kann man das Angebot am Kiosk verbessern? Was kann man tun, um die Pausen attraktiver zu gestalten? Aber sie hatten auch gefragt, wie die Schulleitung mit Lehrkräften umgeht, die unhöflich zu Schülerinnen und Schülern sind, die sich nicht gut vorbereiten, bei denen der Unterricht keinen Spaß macht.

Am Ende des Seminars hatten die Schülerinnen und Schüler eine „Anti-Lehrer-Hass"-Gruppe gegründet. „Manche Schüler hassen Lehrkräfte", hatten sie festgestellt, „dagegen wollen wir was tun!" Die Verbesserung der Kommunikation zwischen Lehrkräften auf der einen sowie Schülerinnen und Schüler auf der anderen Seite hatten sie sich zum Ziel gesetzt. Die Schulleiterin sorgte dafür, dass die drei Mädchen Gelegenheit bekamen, ihre Arbeitsergebnisse in der Lenkungsgruppe vorzustellen. Das Schulleitungsteam organisierte dies in der Hoffnung, dass zumindest einige Anliegen der Schülerinnen und Schüler zum Schuljahr 2010/11 umgesetzt werden könnten. Adrienne, Jaden und Amari hatten schon einzelne Vorschläge und Wünsche vorgestellt und kamen zum nächsten Punkt.

„Wir möchten gerne", begann Amari, „dass es in jedem Klassenraum einen großen Smiley mit einer grünen und einer roten Seite gibt. Wir würden die auch basteln. Wenn eine Lehrerin oder ein Lehrer in den Raum kommt, dann soll sie den Smilie je nach ihrer Stimmung einstellen. Sie dreht ihn auf die grüne Seite, wenn sie gute Laune hat, und auf die rote Seite, wenn die Laune schlecht ist. Für uns als Schülerinnen und Schüler ist es wichtig, dass wir uns auf die Launen der Lehrkräfte einstellen können", beendete Amari ihre Berichterstattung. „Warum", fragte die Schulleiterin nach, „ist die Laune der Lehrkräfte für euch so wichtig?" Jaden übernahm es, zu antworten. „Manchmal kommen die Lehrkräfte in die Klasse und tun so, als wäre alles in Ordnung. Dann macht einer von uns einen Scherz und schon explodieren sie. Wenn wir vorher wissen würden, dass jemand schlecht drauf ist, dann könnten wir versuchen, etwas vorsichtiger zu sein, um Streit zu vermeiden."

„Ich mach da nicht mit", meldete sich spontan Hannelore Geitler zu Wort, Klassenlehrerin der 10a. Sie vertrat ihr Team in der Lenkungsgruppe. „Ich bin seit vielen Jahren Lehrerin und werde dafür bezahlt. Ich muss guten Unterricht machen, egal ob ich gute oder schlechte Laune habe. Unterricht darf nicht von der Stimmung abhängen und deswegen muss man auch den Kindern und Jugendlichen nicht erzählen, wie die eigene Laune ist." „Wissen Sie", antwortete Amari wie aus der Pistole geschossen, „Sie haben ja Recht. Eigentlich müssten alle Lehrerinnen und Lehrer immer guten Unterricht machen, ganz egal welche Laune sie haben. Aber glauben sie mir, wir Schülerinnen und Schüler haben festgestellt, dass Lehrkräfte auch nur Menschen sind."

Schule und Unterricht erfordern auf der Seite der Lernenden ebenso wie auf der Seite der Lehrenden eine aufeinander bezogene Arbeitsbereitschaft. Selbstverständlich darf der Erfolg dieses Arbeitszusammenhangs nicht grundsätzlich von aktuellen persönlichen emotionalen Umständen abhängen, erst recht nicht von Befindlichkeiten derjenigen, die mit der Gestaltung dieser Arbeitsbeziehung staatlich beauftragt sind und dafür bezahlt werden. Trotzdem kann nicht geleugnet werden, dass Emotionen Teil der Beziehungen zwischen Lehrenden und Lernenden sind. Nähe und Distanz stellen einen pulsierenden Widerspruch dar, der in pausenlos sich verändernden Variationen im Alltag von allen Mitgliedern der Schulgemeinschaft stetig neu arrangiert werden muss. Die jeweiligen Lösungen gestalten das schulische Zusammenwirken. Es sind aber eben die Lehrkräfte, von denen man dabei Professionalität erwarten muss. Der richtige Umgang erfordert von ihnen immer wieder auch Entscheidungen darüber, wie dicht sie die ihnen anvertrauten Kinder und Jugendlichen an ihre persönliche Lebenswelt heranlassen wollen. Lehrkräfte müssen dessen ungeachtet eben gleichfalls auch die Distanz gestalten.

Wie jeden Montagnachmittag saß das Schulleitungsteams zusammen, um die bevorstehende Woche zu planen und ein paar grundsätzliche Dinge zu besprechen. Es standen wichtige Angelegenheiten auf der Tagesordnung, denn das Schuljahr 2014/15 ging mit schnellen Schritten dem Ende entgegen. Trotzdem startete die Sitzung ganz anders als erwartet. „Ich habe ein Problem mit Miri, über das wir dringend sprechen müssen", berichtete der

ZuP-Leiter, Jannes Mayer. Miriam Böhm war nach ihrem Referendariat an der Schule geblieben und inzwischen Klassenlehrerin einer Abschlussklasse. Die Erlebnisse in ihrem Referendariat trugen dazu bei, dass sie sich um ein sehr herzliches und nahes Verhältnis zu ihren Schülerinnen und Schülern bemühte. Schon ein paar Mal war sie bei Bianca Mittendorf gewesen, um sich Rat bezüglich einzelner Schülerinnen und Schüler zu holen. Sie begann solche Gespräche oft mit dem Hinweis, dass sie eigentlich gar nichts sagen dürfe. Sie habe der jeweiligen Schülerin oder dem jeweiligen Schüler absolute Verschwiegenheit versprochen. „Ich bin da ja so etwas wie eine Priesterin", erklärte sie in einem der Gespräche. Für Bianca Mittendorf waren es immer wieder herausfordernde Situationen, den Unterschied zwischen einem Schüler-Lehrerinnen-Gespräch und einer Beichte in der katholischen Kirche herauszuarbeiten. Miriam Böhm hatte sich zum Ziel gesetzt, ihren Schülerinnen und Schülern eine Freundin zu sein – ein Ziel, von dem sie bisher kein Argument abbringen konnte.

Jannes Mayer erzählte den beiden anderen, dass er beobachtet hatte, wie Miriam Böhm einzelne Schüler auf dem Flur herzlich in den Arm genommen und wie persönliche Freunde gedrückt habe. „Nicht nur einmal", sagte er. „Ich bin von einem Kollegen darauf aufmerksam gemacht worden. Seitdem habe ich ein bisschen genauer darauf geachtet und habe das inzwischen öfter gesehen." „Wenn sie ein Kerl wäre, dann hätten wir schon längst eine Elternbeschwerde und die Schulaufsicht wegen sexuell grenzverletzendem Verhalten im Haus", meinte Maren Bulut ganz trocken. „Ich habe vor einiger Zeit ein längeres Gespräch mit ihr geführt", berichtete nun Bianca Mittendorf. „Sie erzählte mir, dass viele Schülerinnen und Schüler emotionale Defizite hätten. Irgendjemand muss ihnen doch zeigen, dass sie geliebt werden, sagte sie mir damals. Es wäre ihre Pflicht als Pädagogin, ihnen die notwendige Nähe zu bieten. Meinen Hinweis, dass sie nicht die Freundin, sondern die Lehrerin sei, hat sie nur zur Kenntnis genommen. Ich war in dem Gespräch anscheinend leider nicht erfolgreich."

Manche Lehrkräfte streben eine große Vertraulichkeit mit den ihnen anvertrauten Schülerinnen und Schülern an. Sie kommen ins Lehrerzimmer und zeigen stolz die Blumen, die ihnen zum Geburtstag geschenkt wurden mit der Karte: „Sie sind die beste Lehrerkraft ever!". Von den Kindern und Jugendlichen scheinbar geliebt zu werden, zeichnet für sie eine gelungene Beziehung zwischen Lernenden und Lehrenden aus. Dabei vergessen sie, dass diese schulische Beziehung eine beruflich veranlasste und bezahlte Beziehung ist. „Geliebt wirst du einzig, wo schwach du dich zeigen darfst, ohne Stärke zu provozieren."[163] So beschreibt Adorno das Geliebtwerden. Ist die Schule ein Ort, wo Schülerinnen und Schüler in dieser Art durch ihre Lehrkräfte geliebt werden können? Schule ist eine Zwangsinstitution, in der Kinder und Jugendliche erscheinen müssen. Erwachsene verdienen dort Geld für eine Leistung, auf die alle Schülerinnen und Schüler gleichermaßen Anspruch haben. Nähe und Distanz gestaltet sich zwischen einem Liebespaar anders als in der Familie, in einer Freundschaft anders als in einem Arbeitsverhältnis. Unabhängig davon, wie sich Nähe und Distanz in den anderen Konstellationen zeigt, in Arbeitsverhältnissen besteht immer ein Abhängigkeitsverhältnis und dadurch eine durch Macht und Unterordnung geprägte Hierarchie. Während aber jemand ein Arbeitsverhältnis kündigen kann, sind Kinder und Jugendliche zum Schulbesuch qua Gesetz gezwungen. In diesem Verhältnis gibt es keine gleiche Augenhöhe. Umso sensibler und reflektierter muss eine Lehrkraft mit diesen Widersprüchen umgehen. Eine sichere Bindung im schulischen Kontext ist etwas anderes als die Schaffung einer vermeintlich familienähnlichen oder gar freundschaftlichen Nähe.

In der Umgebung reformorientierter Schulen taucht immer häufiger das Wort „Lernbegleiterinnen und -begleiter" als zukunftsorientierter Begriff für die Arbeit von Lehrkräften auf – ein Wort, dass durch seine Abkehr von der Lehre gegenüber den Lernenden eine vermeintliche Nähe schafft. Das trägt zum weiteren Verschwimmen von Grenzen bei. Ich kann jemanden beim Spaziergang begleiten. Man schreitet gemeinsam durch die gleiche Landschaft und kann sich über die gleichzeitig auf die Wanderer einwirkenden Eindrücke austauschen. Aber wie soll das beim Lernen gelingen? Lernen ist ein intraindividueller Prozess, der nach ganz eigenen inneren Gesetzmäßigkeiten abläuft. Was Lernen eigentlich ist und wie es funktioniert, ist von außen kaum oder gar nicht zu erkennen. In Wahrheit begleiten Lehrkräfte nicht den Lernprozess. Diese euphemistische Darstellung lenkt den Blick von der Aufgabe der Lehrkräfte ab, nämlich zielgerichtetes und systematisiertes Lernen zu initiieren, zu fördern und – ginge es – gar zu erzwingen. Lehren ist die zweite Seite derselben Medaille, aber eine absolut andere Tätigkeit als lernen.

---

[163] Theodor W. Adorno (2016): „Minima Moralia". A.a.O., S. 255

Kinder und Jugendliche sollen ein wertschätzendes Verhältnis im Klassenraum spüren und erleben, dass Achtsamkeit den Umgang prägt. Dies geschieht auf zwei unterschiedlichen Ebenen. Die eine Ebene, auf der sich Nähe und Distanz entwickeln, ist die Ebene der Schülerinnen und Schüler untereinander. Hier herrscht grundsätzlich erst einmal gleiche Augenhöhe zwischen den Akteuren. Die andere Ebene betrifft das Verhältnis zwischen Lehrkräften und Schülerinnen und Schülern, was grundsätzlich ein Machtverhältnis ist. Dabei unterscheiden sich die Formen der Machtausübung. Vermutlich hat jeder in seiner Schulzeit schon einmal die Lehrkraft erlebt, die die Frage nach dem Warum mit dem Satz beantwortete: „Weil ich das sage!" Bei dieser Form der Machtausübung geht die Lehrkraft mit einer von der Institution geborgten Autorität auf die Schülerinnen und Schüler zu. Man sollte annehmen dürfen, dass die Frage nach dem Warum von fachkundigen Lehrkräften authentisch und aus einem tiefgehenden Fundus an eigenem Wissen beantwortet werden kann. Gepaart mit Verlässlichkeit entsteht dann eine andere Form von Autorität. Diese beruht auf deren freiwilliger Anerkennung und der Achtung der Kompetenzen der Lehrkraft. Also nicht aus ängstlicher Unterwerfung unter ein formales hierarchisches Regelsystem.

Oft ist zu hören, dass inklusiver Unterricht insbesondere mit Kindern und Jugendlichen problematisch ist, die durch ihr Verhalten sich und/oder andere beeinträchtigen. Die beiden Aktivisten der italienischen Psychiatriereform der 1960er und 1970er Jahre, Franco Basaglia und Franca Basaglia-Ongaro, schreiben in ihrem Aufsatz „Befriedungsverbrechen": „(…) Die Definitionskompetenz über das Reguläre und das Irreguläre, das Normale und das Deviante ist Gewaltkompetenz: Sie beschreibt nicht nur eigenhändig ihr Gegenstandsfeld, sondern stellt es jeweils auch selber her. (…)"[164] Diese Gewaltkompetenz gibt es nicht nur in der Psychiatrie, es gibt sie ebenso in der Schule, insbesondere dort, wo Abweichungen von einer wie auch immer zustande gekommenen Norm beobachtet werden.

Schuppner, Schlichting, Goldbach u.a. sprechen bezogen auf Menschen mit geistiger Behinderung von einer „Pädagogik der Verbesonderung". Sie erklären dies damit, dass „(…) sich diese Pädagogik über das Mandat für eine als ‚besonders' stigmatisierte Personengruppe legitimiert (…)" Damit trüge

---

[164] Franco Basaglia und Franca Basaglia-Ongaro (1980): „Befriedungsverbrechen". In: Basaglia/Foucault/Castel/Wulff/Chomsky/Laing/Goffman u.a.: „Befriedungsverbrechen. Über die Dienstbarkeit der Intellektuellen". Herausgegeben von Franco Basaglia und Franca Basaglia-Ongaro, Frankfurt am Main: Europäische Verlagsanstalt, S. 25.

eine sogenannte Geistigbehindertenpädagogik „(…) zwangsläufig durch ihre Existenz auch zur Produktion und Reproduktion einer sogenannten Geistigen Behinderung bei." Eine solche Pädagogik müsste sich damit auseinandersetzen, selbst „(…) eine Exklusionsmacht zu verkörpern (…)". Als Schlussfolgerung aus diesem Dilemma fordern sie: „Im Selbstverständnis einer verbesondernden Pädagogik als Teildisziplin der Allgemeinen Pädagogik muss daher – quasi in einer Art Mindestanforderung – zwingend eine gesellschafts- und selbstkritische Orientierung implizit sein."[165]

Diese Aussagen scheinen mir auf gleiche Weise auf andere Formen „verbesondernder Pädagogik" zuzutreffen. In den Schulen sind es zuallererst die Lehrkräfte, die Verhaltensweisen als abweichend definieren. Nicht ohne Grund gibt es extreme Unterschiede zwischen der Anzahl der Schülerinnen und Schüler, die Lehrkräfte als sozial-emotional förderbedürftig einstufen und den tatsächlich diagnostizierten Fällen. Der hohe Anteil an Kindern und Jugendlichen mit vermeintlich auffälligem Verhalten ist eben nicht gleichzusetzen mit einer statuierten sozial-emotionalen Förderbedürftigkeit. Problematisch ist auch, dass die festgestellten Abweichungen oftmals nicht im Zusammenhang mit den wechselwirkenden Handlungen der Schule betrachtet werden.

Eine traditionelle Schule löst solche Probleme häufig mit großen Kraftanstrengungen, um solche Kinder aus der Schulgemeinschaft zu entfernen. Das kann einerseits durch ein erfolgreiches Überweisungsverfahren geschehen, das zu einer zukünftigen Beschulung an einem Förderzentrum führt. Es kann andererseits auch nach Abarbeiten der Ordnungsmaßnahmenverordnung durch Strafversetzung an einen anderen Schulstandort stattfinden. Wie kann eine inklusive Schule anders mit den Herausforderungen umgehen, die sich aus problematisch erscheinenden Verhaltensbeobachtungen ergeben? Dafür ist zuallererst eine selbstkritische, differenzierte und konstruktive Auseinandersetzung mit den inneren Zuständen von mir, Lehrkraft, und dem sich mir gegenüber befindlichen Kind oder Jugendlichen unverzichtbar. Damit ist nicht eine vorschnelle Zuschreibung von Eigenschaften oder Handlungsgründen gemeint. Auch geht es nur zum Teil darum, Mitgefühl zu entwickeln. Vielmehr geht es um die Nutzung von Konzepten und Kompetenzen, die

---

[165] Saskia Schuppener u.a. (2021): „Pädagogik bei zugeschriebener geistiger Behinderung". A.a.O, S. 16.

schon seit längerer Zeit außerhalb der sogenannten Regelschulen Bedeutung gewonnen haben.

In der Pädagogik mit Kindern und Jugendlichen, deren Verhalten in der Schule als schwierig bezeichnet wird, hat in den letzten Jahren der Begriff des Mentalisierens Gewicht erlangt. „Mentalisierung ist eine ganz und gar zwischenmenschliche Angelegenheit", schreiben Eia Asen und Peter Fonagy. „Wir müssen im Blick behalten, dass das Mentalisieren im Raum zwischen Menschen geschieht. Wir entwickeln Vorstellungen davon, was die Gründe für das Handeln anderer (oder für unser eigenes) sind oder wer wir aus der Sicht der anderen sind."[166] Aus der mentalisierungsinspirierten Therapie in Multifamiliengruppen haben sich im Laufe der Jahrzehnte verschiedene Anwendungsfelder entwickelt, unter anderem die sogenannten „Familienklassen" [167]. Ulrike Behme-Matthiessen und Thomas Pletsch, Pioniere der Familienklassen, weisen in diesem Zusammenhang deutlich darauf hin, dass eine Familienklasse („Familie in der Schule", FiSch) in der Regelschule oder einem Förderzentrum kein Therapieangebot ist. Sie unterscheiden deutlich zwischen Multifamilientherapie (MFT), wie sie im Sinne eines Behandlungsmodus im klinischen Kontext erfolgt, der Multifamilienarbeit (MFA), wie sie in der Jugendhilfe als Maßnahme zur Hilfe zur Erziehung ihren Platz findet, und dem Multifamiliencoaching (MFC), als präventive schulische Maßnahme[168]. Über die in der Multifamilienarbeit liegende Kraft berichteten Eia Asen und Michael Scholz, Gründungsväter dieser Arbeit in Deutschland, schon vor vielen Jahren: „Wer in einer Konfliktsituation steckt, hat für das eigene Problem meist eine eingeengte Sichtweise, aber viel Verständnis, Einfühlungsvermögen und Lösungskompetenz für ähnliche Probleme bei anderen." Sie erläutern, dass in der Multifamilienarbeit dafür gesorgt wird, dass Betroffene Expertenfunktionen für die Probleme der jeweils anderen Teilnehmenden übernehmen. „So entsteht ein soziales Netzwerk, das isolierten Familien Halt, Zuversicht und Lösungsideen für ihre Probleme

---

[166] Eia Asen, Peter Fonagy (2023): „Mentalisieren in der systemischen Praxis. Eine Einführung in die mentalisierungsinspirierte systemische Therapie. Vertrauen gewinnen und Blockaden lösen." Heidelberg: Carl-Auer Verlag, S. 27.

[167] Siehe ebenda: Kapitel 9 „Mentalisierungsinspirierte systemische Therapie in Mehrfamiliengruppen und in Schule (S. 234 ff.).

[168] Ulrike Behme-Matthiessen und Thomas Pletsch (2020): „Multifamiliencoaching und Multifamilienarbeit". In: Ulrike Behme-Matthiessen, Thomas Pletsch (Hrsg.): „Lehrbuch der Familientherapie. Grundlagen, Methoden und Anwendungsfelder". Berlin: Springer, S. 140 ff.

gibt."[169] Vermutlich hätte die Implementierung einer solchen Familienklasse auch Yannicks Mutter geholfen, ihr Leben und ihre Verantwortung für ihr Kind besser zu verstehen sowie die notwendigen Aufgaben zu erledigen.

Seit August 2012 war Torsten Wänzel als Sonderschullehrer an der Schule. Zu seinen Aufgaben gehörte auch das sich Kümmern um Schülerinnen und Schüler, die im alltäglichen Unterricht als schwierig empfunden wurden. In seinem ersten Jahr an der neuen Schule richtete das Kollegium Helferkonferenzen ein. Inzwischen tagten die Jahrgangsteams in regelmäßigen Abständen nach einem selbstentwickelten Konzept zu einzelnen Schülerinnen und Schülern, um Möglichkeiten für deren Unterstützung zu finden. Oft stellten sie jedoch fest, dass die betroffenen Kinder oder Jugendlichen Teil eines schwierigen Familiensystems waren. Wie kommunizierende Röhren wirkten die Familienangehörigen aufeinander ein und interagierten mit der Schule.

„In einer inklusiven Schule sind wir für alle Kinder und Jugendlichen da, nicht nur für einige. Wir dürfen auch dann nicht auf Distanz gehen und Kinder wegschicken, wenn der Weg schwierig wird." Obwohl Torsten Wänzel für diese Position in der ganzen Schule bekannt war, erlebte auch er immer wieder Tage, an denen ihm die Ideen ausgingen. Trost fand er an dann bei seinem ZuP-Leiter, Jannes Mayer, der meinte: „Nur weil man gerade keine gute Idee zur Hand hat, heißt es ja nicht, dass es sie nicht gibt. Es heißt nur, dass wir sie noch nicht entdeckt haben."

Eher zufällig wurde Torsten Wänzel von Freunden im Februar 2015 überredet, an einer überregionalen Tagung zum Umgang mit familiären Problemen in der Schule teilzunehmen. Dort hörte er erstmals von Familienklassen – etwas, davon war er danach überzeugt, dass an seiner Schule dringend eingeführt werden müsste. Gleich nach seiner Rückkehr sprach er mit Jannes Mayer, der ihn daraufhin an einem Montagnachmittag zur Sitzung des Schulleitungsteams einlud.

„Wisst ihr", begann Torsten Wänzel begeistert zu berichten, „die grundlegende Idee einer Familienklasse ist, dass die Reduzierung von Verhaltensproblemen, massiven Unterrichtsstörungen oder Schulverweigerung nicht ohne Einbeziehung des Elternhauses erfolgreich verlaufen kann." „Das

---

[169] http://www.systemagazin.de/buecher/vorabdrucke/asen_scholz_multifamilientherapie.php (Letzte Abfrage: 25.02.2024)

glaube ich auch", meinte Bianca Mittendorf. „Das ist ja eines unserer Probleme, uns gelingt die Zusammenarbeit meist nicht wirklich gut. Was soll da eine Familienklasse ändern?" „Maximal acht Kinder werden für eine begrenzte Zeit aufgenommen", erklärte er. „Gleichzeitig sind sie weiterhin Teil ihrer Klasse. Die Schule distanziert sich nicht von ihnen, grenzt sich nicht ab." Sowohl den Eltern als auch den Schülerinnen und Schülern solle gezeigt werden, so führte er aus, dass man nahe bei ihnen sein wolle und sich gemeinsam für eine Lösung verantwortlich fühle. Außerdem erhoffe man sich von der Familienklasse die Aktivierung und Ermutigung von Eltern wie Schülerinnen und Schülern zur Verantwortungsübernahme für eigene Veränderungen.

„Eine Familienklasse wird gemeinsam von einer in Multifamilientherapie ausgebildeten Kraft und einer Lehrkraft geleitet. Einmal in der Woche kommen die Kinder mit einem Elternteil zum Lernen in dieser Gruppe zusammen, deswegen eben Multi-Familienarbeit. An diesem Tag entfällt für die Teilnehmenden der reguläre Unterricht in der eigenen Klasse." Als Nächstes beschrieb Torsten Wänzel die Bedeutung von Verhaltenszielen für die Arbeit. „Maximal drei konkrete und überprüfbare Ziele werden vom Kind oder Jugendlichen mit den Klassenlehrkräften, den Eltern, der therapeutischen Kraft und der Familienklassen-Lehrkraft schriftlich vereinbart." Alle Schülerinnen und Schüler bekämen dann einen Bogen mit diesen Zielen. Alle Lehrkräfte bewerten im Lauf der Woche regelmäßig nach ihren Stunden die Einhaltung der Ziele nach einem festgelegten System auf der Dokumentation. „Das ist unbedingt erforderlich", so Torsten Wänzel, „denn nur durch die Messung wird ja Veränderung erfahrbar."

„Und was machen die ganzen Leute in einer Familienklasse?", fragte Maren Bulut. „Die Bewertungsbögen werden am Vortag eingesammelt und in Form eines Säulendiagramms ausgewertet. Der Tag in der Familienklasse beginnt mit einem Sitzkreis. Alle Schülerinnen und Schüler erhalten ihren Bogen zurück und berichten, wie gut es ihnen in der vorangegangenen Woche gelang, ihre Ziele zu erreichen. Die ausgewerteten Bögen verschaffen ihnen bei ihrer Reflexion zusätzlich einen visuellen Eindruck von ihrer Entwicklung. Danach berichten die Eltern ihre Wahrnehmungen der vergangenen Woche." Torsten Wänzel berichtete immer mehr Details. Er erzählte, wie die Klassenlehrkräfte für Unterrichtsmaterial sorgen müssten und wie damit in der Familienklasse Unterricht stattfinde. „Bei Bedarf unterstützen Eltern die Kinder. Das müssen aber gar nicht die eigenen sein. Da entstehen viele *verschiedene Interaktionen. Manchmal hilft es ja einem Kind, wenn es sieht, wie gut die eigene Mutter einem anderen Kind in Englisch helfen kann. Oder die Eltern sitzen beobachtend in einiger Entfernung. Manchmal gibt es auch eine Elternrunde mit der therapeutischen Kraft." Am Ende des Tages steht wieder eine Auswertung und Reflexion an. Jedes Kind wird von einem anderen Elternteil zum Verlauf des Tages interviewt und dazu, welche Unterstützung als hilfreich erlebt wurde. Darüber berichten die Eltern anschließend der gesamten Gruppe. Am Ende erfolgt wieder eine Bewertung der Ziele, erst durch die Schülerinnen und Schüler selbst, dann durch den eigenen Elternteil, das abschließende Urteil liegt bei der Lehrkraft[170].*

Bianca Mittendorf hatte nach diesem Gespräch zwar nicht das Gefühl, schon alles verstanden zu haben und alle Wechselwirkungen zu überblicken. Aber sie verspürte das deutliche Gefühl, dass einer ihrer Kollegen einen neuen Baustein für die weitere schulische Entwicklung gefunden hatte. „Ich bin begeistert", beendete sie das Gespräch, „was für Auswirkungen doch die Teilnahme an einer Tagung haben kann." „Könntest du dir vorstellen, eine Art Gründungskonzept zu formulieren? Und noch viel wichtiger, kennst du jemanden, der eine Ausbildung in Multifamilienarbeit hat und uns unterstützen könnte?" Niemand verwunderte es, dass Maren Bulut gleich zupacken wollte und fortsetzte: „Sobald ich von dir etwas schriftliches habe, werde ich mal telefonieren und schauen, ob ich nicht irgendwo jemanden finde, der uns bei der Realisierung hilft."

Asen und Fonagy erklären, dass die Arbeit in Familienklassen es ermöglicht, „die Dynamik in der Schulklasse (zwischen den Schülern und zwischen ihnen und den Lehrerinnen) und die Familiendynamik (zwischen Mitgliedern einer Familie und den Mitgliedern verschiedener Familien) zu beobachten und zu thematisieren"[171] und so letztlich Verbindungen und Verknüpfungen der verschiedenen Perspektiven herzustellen. Das Konzept des Mentalisierens und der Multifamilienarbeit zielt darauf ab, sich rational und geübt mit den eigenen mentalen Zuständen, den begründet zu vermutenden mentalen Zuständen des Gegenübers und der Wechselwirkung dieser mentalen

---

[170] In der schulischen Praxis haben vermutlich alle Familienklassen gewisse Besonderheiten im lokalen Kontext. Eine grundsätzliche Beschreibung der Arbeit von Familienklassen findet sich bei Ulrike Behme-Matthiessen und Thomas Pletsch: „Multifamiliencoaching und Multifamilienarbeit", a.a.O.

[171] Eia Asen, Peter Fonagy, a.a.O., S. 251

Zustände auseinandersetzen zu wollen und zu können. „(…) Mentalisieren läuft größtenteils vorbewusst ab," schreiben Asen und Fonagy, „kann aber auch eine bewusst reflektierende Aktivität sein. (…)"[172] Mentalisieren ist damit zwar generell eine Fähigkeit, die allen Menschen innewohnt, sie kann darüber hinaus jedoch bewusst verfeinert und geübt werden. Da Mentalisieren eine zwischenmenschliche Angelegenheit ist, braucht es für die bewusste Entfaltung einen sozialen Kontext. Niemand kann diese Aktivität alleine für sich vertiefend erlernen. Eine Schule, die diese Fähigkeit in den Fundus schulischen Denkens und Handels auf dem Weg zu einer bindungssicheren Schule aufnehmen möchte, muss den Dialog und Austausch darüber unter den Lehrkräften ermöglichen.

Damit ist absolut nicht gemeint, dass Lehrkräfte ihren Klassenraum zum Therapiebereich umgestalten sollen oder gar müssen. Wenn wir über die Gründe von Handlungen nachdenken, die wir bei Kindern und Jugendlichen wahrnehmen, dann konstruieren wir Erklärungen. „Vor diesem Hintergrund lässt sich Mentalisieren als ein kognitiv-emotionaler Prozess beschreiben, der zum Erleben und Regulieren von Affekten dient und dabei hilft, eigenes Erleben und Verhalten von dem anderer zu unterscheiden."[173] Das dies besser gelingt, wenn man selbst emotional weniger erregt ist, als in einem Kontext, der hochangespannt ist, erscheint mir dabei unmittelbar einleuchtend. Auch deshalb ist ein gemeinsamer Kontext für Mentalisierungsprozesse hilfreich. Es muss nicht alles umfassend wahr sein, was wir über Schülerinnen und Schüler denken. Aber wir müssen in Gemeinschaften über die Gründe der Handlungen nachdenken, denn nur durch gemeinsame Versuche der sensiblen Annäherung können wir Lösungsmöglichkeiten entdecken. Ich sehe was, was du nicht siehst, ist ein beliebtes Kinderspiel. Manchmal fallen uns einzelne Dinge nicht auf, obwohl sie die richtige Farbe haben und wir sie sehen könnten. Irgendwie erblicken wir sie nicht. Wie ist es in inklusiven Schulen? Eine Vielzahl an Räumen mit einer Unmenge an Gegenständen und vielen Personen, die alle irgendwie aktiv sind. Kann eine pädagogisch tätige Person in der konkreten Situation wirklich alles sehen? Eine inklusive Schule braucht die Zusammenarbeit der beteiligten Erwachsenen, die sich dafür das erforderliche Handwerkszeug aneignen wollen.

---

[172] Eia Asen, Peter Fonagy, a.a.O., S. 19

[173] Ulrike Behme-Matthiessen und Thomas Pletsch: „Arbeitsmethoden und Interventionstechniken der Multifamilientherapie". In: Ulrike Behme-Matthiessen und Thomas Pletsch (Hrsg.), a.a.O., S. 60.

4.3 Kleine Schritte, große Wirkung

Viele bildungspolitisch Verantwortliche glauben, dass sie mit dem Aufbau sogenannter „Leuchtturmschulen" einen Dominoeffekt initiieren können. Der Aufbau vermeintlich vorbildlicher Schulen führt nach dieser Vorstellung mehr oder minder unaufhaltsam zur guten Umsetzung des Inklusionsauftrags an allen weiteren Schulen. Die Ausgestaltung dieser Leuchttürme ist in der Regel mit einem nicht geringen Umfang an externer Beratung verbunden. In solchen Settings kann es vorkommen, dass die vorhandenen Lehrkräfte nicht mehr die handelnden Subjekte sind, sondern zu Objekten vorgedachter Innovationen werden. Manchmal ist das für die beteiligten Lehrkräfte nicht einmal unangenehm. Veränderungen müssen nicht immer erfolgreich sein, man kann sich irren, Fehler machen, falsche Richtungen einschlagen. Indem Lehrkräfte innerhalb solcher Beratungsprozesse den Objektstatus nicht verlassen, also im Stadium selbstverschuldeter Unmündigkeit verbleiben, scheinen sie dadurch gleichzeitig frei von eigener Verantwortung für potenziell negative Entwicklungen zu sein.

Was braucht es, damit tiefgreifende innerschulische Veränderungen gelingen, die der traditionellen deutschen Vorstellung von Schule als Ausleseinstanz diametral entgegengesetzt sind? Wie dargestellt, erfordert es ein gemeinsames Wertegerüst, ein Leitbild der verantwortlich handelnden Erwachsenen, insbesondere der Lehrkräfte. Es braucht die Bereitschaft, achtsam mit den anvertrauten Kindern und Jugendlichen umzugehen. Aber gleichzeitig müssen diese Willensentscheidungen und die Bereitschaft zur Achtsamkeit in pädagogische Praxis übersetzt werden.

Jörg W. Link hat in historischen und neueren Materialien nach den Gelingensbedingungen von Schulreform geforscht. In seinen Studien ist er auf „wiederkehrende Handlungsmuster" gestoßen, die er als „Fünf-plus-zwei-K-Struktur" bezeichnet: Eine Krise (K 1) als Auslöser von Entwicklungsprozessen, die einhergeht mit wertschätzender Kommunikation (K 2) und von verantwortungsdifferenzierter Kooperation (K 3) geprägt ist. Zu den Gelingensbedingungen zählt er außerdem zwei weitere Elemente, die er auf der Metaebene ansiedelt, die reflektierend und außerhalb der schulischen Alltagsroutine die konzeptionellen Veränderungen in den Blick nehmen, Kapazitäten (K 4) und Kompetenzen (K 5) für „denkende Erfahrung". Mit der Bezugnahme auf diesen von John Dewey geprägten Begriff wird die Bedeutung der reflektierenden erfahrungsbasierten Lösungssuche noch einmal betont.

Neben diesen 5 Ks, so Link, lassen sich in seinen Quellen induktiv noch zwei weitere Ks entdecken: „(...) *Kinder, Jugendliche und Eltern als Akteure im Reformprozess* (K 6) sowie *Kollegiale Kreativität und kollegiale Visionäre bei der Gestaltung alternativer Lehr-Lern-Umgebungen* (K 7) (...).[174] Damit benennt Link wichtige Elemente gelingender Schulentwicklungsprozesse in den jeweiligen einzelnen Schulen.

Schulentwicklung systemisch zu betrachten, bedeutet aber, den Blick nicht nur den einzelnen innerschulischen Elementen zuzuwenden, sondern insbesondere ihre Interaktion genauer zu beobachten sowie deren Auswirkungen auf den Gesamtzusammenhang in der eigenen Schule zu erfassen. Schulentwicklung kann man verstehen als eine dauerhafte Veränderung der Art und Weise, wie sich die einzelne Schule in ihrer Umwelt positioniert, sich mit dieser auseinandersetzt und in diesem Kontext die eigenen Subsysteme dauerhaft an veränderte Erfordernisse anpasst. Das unentdeckte Land unterliegt somit in Anlehnung an die Überlegungen Bronfenbrenners[175] einer systemischen Ökologie, die zu den Dingen gehört, die es zu entdecken gilt. Erfolgreiche Schulentwicklung setzt die Betrachtung und Einbeziehung der wechselwirkenden Systeme und Subsysteme voraus. Die umfassende Beschreibung einer Ökologie der Schulentwicklung, welche sich mit diesen Wechselwirkungen aufeinander und innerhalb der verschiedenen Systemebenen beschäftigt, fehlt indes bisher.

Inklusion ist ein Prozess, kein Zustand. Es ist daher unmöglich, einen Plan zu entwickeln, der eine inklusive Schule fertig vordenkt. Die erforderlichen Entwicklungsschritte müssen systemisch entworfen werden. Ähnlich wie Urie Bronfenbrenner in seiner „Ökologie der menschlichen Entwicklung" verschiedene Systemebenen unterscheidet und in ihrer Wirkung aufeinander betrachtet, wäre auch für eine systemische Betrachtung von Institutionen das ökologische Zusammenwirken der verschiedenen sich gegenseitig beeinflussenden Ebenen zu untersuchen. Eine Schule entwickelt sich eben nicht unter kontrollierten Laborbedingungen. Sie entwickelt sich in den konkreten Aushandlungsprozessen der vorhandenen Schulgemeinschaft und insbesondere der dort aktiven Lehrkräfte. Diese Aushandlungsprozesse

---

[174] Jörg-W. Link (2023): „Gelingensbedingungen von Schulreform. Bildungshistorische Befunde als Schlüssel zum pädagogischen Verständnis von Schulentwicklungsprozessen und als Erweiterung des Theorienverbundes zur Schulreform." Bad Heilbrunn: Verlag Julius Klinkhardt, S. 29 f.

[175] Urie Bronfenbrenner (1993): „Die Ökologie der menschlichen Entwicklung ...", a.a.O.

realisieren sich in Anpassung oder Widerstand und so in Wechselwirkung mit den auf die Schule einwirkenden externen Einflüsse. Schulen und ihre Lehrkräfte befinden sich in bestimmten Stadtteilen konkreter Städte, arbeiten in privater oder öffentlicher Trägerschaft, werden sowohl von Presse als auch von Politik wahrgenommen und bewertet. Alle Schulen handeln in staatlichem Auftrag, unterliegen staatlicher Aufsicht und den Besonderheiten, die aus der Kulturhoheit der Länder entstehen. Und letztlich gibt es allen deutschen Schulen gemeinsam formale und inhaltliche Ähnlichkeiten, denen bestimmte Weltanschauungen und soziale Normen zugrunde liegen.

Es spricht viel dafür, über eine schulspezifische Sicht hinauszugehen und sich auf einer allgemeineren Ebene an den Überlegungen zur Diffusion von Innovationen zu orientieren. Unter dieser Überschrift beschreibt Everett M. Rogers, wie sich Innovationen aus der Gruppe derjenigen heraus, die neue Ideen in ein System hineintragen, im Gesamtsystem ausbreiten – oder auch nicht[176]. Obwohl Schulen in ihrer Grundtendenz hartnäckig an bestehenden Traditionen festhalten, sind sie gleichwohl auch dynamische Systeme. Immer wieder erleben Schulen Veränderungen und Einflussnahmen, sei es durch politische Prozesse, durch gesellschaftliche Entwicklungen, Veränderungen im Personalbereich oder anderes. Da in dynamischen Systemen die vielen einzelnen Elemente wechselseitig aufeinander einwirken, reichen oft kleine Veränderungen an einzelnen Komponenten, um erhebliche Auswirkungen auf das Gesamtsystem zu entfalten.

Inklusive Konzepte müssen sich an der Verschiedenheit der Schülerschaft ausrichten. Das erfordert die Bereitstellung vielfältig unterschiedlicher Zugänge für die Kinder und Jugendlichen zur Auseinandersetzung mit dem Lerngegenstand. Inklusive Schulentwicklungskonzepte richten sich daher notwendigerweise an Überlegungen zur Individualisierung des Unterrichts aus. Ein solcher Unterricht erfordert in erheblich höherer Weise als bisher die Bereitschaft der Schülerinnen und Schüler, sich eigenverantwortlich für ihren eigenen Lernprozess zu engagieren. Sie müssen willens und in der Lage sein, Teile der traditionellen Fremdbestimmung im Unterricht abzuwerfen.

---

[176] Everett M. Rogers (2003): „Diffusion of Innovations". A.a.O.

Alle Schülerinnen und Schüler, die keine zweite Fremdsprache lernen, müssen einen benoteten Wahlpflichtkurs wählen. Adem Ekinci war vom Schulleitungsteam überredet worden, den Wahlpflichtkurs „Kindertagesstätte" zu übernehmen. Er bereitete mit einer Gruppe Jugendlicher einmal im Monat eine Lerneinheit für die Vorschulkinder der benachbarten Kindertagesstätte vor. Mit seinen Jugendlichen überlegte er, wie man die mathematisch-naturwissenschaftliche Grundbildung der Vorschulkinder stärken könnte.

In den letzten Wochen hatten sie sich mit SOMA-Würfeln beschäftigt. Die Jugendlichen hatten diese Würfel und ihre Formen kennengelernt und sich verschiedene Übungen ausgedacht, die sie mit den Kindern durchführen wollten. Mehrfach waren die Kinder mit ihren beiden Erzieherinnen gekommen und sie hatten sich in unterschiedlicher Form mit den Würfeln beschäftigt. Ganz am Ende dieses Projekts hatten sie mit den Kindern aus einzelnen Holzwürfeln SOMA-Elemente zusammengeklebt und diese angemalt. Zum Schuljahr 2019/20 sollten die Kinder eingeschult werden. Also wollten die Jugendlichen ihnen vorher die fertigen Würfel in die Kita bringen. Bisher lagen diese noch zum Trocknen auf der Fensterbank.

Adem Ekinci hatte festgestellt, dass die Bemalung nicht so schön gelungen war, wie er sich das vorgestellt hatte. Dabei hat die Farbgebung für die SOMA-Würfel eine wichtige Bedeutung. Also plante er einen Tag ein, an dem er mit seinen Jugendlichen die Würfel noch einmal hübsch und gleichmäßig anmalen wollte. Während seine Jugendlichen die Würfel bearbeiteten, bemerkte er, dass, anders als sonst, die Jugendlichen sich völlig lustlos dieser Aufgabe zuwendeten. Irgendwann brach er die Arbeit ab und forderte seine Schülerinnen und Schüler auf, sich in einen Stuhlkreis zu setzen.

„Was ist heute los mit euch?", fragte er. „Sonst seid ihr mit Feuereifer dabei und jetzt hängt ihr hier lustlos rum und erledigt die Aufgabe völlig lieblos. Wir wollen die Würfel doch demnächst in die Kita bringen." Die Schülerinnen und Schüler guckten sich gegenseitig an, aber niemand mochte den Anfang machen. Endlich übernahm Kathrin das Wort. „Ehrlich, Herr Ekinci, das macht keinen Spaß. Die Kinder haben doch die Würfel schon angemalt." „Aber guckt euch die doch einmal an. Die sind ungleichmäßig, blass und scheckig bemalt", entgegnete Adem Ekinci. „Das stimmt", meinte nun Jonas, „aber es sind die Würfel der Kinder und die fanden die gut, so wie sie sind." „Wissen Sie, Herr Ekinci, das ist doch eigentlich unfair und gemein", brachte sich jetzt Mara ein. „Wir sagen den Kindern, dass sie ihre eigenen SOMA-Würfel anmalen sollen. Dann finden wir ihre Arbeit nicht gut und geben ihnen etwas,

das gar nicht mehr ihre Arbeit ist. Dann haben wir die Kinder ja angelogen. Das finde ich nicht gut und das macht mir keinen Spaß."

Plötzlich erinnerte sich Adem Ekinci, wie er in der Weihnachtszeit mit seiner Frau durch die Stadt gelaufen war. Seine Frau, die als Erzieherin arbeitete, hatte ihn auf die Fenster einzelner Kitas aufmerksam gemacht. „Guck mal", hatte sie gesagt, „hier haben wieder die Erzieherinnen und Erzieher schön gebastelt." Was seiner Frau gleich ins Auge gesprungen, ihm aber nicht auf- gefallen war: Die Weihnachtsbilder in den Fenstern waren wunderschön exakt ausgeschnitten und bemalt. Es sah zauberhaft aus, nur nicht nach klei- nen Kindern. Jetzt war er auch zu jemandem geworden, der die Arbeit von Kindern viel besser konnte. „Ich danke euch sehr für diese Rückmeldung", wandte er sich nun an seine Schülerinnen und Schüler. „Ihr habt völlig Recht. Ich habe hier etwas angefangen, was ich eigentlich selbst für falsch halte. Ich hätte es aber ohne euch nicht gemerkt." Nach diesem Gespräch been- deten sie die Verbesserung der von den Kindern bemalten Würfel, räumten auf und wendeten sich einer anderen Aufgabe zu.

In diesem Beispiel steht nicht die Frage der Individualisierung im Vorder- grund. Sie muss selbständig mitgedacht werden. Sie zeigt stattdessen, wel- che weitreichenden Auswirkungen Prozesse der Selbstbestimmung auf die unterrichtliche Gestaltung und das Selbstkonzept von Schülerinnen und Schülern entfalten können. Das können sie allerdings nur, wenn Lehrkräfte dies auch zulassen. Eine Schule, die für die Dauer der Unterrichtsstunden mehr Eigenverantwortung verlangt als traditionelle Schulen, wird unglaub- würdig, wenn diese Eigenverantwortung außerhalb des traditionellen Unter- richts plötzlich aufhört. Das wäre kein konsistentes Entwicklungskonzept. Daher können unterrichtliche Individualisierungskonzepte nicht ohne gleich- zeitige begleitende Veränderungen der schulischen Beteiligungskultur ent- stehen. Kulturelle Veränderungen entstehen nicht im Anschluss an eine Reihe vorher entwickelter und klug durchdachter Abfolgen. Es geht vielmehr um eine notwendige Gleichzeitigkeit unterschiedlicher Aktivitäten.

Alle diese pädagogischen Veränderungen finden in einem physischen Raum statt. Folglich sind Überlegungen zur Nutzung der vorhandenen Flächen in- tegraler Bestandteil des Veränderungsprogramms, sprechen doch eine Viel- zahl von Veröffentlichungen über den Raum als dritten Erzieher. Dabei geht es jedoch nicht nur um Fragen der planvollen Entwicklung einer gebäudetechnischen Außenhaut für ein verändertes pädagogisches Innenleben. Die meisten Schulen sind schon gebaut. Es geht insbesondere um die Gestaltung und das Design des schon vorhandenen Innenraums, der Klassen- und weiteren Lernräume. Insbesondere bei dieser Thematik gilt es, eine Reihe von Differenzen in der Diskussion zwischen den Fachleuten für Gebäude, Architektur und Design einerseits und Lehrkräften andererseits zu überwinden. Zu den Planungsgesprächen kommen die beteiligten Lehrkräfte in der Regel aus ihrem alltäglichen und oft traditionell ausgerichteten Unterricht. Wie sollen sie spüren und wissen, was sie zukünftig brauchen werden, wenn sich ihre Arbeit verändert? Wie viel Antizipation ist ihnen zu diesem Zeitpunkt in den Planungsprozessen möglich? Andererseits muss auch gefragt werden, welche Ideen von Schule auf Seiten der Architekten und Designer in den Prozess einfließen. Viele dieser Bauplanungen beruhen notwendigerweise auf den mehr oder weniger offen ausgesprochenen inneren Bildern darüber, was eine inklusive Schule ist oder sein könnte. Gerade in der Anfangsphase solch langfristiger dynamischer Entwicklungsprozesse sind mithin reversible Elemente in der Planung erforderlich.

Die nachfolgenden Darstellungen verstehen den systematischen inklusiven Schulentwicklungsprozess als Ergebnis gezielter Impulse in ein dynamisches System. Diese Impulse können sowohl aus dem Inneren der jeweiligen Schule erfolgen, aber auch von außen hereingetragen werden. Entlang von Beispielen aus den Bereichen Pädagogik, Beteiligungskultur und Architektur soll dieses Verständnis augenscheinlich gemacht werden.

4.3.1 Individualisierendes Lernen

Seit 2009 sollen alle bremischen Schulen „inklusive Unterrichtung und Erziehung" ausgewogen mit „Maßnahmen der individuellen Förderung und Herausforderung sowie des sozialen Lernens (…) verknüpfen."[177] Ein auf das jeweilige lernende Individuum ausgerichteter Unterricht ergibt sich somit nicht nur als logische Konsequenz aus den Überlegungen zur inklusiven Entwicklung einer Schule, sondern ist zugleich gesetzlicher Auftrag. Die den Lehrkräften mit diesem Auftrag gestellte Aufgabe ist jedoch physisch von keiner Einzelperson allein zu schaffen. Bezogen auf das Land Bremen lässt sich das mit der nachfolgenden einfachen Beispielrechnung darlegen: Eine inklusive Klasse umfasst in der Regel 22 Schülerinnen und Schüler, die

---

[177] § 9 (2), Satz 2, Bremer Schulgesetz.

einen Anspruch auf einen Unterricht haben, der ihre persönliche Lernausgangslage berücksichtigt. Die Unterrichtsverpflichtung einer Lehrkraft an der
Sekundarstufe I beträgt 27 Unterrichtsstunden in der Woche. Das bedeutet,
dass jede Vollzeitlehrkraft (Sekundarstufe I) bei ihrer Unterrichtsplanung pro
Woche 27 * 22 Schülerinnen und Schüler zu berücksichtigen hat, also 594
unterschiedliche Lehr-/Lernaspekte. Rechnete man jeweils nur eine Minute
Nachdenken pro Kind und Unterrichtsstunde, sprechen wir von zehn Zeit-
stunden wöchentlich für die Wahrnehmung eines einzelnen Aspekts des Ge-
samtarbeitsauftrags der Lehrkräfte.

Ein Referendariat, in dem die Lehrprobenstunde immer noch als Gesellen-
stück einer individuellen Lehrkräfteausbildung verstanden wird, wird den erforderlichen Veränderungen nicht gerecht. Wenn die Arbeit in einer inklusiven Schule und der dortige Unterricht nicht mehr als persönliche
Einzelaufgabe zu bewältigen ist, muss die Ausbildung mindestens zwei zentrale Rahmenbedingungen in alle Ausbildungsinhalte und -abschnitte verbindlich hineinholen: Kommunikation und Teamarbeit. Kommunikation gehört zu den Kernelementen der Arbeit von Lehrkräften. Sie sind permanent
im Gespräch, mit Schülerinnen und Schülern, Eltern, Kolleginnen und Kollegen, Vertretungen verschiedener Institutionen, der Schulleitung ... Dieser
zentralen Bedeutung werden die Ausbildungsangebote selten gerecht. Außerdem entsteht allein aus dem Erfordernis, mit anderen zusammenarbeiten
zu müssen, nicht notwendigerweise erfolgreiche Teamarbeit. Nur auf einer
gut organisierten Grundlage kann der dringend erforderliche Schritt zur Realisierung arbeitsteiliger Lehrkräftetätigkeiten, orientiert am Bild der Manufakturarbeit, gegangen werden. Wie Untersuchungen zur „sozialen Faulheit"
zeigen, ist Teamarbeit nicht trivial[178]. Teamarbeit ist kein Wert an sich. Diese
gut zu gestalten erfordert die Betrachtung vielfältiger Aspekte, die erlernt
werden müssen: Handelt es sich um Aufgaben, die überhaupt für die Bear-
beitung in Gruppen geeignet sind? Erzwungene Teamarbeit frustriert, wenn
die Aufgaben dafür ungeeignet sind. Ist die Gruppengröße angemessen?
Gruppengrößen spielen eine Rolle, da die individuelle Anstrengungsbereitschaft mit der Gruppengröße sinkt. Kann ich mein Spezialwissen in die
Teamarbeit   einbringen?   Untersuchungen   zeigen,   dass   die

---

[178] Siehe Jeannine Ohlert (2009): „Teamleistung: Social Loafing in der Vorbereitung auf eine
Gruppenaufgabe". Hamburg: Verlag Dr. Kovac.

Anstrengungsbereitschaft steigt, wenn die Beteiligten den Eindruck haben, dass ihr Beitrag zum Gruppenergebnis bedeutend und einzigartig ist.

Viele Lehrkräfte sehen sich selbst als pädagogische Einzelkämpfer mit hohen Leistungserwartungen an ihren Unterricht in inklusiven Settings konfrontiert. Bei einer Vielzahl von ihnen löst die Antizipation solcher Ansprüche an den Unterricht Belastungsgefühle aus, lange bevor sich die Arbeitssituation dementsprechend verändert hat und eine tatsächliche Beanspruchung entsteht. Die Mitarbeit in Planungsgruppen oder in Fortbildungen zu den bevorstehenden Veränderungen leidet dann unter der Bürde dieser vorweggenommenen Gefühle von Überanstrengung. Der langsam entstehende inklusive Schulbetrieb ist für alle Beteiligten, insbesondere die Lehrkräfte, ein kontinuierlicher und anstrengender Lernprozess. Die unzureichende Berücksichtigung der Lernausgangslage der Lehrkräfte, bewirkt daher Dysfunktionalitäten. Lässt man sich auf den Versuch ein, die oben beschriebenen Gefühle nachzuvollziehen und zu verstehen, wird erkennbar, dass zumindest für einen Teil dieser Lehrkräfte der gemeinsame Misserfolg Element ihrer individuellen Überlebensstrategie ist. Maßnahmen zur Bewältigung einer antizipierten, aber tatsächlich so nicht leistbaren individuellen Beanspruchung, sind darum eine zentrale Gelingensbedingung für echte Schritte in Richtung einer Individualisierung des Unterrichts. Wesentlich dafür ist die Schaffung von Arbeitsstrukturen, die eine gelingende Kommunikation wahrscheinlich und intensive kollegiale Zusammenarbeit möglichst unvermeidbar machen.

Daniela Wrobel unterrichtete eine 6. Gesamtschulklasse als Klassenlehrerin. Oft besprach sie sich mit Moritz Bardenhagen, dessen Klasse zwar ein Jahrgang höher war, der aber in ihrem Team Deutschunterricht gab. Sie mochten sich und vertrauten einander auch die Dinge an, die nicht so gut liefen. In einer der Pausen zu Beginn des Schuljahres 2007/08 berichtete sie, dass ihre erste Deutscharbeit in diesem Schuljahr furchtbar ausgefallen sei. „Weißt du, Moritz", erzählte sie, „ich habe wirklich alles gegeben. Ich habe den Unterricht genauso gut oder schlecht gemacht wie früher, trotzdem hat fast keiner die Klassenarbeit geschafft. Ich bin dann mit ihnen die Arbeit Schritt für Schritt noch einmal durchgegangen, habe zu den größten Problemen zusätzliche Übungen durchgeführt und sie die Arbeit neu schreiben lassen. Trotzdem hat wieder mehr als ein Drittel eine Fünf oder Sechs geschrieben." Daniela Wrobel war verzweifelt. Was sollte sie tun? Und noch wichtiger: Wenn die Schülerinnen und Schüler schon am Anfang der 6.

Klasse nicht mehr mitkamen, was sollte dann aus ihrem Unterricht in den nächsten Jahren werden?

Nachmittags, nach einer Arbeitsgruppensitzung, saßen die beiden noch bei einer Tasse Kaffee mit ihrer didaktischen Leiterin Maren Bulut zusammen. Da schlecht ausgefallene Klassenarbeiten die Genehmigung der Schulleitung brauchen, damit die Zensuren gewertet werden können, kam auch in dieser Runde das Gespräch auf die Deutscharbeit. „Wisst ihr", brachte sich Maren Bulut in das Gespräch ein, „wir bekommen die Kinder aus der Grundschule und tun so, als hätten sie alles gelernt, was sie in der Grundschule lernen sollten. Natürlich wissen wir, dass das nicht stimmt. Aber jedes Jahr tun wir wieder aufs Neue so. Wir koppeln die Kinder schon vom Lernerfolg ab, bevor sie bei uns überhaupt angefangen haben." „Ja", meinte Moritz Bardenhagen, „eigentlich bräuchten wir einen Weg, der den Kindern ermöglicht, einzelne Dinge noch nachträglich zu lernen." „Ich sage dir", kam von Daniela Wrobel, „man braucht auch Methoden, mit denen einzelne Kinder vorlernen können. Meinem Sohn wurde in der Grundschule schon wieder gesagt, er müsse jetzt warten, bis die anderen auch so weit seien. Er könne ja so lange Mangas ausmalen. Der hat schon fast keine Lust mehr, zur Schule zu gehen, so sehr langweilt er sich." Mit der typischen Erkenntnis „man müsste mal" gingen sie an diesem Tag auseinander.

Zwei Tage später rief Maren Bulut die beiden überraschend in ihr Büro. „Mir ging unser Gespräch nicht mehr aus dem Kopf", begann sie die Unterhaltung, „ich habe da eine Idee, über die ich gerne mal mit euch sprechen würde." Im Laufe des Gesprächs erklärte sie den beiden, was sie über Kompetenzraster gehört hatte, welche Materialien sie besorgen könne und ob sie es nicht einmal ausprobieren wollten.

Am Anfang einer Veränderung, einer Innovation, steht in der Regel die Erkenntnis eines Problems und einer daraus resultierenden Bürde, die einer Lösung bedarf. Es gehört zum Geschick von Schulleitungen, solche Situationen zu erkennen und zu nutzen. Ein Grundsatzreferat derselben Didaktischen Leiterin zu Kompetenzrastern im Frühsommer desselben Jahres, gehalten im Rahmen einer Gesamtkonferenz, hätte keinerlei aktivierenden Effekt gehabt. Ihre Kolleginnen und Kollegen hätten ihr zugehört und sich eine Meinung darüber gebildet.

Anders als im Schuljahr 2007/08 kennen heute viele Lehrkräfte, aber auch Schülerinnen und Schüler sowie deren Angehörige Kompetenzraster. Was 2007 noch fast wie pädagogische Raketenwissenschaft wirkte, entpuppt sich letztlich als Matrix, die die Inhalte eines Bildungsplans in kurzgefasster Weise systematisch und als durch die Kinder und Jugendlichen erreichte Befähigungen (Kompetenzen genannt) zusammenfasst. Mehr oder minder gelungen wird in ihnen dargestellt, was die Kinder und Jugendlichen können. Den Nachweis über deren Erwerb erbringen die Schülerinnen und Schüler in einem auf das jeweilige Kompetenzraster ausgerichteten Testverfahren. Häufig in Anlehnung an den Gemeinsamen europäischen Referenzrahmen für Sprachen (GER) gestaltet, enthält das Kompetenzraster aufeinander auf-bauende Lernschritte. Ähnlich einem Computerspiel kommen die Kinder und Jugendlichen mit jeder nachgewiesenen Kompetenz ein Level weiter. Damit die Lernenden auf ihrem jeweiligen Niveau individuell lernen können, braucht es zweierlei. Einerseits wird mit einem Eingangstest bestimmt, was der per-sönliche Ausgangspunkt für die Kompetenzrasterarbeit ist. Dies muss kein mit wissenschaftlicher Akribie ausgetüfteltes Diagnoseinstrument sein. Eine angemessene Annäherung an das tatsächliche Wissen ist ausreichend. Zum anderen sind „Check- und Trainingslisten" ein wichtiges Equipment des Kompetenzrasterunterrichts. Die Kinder und Jugendlichen sehen darauf, welche Aufgabe sie als Nächstes lösen müssen und mit welchen Arbeitsblät-tern und weiteren Materialien sie sich auf den nächsten Test vorbereiten können. Die Idee ist, dass alle Lernenden Aufgaben erhalten und bearbeiten, die in ihrer persönlichen „Zone der nächsten Entwicklung"[179] liegen.

Einige Tage später traf sich Maren Bulut mit Daniela Wrobel und Moritz Bar-denhagen. Die beiden hatten noch René Komanski mitgebracht. Sie waren die Deutschlehrkräfte im 6. Jahrgang. Die Idee von einer Arbeit mit Kompe-tenzrastern hatte sie elektrisiert. Gemeinsam überlegten sie, wie man wohl diese Arbeitsform ausprobieren könnte. Sie planten, das bisher unbekannte Verfahren nur eng begrenzt zu erproben. So verabredeten sie, nach den Herbstferien zwei von fünf Deutschstunden pro Woche in anderer Weise zu erteilen.

---

[179] Lew Wygotski (1987): „Das Problem der Altersstufen". In: Lew Wygotski: „Ausgewählte Schriften, Band 2". Köln: Pahl-Rugenstein Verlag, S. 80 ff.

Am Ende der Herbstferien trafen sie sich wieder. Leider sah es immer noch nicht nach einem Start aus. „Weißt du", sagte Moritz Bardenhagen zu Maren Bulut, „ich habe mir die Unterlagen angeguckt, die du mir gegeben hast. Ich weiß gar nicht, wie wir drei all die verschiedenen Materialien bereithalten sollen." „Manche Bücher haben wir gar nicht", ergänzte René Komanski. „Ich habe noch ein ganz anderes Problem entdeckt", meldete sich nun Daniela Wrobel zu Wort. Ich habe mir die Check- und Trainingslisten angeguckt und die Aufgaben in meinem Buch gesucht. Ich habe dreimal nachgeguckt. Ich habe das gleiche Schulbuch, aber die Seitenzahlen stimmen nicht. Dann ist mir aufgefallen, dass es sich bei den in den Unterlagen genannten Büchern um ältere Ausgaben oder Ausgaben aus anderen Bundesländern handelt."

Je länger sie miteinander sprachen, desto größer schienen die Hürden zu werden. Am Ende des Gesprächs meinte Maren Bulut, dass sie jetzt eine grundsätzliche Entscheidung bräuchten. „Wollen wir einen Versuch mit Kompetenzrastern wagen?", fragte sie in die Runde. Alle waren sich einig, dass sie den Versuch wagen wollten. Sie merkten aber auch, dass sie allein es nicht schaffen würden. „Dann brauchen wir Unterstützung", fasste Maren Bulut das Ergebnis zusammen. „Ich lade euch in zwei Wochen wieder ein. Bis dahin kann jeder von uns gucken, ob noch Unterstützung im Kollegium zu finden ist."

Das war die Geburtsstunde der „Phantasten-AG". Zwei Wochen später saß eine Gruppe von acht Lehrkräften bei Kuchen und Tee mit Kluntjes zusammen. Munter wurde diskutiert, worum es geht und welche Potenziale in der veränderten Arbeitsweise stecken könnten. Gemeinsam erstellten sie einen ersten Arbeitsplan. Von da an traf sich die Gruppe regelmäßig wöchentlich, um dabei zu helfen, dass drei Lehrkräfte zwei Stunden in der Woche im Fach Deutsch ihren Unterricht individualisiert gestalten konnten.

Jeder kennt Lehrkräfte, zum Teil großartige Innovatoren, die in ihrem persönlichen Unterricht „tolle Sachen" mit Schülerinnen und Schülern machen. Allerdings führt deren engagierte Arbeit in der Regel nicht zu einer Veränderung der Schule. Gleiches scheint für vereinzelte Schulversuche zu gelten. Seit 1987 treffen sich jährlich deutsche Integrationsforscherinnen und -

forscher[180]. In den 1980er Jahren gab es in verschiedenen Bundesländern erste Schulversuche zur gemeinsamen Beschulung von Kindern und Jugendlichen mit und ohne Behinderung, auch im Land Bremen. 1994 veröffentlichte das Bremerhavener Lehrerfortbildungsinstitut eine Dokumentation der Tagung: „Gemeinsame Betreuung und Beschulung von Kindern mit und ohne Behinderung. Gemeinsam lernen – gemeinsam lehren. Perspektiven der Kooperation in Bremerhaven."[181] Diese vielfältigen Aktivitäten an einzelnen Schulen haben zu einem großen Fundus an Erfahrungen und Kenntnissen geführt, die jedoch in den traditionellen Schulen kaum oder gar nicht angekommen sind.

Die Umsetzung von Schulversuchen zur gemeinsamen Beschulung in Form von Kooperation oder Integration mit erhöhtem Personalschlüssel und vielfältiger Begleitung ist etwas anderes als die Umsetzung schulischer Inklusion per Gesetzesbeschluss in der Fläche. Viele Lehrkräfte fühlten sich ohne ausreichende Grundlagen und unzureichend vorbereitet. Wie hätte das auch vorab gelingen können? Fortbildungen, die einen Vorrat an Wissen für zukünftige Entwicklungen erzeugen sollen, funktionieren in der Regel nicht. Die meisten Schulleitungen verfügen nur über geringe Erfahrungen mit der Steuerung von grundlegenden und radikalen Entwicklungsprozessen. Bis 2009 hatten nur wenige Lehrkräfte Bekanntschaft mit der Durchführung von individualisierendem Unterricht gemacht. Der flächendeckende Aufbau inklusiver Schulen wurde daher von einer umfassenden Fortbildungsoffensive begleitet. Die Idee war anscheinend, wenn man den Beteiligten die vermeintlich richtigen Instrumente an die Hand gibt, mit ihnen zu Schulen fährt, die schon Wegweisendes geleistet haben, dann erfolgt dadurch die Initiierung eines Reformprozesses in den jeweiligen Einzelschulen.

Was fehlte, war eine realistische Vorstellung davon, wie Innovationen ausgelöst werden und wie diese ihre Umgebung durchdringen, bis sie zum Mainstream werden. Es arbeiten eben nicht alle Lehrkräfte gleichermaßen zur gleichen Zeit an den notwendigen Veränderungen. Der Aufbau einer inklusiven Schule ist ein großes Wagnis, erfordert er doch die Bereitschaft zu einer grundlegenden und radikalen Neuentwicklung. Diese Herausforderung

---

[180] Georg Feuser (2003): „Gemeinsam sind wir alle ... stark!‘". In: Behindertenpädagogik und Integration (Hrsg. Georg Feuser), Band 1 a.a.O., S. 11. Im Jahr 2023 fand die 36. Tagung statt, jetzt als Jahrestagung der Inklusionsforscher:innen.

[181] Inge Buddelmann, Gunar Stempel (Hrsg.): Heft 60, „Reihe Unterrichtsmaterialien für die Schulpraxis (RUMS)" Tagungsdokumentation. Tagung vom 4./5. Februar 1994.

lockt nur Menschen an, die gerne bereit sind, Risiken einzugehen, und die gut mit Unsicherheit umgehen können. Sicherheitsbedürftige Menschen, und davon befinden sich im Schuldienst nicht wenige, erleben solche Anforderungen eher als bedrohlich und sind abgeschreckt. Rogers Diffusionstheorie behandelt die Ausbreitung einer Innovation von ihrer Entdeckung bis zur massenhaften Übernahme durch potenzielle Nutzer. Seine Ideen helfen zu verstehen, warum die Gründung der „Phantasten-AG" die Situation für die Durchsetzung einer bedeutenden Neuerung an der Schule grundlegend verändert.

Die Entwicklung einer unterrichtlichen Arbeit mit Kompetenzrastern ist für Einzelne eine unlösbare Aufgabe, weil der notwendigerweise zu betreibende persönliche Aufwand viel zu groß ist. In dem Augenblick aber, wo sich ein Entwicklungsvorhaben vom einzelnen Akteur löst, entsteht etwas Neues. Durch die sich um die Umsetzung der Idee „Einführung von zwei Kompetenzrasterstunden in drei Klassen" bildende und gemeinsam arbeitende Gruppe verwandelt sich das Vorhaben von einem Akt persönlicher Weiterentwicklung zu einem kollektiven Prozess.

Rogers ist unter anderem bekannt für seine Darstellung der unterschiedlichen Bereitschaft von Menschen, Innovationen zu entwickeln und zu übernehmen. Die Größenordnung von kühnen Innovatoren innerhalb einer Gruppierung gibt er mit nur 2,5 Prozent an[182]. Nimmt man an, dass an einer vierzügigen Schule der Sekundarstufe I etwa 60 Lehrkräfte arbeiten, wobei der persönliche Arbeitsumfang unerheblich ist, dann findet man dort rechnerisch ein bis zwei Innovatoren. Das Engagement für spezifische Schulentwicklungsprozesse ergibt sich bei ihnen vermutlich tatsächlich aus ihrer persönlichen Haltung, die gleichzeitig Quelle ihrer intrinsischen Motivation ist. Sie gehören jedoch oft in ihrem lokalen System nicht zu den hochangesehenen und respektierten Meinungsführern. Innovatoren werden daher kaum etwas bewegen, wenn es ihnen nicht gelingt, diejenigen zu mobilisieren, die Rogers „Early Adopters" nennt[183]. Er geht davon aus, dass in dieser Gruppierung, deren Größenordnung er mit 13,5 Prozent angibt, der höchste Grad an Meinungsführerschaft innerhalb des Systems zu finden ist, das durch die angestrebte Innovation durchdrungen werden soll. Early Adopters dienen als Vorbilder und werden von ihren Kolleginnen und Kollegen respektiert. Durch

---

[182] Everett M. Rogers (2003): „Diffusion of Innovations". A.a.O., S. 281.
[183] Ebenda, S. 283.

ihre Übernahme der neuen Ideen verringern sie die Unsicherheiten im zwischenmenschlichen Netzwerk und tragen so erheblich zur Durchsetzung des Neuen bei. Die Vorstellung, gleichzeitig eine ganze Schule oder auch schrittweise vollständige Jahrgangsteams oder Fachgruppen in einen Veränderungsprozess zu führen, erweist sich nur bedingt als zielführend. Es fehlt eine Berücksichtigung der unterschiedlichen Zeit, die Menschen brauchen, um Innovationen anzunehmen. Rogers unterscheidet daher nicht nur die beiden schon genannten Gruppen, sondern definiert weitere Kategorien: die „Early Majority" (34 Prozent), „Late Majority" (34 Prozent) und die „Laggards" (16 Prozent)[184]. Mit der Bildung der „Phantasten-AG" aus Freiwilligen gelingt eine erste Verbindung der Innovatoren mit den Early Adopters. Das verbessert die Voraussetzungen zur Durchsetzung einer Innovation deutlich.

Nach einer Zeit gemeinschaftlicher Vorbereitung starteten im Februar 2008 die ersten „Kompetenzrasterstunden". Das war einerseits beflügelnd, aber andererseits brachte jede Stunde neue Probleme mit sich. „Ich habe meinen Schülerinnen und Schülern gesagt, dass wir etwas Neues ausprobieren wollen", berichtete eines Tages René Komanski. „Ihr sollt die Dinge können, dann macht ihr einen Test und beweist mir, dass ihr die Sachen gelernt habt. Dann kommt der nächste Schritt. Jetzt habe ich den Salat." Er seufzte frustriert und Maren Bulut fragte nach: „Was ist denn los?" „Naja, jetzt sagen mir die Kinder dauernd, sie seien noch nicht bereit für den Test und müssten noch weiter lernen. Ich komme überhaupt nicht von der Stelle." Mit Leidenschaft nahmen die Kolleginnen und Kollegen in der „Phantasten-AG" das Problem auf und diskutierten darüber, wie man Kindern und Jugendlichen deutlich machen könne, dass Lernzeit ein begrenztes Gut sei.

Auch im Schulleitungsteam hatten sie über den Prozess beraten. Wie kann man die Entwicklung steuern, was sind die nächsten Schritte? Sie hatten sich darauf geeinigt, in dieser Phase auf die Mobilisierung von Freiwilligen zu setzen. Damit nahmen sie bewusst in Kauf, dass an ihrer Schule eine Art Flickenteppich entstand statt eines systematischen Aufbaus, wie sie das bei anderen Schulen wahrgenommen hatten. „Lass uns einfach anfangen und durch die Tat überzeugen", meinte Bianca Mittendorf dazu. „Wenn wir jetzt erst einmal grundsätzlich diskutieren, dann zieht sich der Anfang noch lange

---

[184] Ebenda, S. 281.

hin und wir setzen uns mit abstrakten Bedenken auseinander ohne einen Hauch von eigener Erfahrung."

Es gibt verschiedene Möglichkeiten zur Individualisierung von Unterricht, Kompetenzraster sind nicht das Allheilmittel. Aus gutem Grund wird die Arbeit mit ihnen vielfach kritisch betrachtet: papierlastiger, sinnentleerter Unterricht, dem durch die Aufteilung der Inhalte in kleine Portionen der logische Aufbau und inhaltliche Kern verloren gehe. In einem Gespräch berichteten mir Studierende, dass sie Kompetenzrasterarbeit kennen würden: Lehrkräfte säßen vorne an ihrem Lehrertisch und würden Zettel verteilen. Der Ablauf im Klassenraum selbst sei laut und wuselig, die Ergebnisse oft fragwürdig.

Frau Rebschläger hatte René Komanski angerufen und sich heftig über die begonnene Kompetenzrasterarbeit beschwert. Ihr Sohn, so berichtete er von dem Gespräch in der nächsten Sitzung der Phantasten-AG, sei nicht geeignet für so eine Form des Unterrichts. Er brauche einen Lehrer, der vorne stehe, genaue Anweisungen gebe und exakt erkläre, was zu tun sei. „In gewisser Weise hat sie ja Recht", beendete René Komanski seinen Bericht. „Die leistungsstarken Schülerinnen und Schüler verstehen sofort, was ich von ihnen erwarte. In der Kompetenzrasterarbeit starten sie durch und schaffen mehr als je zuvor. Aber für diejenigen, die sich sowieso schlecht sortieren können und Schwierigkeiten mit dem Einstieg in die Arbeit haben, ist es hier noch einmal besonders schwer."

Auch die beiden anderen Lehrkräfte, die mit der Kompetenzrasterarbeit angefangen hatten, berichteten ähnliche Erfahrungen. „Es ist eben nicht so, dass die Kompetenzraster dazu führen, dass wir die Kinder bei ihren Lernprozessen begleiten", meinte Maren Bulut irgendwann. „Unsere Aufgabe als Lehrkräfte muss sich eindeutig um die innere und äußere Organisation des Lernens erweitern." Als Konsequenz aus diesen Überlegungen fingen sie an, Rituale zu entwickeln, die immer gleich ablaufend die Schülerinnen und Schüler von Stundenbeginn an in den Arbeitsprozess einbeziehen. „Das Gute ist ja", meinte Moritz Bardenhagen, „dass man anders als im herkömmlichen Unterricht bei der Kompetenzrasterarbeit gleich sieht, wer nicht mitarbeitet. Da kann man viel schneller intervenieren."

Aladin El-Mafaalani weist sehr deutlich darauf hin, dass Kinder, die schon einen Vorsprung bezüglich ihrer Fähigkeiten zur Selbstorganisation haben, durch offene und individualisierende Organisation der Lernprozesse ihren Vorsprung weiter ausbauen können. Das Wissen über Beteiligungsmöglichkeiten und die Befähigung zur Gestaltung eigener Lernprozesse dürfe nicht vorausgesetzt werden. Für viele Kinder und Jugendliche, insbesondere aus benachteiligten Milieus, ist das ein anspruchsvoller Lernprozess, der professionell und systematisch durch Lehrkräfte gelehrt werden muss[185]. Die Kritiken verweisen auf Schwachpunkte in der üblichen Arbeit mit Kompetenzrastern. Sie bleiben berechtigt, wenn es sich nur um ein anderes System der Verteilung von Aufgaben und Arbeitsblättern an Schülerinnen und Schüler handelt. Was bei dieser Kritik allerdings verloren geht, ist das in den Kompetenzrastern angelegte Potenzial.

Schulen, die Inklusion als gemeinsames Lernen an einem Ort verstehen, wo man ohne Angst verschieden sein kann, brauchen zwingend ein System für die Individualisierung von Unterricht. Die Gestaltung eines solchen Unterrichts ist eine anspruchsvolle Aufgabe, nicht nur für die Kinder und Jugendlichen, sondern auch für die Lehrkräfte. Diese müssen unter anderem erkennen, dass auch die Arbeit mit Kompetenzrastern sie nicht zu Lernbegleitern macht, sondern ihnen eine zusätzliche anspruchsvolle Aufgabe als Lehrkraft stellt. Sie müssen nämlich das, was im Rahmen der Anforderungen an selbständiges Arbeiten von Schülerinnen und Schülern benötigt wird, als eigenständige Lernanforderung verstehen, die sie lehren müssen.

Aus diesem Blickwinkel betrachtet, entwickelt sich die Arbeit mit Kompetenzrastern zu einer anspruchsvollen Unterrichtsform. Damit das gelingt, braucht es vielfältige Ideen und müssen vielfach unterschiedliche Lernmaterialien zur Verfügung stehen, die unterschiedliche Lernzugänge auf der Basis der jeweils persönlichen Lernausgangslage ermöglichen. Individualisierung gelingt dann, wenn Lehrkräfte sich auf einheitliche Verfahren und Umgangsweisen einigen. Wenn sie klären, wie das Material für die Lernenden aufbereitet werden soll, wie in individualisierten Lernsituationen damit zu arbeiten ist und wie Unterstützung gestaltet werden kann. Die gehaltene Unterrichtsstunde entsteht dadurch als Summe vieler Teillösungen. Das Kompetenzraster erweist sich in diesem Kontext als „kollektiver Organisator" dieses

---

[185] Aladin El-Mafaalani (2022), a.a.O., S. 197 ff.

Prozesses. Darin steckt der wirkliche Kern des Neuen, das wahre Potenzial der Kompetenzraster. Die Bereitschaft, sich auf eine Arbeit mit den Rastern einzulassen, verändert die Arbeit der Lehrkräfte selbst.

Die Entwicklung blieb im Kollegium nicht ohne Aufmerksamkeit. Nico Stein hatte die Fachkonferenzleitung Deutsch aufgefordert, eine Sitzung zum Thema Kompetenzrasterarbeit durchzuführen. Thomas Böckmann, Leiter der Fachkonferenz, lud daher kurz vor den Osterferien 2008 zu einer Sitzung ein. Nachdem die Formalia erledigt und die Anwesenheitsliste ausgefüllt war, ergriff sofort Nico Stein das Wort. „Ich will von euch wissen, was ihr da macht!" Die anwesenden Mitglieder der „Phantasten-AG" waren über den Ton etwas verwundert, berichteten aber ausführlich über ihre Überlegungen, was sie vorhatten und wie es bisher lief. „Uns geht es darum, so eine Form von Individualisierung auszuprobieren", fügte Maren Bulut hinzu. „Wir erteilen an unserer Schule jede Woche ungefähr 750 Schülerstunden. Davon versuchen wir gerade 6 Stunden probeweise zu verändern." „Ihr setzt uns anderen mit dieser Entscheidung unter Druck", schimpfte Nico Stein. „Ich bin von einigen Eltern gefragt worden, warum es das in meinem Deutschunterricht nicht gibt." „Ich frage jetzt mal ganz offiziell die Schulleitung", meldete sich nun der Fachkonferenzsprecher Thomas Böckmann zu Wort, „hätten wir darüber nicht in der Fachkonferenz vorher einen Beschluss fassen müssen?" „Und", ergänzte Nico Stein, „woher kommen eigentlich die Gelder für die Kompetenzrastermaterialien, die es jetzt plötzlich gibt? Hier werden die Lieblinge der Schulleitung für ihre Folgsamkeit belohnt!"

Langsam brodelte es in Barbara Mittendorf, sie wurde unruhig und ärgerlich. „Wir verändern gerade probeweise 0,8 Prozent unseres Unterrichts und darüber wollt ihr vorher einen Konferenzbeschluss? Jede Lehrkraft trägt die unmittelbare pädagogische Verantwortung für ihren Unterricht. Alle dürfen im Rahmen geltender Bestimmungen den eigenen Unterricht gestalten. Warum sollte es hierfür einen Beschluss geben müssen? An anderen Stellen, wenn Kolleginnen und Kollegen besondere Dinge in ihrem Unterricht machen, wird auch kein Beschluss gefordert. Und zu den Geldern: Ich habe bei der Schulbehörde Sondermittel für die Erprobung individualisierenden Unterrichts beantragt und erhalten. Wenn du, lieber Nico, dich beteiligen willst, dann stehen auch für deinen Unterricht entsprechende Mittel zur Verfügung."

Nach der Sitzung schwelte der Konflikt weiter, er war jetzt offenkundig geworden. Es war auch etwas passiert, das niemand aus der „Phantasten-AG" erwartet hatte, nämlich dass sich andere Kolleginnen und Kollegen durch ihre Arbeit unter Druck gesetzt fühlten. Erst langsam wurde deutlich, welches Veränderungspotenzial dieser eigentlich als viel zu klein empfundene Schritt in sich trug. Bei einem der nächsten Treffen der „Phantasten-AG" erzählte Daniela Wrobel, wie sie von einer Mutter angesprochen worden sei. Ihr Kind habe zum ersten Mal wieder Spaß am Deutschunterricht, weil es das Gefühl habe voranzukommen. Die Mutter hatte sich dafür ganz überschwänglich bedankt. Andererseits berichtete Moritz Bardenhagen von einem Gespräch mit einem Fachleiter, der ihn nach einem Besuch bei seinem Referendar ansprach. „Ich hörte, ihr macht jetzt Individualisierung", hatte der gesagt. „Das ist ja gut und schön, aber vergesst bloß nicht den kooperativen Unterricht. Das ist der zentrale Aspekt der Unterrichtsentwicklung."

Alle waren verblüfft, wie viele Diskussionen dieses kleine Unterrichtsexperiment auslöste. Als eine erste Reaktion beschlossen sie, in einer Dienstbesprechung umfassend von ihren Erfahrungen zu berichten und möglichst viele Kolleginnen und Kollegen zu einem Besuch in eine ihrer Kompetenzrasterstunden einzuladen. „Wir zeigen ihnen ganz praktisch", meinte Maren Bulut, „was wir hier machen." Bianca Mittendorf unterstützte die Idee und sicherte zu, im Vertretungsplan alles möglich zu machen. „Wollen wir doch mal sehen ...", meinte sie. „Jetzt bleibt es nicht bei einem Experiment, jetzt müssen wir versuchen, Mehrheiten zu gewinnen."

Wenn eine Organisation sich zu den für einen Inklusionsprozess erforderlichen Wertentscheidungen durchringt, stellt sich für jeden Einzelnen die Frage, wie weit dies mit den persönlichen Werten in Übereinstimmung zu bringen ist. Manche vertreten Gerechtigkeitsvorstellungen, die darauf beruhen, dass von allen Kindern und Jugendlichen zur gleichen Zeit die Bewältigung gleich schwerer Aufgaben in der gleichen Arbeitszeit zu verlangen ist. Das ist etwas anderes, als Gerechtigkeit durch das Verlangen erzeugen zu wollen, unterschiedliche, aber persönlich ähnlich schwierige Aufgaben zu bewältigen, wobei sich die Ähnlichkeit der Anforderungen daraus ergibt, dass die jeweiligen Aufgabenstellungen sich in der individuellen Zone der nächsten Entwicklung bewegen.

Es stellt sich die Frage, wie ein Veränderungsprozess initiiert werden kann. 2008 gab es noch kein Schulgesetz, das Individualisierung forderte. Die ersten Schritte wurden aufgrund eigener Bedürfnisse nach Lösungen für erkannte Probleme gegangen. Eine kleine Gruppe von Aktivisten legte den Grundstein. Aber wie geht es weiter, wenn Mehrheiten gewonnen werden müssen? Ein Veränderungsprozess verläuft nie ohne Ängste, Bedenken und Widerstände. Manches von dem, was in diesem Zusammenhang zutage tritt, ist produktiv und weist auf Dinge hin, die noch nicht genug bedacht wurden. Anderes ist von persönlichen Sorgen geprägt, manches mehr oder minder gezielt destruktiv.

Schulische Inklusion führt zur Veränderung der Arbeitsplätze des unterrichtenden Personals. Sonderschullehrkräfte, die beispielsweise bisher nur für sehr wenige Kinder mit einem Förderbedarf im Bereich „Wahrnehmung und Entwicklung" verantwortlich waren, sollen plötzlich Pflichten für den gesamten inklusiven Klassenverband übernehmen. Regelschullehrkräfte sollen im Gegenzug auch Verantwortung in Richtung der sonderpädagogisch förderbedürftigen Kinder und Jugendlichen entwickeln. Hier müssen Komfortzonen verlassen werden. Das tun Menschen in der Regel nur dann, wenn sie sich eine entsprechende Belohnung an anderer Stelle erwarten.

Ein wichtiger Aspekt betrifft deshalb die Selbsteinschätzung der beteiligten Lehrkräfte. Fühlen sie sich mit ihren persönlichen Fähigkeiten und Fertigkeiten den Herausforderungen an einen veränderten Unterricht gewachsen? Auch die Angst vor persönlicher Überforderung und Versagen, die Sorge vor der Entdeckung von Schwächen durch die Kolleginnen und Kollegen, Eltern oder gar Schülerinnen und Schülern ist ein Faktor, der in schulischen Innovationsprozessen berücksichtigt werden muss. Jede Lehrkraft hat vor Augen, dass in deutschen Schulen ununterbrochen bewertet wird, Noten gegeben werden und sie Instanzen der Auslese sind. Der so einleuchtende pädagogische Grundsatz „aus Fehlern lernen" bleibt fast immer ein frommer Wunsch.

Es ist tradiertes Wissen in allen deutschen Schulen, dass man mit seinen Kräften haushalten muss, wenn die Obrigkeit Schulreform verordnet. Kaum ein Bereich ist ideologisch so umkämpft und von Glaubensbekenntnissen geprägt wie die Schulpolitik. Dies führt nach den Wahlen alle vier oder fünf Jahre zu veränderten Schulentwicklungsaufträgen. Der zehnjährige Bremer „Schulfrieden" von 2008 und seine Verlängerung bis 2028 war daher ein wichtiges Signal. Aber natürlich müssen die politischen Verantwortungsträger auch durch weitere Signale wie beispielsweise die entsprechende Bereitstellung von Mitteln um Vertrauen werben und zeigen, dass sie die Forderung nach inklusiven Schulen tatsächlich ernst meinen.

Wenn die Innovatoren und Early Adopters ein Vorhaben beginnen, das die Organisation durchdringen soll, dann müssen sie versuchen zu überzeugen und so mehr und mehr Personen in den Veränderungsprozess einbeziehen. Rogers spricht davon, dass ein Innovationsprozess dann selbsttragend wird, wenn es gelingt, die „kritische Masse" zu überschreiten. Darunter versteht er, dass sich genügend Individuen dem innovativen System angeschlossen haben und der Entwicklungsprozess durch deren Akzeptanz sich selbst trägt[186]. Dass dieser Punkt erreicht wird, ist keine Selbstverständlichkeit. In solchen Auseinandersetzungen um das Erringen der kritischen Masse ist es erforderlich, dass Schulleitungen Optimismus ausstrahlen und Vertrauen in die eigenen Kräfte signalisieren. Sie sind für die erfolgreiche Ausgestaltung der fünf Faktoren verantwortlich, die Rogers als wesentlich für den Diffusionsprozess identifiziert hat und die helfen, die kritische Masse zu überschreiten.

Auch für den Aufbau einer inklusiven Schule gilt, dass die Geschwindigkeit des Entwicklungsprozesses umso höher ist, (1) je größer der relative Vorteil von den Lehrkräften eingeschätzt wird, den sie dadurch erlangen. Wenn Lehrkräfte per Gesetz mit heterogenen Schülerschaften konfrontiert werden, die sie individualisierend unterrichten sollen, dann gibt es vielfältige Schwierigkeiten bei der Umsetzung. Für die Realisierung im eigenen Unterricht stellt es einen deutlichen Vorteil dar, wenn auf ein an der Schule sich entwickelndes Konzept zurückgegriffen werden kann. Das gilt insbesondere dann, wenn die Rechtslage die Entwicklung alternativer Umsetzungsstrategien erforderlich macht – ganz abgesehen davon, dass sich ja die Kinder und Jugendlichen mit ihren unterschiedlichen Bedürfnissen in der Klasse befinden. Auswirkungen hat dies allerdings nur dann, wenn die Einhaltung der Individualisierungspflicht auch eingefordert wird.

Ein weiterer Gesichtspunkt ist, (2) wie kompatibel die angestrebte Veränderung mit den bisherigen Werten und Normen ist. Viele Lehrkräfte zweifeln nicht daran, dass Individualisierung für Schülerinnen und Schüler nützlich ist. Trotzdem ist der Ausgangspunkt für ein klassisches Gymnasium sicherlich ein anderer als für eine integrierte Gesamtschule. Eine geplante

---

[186] Everett M. Rogers, a.a.O., S. 344.

Innovation durchdringt die Organisation eher, wenn sie mit den bisherigen Erfahrungen, den Werten und den Bedürfnissen der potenziellen Nutzer in Übereinstimmung steht oder in Übereinstimmung gebracht werden könnte.

Ein nächster Aspekt für den gewünschten Schulentwicklungsprozess ist (3) die Komplexität. Je schwieriger und komplizierter den Lehrkräften die erforderlichen schulischen und unterrichtlichen Veränderungen erscheinen, desto langsamer wird sich das Vorhaben ausbreiten und desto mehr nimmt die Wahrscheinlichkeit ab, dass Menschen sich ihm anschließen. Es hilft, wenn Kolleginnen und Kollegen bekannt sind, die schon an und mit der Innovation gearbeitet haben. Die Existenz der „Phantasten-AG" bietet eine gute Chance dafür, dass sich andere Relationen herstellen: Wenn die oder der das schafft, dann sollte ich das erst recht schaffen.

Zusätzlich erhöhen sich die Chancen, die kritische Masse zu überschreiten, je geringer der Aufwand für potenzielle Nutzer ist, das geplante innovative Vorhaben mehr oder minder risikolos (4) auszuprobieren. Darüber hinaus nennt Rogers die (5) Wahrnehmbarkeit der Ergebnisse eines Innovationsprozesses als förderlich[187].

Eines Abends saß das Schulleitungsteam beim Bier in der Kneipe. Sie hatten eine anstrengende Zeit hinter sich und wollten kurz vor den Sommerferien 2008 noch einmal gemeinsam plaudern und die Gedanken schweifen lassen. „Was meint ihr", fragte Bianca Mittendorf in die Runde, „wo landen wir eines Tages mit unserer Kompetenzrasterarbeit?" „Ich habe da so einen Traum von einer gänzlich anderen Schule", antwortete Maren Bulut und lachte. „Hier vor unserem Gebäude ist an jedem Mittwoch Wochenmarkt. Stellt euch vor, wir machen dort regelmäßig einen Stand. Den muss man pflegen, regelmäßig aufbauen, mit Ware bestücken und so weiter. Und wir machen aus den Kompetenzrastern Themenraster. Wir bauen mit den Kompetenzrastern einen individualisierenden fächerverbindenden produktorientierten Unterricht auf."

„Wow, dass nenn ich mal einen Traum", meinte Alois Brettschneider. Er befand sich kurz vor seinem letzten Arbeitsjahr. Das nächste Schuljahr würde sein letztes sein. Trotzdem war er voller Begeisterung an den Entwicklungen beteiligt. „Als altem Gesamtschullehrer hängt mein Herzblut daran", sagte er

---

[187] Ebenda, S. 265 f.

immer. „Ich kann mir das gut vorstellen. Allein was da in Mathematik für ein Potenzial drinliegt. Die Schülerinnen und Schüler mit geistiger Behinderung könnten das Geld sortieren und unterscheiden lernen. Man muss Rechnungsbeträge addieren, Geld herausgeben ..." „Unsere leistungsstarken Kinder und Jugendlichen könnten Preise kalkulieren, die Umsatzsteuer berechnen ...", fiel Bianca Mittendorf ihrem Kollegen ins Wort. „Ich sehe schon, ihr versteht, worauf ich hinauswill", übernahm nun wieder Maren Bulut das Gespräch. „Wenn wir bisher Projektwochen gemacht haben, dann gab es für alle etwas zu tun. Aber mal ehrlich, welche Kollegin, welcher Kollege hätte am Ende sagen können, was die Einzelnen nachweislich individuell gelernt haben. Diese Projekte laufen ja oft auch ein bisschen improvisiert. Ich stelle mir vor, dass langfristig gedacht die gesamte Grundlage des Unterrichts eine Produktion sinnstiftender Ereignisse wird. Und den Lernerfolg jedes einzelnen Kindes und Jugendlichen können wir systematisch steuern, verfolgen und dokumentieren." Sie saßen noch länger beieinander und entwickelten mit großer Freude ihre Fantasien für eine Schule, die entstehen würde, wenn sie die erste Dekade, den grundsätzlichen Aufbau der Kompetenzrasterarbeit, hinter sich gelassen hätten.

Der angefangene Innovationsprozess gelingt nur, wenn innerhalb der Schule der Kampf um die Überschreitung der kritischen Masse gewonnen wird. Natürlich muss das Leitungsteam langfristige Ideen entwickeln, um die entstehende Innovation in einen nachhaltigen Entwicklungskontext stellen zu können. Trotz aller Träume und Wünsche müssen aber Schritt für Schritt und manchmal auch mühselig die einzelnen Hindernisse auf dem Weg überwunden werden. Irgendwann braucht man in den entsprechenden Gremien Mehrheiten für die Arbeit mit Kompetenzrastern als zentrales Element der Gestaltung individualisierten Unterrichts. Hat man diese gewonnen, dann stellen sich Fragen zur Umsetzung. Die Steuerung der Innovation bewegt sich dadurch weg von der „Phantasten-AG", also den Innovatoren, einzelnen Angehörigen der Gruppe der „Early Adopters" und der „Early Majority", hin zu den formalen und vielfältig zusammengesetzten Gremien der Schule. Mit den Beschlüssen der Gremien endet die Freiwilligkeit.

Nun böte sich eine schrittweise Umsetzung der Innovation mit jedem neuen 5. Jahrgang an. Aber würde man dafür innerhalb der Schule nach Freiwilligen suchen, die diese Arbeit in den neuen Klassenverbänden übernehmen, könnten langfristig unerwartete Konflikte entstehen. Setzte man auf

Freiwilligkeit, blieben zum Schluss die Nachzügler übrig. Dadurch entstehen unter Umständen am Ende eines Entwicklungsabschnitts erneut Kämpfe mit den Kräften, die mit hohem Beharrungsvermögen an den überwunden geglaubten Vorstellungen festhalten. Vermutlich hilft bei der Realisierung einer intern beschlossenen Schulentwicklung die Umsetzung durch heterogene Lehrkräftegruppen ohne Freiwilligkeit. Das ist beispielsweise dann der Fall, wenn die Schulleitung daran festhält, dass diejenigen, die einen Jahrgang abgegeben haben, auch weiterhin die neuen Schülerinnen und Schüler aufnehmen. Dadurch muss die beschlossene Innovation von den aktuell zur Verfügung stehenden Kräften getragen werden, unabhängig von ihrem persönlichen Grad der Zustimmung.

Natürlich ist der Weg in die Arbeit mit Kompetenzrastern schwieriger, als viele denken. Es geht eben nicht darum, fertige Arbeitsblätter auszuteilen, einzusammeln und zu korrigieren. Es geht vielmehr um das Verständnis, dass diese Raster Werkzeuge sind, individualisierenden Unterricht in Gemeinschaften von Unterrichtenden arbeitsteilig vorzubereiten, durchzuführen und zu steuern – sicherlich nicht das einzig denkbare Werkzeug, aber eines, das funktioniert.

Wenn man sich zuversichtlich auf den Weg ins unentdeckte Land der Inklusion aufgemacht hat und darauf eingestellt ist, dass Entdeckungsprozesse Zeit brauchen, dann entsteht Raum für weitere und noch größere Träume. Es wäre aber illusorisch zu glauben, dass das gesamte „Ursprungskollegium" den eingeschlagenen radikalen Umwälzungsprozess mittrüge. Manche entfremden sich im Verlauf der Entwicklung unüberbrückbar von ihrer bisherigen Schule. In diesen Fällen ist es richtiger, sich wertschätzend voneinander zu trennen, als sich in langwierigen Kämpfen zu verausgaben. Aber auch für solche Trennungen müssen neue Lösungen gefunden werden, denn alle staatlichen Lehrkräfte sind zur Erkundung des unentdeckten Landes und zum Aufbau einer inklusiven Schulentwicklung verpflichtet.

4.3.2 Kinder- und Jugendbeteiligung

Ohne aktive Mitwirkung von Lehrkräften kann keine Kinder- und Jugendbeteiligung entstehen. Beteiligung kann man nicht anordnen, daher steht an allererster Stelle das Zuhören der Erwachsenen. Lehrkräfte wurden ausgebildet, um Bildung zu vermitteln. Sie sollen den jungen Leuten etwas, Bildung nämlich, näherbringen. Damit ist schon klar, wer aktiv „etwas näherbringt" und wem passiv „etwas nähergebracht" wird. Beteiligung kann jedoch nur entstehen, wenn die Verhältnisse sich verkehren. Lehrkräfte müssen bereit sein, sich die Ideen der jungen Menschen näherbringen zu lassen. Es geht darum, durch das Zuhören Handlungen auslösende Motive zu erkennen. Selbstverständlich geht es nicht darum, prinzipiell irgendwelche Handlungen zu befördern. Zur Partizipation gehört auch, den Schülerinnen und Schülern die Möglichkeit zu geben, sich auseinanderzusetzen und ihre Motive zu hinterfragen. Kinder und Jugendliche haben in solchen Prozessen das Recht zu erfahren, an welchen Stellen und warum sie möglicherweise nicht unterstützt werden. Die Lehrkräfte müssen den Kindern und Jugendlichen in diesem Bezugsrahmen ein ganzheitliches Du sein. Wenn das gelingt, entwickeln Beteiligungsprozesse Wirkungen, die über das einzelne Vorhaben hinausreichen.

Das erste Seminar zur Kinder- und Jugendbeteiligung Ostern 2010 war nach Auffassung des Schulleitungsteams ein grandioser Erfolg. Durch Zufall hatte Maren Bulut Geld für ein zweites Seminar auftreiben können. Sie war mit den anderen Schulleitungsmitgliedern einig, dass diese Form der Kinder- und Jugendbeteiligung ein absolut unverzichtbares und stabilisierendes Element für die Schulentwicklung war. So konnte sich im Dezember 2012 erneut eine Gruppe von Schülerinnen und Schülern zu einem dreitägigen Beteiligungsworkshop aufmachen.

Am letzten Tag des Workshops schrieben die Teilnehmenden in kleinen Gruppen Geschichten über ihre Schule in zehn Jahren. Wie würde es an ihrer Traumschule aussehen, wenn erst einmal die Schülerinnen und Schüler aus den verschiedenen Verantwortungsgruppen richtig aktiv geworden wären?

Die Kinder und Jugendlichen schilderten einen ganz normalen Montagmorgen, an dem man in eine Schule geht, in der alles harmonisch verläuft und man sich freundlich begrüßt. Der Mathematikunterricht fand am Laptop statt und die Pausen verbrachte man in der Turnhalle beim Eishockey. Ein Teil der Turnhalle war nämlich zu einem Eisfeld umgestaltet worden. Das Thema der letzten beiden Stunden war die Frage danach, wie man optimal entspannen kann. Der Fachraum für diesen Unterricht war der „Saal der Stille“.

Eine Gruppe hatte beschrieben, wie die Arbeit in einem selbstverwalteten Kunstzentrum der Schule stattfinden wird. Der Raum war professionell eingerichtet, man würde dort alles finden, was man für eine künstlerische

Betätigung bräuchte: von der Spraydose bis zum Bleistift. Schülerinnen und Schüler trugen die Verantwortung für die Leitung des Raums. Um das Atelier leiten zu dürfen, würden interessierte Jugendliche ein Prüfungsverfahren durchlaufen. Sie müssten beweisen, dass sie etwas von Kunst verstehen, gut mit den anderen Kindern und Jugendlichen sprechen können und, ganz wichtig, sie müssten Ordnung halten können. Der Plan war umfassend ausgearbeitet, vom Mitgliedsausweis für den Kunstclub bis zur Möblierung.

Völlig klar war dieser Gruppe auch, dass man hier wichtige Dinge lernt, für die man nicht mehr am althergebrachten Unterricht teilnehmen müsste. „Wir beschäftigen uns da mit verschiedenen Kunstprodukten aus aller Welt. Das bedeutet, dass wir uns mit Erdkunde beschäftigen und viele Sachen sind ja auf Englisch“, erzählte Sören bei der Präsentation. Johanna ergänzte, dass im Atelier auch Mathematik vorkomme. „Wir müssen ja messen, den Fluchtpunkt bestimmen, Farben mischen und anderes mehr“, erklärte sie. Jemand anderes fügte hinzu: „Wir können auch Bilder verkaufen und die Einnahmen wieder für neue Sachen ausgeben. Das ist dann nicht nur Mathematik, sondern auch noch Wirtschaft-Arbeit-Technik.“ Farbenlehre, Reflexionen über Gefühle, Gedichte schreiben … Die Schülerinnen und Schüler begeisterten sich immer mehr für das, was man in ihrer „Verantwortungsschule“ alles lernen könnte.

Dem Schulleitungsteam war die Dokumentation zugegangen und sie hatten darüber hinaus ein paar Gespräche mit beteiligten Jugendlichen und Lehrkräften geführt. Auch sie waren von den Ideen begeistert. Besonders das selbstverwaltete Atelier hatte es ihnen angetan, nicht nur weil die Überlegungen schon sehr ausgereift und durchdacht waren, sondern auch weil sie sich eine praktische und zeitnahe Umsetzung von Teilen der Idee gut vorstellen konnten. Leider fehlte es bisher noch an vorhandenem Raum. Aber bei den Planungen des Schulleitungsteams war das Atelier inzwischen ein fester Baustein der „Zukunftsschule“.

Für die Entstehung von „Verantwortungsprojekten“ braucht es am Anfang ganz schlichte Dinge, die Kinder und Jugendliche in der Schule oft nicht oder nicht sofort klären können. Eine im Entstehen befindliche Gruppe braucht die Verbreitung der Information über das Vorhaben, einen Raum, einen Termin, eine Tagesordnung, eine Gesprächsführung. Sie brauchen dafür eine lösungsorientierte Beratung durch einen die Arbeit begleitenden

Erwachsenen. Sie brauchen niemanden, der ihnen erklärt, möglicherweise sogar vorschreibt, wie sie Verantwortung wahrnehmen sollen. Es geht um eine Unterstützung dabei, notwendige Aufgaben selbst zu erkennen, Umsetzungsmöglichkeiten zu erlernen und Lösungen selbständig zu entwickeln.

Lehrkräfte müssen lernen, dass kluge – sokratische – Nachfragen wichtiger sind als eigene kluge Ideen. Nicht alle Ideen werden sich realisieren lassen. Das ist bei Kindern nicht anders als bei Erwachsenen. Wenn sich aber tatsächlich ein Vorhaben konkretisiert, müssen die Erwachsenen ehrlich mit den Schülerinnen und Schülern aushandeln, wofür sie ihnen bei ihren Entscheidungen den Rücken freihalten können und wo es begründete Grenzen gibt. Erst dadurch entstehen die notwendigen Schonräume. Innerhalb solcher ausgehandelten und sachlich begründeten Grenzen handeln die an Verantwortungsprojekten Teilnehmenden unvertretbar für sich selbst. Die Idee vom Atelier ist ein gutes Beispiel für mögliche Potenziale solcher Projekte. Leider lassen sich in der Schulwirklichkeit nicht alle guten Projekte gleich umsetzen. Aber vielleicht gibt es zu einem anderen Zeitpunkt die Chance, bisher nicht realisierte Ideen aufzugreifen. Für solche Dinge brauchen die in der jeweiligen Schule verantwortlich handelnden Erwachsenen ein „Elefantengedächtnis".

Die Streitschlichtergruppe gab es schon seit dem Schuljahr 1998/99. Inzwischen hatten sich an der Schule weitere „Verantwortungs-Gruppen" gebildet, so die interne Bezeichnung. Im Schuljahr 2009/10 wurde die Gruppe der „Tourguides" gegründet. Seit sich herumsprach, dass an der Schule mit Kompetenzrastern gearbeitet wird, gab es viele Interessenten aus anderen Schulen, die gerne zugucken und sich informieren wollten. Eine Gruppe von Schülerinnen und Schülern hatte es übernommen, als Einstieg in solche Besuchstage ihre Schule zu zeigen. „Die Leute sollen erfahren, dass wir eine besondere Schule sind, weil wir mit Kompetenzrastern arbeiten", benannte die kleine Luisa ihr Motiv dafür. „Ich liebe die Kompetenzrasterarbeit. Alle können mitmachen und bekommen Materialien, die sie schaffen können. Alle haben die Chance gemeinsam zu lernen."

Die „Bibliothekshelferinnen und -helfer" wurden ein Jahr später gegründet. Damals hatte sich endlich eine Lehrkraft gefunden, die Lust hatte, die Schulbibliothek zu betreuen. Noch ein Jahr später, im Schuljahr 2011/12, bildete sich die Gruppe der „Schulsanitäterinnen und -sanitäter". Kaum jemand an der Schule kannte sich besser in Erster Hilfe aus als diese Jugendlichen und alle waren froh, dass es die Gruppe gab. Aber die Studiengruppen lagen Bianca Mittendorf seit ihrer Gründung im Spätsommer 2004 nach wie vor besonders am Herzen.

Da inzwischen schon zwei Beteiligungsseminare so erfolgreich verlaufen waren, bemühte sich Bianca Mittendorf sehr intensiv um Geldgeber zur Finanzierung eines weiteren Seminars. Zu ihrem großen Bedauern stellte sie aber fest, dass sie keinen Sponsor finden konnte, der diese Arbeit kontinuierlich unterstützen würde. Bei allen Anträgen ging es immer um besondere und einmalige Projekte. Aber November 2016 war es endlich so weit. Fast 30 Kinder und Jugendliche aus den unterschiedlichen Gruppen fuhren los. Unterstützt wurden sie von den die Gruppen begleitenden Lehrkräften. Das schmerzte ein bisschen im Vertretungsplan, aber für diese drei Tage musste man das ermöglichen, davon war das Schulleitungsteam überzeugt. Für die Leitung konnte sie erneut die Expertin für Kinder- und Jugendbeteiligung gewinnen, die schon die ersten beiden Seminare durchgeführt hatte.

Helga Aulich, die nach wie vor die Studiengruppen betreute, war gleich nach dem Seminar bei Bianca Mittendorf erschienen. „Ich warne dich mal vor", sagte sie. Es würde eine Delegation der Jugendlichen mit einem bedeutenden Anliegen kommen. Und tatsächlich erschienen Sandeep, Sophie und Nuno gut vorbereitet als Delegation der Studiengruppenleitungen im Büro. Die beiden Mädchen besuchten die 10. Klasse und gehörten zum ersten Abschlussjahrgang der Oberschule, Nuno befand sich im Schuljahr unter ihnen.

„Wir müssen mit Ihnen reden", ergriff Nuno etwas aufgeregt das Wort, „wir haben bei dem Seminar viel über unsere Arbeit gesprochen und uns ist da etwas aufgefallen." „Sie wissen doch, Frau Mittendorf", brachte sich Sophie ein, „Sandeep und ich sind ja schon im zweiten Jahr Studiengruppenleitung. Wir kennen unsere Arbeit besser als die Lehrerinnen und Lehrer. Bisher ist es aber so, dass die Lehrkräfte bestimmen, wer eine Studiengruppe leiten darf. Und wir müssen dann mit denen zusammenarbeiten, die die Lehrkräfte aussuchen. Das wollen wir nicht mehr." „Wenn man zusammenarbeitet, muss das ja harmonieren. Wenn man den Kleinen unterschiedliche Sachen sagt, dann läuft das nicht gut. Und manche von den Neuen lassen sich von uns erfahrenen Studiengruppenleitungen nichts sagen", ergänzte Sandeep. „Wir wollen die Neuen selbst auswählen", sprach Nuno nun die Forderung der Studiengruppenleitungen aus. „Wer interessiert ist, der soll sich bei uns bewerben und wir wählen aus, wer mitmachen darf."

Am Ende des Gesprächs stand im Einvernehmen mit Bianca Mittendorf die Verabredung, zukünftig ein Bewerbungsverfahren einzuführen, für das die Jugendlichen ein Formblatt entwickeln würden. „Ich verlange nur eins", war die Forderung der Schulleiterin, „ihr müsst mir, aber auch den Bewerberinnen und Bewerbern eure Entscheidungen begründen und in Zweifelsfällen habe ich das letzte Wort."

Unterstützt durch Helga Aulich, entwickelten die Studiengruppenleitungen ein Bewerbungsformular. Nachdem Helga Aulich es ihnen in ausreichender Menge kopiert hatte, gingen sie durch die Klassen des 8. und 9. Jahrgangs. Sie warben dort für die Mitarbeit bei den Studiengruppenleitungen und verteilten Bewerbungsformulare an Interessierte. Nun, wenige Wochen vor den Sommerferien, saßen die Jugendlichen zusammen und sichteten die eingegangenen Bewerbungen für das nächste Schuljahr, darunter auch die von Noah, dem unbestritten leistungsstärksten Schüler des 9. Jahrgangs. Jede Lehrkraft hätte ihm sofort eine Studiengruppe anvertraut. Die Frage, warum er eine Studiengruppe leiten wolle, war von ihm auf dem Fragebogen mit dem Satz beantwortet worden: „Meine Lehrerin hat mir das geraten, weil das gut für meinen Lebenslauf ist." „Was für ein Interesse hat der eigentlich an unseren Kindern?", warf Sandeep empört in die Runde. „Was sind deine Stärken?", war eine weitere Frage. „Ich kann alles gut", hatte Noah geschrieben, „ich stehe in fast allen Fächern auf eins." Danach gefragt, was er als Studiengruppenleiter gerne dazulernen würde, war nur ein schlichter Strich auf seinem Bewerbungsbogen zu entdecken.

Das Ergebnis der Beratung war einstimmig. Die Bewerbung wurde als arrogant und respektlos empfunden, Noah wurde abgelehnt. Bianca Mittendorf hatte sich die Entscheidung der Jugendlichen erklären lassen und konnte sie nachvollziehen. Sie verteidigte diese auch gegenüber Noahs Klassenlehrerin, die protestierend bei ihr erschien. In den nächsten Wochen beobachtete sie, dass Noah so ein Ergebnis nicht erwartet hatte und sich gekränkt zeigte. Vielleicht haben die Jugendlichen ihm ja eine wichtige Erfahrung ermöglicht, dachte Bianca Mittendorf bei sich.

Wenn sich Lehrkräfte die Zeit nehmen, um die einzelnen Verantwortungsfelder auf ihre Lernhaltung zu prüfen, erkennen sie, dass etwas Hochmotivierendes entstanden ist. Schülerinnen und Schüler zeigen sich bereit, mit großem Engagement Kenntnisse und Fähigkeiten handelnd zu erlernen, von deren Sinnhaftigkeit sie überzeugt sind. Die entstandenen Verantwortungs-räume sind somit gleichzeitig intensive Lernorte. Eine staatliche Schule ist jedoch streng hierarchisch organisiert. Der Artikel 20 Absatz 2 des Grundge-setzes bestimmt, dass alle Staatsgewalt vom Volk ausgeht und diese durch Wahlen und Abstimmungen „und durch besondere Organe der Gesetzge-bung, der vollziehenden Gewalt und der Rechtsprechung ausgeübt" wird. Letztlich gibt es bis zum Bildungsplan und zur Schulleitung eine ununterbro-chene Legitimationskette, ausgehend von dieser grundgesetzlichen Bestim-mung.

Schafft man Schülerinnen und Schülern einen Raum, in dem sie verantwort-lich handeln können, dann entstehen Prozesse der Selbstermächtigung. Se-minare, wie oben beschrieben, führen die aktivsten Schülerinnen und Schü-ler einer Schule zusammen. Dadurch entstehen Möglichkeiten zum Austausch über die sich entwickelnden Werte und Erfahrungen der unter-schiedlichen Gruppen der Schülerinnen und Schüler. Diese Chance zur Re-flexion der eigenen Motivation, Vorstellungen und Erkenntnisse schafft gleichzeitig die Möglichkeit, eine Gesamtheit der Verantwortungsgruppen mit einem entsprechenden Ethos zu bilden. Über diese Zusammenarbeit ent-wickeln sie einen eigenen Blick auf ihre Schule, die sie sich durch ihr Tun zum Eigentum machen. Die sich ausbildenden Wertvorstellungen und Nor-men der Verantwortungsgruppen, die sich auf das Verhalten und Handeln in der Schule beziehen, verbreiten sich und fangen an, sich innerhalb der Schule auszuwirken.

Gleich nach den Sommerferien saß Stephanie Maurer im Büro von Bianca Mittendorf. Sie betreute die Schulsanitäterinnen und -sanitäter seit Grün-dung der Gruppe. Ihr oblag, für deren Ausbildung zu sorgen, und sie half ihnen, immer wieder für Nachwuchs zu werben. Das „Sani-Handy", dessen Anschaffung sie verantwortete, war das einzige Handy, das während des Unterrichts immer in Betrieb sein durfte, dessen Nummer aber nur den Er-wachsenen bekannt war. Damit konnten diese zu allen Unterrichtszeiten die Hilfe der „Schulsanis" anfordern. Das empfanden die „Sanis" als besondere Anerkennung ihrer Bedeutung für den Schulalltag. Gleichzeitig musste Ste-phanie Maurer aber auch immer wieder ihre Schülerinnen und Schüler ge-gen Unterstellungen einzelner Kolleginnen und Kollegen verteidigen. Man-che behaupteten immer wieder, dass die „Sanis" ihre Unterstützungs-

maßnahmen extra langwierig gestalteten, um erlaubt dem Unterricht fernbleiben zu können.

Sie hatte ihre Jugendlichen vor den Sommerferien zum Seminar für die „Verantwortungsgruppen" begleitet. „Bianca", begann sie das Gespräch, „mich hat das Seminar die ganzen Sommerferien beschäftigt. Meine Schülerinnen und Schüler beklagen sich zu Recht, wie ich finde, über mangelnde Anerkennung im Kollegium. Ich bin überzeugt, dass wir da was tun müssen." „Ich habe davon gehört", antwortet Bianca Mittendorf. „Was hältst du davon, wenn ich das Thema auf die Tagesordnung einer der nächsten Dienstbesprechungen nehme? Vielleicht könnten die Sanis da einmal ihre Arbeit vorstellen." „Das hatte ich mir anfänglich auch überlegt. Es geht meinen Schülerinnen und Schülern insbesondere um Verständnis für ihre Abwesenheit vom Unterricht. Sie tun das ja zugunsten der gesamten Schule und ich kenne viele Kolleginnen und Kollegen, die wirklich froh sind, dass es diese Gruppe gibt. Jetzt, nach den Sommerferien, habe ich aber eine völlig andere Idee, über die ich gerne mit dir sprechen möchte." „Da bin ich aber gespannt. Also raus damit!" „Wir müssen in diesem Schuljahr ja wieder die obligatorische und eher unbeliebte Erste-Hilfe-Fortbildung machen. Wie wäre es, wenn wir das in diesem Jahr als eine Art Zirkeltraining planen. Die Jahrgangsteams müssen einen Rettungs-Parcours durchlaufen. Ich spreche mit den Schulsanis und bitte sie, sich an der Ausbildung der Lehrkräfte zu beteiligen. Sie können dann gemeinsam mit den Ausbildern vom DRK Übungsstationen aufbauen. Mit den Ausbildern habe ich schon gesprochen, die fanden das eine tolle Idee und waren dafür sofort zu begeistern."

Auch Bianca Mittendorf war von dieser Idee sofort zu begeistern und so fand am ersten Schultag nach den Herbstferien die ganztägige schulinterne Erste-Hilfe-Fortbildung als Parcours mit fünf Stationen statt. Alle 15 Schulsanitäterinnen und -sanitäter waren pünktlich am Morgen zur Lehrerfortbildung erschienen.

Auch Verantwortungsprojekte sind eine schulische Innovation, die einen Diffusionsprozess durchlaufen und die kritische Masse überschreiten muss. Dieser Diffusionsprozess hat allerdings zwei Seiten: die Seite der Lehrkräfte und die Seite der Schülerinnen und Schüler.

Partizipative Prozesse brauchen Erwachsene, insbesondere Lehrkräfte, als Ermöglichende. Bleibt man bei dem Beispiel der Schulsanis, dann lässt sich erkennen, dass es natürlich für alle Erwachsenen von Vorteil ist, wenn sie im Falle eines Unfalls auf gut ausgebildete und zuverlässige Unterstützung bauen können. Solch eine Tätigkeit steht auch grundsätzlich nicht im Widerspruch zu den traditionellen Werten und Normen einer Schule. Eine Differenz entsteht aber zumindest für einige dann, wenn diese Jugendlichen plötzlich im Rahmen einer Fortbildung den Erwachsenen gegenüber als Lehrende begegnen. Durch die Umkehrung der traditionellen Rollen im Schulalltag wird eine Auseinandersetzung über die Bedeutung angestoßen, die man Verantwortungsprojekten zugestehen will. Im obigen Beispiel ist die Komplexität nicht sehr groß. Die Jugendlichen unterstützen die hauptberuflichen Ausbilder. Solche Schulungen sind eintägige Veranstaltungen, daher ist die Schwelle dafür niedrig, einmal auszuprobieren, wie es ist, wenn Jugendliche sich in dieser Form einbringen. Alle Mitglieder des Kollegiums können wahrnehmen, welche Kompetenzen die Jugendlichen erworben haben und den Vorteil, der die Existenz dieser Verantwortungsgruppe bedeutet, in besonderer Weise wahrnehmen und einschätzen.

Was motiviert Jugendliche, Schulsanis zu werden? Es gibt eine Reihe von Kindern und Jugendlichen, denen es wichtig ist, zu helfen und sich mit Aufgaben zu beschäftigen, die sie als nützlich erleben. Gleichzeitig möchten sie sich selbst als wichtige Person erleben. Jeder kann bei einer Verletzung von der Hilfe der Schulsanis profitieren, was ihnen Bedeutung verschafft. Gerade in solchen Situationen ist die Leistung, die von den Sanis erbracht wird, für alle gut erkennbar. Möglicherweise haben sie auch selbst einen Nutzen, beispielsweise beim Erwerb der Prüfbescheinigung für ein Mofa. Oft fühlen sich Kinder und Jugendliche im schulischen Kontext allein. Wenn sie sich einer solchen Gruppe anschließen, haben sie die Möglichkeit, Zugehörigkeit zu empfinden und Gemeinschaft zu entwickeln.

Selbstverständlich werden nicht ausschließlich solche Motive über längere Zeit tragen, sie müssen gleichzeitig mit entsprechender Anerkennung verbunden sein. Jugendliche, die sich einer Verantwortungsgruppe anschließen, haben den Vorteil, in organisierter Weise ihren Bedürfnissen auf Anerkennung, Wertschätzung und Leistung nachkommen zu können. Ihre Tätigkeit steht in der Regel mit ihren eigenen Wertvorstellungen in Übereinstimmung. Für Jugendliche ist der Schulsanitätsdienst eine verantwortungsvolle Tätigkeit. Durch die Unterstützung von Erwachsenen beim Aufbau und dann an die tatsächlichen Bedarfe abnehmend angepasst, ist die Komplexität eine überwindbare Hürde. Für die Tätigkeit der Sanis braucht es eine

Ausbildung, was allen Interessierten die Möglichkeit eröffnet, durch Probieren herauszufinden, ob diese Tätigkeit wirklich zu ihnen passt. Und selbstverständlich ist der Verband, der gewickelt wurde, sind die beruhigenden Worte, die Einweisung des Krankenwagens sofort wahrnehmbare nützliche Leistungen der Schulsanis für die Schulgemeinschaft. Aber auch das Sani-Handy auf dem Schultisch ist wichtig. Es steht gegenüber den Mitschülerinnen und Mitschülern als Symbol für die Bedeutung dieser Gruppe und dieser Person. Das Gelingen erfordert jedoch zusätzlich das Engagement von Lehrkräften wie Stephanie Maurer.

Ein erkennbares Gemeinschaftsgefühl ist charakteristisch für Verantwortungsgruppen, deren Wunsch es ist, in der eigenen Schule tätig zu werden. Gemeinsame Seminare anfänglich vereinzelter Verantwortungsgruppen unterstützen solche Prozesse. Das erfolgreiche Implementieren von Verantwortungsgruppen verändert davon ausgehend spürbar das Schulklima. Der Verhaltensbiologe Jens Krause beschäftigt sich vor allem mit dem Verhalten von Schwärmen. Er führte in einer Kölner Messehalle einen Versuch mit 200 Personen durch, die sich zwanglos durch die Halle bewegten. 10 Personen bekamen eine Information darüber, wohin sie gehen sollten. Nachdem diese ein auslösendes Signal erhielten, liefen sie in die vorgegebene Richtung. Es dauerte 15 Sekunden, bis sich auch die restlichen 190 Menschen in gleicher Richtung in Bewegung setzten[188]. Dieses Experiment zeigt, dass es einer relativ geringen Anzahl von Menschen bedarf, um auf das Verhalten von Gruppen einzuwirken. In diesem Fall 5 Prozent. Für einen inklusiven Klassenverband wären das 1 bis 2 Schülerinnen oder Schüler, in einer vierzügigen Oberschule der Sekundarstufe I knapp 30 Kinder und Jugendliche. Dieser „Schwarm der Verantwortung", der im Verlauf der Entwicklung von Verantwortungsräumen entstehen kann, trüge dann durch seine „Inbesitznahme" der Schule zu einem insgesamt wertschätzenden Schulklima bei.

Das unentdeckte Land gehört allen Menschen und der Entdeckungsprozess erfordert daher auch die Beteiligung aller Menschen. Das gemeinsame Vorgehen von Jungen und Alten bei der Suche nach Wissen über dieses Land eröffnet neue Erkenntnismöglichkeiten. Während Ältere das im

---

[188] Tagesspiegel: „Forschung und Schwarmintelligenz: Läuft einer bei Rot, laufen alle los. Wie viel Hering ist im Menschen? Professor Jens Krause ist Verhaltensforscher. Für die Suche nach dem richtigen Bahnsteig hat er einen guten Rat." 11.08.2017. https://www.tagesspiegel.de/berlin/lauft-einer-bei-rot-laufen-alle-los-4936600.html (Letzte Abfrage: 08.03.2024)

unentdeckten Land Gesehene vermutlich zuallererst mit ihrem vorhandenen und vermeintlich bewährten Wissen vergleichen, sind die Blickweisen der Jungen möglicherweise unbefangener und offener. Auf solche Art können sich im gemeinsamen Forschungsprozess erfahrungsbasierte Reflexionen mit einer unbefangenen Bereitschaft zu neuen Blickwinkeln verbinden.

4.3.3 Pädagogische Architektur

Natürlich stehen am Anfang aller schulbaubezogenen Überlegungen über den Aufbau eines inklusiven Schulbetriebs Fragen der Zugänglichkeit im Vordergrund. Es geht um Aufzüge, um behindertengerechte Toiletten oder um die Schaffung eines Pflegebades. Seltener wird zusätzlich über ein Wegeleitsystem nachgedacht, das barrierefrei Schulangehörige wie Schulfremde durch das Gebäude führt, ihnen hilft, sich zu orientieren und erforderliche Informationen bietet. Erst nachdem über diese eher formalen Aspekte des Schulgebäudes nachgedacht wurde, geht es um das, was im Inneren stattfinden soll. Diese baulichen Prozesse sind für Schulangehörige oft nur schwer nachzuvollziehen. Es vergeht viel Zeit, bis etwas tatsächlich gebaut und schulisch nutzbar wird, alles erscheint unheimlich langwierig. Gleichzeitig sind die Fristen, die den Schulen später innerhalb der konkretisierten Planungsprozesse für spezifische Entscheidungen gewährt werden, oft sehr kurzfristig, manchmal sind es nur Tage.

Eigentlich waren sie zu dritt im Schulleitungsteam und als Jahrgangsleitungen für jeweils zwei Jahrgänge zuständig. Ihr drittes Schulleitungsmitglied, Alois Brettschneider, hatte sich zu den Sommerferien 2009 in den Ruhestand verabschiedet. Mit der Umwandlung von einer Integrierten Gesamtschule in eine inklusive Oberschule verband sich auch eine veränderte Leitungsstruktur. Die vakante Stelle im Schulleitungsteam würde zukünftig als „Leitung des Zentrums für unterstützende Pädagogik" neu besetzt. Mit der Gründung von ZuP-Leitungen sollte die Vertretung der sonderpädagogischen Aspekte in den Schulleitungen sichergestellt werden.

Die Besetzung der Stelle erfolgte ungewöhnlich schnell. Und so waren sie schon zu den Weihnachtsferien 2009 wieder zu dritt. Mit Jannes Mayer hatte man jemanden gefunden, der gut an die Schule und in ihr Team passte. Allerdings blieb ihm kaum Gelegenheit, sich einzuarbeiten. Er hatte noch nicht einmal sein Büro fertig eingerichtet, als sich schon die Schulaufsicht meldete. *Es wurde ein weiterer Standort für die Unterbringung von Kindern und Jugendlichen mit einem Förderbedarf im Bereich „Wahrnehmung und Entwicklung" gesucht. Aus irgendeinem Grund gab es Abweichungen zwischen der Bedarfsplanung und dem tatsächlichen Bedarf, daher fehlte plötzlich kurzfristig ein zusätzlicher Standort. „Nicht zum ersten Mal", dachte Bianca Mittendorf bei sich. Jannes Mayer war daher gefragt worden, ob seine Schule bereit wäre, W+E-Standort zu werden, und das auch schon ein Jahr vor Beginn der inklusiven Oberschulen. Wie oft in solchen Fällen wurden sehr kurzfristige Entscheidungen gefordert. Man ließ dem Schulleitungsteam kaum genug Zeit, um die schulischen Gremien einzuladen, zu informieren und Beschlüsse zu fassen. Auch auf Seiten der Schulbehörde standen die zuständigen Beschäftigten unter erheblichem Druck. Sie mussten dafür sorgen, die notwendigen Baumaßnahmen schnellstens einzuleiten und möglichst bis zum Schuljahresbeginn 2010/11 abzuschließen.*

Seit den 1980er Jahren entstanden erste Kooperationen und Schulversuche zur Integration zwischen Grundschulen und Schulen für Schülerinnen und Schüler aus den Sonderschulen für geistig Behinderte bzw. später den Förderzentren für Wahrnehmungs- und Entwicklungsförderung. Außerdem gab es erste gleichgelagerte Bestrebungen in der Sekundarstufe I. Im zum Bundesland Bremen gehörenden Bremerhaven begann diese Entwicklung Anfang der 1990er Jahre. Aus diesen Erfahrungen entwickelte sich an den Bremerhavener Sekundarstufen-I-Schulen eine architektonische Grundgestalt für die schulische Arbeit mit Schülerinnen und Schülern, die als geistig behindert diagnostiziert waren. Diese Ausformung prägte einige Jahre später unverändert auch die Einrichtung der inklusiven Oberschulen.

Im Bereich der Sekundarstufe I bildeten einzelne Schulen einen Kooperationsstandort. Eine Klasse aus dem Förderzentrum für Wahrnehmung und Entwicklung, die mit einer Klasse der Sekundarstufe I kooperierte, wurde im benachbarten Klassenraum untergebracht. Die Einrichtung des sogenannten „W+E-Raums" für die „Kleinklasse" orientierte sich dabei an der im November 1980 in ländlicher Stadtrandlage gegründeten *„sehr gut ausgestattete(n) Sonderschule für Geistigbehinderte".* In der Pressemitteilung zum 30. Geburtstag hieß es außerdem, dass diese Schule zu ihrer Zeit eine *„(…) Ausnahmeerscheinung in der bundesdeutschen Bildungslandschaft (…)"* gewesen wäre. Andere Bundesländer, insbesondere *„(…) die Nachbarländer Schleswig-Holstein und Niedersachsen, (hatten) in dieser Zeit sogenannte*

Ersatzschulen für die Erfüllung der Schulpflicht. (…)"[189]. Die Übernahme dieser „sehr guten Ausstattung" in die schulische Kooperation bedeutete, dass in einen traditionellen Klassenraum eine kleine Küchenzeile eingebaut wurde, ein abgegrenzter Differenzierungsbereich, Lagermöglichkeiten, Arbeitsplätze für die Lehrkräfte und ein Unterrichtsbereich. Beide Klassenleitungen waren mit einem offen gestalteten Kooperationsauftrag betraut. Die Schulbehörde schuf damit eine Ausgangssituation, von der sie erwartete, dass diese die Kooperation zwischen Regel- und W+E-Schülerinnen und -Schülern begünstige.

Die Expertengruppe zur Evaluation der Bremer Schulreform beschrieb 2018 drei Schultypen als „schulkulturelle Konstellationen": die „inklusionsorientierte Schule", die „sozialpädagogisch orientierte Schule" und die „sonderpädagogisch orientierte Schule"[190]. Es ist unmittelbar einleuchtend, dass eine „sonderpädagogisch orientierte Schule" ein anderes Raumprogramm und Schulraumnutzungskonzept verfolgt als eine „inklusionsorientierte Schule". Mit Blick auf den schulgesetzlichen Entwicklungsauftrag stellt sich die Frage nach der Wechselwirkung zwischen Raum und pädagogischem Konzept. Zumindest baulich schlich sich mit dem oben skizzierten Raumkonzept, das ab 2009 Vorbild für die inklusiven Schulstandorte in Bremerhaven wurde, heimlich die separierende Tradition der Sonderschule aus den 1980er Jahren in das Neue. Welche Entwicklungsperspektiven ergeben sich systemimmanent, wenn das Inklusionsvorhaben mit Kooperationsräumen beginnt, die an den traditionellen Sonderschulräumen orientiert sind?

Nach den Sommerferien 2010 zogen die ersten Kinder mit geistiger Behinderung in die Schule ein. Kurz vor den Weihnachtsferien saß das Schulleitungsteam bei Plätzchen und Kakao im Büro von Bianca Mittendorf. „Habt ihr eigentlich die beiden Neuen aus dem W+E-Bereich schon einmal im Lehrerzimmer gesehen?", fragte sie in die Runde. „Nein", bekannte Maren Bulut, „die sind immer in ihrem Klassenraum." „Ich habe mit ihnen gesprochen", berichtete Jannes Mayer. „Sie haben mir erzählt, dass sie ja für ihre Kinder

---

[189] Pressemitteilung des Magistrats der Stadt Bremerhaven vom 25.11.2010: „Anne-Frank-Schule feiert Geburtstag: 30 Jahre erfolgreiche Sonderpädagogik". Siehe: https://www.bremerhaven.de/de/aktuelles/anne-frank-schule-feiert-geburtstag-30-jahre-erfolgreiche-sonderpaedagogik.10880.html (Letzte Abfrage. 24.06.2024)

[190] Deutsches Institut für Internationale Pädagogische Forschung u.a. (2018): Bericht der Expertengruppe zur Evaluation der Bremer Schulreform. A.a.O., S. 116 ff.

zuständig sind. Sie machen daher alle Pausenaufsichten und entscheiden selbst wie sie die Pausen verbringen. Ich habe nachgefragt, ob sie sich in den Pausen nicht abwechseln könnten, damit wenigstens einer von ihnen mal mit den anderen Kolleginnen und Kollegen Kaffee trinken kann. Da haben sie aber nur gelacht und meinten, bei ihnen sei ja viel weniger Hektik als im Lehrerzimmer. Wenn Kolleginnen und Kollegen mit ihnen plaudern wollten, dann könnten sie ja zu ihnen kommen." „Mir ist auch aufgefallen", meinte Maren Bulut, „dass die beiden mit ihren Kindern immer an der gleichen Stelle auf dem Schulhof sind und da ganz alleine für sich spielen."

„Wie entwickelt sich denn eigentlich die Zusammenarbeit, wenn wir jetzt mal nicht auf die Pausen gucken? Ich habe gesehen, dass sie gemeinsam zum Sport gehen, aber mehr weiß ich eigentlich gar nicht", erzählte Bianca Mittendorf. „Ich habe da mal hospitiert, weil ich Ideen für den Einstieg in den inklusiven Schulbetrieb im nächsten Jahr gesucht habe", erzählte Jannes Mayer. „Sie haben gemeinsam Aufwärmübungen gemacht, aber bei Mannschaftsspielen teilen sie die Gruppen sofort wieder auf. Ganz ehrlich, das hatte ich mir eigentlich anders vorgestellt."

Während Kooperation das Zusammenwirken voneinander verschiedener Gruppen beschreibt, handelt es sich bei Inklusion um das gemeinschaftliche Wirken gleichberechtigter Einzelelemente einer heterogenen, aber gemeinsamen Gruppe. Zum Gelingen inklusiver Vorhaben braucht es Gelegenheiten zum gemeinsamen Wirken. Solche Gelegenheiten entstehen, wenn es für alle Beteiligten jeweils individuelle Zugänge gibt. Das genutzte und den Beteiligten vertraute Raumkonzept führt jedoch durch die speziellen „W+E-Räume" zu einer Aufteilung in „Wir" und „die Anderen". Dies steht dem inklusiven Entwicklungsauftrag diametral entgegen. Der räumlich angelegte Gruppierungseffekt behindert das pädagogische Erfordernis nach Individualisierung im Kontext der Gesamtgruppe für die Kinder und Jugendlichen mit Förderbedarf im Bereich „Wahrnehmung und Entwicklung" drastisch.

„Wir müssen etwas tun!" Mit diesen Worten startete Maren Bulut die erste montägliche Schulleitungsrunde im zweiten Halbjahr des Schuljahres 2010/11. „Wenn sich das so weiter entwickelt, dann werden wir eine erweiterte integrierte Gesamtschule mit einem Zweig für Wahrnehmungs- und Entwicklungsförderung. Wir müssen aktiv werden, bevor sich diese

Entwicklung verfestigt!" Die Gespräche im Schulleitungsteam und ihre eigenen Beobachtungen zur Entwicklung des gemeinsamen Unterrichts mit den
W+E-Schülerinnen und -Schülern hatten ihr seit Wochen schlaflose Nächte
bereitet. *„Spezialräume für Spezialkinder führen uns zurück zu Spezialschulen"*, schimpfte sie. *„Wir müssen diesen W+E-Raum so schnell wie möglich
loswerden und dürfen auf gar keinen Fall weitere solche Räume bauen. An-
sonsten, davon bin ich fest überzeugt, sind wir mit unserem Inklusionsvorhaben schon am Ende, bevor wir überhaupt richtig angefangen haben.*

„Das kann ich nachvollziehen", fiel Bianca Mittendorf ein, *„aber du weißt, was
Alois früher immer gesagt hat: Du kannst niemandem etwas ohne Streit wegnehmen, wenn du ihm nicht etwas anderes dafür gibst."* *„Das ist doch ein
kluger Gedanke! Dann lasst uns einfach mal darüber nachdenken, wie wir
so eine Veränderung initiieren können."* Sie diskutierten eine ganze Weile,
um am Ende zu beschließen, die beiden W+E-Lehrkräfte zu einem gemütli-
chen Gespräch und einem Austausch über die ersten Erfahrungen einzuladen, die man miteinander gesammelt hatte. *„Man hätte auch gleich darauf
kommen können, dass man am besten erst mal miteinander spricht"*, murrte
Maren Bulut am Ende.

*14 Tage später saßen sie zu fünft zusammen. Dass Schulleitungsteam hatte
sich Mühe gegeben, eine entspannte Atmosphäre zu schaffen. Insider wussten, wenn sich auf dem Tisch von Bianca Mittendorf eine Blumenvase mit
frischen Blumen befand, dann stand ein Gespräch bevor, dessen Ergebnis
ihr viel bedeutete. Heute standen Blumen auf dem Tisch. Erst vorsichtig,
aber dann immer intensiver kamen sie ins Gespräch. So erfuhren sie, dass
Gerlinde Schleswig gleich nach dem Abitur eine Ausbildung zur Sonderschullehrerin mit den Schwerpunkten „geistige Entwicklung" und „körperlich-
motorische Entwicklung" begonnen hatte. Sie unterrichtete nach ihrem Referendariat schon sechs Jahre an einem anderen Kooperationsstandort. Mit
ihrem Kollegen, Heiko Schuster, war sie seit vier Jahren ein Klassenteam.
Dieser hatte ursprünglich mal Heilerziehungspfleger gelernt und längere Zeit
in einem Wohnheim der Lebenshilfe gearbeitet, bevor er „Soziale Arbeit" mit
dem Schwerpunkt „Behindertenhilfe" studierte. Von ihrer letzten 10. Klasse
hatten sie sich vor den Sommerferien verabschiedet. Parallel dazu hatten
sie sich verabredet, gemeinsam die Chance auf einen Neuanfang an einer
anderen Schule zu nutzen. Im Gespräch stellte sich heraus, dass sie diesen
Wechsel mit der Hoffnung auf mehr Gemeinsamkeit in der Zusammenarbeit
mit der Regelschule verbunden hatten. Gleichzeitig fühlten sie sich aber*

auch dafür verantwortlich, die bisherigen Standards und Arbeitsweisen ihres Förderzentrums am neuen Schulstandort aufzubauen.

Das, so empfand es Jannes Mayer, war doch eine gute Basis für eine Zusammenarbeit. „Wir haben im Schulleitungsteam darüber diskutiert, wie wir uns im nächsten Jahr unseren inklusiven Schulbetrieb vorstellen. Wir drei sind gemeinsam der Überzeugung, dass es in einer inklusiven Schule für eine Klasse nur einen Klassenraum geben kann", fiel er mit der Tür ins Haus. „Ihr müsst jetzt keine Angst haben", unterbrach Bianca Mittendorf besorgt seine Ausführungen. „Wir wollen euch nicht einfach euren Raum wegnehmen. Uns ist schon klar, dass ihr Schülerinnen und Schüler mit besonderen Bedürfnissen habt. Aber die wollen wir gerne innerhalb der Schule und nicht innerhalb von W+E-Räumen erfüllen." „Außerdem", führte Maren Bulut den Gedanken fort, „können doch spezifische Angebote für alle Kinder und Jugendlichen unserer Schule von Nutzen sein." Gerlinde Schleswig und Heiko Schuster hatten sich schon gewundert, warum die Schulleitung des neuen Standorts so nett mit ihnen plaudern wollte. Jetzt war die Katze aus dem Sack.

„Wisst ihr", begann Heiko Schuster zu erklären, „unsere Kinder sollen lernen, alleine zu leben. Deswegen haben wir beispielsweise die Küche in unseren Klassenräumen. Frühstück ist für uns nicht einfach nur Nahrungsaufnahme, sondern Lerngegenstand." „Aber muss sich die Küche in einem eigenen Klassenraum für eure Kinder und Jugendlichen befinden?", fragte Maren Bulut nach. „Was wäre, wenn wir einen großen Bereich für das Frühstück bauen würden, wo man einerseits alles vorbereiten kann und andererseits mit vielen gleichzeitig essen? So wie früher in der WG-Küche. Ein Ort, wo auch ganze Klassen gemeinsam frühstücken könnten, mit Tischdecken und richtig gutem Geschirr. Das kennen ja viele der anderen Schülerinnen und Schüler auch gar nicht."

Da für die Aufnahme der neuen Gruppe sowieso Baumaßnahmen erforderlich waren, meinte Bianca Mittendorf hier mutig sein zu können. Ob man nun lauter „W+E-Klassenräume" baute oder das gleiche Geld anders ausgegeben würde, dürfte keinen großen Unterschied machen, so ihre Überzeugung. Sie traute sich zu, solche Verhandlungen mit dem Schulträger erfolgreich zu führen. Mit diesem Selbstvertrauen im Rücken entwickelte sich ganz vorsichtig ein Gespräch darüber, was man sich alles an einer Schule wünschen könnte, wenn die Welt ein idealer Ort wäre. Gerlinde Schleswig und Heiko Schuster hatten zwar das Gefühl, dass viele dieser Ideen zu positiven

Effekten beitragen könnten, aber eine tatsächliche Umsetzung konnten sie sich nicht vorstellen, erst recht nicht zum kommenden Schuljahr.

Da hatten sie die Rechnung aber ohne das Schulleitungsteam gemacht. Jannes Meyer lud noch am selben Tag die Lenkungsgruppe zu einer außerordentlichen Sitzung ein und bat zusätzlich die beiden W+E-Lehrkräfte dazu. Außerdem verbrachte Bianca Mittendorf in den nächsten Tagen viel Zeit am Telefon, um die Verantwortlichen davon zu überzeugen, ab sofort die Schule baulich anders zu gestalten und auszustatten.

Inklusion erfordert auf architektonischer Ebene, sich von dem Gedanken an Spezialräume für Spezialkinder zu lösen. Stattdessen geht es um die Ergründung dessen, was die einzelnen Menschen für die Realisierung ihrer jeweiligen Bildungsansprüche an Besonderheiten benötigen und wie diese Spezialbedürfnisse zu einem baulichen Gesamtkomplex verbunden werden können. Die kleine Küchenzeile in den sogenannten W+E-Räumen ist zur Verdeutlichung ein besonders geeignetes Beispiel. Begründet wird die Küchenzeile damit, dass ein lebensnaher praktischer Unterricht erfolgen müsse. Daher komme der Vorbereitung und Durchführung eines täglichen Frühstücks besondere Bedeutung zu. Als „Fähigkeit, sich selbst zu versorgen und zur Sicherung der eigenen Existenz beizutragen" wird dieses Ziel in den Empfehlungen der Kultusminister für den Unterricht in der Schule für Geistigbehinderte von 1979 bezeichnet[191]. Die besonderen Küchen in den Sonder-räumen behindern aber 30 Jahre später das gemeinsame Frühstückserlebnis aller Kinder und Jugendlichen. Frühstücken bleibt spezifischer Lehrinhalt für Kinder und Jugendliche mit geistiger Behinderung. Dabei ist völlig unerheblich, ob so ein Frühstück nicht allen Schülerinnen und Schülern guttäte und ob der tatsächliche Einkauf nicht auch ein wichtiges Element des Unterrichts aller im Unterrichtsfach Wirtschaft-Arbeit-Technik sein könnte. Die lebenspraktische Ausrichtung des Unterrichts für eine Gruppe von Kindern und Jugendlichen mit spezifischem Förderbedarf führt nicht zur Bereicherung des Unterrichts für alle, sondern löst erneut einen aussondernden Effekt aus. Warum also im neuen Jahrtausend keine Frühstücksküche für alle Schülerinnen und Schüler? Auch andere Kinder haben

---

[191] Beschlüsse der Kultusministerkonferenz: Empfehlungen für den Unterricht in der Schule für Geistigbehinderte (Sonderschule). Beschluss der Kultusministerkonferenz vom 09.02.1979. Neuwied 1980, S. 35 ff.

Hunger und Durst. Nicht nur die sogenannten „Nicht-Behinderten" haben Angst vor Menschen mit Behinderungen, solche Ängste bestehen auch andersherum. Ein gemeinsamer Ort für das Frühstück ist eigentlich ein unmittelbar einleuchtender Schritt. Bisher steuert aber leider oft auch heute noch die Vorstellung vom „praktisch Bildbaren" den inklusiven Schulbau.

Wenn die Räume so sein sollen, dass man dort herummatschen kann, um Gegenstände mit allen Sinnen zu erforschen, warum dann nicht einen guten Projektraum für alle Schülerinnen und Schüler schaffen? Und wenn ein Kind mit geistiger Behinderung sich für naturwissenschaftliche Dinge interessiert, warum soll es nicht gemeinsam mit den anderen Schülerinnen und Schülern seiner Klasse den Bunsenbrenner-Schein bei der Regelschullehrkraft erwerben? Viele Grenzen befinden sich nur im eigenen Kopf. Die zu überwindenden Barrieren sind eben nicht nur materieller Natur. Wenn sich aber die einzelnen „W+E-Räume" auflösen zugunsten spezifischer neuer Fachraumangebote, die es bisher so an Regelschulen nicht gab, dann entstehen Gelegenheiten zum Wachstum, weil sich eine gemeinsame Umwelt mit neuen Möglichkeiten für alle entwickelt.

Die Entwicklung inklusiver Schulen erfordert nicht nur Veränderungen auf Seiten der Regelschule und ihrer Mitarbeiterinnen und Mitarbeiter. Auch auf Seiten der Sonderschullehrkräfte gibt es Berührungsängste und festgefügte Vorstellungen. Es ist problematisch, wenn W+E-Lehrkräfte mit dem verinnerlichten Raumkonzept der 1980er Jahre in eine frisch gegründete Oberschule einziehen, in der Regel versetzt von einem anderen Standort. Ihre frühzeitige Einbeziehung in den Veränderungsprozess ist unverzichtbar. Gerade die Sonderschullehrkräfte für Wahrnehmungs- und Entwicklungsförderung stellen einen Spezialeffekt für das Erreichen der „kritischen Masse" im Inklusionsprozess dar. Überlegungen zur Diffusion von Innovationen müssen insbesondere bei dieser Gruppe von Lehrkräften berücksichtigen, dass es sich bei ihnen nicht nur um das Personal handelt, das mit den am meisten separierten Schülerinnen und Schüler arbeitet. Durch ihre Arbeit sind sie selbst gleichzeitig die am meisten separiert arbeitenden Lehrkräfte im traditionellen Schulwesen.

Eine Woche nach dem Treffen mit den W+E-Lehrkräften tagte die Lenkungsgruppe. Bianca Mittendorf hatte schon im Vorfeld mit vielen beteiligten Kolleginnen und Kollegen gesprochen und deutlich gemacht, dass es in diesem

Augenblick auch auf Geschwindigkeit ankäme. „Die Gelegenheit für bauliche Veränderungen, die allen nützen, waren noch nie so groß wie jetzt", hatte sie überall verkündet. Im nächsten Schuljahr sollten die inklusiven Klassenverbände starten. Viele in der Schule blickten mit Spannung auf diesen Moment und waren bereit, Neues zu wagen.

Etliche kreative Ideen prägten die Diskussion der Lenkungsgruppe, die auf einer Stellwand gesammelt wurden. Psychomotorikraum, Projektraum, Wohnküche, reizarmer Raum, kleine Differenzierungsräume und vieles mehr stand darauf. Langsam neigte sich die Sitzung dem Ende zu, als Moritz Bardenhagen noch einmal das Wort ergriff. „Wir reden hier die ganze Zeit über neue und veränderte Räume für die Schülerinnen und Schüler", meldete er sich zu Wort. „Was wird denn aus euch, Gerlinde und Heiko? Ihr habt ja dann keine eigenen Räume mehr. Was müssen wir tun, damit ihr zumindest einen Teil eurer Pausen, wie wir alle, im Lehrerzimmer verbringen könnt?"

„Unsere Kinder sind ja besonders", versuchte Gerlinde Schleswig zu erklären, „Susi ist zum Beispiel eine Schülerin, die man am besten an die Hand nimmt. Bei ihr weiß man nie, ob sie nicht unter Umständen wegrennt. Und euer Schulhof ist nicht richtig eingezäunt." „Eigentlich ist es ja unser aller Schulhof", äußerte sich Elisabeth Kuzorra ein bisschen spitz. „Laufen denn alle eure Kinder weg, oder nur Susi?" „In dieser Gruppe ist es nur Susi", meinte Heiko Schuster. „Die anderen sind verlässlich und spielen in der Pause." „Im nächsten Schuljahr sind wir ja ein paar mehr Kolleginnen und Kollegen, ganz besonders im W+E-Bereich. Könnte man nicht auch in eurem Bereich Pausenaufsichten einteilen, so wie es bei uns Regelschullehrkräften üblich ist? Kinder wie Susi bekommen eine persönliche Aufsicht. Das sind aber ja nicht so viele Kinder. Für alle anderen W+E-Kinder wird eine Lehrkraft aus dem Bereich als zusätzliche Pausenaufsicht für die Flächen eingeteilt. Damit haben auch alle Regelschullehrkräfte eine Ansprechperson …"

Ohne die Entwicklung eines Zusammengehörigkeitsgefühls zwischen den unterschiedlich ausgebildeten Lehrkräften wird der Aufbau inklusiver Schulen nicht gelingen. Darum müssen äußere Bedingungen geschaffen werden, die dazu beitragen, auch die Gruppierung innerhalb der Lehrerschaft, z.B. in Sonderschullehrkräfte oder Studienräte abzulegen. Wie in der Szene erkennbar wurde, tragen einzelne Veränderungen die Kraft in sich, weitere Veränderungen auslösen zu können. Werden statt sogenannter W+E-

Räume funktionale Räume geschaffen, dann verändert dies nicht nur die unterrichtliche Situation. Gleichzeitig verlieren die W+E-Lehrkräfte ihre traditionelle Heimatbasis. Damit sie eine neue Basis entwickeln können, müssen Veränderungen in der Pausengestaltung vorgenommen und Verantwortlichkeiten neu geregelt werden. Erst unter solchen Voraussetzungen können sich auch die W+E-Lehrkräfte als Teil eines Teams und eines Kollegiums im Lehrerzimmer einfinden und dazugehören.

Auch die Gestaltung des Lehrerzimmers spielt eine Rolle. Unsere „schlechten Angewohnheiten" haben große Macht über unser Handeln, können die Gruppierung und Abgrenzung auch ins Lehrerzimmer hineintragen. Daher sind auch im Lehrerzimmer die Ausgestaltung der Sitzordnung, die Zuordnung zu Teams und viele weitere scheinbar unbedeutende Details von großem Einfluss. Selbst wenn es gelingt, die Sonderschullehrkräfte für Wahrnehmungs- und Entwicklungsförderung in die Lehrerzimmer zu bekommen, macht es einen Unterschied, ob sie am Tisch ihres Jahrgangsteams sitzen oder am Tisch der Sonderschullehrkräfte. Nur wenn man alltäglich miteinander ins persönliche Gespräch kommt, besteht die Chance, die Unterscheidung zwischen „euch" und „uns" aufzubrechen, Kollegialität und Zusammengehörigkeit zu entwickeln.

Bei der Betrachtung architektonischer Fragen geht häufig der Blick auf die innere Ausgestaltung von Unterrichtsräumen und der dadurch ausgelösten Wirkungen verloren. Im Unterricht von Lehrkräften für „Wirtschaft – Arbeit – Technik" werden regelmäßig die „Verkaufstricks" von Supermärkten behandelt[192]. Jedoch beschäftigen sich nur wenige Lehrkräfte mit den „Verkaufstricks" für Bildung und Unterricht. Was würde passieren, wenn die Ausrichtung einer Klasse nicht zur Tafel hin erfolgt? Wie würde es sich auswirken, wenn der Tisch der Lehrkräfte hinter den Schülerinnen und Schülern stehen würde und nicht vor ihnen? Müssen eigentlich alle Kinder und Jugendlichen zur gleichen Zeit auf den gleichen Stühlen sitzen, gibt es andere Regeln für eine Möblierung?

Im September 2009 übernahm Elisabeth Kuzorra ihre neue 5. Klasse. Dies war auch der Zeitpunkt, zu dem sie anfing, in der „Phantasten-AG"

---

[192] Siehe beispielsweise Bundesanstalt für Landwirtschaft und Ernährung: https://www.ble-medienservice.de/1642-2-verkaufstricks-im-supermarkt-mit-mir-nicht.html (Letzte Abfrage: 07.03.2024)

mitzuarbeiten. Sie hielt den Start mit einer neuen Klasse für einen guten Zeitpunkt dafür. Sie hatte sich dazu durchgerungen, obwohl sie sich von den gemeinsamen Treffen am Freitag nach dem mittäglichen Unterrichtsende eine zusätzliche Belastung erwartete. Aber nach kurzer Zeit bezeichnete sie diese Treffen gegenüber ihrem Team als ihre persönliche „Wohlfühl-Oase". Seit sie dort gemeinsam mit anderen ihrer Fantasie und der Umsetzung der Kompetenzrasterarbeit freien Lauf ließ, ging sie in der Regel viel entspannter ins Wochenende.

An diesem Freitag, kurz vor den Herbstferien, war sie völlig genervt von ihrer neuen Klasse und so machte sie in der Sitzung auch aus ihrem Herzen keine Mördergrube. „Heute gab es in meinem Matheunterricht wieder eine heftige Rangelei vor dem Kompetenzrasterschrank. Alle wollten gleichzeitig an die Materialien. Ich hatte alle Hände voll zu tun, dass Melina und Mustafa nicht aufeinander losgehen." Nach kurzer Zeit stellte sich heraus, dass sie gar nicht die Einzige war, die solche Probleme hatte. Elisabeth Kuzorra befürchtete schon, es läge daran, dass sie die für sie neue Arbeit mit den Kompetenzrastern falsch organisieren würde. Die Diskussion erleichterte sie.

„Eigentlich ist das doch auch kein Wunder", meldete sich nach einiger Zeit René Komanski zu Wort. „Alle Schülerinnen und Schüler wollen anfangen, wollen ihre Arbeit machen und wir lenken sie alle zusammen zur Materialausgabe auf einen zweitürigen Schrank. 120 Zentimeter für die Verteilung von Material, zu dem 22 Schülerinnen und Schüler fast zeitgleich Zugang haben wollen. Das kann doch gar nicht funktionieren. Hätten wir auch die gleichen Probleme, wenn wir die Materialausgabe horizontal statt vertikal organisieren würden?" Verblüffung machte sich im Raum breit. „Du hast Recht", meinte Moritz Bardenhagen, „ich kann mir gar nicht erklären, warum wir nicht schon vorher darauf gekommen sind. Wenn wir die Materialausgabe auf die ganze Wandlänge verbreitern, dann kommen alle leichter und schneller an ihre Unterlagen. Dann sollte es zwangsläufig auch zu weniger Drängeleien kommen."

Es sind tatsächlich oft diese und andere kleine Dinge, die das Zusammenleben in der Schule deutlicher verändern als die vielen großen Baumaßnahmen. Eine ganze Reihe von dem, was im Unterricht geschieht, basiert auf langjährig überlieferten Traditionen, für die manchmal schon die Kenntnis über die ursprünglichen Grundlagen dafür fehlt. Das führt dazu, dass an der einen oder anderen Stelle den Beteiligten der Blick auf die möglichen vermeintlich kleinen Veränderungen verstellt ist. Gerade durch diese eigene Einbettung in jahrzehntealte innere Bilder von Schule ist das Anstreben solch kleiner Veränderungen alles andere als unbedeutend und einfach. Eben keine Kleinigkeit.

Fast zwei Jahrzehnte nach dem Aufbruch hat sich gezeigt, dass der Aufbau einer neuen Schulwelt nicht in jedem Fall mit sofortigen Verbesserungen der persönlichen Arbeitssituation verbunden ist. Das unentdeckte Land hat im Laufe der Jahre einen Teil seines Reizes verloren. Es ist nicht gelungen, schnell zu den angeblich sagenhaft schönen Landschaften und den erwarteten Reichtümern vorzustoßen. Die gestellten Aufgaben erweisen sich schwieriger als gedacht. In vielen Schulen hat das Erleben einer scheinbar unendlichen Aufgabe inzwischen zu einer Art Ernüchterung geführt. Bei nicht wenigen droht der nicht enden wollende Weg zu Mutlosigkeit zu führen. Noch haben sich gar nicht alle Camps entlang der Küste auf den Weg gemacht. Trotzdem sind vereinzelt, meist versteckt und heimlich, Forderungen nach einem Rückzug zu hören.

Obwohl im Bundesland Bremen seit mehr als fünfzehn Jahren an der Umsetzung des Inklusionsauftrags gearbeitet wird, ist es bisher nicht gelungen, schulische Inklusion als von allen akzeptierte neue Normalität durchzusetzen. Die schlechten Ergebnisse des Bundeslandes in den bedeutenden Schulleistungstests werden immer wieder gern zum Anlass genommen, die eingeschlagene Richtung der Schulentwicklung insgesamt in Frage zu stellen[193]. Zum Teil wird in der inklusiven schulischen Arbeit die kausale Ursache für die vermeintlichen Leistungsmängel gesucht und gefunden. Neben PISA oder IQB-Bildungstrend belegt Bremen auch in der Gesamtbewertung der Bundesländer beim Bildungsmonitor 2024 abgeschlagen den letzten Platz, während Sachsen dort mit deutlichem Abstand an erster Stelle steht[194]. Die vereinfachte monokausale Sichtweise der Inklusionskritiker auf diese Ergebnisse verstellt allerdings den Blick auf eine angemessene Interpretation der Daten.

Das Gesamtsystem Schule existiert in einer politisch gesteuerten Umwelt. Noch kurz vor dem massenhaften Aufbruch ins unentdeckte Land gab es eine Vielzahl von Versuchen, durch äußere Einwirkungen leistungssteigernd

---

[193] Siehe exemplarisch Denise von der Ahé: „Der Schulfrieden wackelt gewaltig. Bürgerschaft diskutiert heftig über BD-Antrag zum Neustart in der Bildungspolitik – Verhärtete Fronten". In: Nordsee-Zeitung, 23.08.2024, S. 10.

[194] https://de.statista.com/statistik/daten/studie/201453/umfrage/gesamtbewertung-der-bundeslaender-beim-bildungsmonitor/ (Letzte Abfrage: 01.09.2024)

auf die Einzelschulen einzuwirken. Gleichzeitig gab es aus dem System „Wissenschaft" gegenläufige Steuerungsvorschläge. Vielfach droht die Tatsache in Vergessenheit zu geraten, dass zum Aufbruch ins unentdeckte Land der Inklusion auch gerufen wurde, weil die schulische Ökologie der alten Welt erheblichen Störungen ausgesetzt war.

Es ist Alltagswissen, dass die Lesefähigkeit Bedeutung für den schulischen Erfolg hat. Es ist auch Alltagswissen, dass die Fähigkeit, deutsche Sprache nutzen zu können, gelehrt und gelernt werden muss. In einem Schulsystem mit einem hohen Anteil an Kindern und Jugendlichen, deren Familiensprache nicht Deutsch ist, werden andere Schulleistungen gemessen, als in einem System mit einem geringeren Anteil. Die Verteilung der Menschen mit Migrationshintergrund lässt bei einer systemischen Betrachtung erahnen, dass nicht zwingend Gleiches mit Gleichem verglichen wird. „(…) Im Jahr 2019 war der Anteil der Bevölkerung mit Migrationshintergrund am höchsten in den Stadtstaaten Bremen (37 %), Hamburg (34 %) und Berlin (33 %) sowie in den Flächenländern Hessen, Baden-Württemberg (jeweils 34 %) und Nordrhein-Westfalen (31 %). In den neuen Ländern (ohne Berlin) waren es hingegen nur 8 %. (…)"[195] Das Bremerhavener Gesundheitsamt untersuchte zum Schuleingang 2022/23 1.445 Kinder. Zu 1.353 Kindern davon machte das Amt Aussagen zur ersten Familiensprache, die bei 705 Kindern (52,1 Prozent) nicht Deutsch war[196]. Aber im Rahmen von Sprachbildungs- und Sprachförderungskonzepten stellen sie nicht die einzige Zielgruppe dar. So stellte Bremens Senatorin für Bildung in ihrem Sprachbildungskonzept im Oktober 2023 fest: „(…) Die Zahl derer, die trotz deutscher Muttersprache nur über rudimentäre Sprachkenntnisse und eine fehlerhafte Grammatik verfügen, nimmt gerade in städtischen Ballungsräumen stetig zu."[197] Auch diese spracharm aufwachsenden Kinder mit deutscher Muttersprache entwickeln einen zunehmenden Förderbedarf.

Aufgrund der Auswirkungen von Armut auf psychische Gesundheit, Behinderung oder Lernerfolg ist auch die Armutsgefährdungsquote ein wichtiges

---

[195] Anja Petschel: „1.2 Bevölkerung mit Migrationshintergrund". In: Statistisches Bundesamt: „1 Bevölkerung und Demografie. Auszug aus dem Datenreport 2021", S. 33. https://www.destatis.de/DE/Service/Statistik-Campus/Datenreport/Downloads/datenreport-2021-kap-1.pdf?__blob=publicationFile (Letzte Abfrage: 01.09.2024)

[196] https://www.bremerhaven.de/ixcms/media.php/94/Vortrag_Kindergesundeit+im+Einschulungsalter+-Daten+der+Schuleingangsuntersuchung.pdf (Letzte Abfrage: 02.09.2024

[197] Die Senatorin für Bildung und Wissenschaft: „Sprachbildung. Ein Konzept der Senatorin für Bildung und Wissenschaft. Bremen, Oktober 2023, S. 4.

Merkmal für den Vergleich der Leistung von Bildungssystemen. Das Bundesland Bremen verzeichnete 2023 in dieser Statistik eine Armutsquote von 28,8 Prozent – die höchste im Ländervergleich. Der Bundesdurchschnitt betrug 16,6 Prozent, der Wert für Sachsen 16,9 Prozent[198]. Für die zum Land Bremen gehörende Stadt Bremerhaven lag der Wert sogar bei 35,6 Prozent[199], womit sich zusätzlich eine deutlich erkennbare Differenz zwischen den beiden Städten des Landes zeigt.

Die zwei Beispiele zeigen exemplarisch, wie drastisch sich die Lernvoraussetzungen von Kindern und Jugendlichen zwischen den Bundesländern unterscheiden. Man darf fragen, ob die in der Breite wenig differenziert veröffentlichten Ergebnisse solcher Schulleistungstests den Kriterien für einen fairen Vergleich genügen. Die Leistungsfähigkeit eines Schulwesens zeigt sich nicht in den von den Kindern und Jugendlichen im Test erreichten Punktwerten allein. Die wahre Leistung von Schulen zeigt sich erst, wenn man auch betrachtet, was durch begründet zu vermutendes schulisches Einwirken an individuellem Lernzuwachs von den Schülerinnen und Schülern erreicht wurde.

Eine Erfassung der individuellen Lernfortschritte von Kindern und Jugendlichen und damit einen den Erfordernissen inklusiver Schulen angemesseneren Ansatz bietet beispielsweise eine Testung mit dem KESS-Verfahren. Die „Kompetenzen und Einstellungen von Schülerinnen und Schülern" (KESS) werden im Rahmen von Längsschnittstudien ermittelt. Dadurch kann über die Schuljahre hinweg der persönliche Lernzuwachs von Kindern und Jugendlichen erfasst werden. Das Verfahren wurde in der Nachfolge der Lernausgangslagenuntersuchung (LAU) in den 2000er Jahren in Hamburg entwickelt und findet seitdem an vielen Schulen in Deutschland Verwendung. Dadurch steht bei Vergleichen mit diesem Verfahren ein großer, langjährig aufgebauter Pool an Vergleichsdaten zur Verfügung. In Bremerhaven arbeiteten in den letzten Schuljahren mehrere Schulen mit dem Verfahren. Im

---

[198] Der Paritätische: „Kinderarmut sinkt markant, Altersarmut auf dem Vormarsch. Expertise zu den Erstergebnissen des Mikrozensus zur Armutsentwicklung 2023 von Dr. Ulrich Schneider, Hauptgeschäftsführer des Paritätischen Gesamtverbandes. Berlin, Mai 2024". S. 3. https://www.der-paritaetische.de/fileadmin/user_upload/Fachinfos/doc/broschuere_armutsexpertise-2024-2.pdf (Letzte Abfrage: 01.09.2024)

[199] Bremer Institut für Arbeitsmarktforschung und Jugendberufshilfe: „Armutsgefährdungsquoten 2021-2023: 15 Großstädte, Bremerhaven und Bund". Erstellt: 15. Mai 2024, zitiert nach: https://biaj.de/archiv-kurzmitteilungen/1955-armutsgefaehrdungsquoten-2021-2023-15-grossstaedte-bremerhaven-und-bund.html (Letzte Abfrage: 01.09.2024)

Schuljahr 2023/24 beteiligten sich sechs der zehn Oberschulen der Sekundarstufe I daran. Der mit der Durchführung und Auswertung befasste Bildungsforscher, Uli Vieluf, berichtete in einem Interview mit der örtlichen Zeitung: „Die Lernfortschritte liegen in allen sechs Oberschulen deutlich über dem Erwartungswert. Die Schüler haben in zwei Jahren den Lernfortschritt von normalerweise zweieinhalb bis drei Jahren erreicht. (…)"[200] Natürlich liegen die gemessenen Leistungen trotzdem unter den in anderen Bundesländern erreichten Durchschnittswerten. Sie weisen aber auf ein Schulsystem hin, dass überdurchschnittlich gut in der Lage ist, Kindern und Jugendlichen Lernerfolge und überproportionale Lernzuwächse zu ermöglichen. Es scheint Dinge zu geben, die in den an einer inklusiven Gestaltung arbeitenden Schulen richtig gemacht werden. Man kann in den Daten zur sozialen Lage der Schulen und den nachgewiesenen Lernfortschritten der Schülerinnen und Schüler auch ein Indiz dafür entdecken, dass die Anstrengungen zur Realisierung des Inklusionsauftrags alternativlos sind. Not macht erfinderisch, sagt der Volksmund.

Das Bemühen um eine Besiedlung des unentdeckten Landes war mit Beteuerungen verbunden, dass es dort zukünftig aufwärts gehen werde, dass die vorhandenen ökologischen Probleme dort überwunden werden könnten. Auch diejenigen, die schon Jahrzehnte auf vorgelagerten Inseln an einer Verbesserung der schulischen Lebensqualität für alle Mitglieder ihrer Schulgemeinschaft gearbeitet hatten, müssen feststellen, dass sich ihre bisherige Tätigkeit nur begrenzt von den Inseln auf das unentdeckte Land übertragen lässt. Wenn sich nicht mehr nur einzelne Aktivisten den Herausforderungen stellen, die ein so umfassendes Entdeckungsvorhaben mit sich bringt, sondern diese Aufgabe Alltag für alle ist, dann entstehen viele neue und unerwartete Herausforderungen. Nicht selten entstehen Fragen oder Anforderungen, mit denen bisher niemand gerechnet hat. Eine Reihe von Aspekten entwickelte sich anders als erwartet. Da fällt es manchmal schwer zu beurteilen, wie bedeutend oder unbedeutend das ist, was man bisher erreicht hat.

Inklusion entsteht aus dem zielgerichteten Zusammenwirken vieler sich wechselseitig beeinflussender Ideen und Neuerungen in einem dynamischen System. Bezogen auf die Begabtenförderung führen Weigand und Kaiser aus, dass ein nicht gut gelingendes Lernen in einem inklusiven

---

[200] Denise von der Ahé: Forscher: „Schüler haben mächtig aufgeholt." Nordsee-Zeitung, 20.04.2024, S. 12.

Setting keine Aussage über Inklusion an sich sei, „(…) sondern über das pädagogische Grundverständnis und die Bedingungen einer Schule"[201]. Das gilt selbstverständlich nicht nur für die Begabtenförderung, sondern grundsätzlich für die Arbeit an Schulen, die nach Inklusion streben. Wenn Kinder und Jugendliche sich als Streitschlichtende, Tourguides, im Schulsanitätsdienst oder in Studiengruppen die Schule zum Eigentum machen, dann verändert sich die Arbeitsbeziehung zwischen Lehrenden und Lernenden. Eine Lehrkräftefortbildung, in der Schülerinnen und Schüler Teil der Fortbildner sind, führt zu Veränderungen in den einzelnen Mikrosystemen der Schulen, es entstehen Schwingungen, Austauschprozesse, Veränderungen von Kraftlinien im ganzen innerschulischen System. Solche Veränderungen im traditionellen Machtgefüge einer Schule werden nicht immer nur positiv wahrgenommen. Durch solche Prozesse können innerhalb der Einzelschule auch zentrifugal wirkende Kräfte entstehen. Um dem entgegenzuwirken, braucht es die Entwicklung von gemeinsamen Werten und Werturteilen, die langfristig in einem dem Zusammenhalt und der gemeinsamen Zielfindung dienenden Leitbild zusammenfließen müssen.

Damit überhaupt etwas Neues entstehen kann, ist zuallererst die Erkenntnis der Beteiligten erforderlich, dass eine Notwendigkeit zur Veränderung besteht und diese ohne ihr eigenes Tun nicht einsetzen wird. Mit der gesetzlichen Beauftragung zur inklusiven Schulentwicklung ist zugleich, ohne dass das explizit ausgesprochen und problematisiert wurde, die grundsätzliche Verpflichtung aller schulischen Beschäftigten zur kontinuierlichen Entdeckung, Entwicklung oder Konzipierung der dafür erforderlichen Innovationen verknüpft. In den 1980er und 1990er Jahren wurden die für integrative Schulversuche notwendigen Ideen, Konzepte oder Neuschöpfungen entwickelt und getragen von freiwilligen Aktivisten – Innovierende mit hoher intrinsischer Motivation. Diese Form persönlichen Engagements geht weit über die verpflichtende berufliche Arbeitslast hinaus. Trotzdem gilt auch für breit angelegte Innovationsvorhaben: Ohne die Etablierung neuer Verfahren, angepasster schulischer Strukturen und veränderter Denkweisen ist die kontinuierliche Arbeit an einer immer inklusiver werdenden Schule undenkbar. Irgendjemand muss diese Aufgabe übernehmen.

---

[201] Gabriele Weigand, Michaela Kaiser (2021): „Separativ oder integrativ? Inklusive Begabungs- und Begabtenförderung". A.a.O., S. 297.

Die Ursprünge der ab Mitte der Nullerjahre des neuen Jahrtausends initiierten Veränderungen in Richtung inklusiver Schulentwicklung lagen nicht nur in der Verabschiedung der Behindertenrechtskonvention durch die Vereinten Nationen. Eine wichtige Rolle spielten beispielsweise die enttäuschenden PISA-Ergebnisse Deutschlands, denn neben anderen Dingen wurde festgestellt, dass in den erfolgreicheren Ländern eine Differenzierung in unterschiedliche Schulformen deutlich später erfolgt[202]. Außerdem wurde in dieser Zeit auch deshalb nach neuen pädagogischen Konzepten gesucht, weil immer öfter der Eindruck entstand, dass die Probleme durch Gewalt und Disziplinlosigkeit an den Schulen nicht mehr mit traditionellen Mitteln in den Griff zu bekommen sind[203]. Schülerinnen und Schüler, die sich innerhalb der Schulen abgehängt und ausgestoßen fühlen, sehen ihre Perspektive häufig in der Rebellion gegen solche Systeme der Ausgrenzung. Häufig sind vermeintliche Verhaltensstörungen oder Aufsässigkeiten Hilferufe von Kindern und Jugendlichen in Not. Andreas Helmke bezeichnete die klassische Form des Unterrichts als 7G-Methode: „Alle gleichaltrigen Schüler haben zum gleichen Zeitpunkt beim gleichen Lehrer im gleichen Raum mit den gleichen Mitteln das gleiche Ziel gut zu erreichen"[204]. Nicht der Inklusionsauftrag der Behindertenrechtskonvention allein führte zur Notwendigkeit drastischer Veränderungen, sondern insbesondere die Tatsache, dass die 7G-Methode nachweislich gescheitert war. Heute scheinen diese Gründe, die damals viele zur Beteiligung motivierten, weitgehend in Vergessenheit geraten zu sein – vermutlich trägt der fast vollständige Personalaustausch innerhalb der Schulen infolge des demografischen Wandels deutlich dazu bei.

Innovatives Handeln erfordert die freiwillige Bereitschaft zu einer höheren Selbstbelastung an bestimmten, ausgewählten Stellen der eigenen Arbeit durch die Lehrkräfte. Allein die oben für das Bundesland Bremen genannten Zahlen zeigen, dass ein sich auf irgendein „Früher" berufender homogen

---

[202] Solche Hinweise finden sich in den verschiedenen Studien zur Auswertung der PISA-Ergebnisse, beispielsweise: Bundesministerium für Bildung und Forschung (Hrsg.): „Bildungsforschung Band 2. Vertiefender Vergleich der Schulsysteme ausgewählter PISA-Teilnehmerstaaten." Bonn, Berlin 2007.

[203] Einen solchen Hinweis liefert beispielsweise: Wilfried Schubarth: „Neue Gewalt- und Mobbingphänomene als Herausforderung für Schulen". In: Bundeszentrale für politische Bildung: „Aus Politik und Zeitgeschehen (APuZ)". Veröffentlicht am 13.09.2010. Siehe: https://www.bpb.de/shop/zeitschriften/apuz/32523/neue-gewalt-und-mobbingphaenomene-als-herausforderung-fuer-schulen/ (Letzte Abfrage: 03.10.2024)

[204] Andreas Helmke: „Individualisierung. Hintergrund, Missverständnisse, Perspektiven". In: „Pädagogik", 65. Jahrgang, Heft 2/2013: „Individualisierung im Fachunterricht", S. 36.

orientierter Unterricht nur mit dem Zusammenbruch der so orientierten einzelnen Schulen oder dem massenhaften Ausschluss von Schülerinnen und Schülern aus den allgemeinen Lernprozessen enden kann. Die Zeiten der „Häschenschule" sind, wenn es sie überhaupt gab, unwiederbringlich vorbei. In Anbetracht der Herausforderungen wird die Notwendigkeit von Veränderungen von den meisten Lehrkräften nicht bestritten. Gestritten wird in den Schulen darüber, worin die Veränderungen bestehen müssen und inwieweit dies mit Anforderungen an die eigene Person verknüpft ist bzw. verknüpft werden darf. Wird der Innovationsauftrag nur als äußerer Zwang durch vermeintlich abgehobene Gesetzesentscheidungen wahrgenommen, ist es schwierig, die notwendige Selbstbelastungsbereitschaft zu erzeugen. Ist jedoch ein selbstkritischer Blick auf die schulische Realität, die tatsächlichen Nöte von Lehrenden und Lernenden Auslöser von Veränderungsbereitschaft, können sich Türen öffnen. Die Gründung der „Phantasten-AG" zeigt, dass die Türen größer werden, je mehr sich die Neuerungen von den einzelnen Innovierenden löst und in das System hineindiffundiert.

Aber es gibt keine gute Praxis ohne gute Theorie. Um die Herausforderung an einen inklusiven Unterricht zu bewältigen, müssen Lehrkräfte „wissenschaftlich orientierte Innovatoren" werden. Diese Forderung stellte der ehemalige GEW-Bundesvorsitzenden Dieter Wunder schon Ende der 1990er Jahre auf[205]. Lehrkräfte sollten, so seine Vorstellung, ihre Praxis dokumentieren, sie hinterfragen, sie veröffentlichen, zur Diskussion stellen und damit zur Theoriebildung beitragen. Das erfordert Lehrkräfte, die bereit sind, ihren bisherigen Alltag zu hinterfragen, und keine Angst vor Veränderung haben. Es ist jedoch kein Geheimnis, dass der Lehrkräfteberuf trotz relativ guter Bezahlung wenig Ausstrahlung auf Persönlichkeiten hat, die den nötigen Mut und die nötige Risikobereitschaft für innovative Veränderungen mitbringen.

Wenn Innovationen von „ganz normalen" Kollegien getragen werden müssen, dann ist es erforderlich, Innovationskonzepte und deren Management auf diese Menschen auszurichten. Für die Entwicklung und Nutzung solcher Konzepte tragen vor Ort die Schulleitungen die Verantwortung. Dazu brauchen sie den nötigen Mut, für die von ihnen geleitete Institution Verantwortung zu übernehmen und damit als Vorbilder für die Mitarbeitenden zu handeln. Sie müssen durch ihr Handeln dazu

---

[205] Wunder, Dieter (1999): „Das Verhältnis des Lehrers zur Wissenschaft. Nicht abgeschlossene Überlegungen, zur Diskussion gestellt". In: Carle U./Buchen, S. (1999): „Handbuch für Lehrerforschung, Band 2." Weinheim und München: Juventa, S. 323 – 333.

beitragen, dass Veränderungen einzelner Innovatorinnen und Innovatoren nicht nur in deren persönlichem Unterricht wirksam werden, sondern durch den Zusammenschluss mit den Early Adopters und weiteren Kräften auf die gesamte Schule ausstrahlen. Die dafür notwendigen Maßnahmen sind allein jedoch nicht ausreichend, Schulleitungen müssen immer das gesamte Kollegium im Blick haben.

Von 2000 bis 2006 wurde unter Leitung von Uwe Schaarschmidt die „Potsdamer Studie zur Lehrerbelastung" durchgeführt. Im ersten Teil (2000 – 2003) ging es um eine differenzierte Untersuchung der Belastungssituation von Lehrkräften im Vergleich zu anderen Berufsgruppen, beispielsweise der Polizei oder Krankenpflegepersonal. Kernelement der Untersuchung war ein Fragebogen, mit dem ein „arbeitsbezogenes Verhaltens- und Erlebensmuster" (AVEM) erfragt wurde, das die Forscher in den Bereichen „Engagement", „Widerstandskraft" und „Erleben" erfassten. Auf dieser Basis wurden vier unterschiedliche Muster des Umgangs mit Belastung entwickelt. Zwei Muster, die für einen individuell gesunden Umgang mit Arbeitsbelastung stehen, und zwei bedenkliche Muster. Während das „Muster G" (Gesundheit) geprägt ist von Engagement, positiven Gefühlen und Resilienz, steht das „Muster S" (Schonung) für einen gesunden, aber auch sehr entspannten und sich selbst schonenden Umgang mit beruflichen Anforderungen und Beanspruchungen. Das „Muster A" (Anstrengung) steht für eine Anstrengungsbereitschaft, die durch stetige Selbstüberforderung droht, zu einem persönlichen Gesundheitsrisiko zu werden. Darüber hinaus gibt es noch das „Muster B" (Burnout), was u.a. durch Resignation, chronische Erschöpfung und Einschränkungen des Wohlbefindens gekennzeichnet ist. Schaarschmidt berichtete im Jahr 2004, dass 30 Prozent der befragten Lehrkräfte dem Risikomuster A zuzurechnen seien und 29 Prozent dem Risikomuster B[206]. Schaarschmidt schließt aus seinen Studien: „Man sollte sich also auch im eigenen Interesse auf Herz und Nieren prüfen, bevor man die folgenschwere Entscheidung trifft, Lehrerin oder Lehrer zu werden."[207]

Am Ende des Schuljahres 2022/23 führte „Lehrer-Online" mit dem Mainzer Institut für Arbeits-, Sozial- und Umweltmedizin (ASU) eine Umfrage zu

---

[206] Uwe Schaarschmidt (Hrsg.): „Halbtagsjobber? Psychische Gesundheit im Lehrerberuf – Analyse eines veränderungsbedürftigen Zustandes". A.a.O.

[207] Uwe Schaarschmidt: „Lehrereignung – Was kann man dafür tun?" In: Freie Bildung und Erziehung, Hrsg.: Verband Deutscher Privatschulverbände (VDP), November 2009, S. 16–18.

„Lehrergesundheit, Belastungserfahrungen und Unterstützungsbedarfe" an allgemein- und berufsbildenden Schulen durch. Die Ergebnisse dieser Untersuchung sind ähnlich erschreckend, wie die Befunde Schaarschmidts: „Mehr als 80 % der Lehrkräfte berichten von psychischen Belastungen, über die Hälfte von körperlichen Beschwerden." Fast 90 Prozent der Befragten berichteten davon, dass ihr Arbeitsalltag durch Zeitdruck und hohes Arbeitspensum „eher stark" oder „sehr stark" belastend sei. Eine weitere wesentliche Aussage dieser Befragung ist, dass der „Umgang mit Leistungsheterogenität (…) für vier von fünf Lehrkräften eine starke Belastung dar(stellt) (…)". Die Befragten klagten daher zusätzlich über das zur Bewältigung fehlende Unterrichtsmaterial[208].

Natürlich wäre es gut, wenn sich jede Lehrkraft vor Beginn der Ausbildung selbst befragte, ob der gewählte Beruf zur eigenen Persönlichkeit passt. Gleichzeitig muss aber auch der Beruf für motivierte und besonders geeignet erscheinende junge Menschen attraktiv sein. Dazu schreibt Andreas Schleicher, dass es „(…) immer eine Kombination aus dem sozialen Status des Berufes (ist), dem Beitrag zur Gesellschaft, den Menschen in diesem Beruf leisten können, und dem Ausmaß, in dem die Arbeit finanziell und intellektuell lohnend ist (…)", der einen Beruf attraktiv mache[209]. Wie kann das in Deutschland gelingen, wo oft und gerne geringschätzend auf den Lehrkräfteberuf geblickt wird?

Trotz vieler Schwierigkeiten haben sich einzelne Camps im unentdeckten Land erfolgreich entwickelt, haben sich vergrößert und gut funktionierende Eingriffe in die Gestaltungen vorgenommen. In diesen Camps haben viele Lehrkräfte die Zukunftsbedeutung ihrer Arbeit und die in ihnen liegenden intellektuellen Herausforderungen verstanden und als persönlich bereichernd aufgegriffen. Gleichzeitig beginnt sich dort ein neues Bewusstsein für die Ganzheitlichkeit der Aufgabe zu entwickeln. Für eine gelingende Expedition sind eben zugleich auch Menschen erforderlich, die das Lager aufbauen, Feuer machen oder Essen kochen. Bei der Realisierung der Entdeckungsaufgabe zeigt sich schnell, dass das Land eben nicht nur von den Forschenden besiedelt wird und Multiprofessionalität deutlich umfassender

---

[208] https://www.lehrer-online.de/aktuelles/aktuelle-nachrichten/news/na/umfrage-ergebnisse-lehrergesundheit-belastungserfahrungen-und-unterstuetzungsbedarfe/ (Letzte Abfrage: 03.09.2024)

[209] Andreas Schleicher: „Was macht den Lehrkräfteberuf für junge Menschen attraktiv?" A.a.O., S. 34.

verstanden werden muss. Vielleicht muss man die Forschenden zusätzlich mit all denen zusammenführen, die schon in vielfältig unterstützender Form in diesen Camps tätig sind, dem Hausmeisterdienst, den Mitarbeitenden im Sekretariat, … dem sogenannten nichtunterrichtenden Personal. Gerade von den gemeinsamen Gesprächen, dem Austausch abends am Lagerfeuer, hängt die Stimmung aller am Forschungsprozess Beteiligten ab.

Alle brauchen Orte, wo man sich abspricht, sich fallen lassen und erholen kann, wo man gemeinsam Kraft für den nächsten anstrengenden Tag tankt. Gute und erfolgreiche Expeditionsleitungen haben das erkannt. Sie wissen, dass Stimmungen sich in Gruppen ähnlich schnell verbreiten wie Schnupfen, es gibt eine soziale Ansteckung. Das gilt für positive und optimistische Stimmungen ebenso wie für negative und resignative Stimmungen. Optimistisch und wohlwollend zusammenarbeitende Forschungsgruppen leisten eher bedeutende Beiträge zum Aufbau. Und vielleicht muss man die Zugänge zum unentdeckten Land für Schülerinnen und Schüler, für Eltern und Kooperationspartner in ganz anderer Weise gestalten?

Allerdings ist „gute Stimmung" nicht alles. Felix C. Brodbeck beschreibt die Existenz gemeinsamer Ziele und Bedürfnisse als notwendige Bedingung für eine Gruppenbildung. Die Zugehörigkeit zu einer Gruppe ist umso attraktiver, je mehr diese zur eigenen Zielerreichung und Bedürfnisbefriedigung beiträgt. Das geschilderte symbolische gemeinsame Lagerfeuer ist Teil der Gruppenkohäsion, von Brodbeck definiert als „(…) Summe aller Kräfte, die die Bindung an eine Gruppe bewirken (…)". Sie „(…) ist ein Fundament des Wir-Gefühls in Gruppen."[210] Die Beachtung solcher Phänomene ist wichtig. Ein großes „Wir-Gefühl" in einer Schule kann jedoch dann der Umsetzung innovativer Vorhaben entgegenstehen, wenn keine Übereinstimmung mit den beabsichtigten Vorhaben erreicht werden kann oder die Vorhaben gar abgelehnt werden. In Prozessen innovativer Schulentwicklung muss es daher immer gleichzeitig um eine möglichst weitgehende Herstellung von Übereinstimmung mit den angestrebten Zielen bei gleichzeitiger Förderung eines optimistisch ausgerichteten „Wir-Gefühls" gehen.

Die Forderung nach einer inklusiven Schulpraxis ist untrennbar mit einer radikalen Veränderung der Lehrerarbeit und der schulischen

---

[210] Felix C. Brodbeck: „Gruppe" In: „Lexikon der Psychologie." Zitiert nach: https://www.spektrum.de/lexikon/psychologie/gruppe/6113 (Letzte Abfrage: 24.10.2024); Copyright 2000 Spektrum Akademischer Verlag, Heidelberg.

Arbeitsbedingungen verbunden. Unter Nachhaltigkeitsgesichtspunkten ist dies ein elementarer Bestandteil des erforderlichen Innovationskonzepts. Es ist unerlässlich, Schulen zu gestalten, in denen die Lehrkräfte sich gern mit ihren Kolleginnen und Kollegen aufhalten. In allen vorangegangenen Kapiteln wurde immer wieder die Notwendigkeit von Dialog und Zusammenarbeit aufgezeigt. Auch an dieser Stelle sind Impulse durch die Schulleitungen möglich und erforderlich. Ein Beispiel für diese Gestaltungsmöglichkeiten findet sich, wenn die Verwendung von Kompetenzrastern nicht nur der Koordination von persönlichen Lernaufgaben für Kinder und Jugendliche dient. Ihre Nutzung als kollektiver Organisator der Arbeit von Lehrkräftegruppen ist ein Beispiel für die Schaffung so eines Instruments für das Innovationsmanagement. Zu diesen in der Arbeit mit Kompetenzrastern enthaltenen Potenzialen gehört auch die Chance, darauf aufbauend die Möglichkeiten einer Kontingentstundentafel weitergehend ausschöpfen zu können. Es wäre in viel umfänglicherer Art und Weise möglich, Stundenkontingente für ein fächerverbindendes produktorientiertes Lernen zur Verfügung zu stellen und gleichzeitig die Einhaltung der inhaltlichen Vorgaben für den Bildungsprozess der Kinder und Jugendlichen zu überwachen. Auf der Grundlage von Kompetenz- und Themenrastern könnten solche Vorhaben innerschulisch strukturiert und gelenkt werden.

Es ist jedoch immer noch schulische Realität, dass wesentliche Teile der Lehrkräftearbeit in häuslicher Abgeschiedenheit stattfinden. Die Zweiteilung des Arbeitsplatzes führt dazu, dass Lehrkräfte, deren Arbeitserfolg zu bedeutenden Teilen von gelingender Kommunikation abhängt, zu den am isoliertesten tätigen Arbeitspersonen gehören. Sie stehen daher oft den unterschiedlichen Belastungen und zeitweilig extremen emotionalen Herausforderungen allein gegenüber. Die Erfindung von „Homeoffice" fördert diese falsche Entwicklung zusätzlich. Sich sorgsam Gedanken über die Aufhebung der isolierenden Bedingungen der Lehrkräftearbeit zu machen ist darum ein wichtiger Schlüssel zum Erfolg inklusiver Schulentwicklungsprozesse. Lehrkräfte verstärkt in die Schule zu holen, greift jedoch dramatisch in deren bisherige Lebensgestaltung ein und findet daher meist wenig Zuspruch. Grundsätzliche Veränderungen in diesem Bereich sind jedoch ohne Maßnahmen aus Bildungspolitik und Kultusministerien nicht erreichbar. Es wäre erforderlich, systematisch Bausteine zum Umgang mit Belastungen und Beanspruchungen verbindlich in den Arbeitsalltag der Lehrkräfte zu implementieren. Für manche Berufsgruppen ist beispielsweise regelmäßige Super- und Intervision fester und manchmal sogar verpflichtender

Bestandteil der professionellen beruflichen Aufgabenwahrnehmung und Teil der Arbeitszeit. Warum nicht für Lehrkräfte?

Unter Beachtung der traditionellen Arbeitsbedingungen, der Arbeitsorganisation und des persönlichen Belastungsempfindens verwundert es nicht, dass es einer Reihe der aktuell Tätigen schwerfällt, sich in Unterrichtsentwicklung und Schulreform einzubringen. Wenn die Arbeit für eine erhebliche Anzahl der Lehrkräfte durch unangemessene Forderungen an sich selbst zur kaum noch erträglichen Belastung wird (Risikomuster A), wenn schon die aktuellen Tätigkeiten unglücklich und chronisch erschöpft ausgeführt werden (Risikomuster B), ist das keine erfolgversprechende Ausgangssituation. Andreas Schleicher äußerte sich nach der PISA-Untersuchung 2022 sehr kritisch über die deutsche Lehrerschaft. „(…) Lehrkräfte können sich nicht einfach darauf zurückziehen, dass sie viel zu tun haben – und dass sie sich deshalb nicht gemeinsam mit Kollegen treffen könnten, um bessere Unterrichtskonzepte zu entwickeln."[211] So sehr dieser Ärger auch verständlich ist, es gibt durch die Kultusministerien zu verantwortende Gründe dafür, warum die Lage so ist, wie sie ist. Schleicher weist an anderen Stellen selbst darauf hin. Am Ende des Interviews appelliert er allerdings völlig zu Recht: „(…) Schauen Sie nicht nach oben, sondern im Lehrerzimmer direkt zur Kollegin oder zum Kollegen neben sich. Lehrer können gemeinsam an Schulen viel zum Guten verändern. Dafür braucht es keinen Erlass aus dem Kultusministerium."[212] Und was er nicht sagt, aber gesagt werden muss: Dinge zum Guten zu verändern macht glücklich.

Wo also liegt nun das unentdeckte Land, diese Terra Incognita genau? Ist dazu wirklich ein Aufbruch in eine ganz andere Gegend erforderlich? Eine Gegend, die völlig neu gestaltbar ist und frei von Traditionen, althergebrachten Glaubensvorstellungen und überlieferten Herrschaftsformen?

Die Ausbildung von Lehrkräften dauert einige Jahre und die heute lernenden Kinder und Jugendlichen können nicht auf Verbesserungen in der Zukunft warten. Daher existiert zu dem Appell von Andreas Schleicher kein vernünftiger Gegenvorschlag. Die Umsetzung gelingt jedoch besser, wenn der Blick auf das nächste tatsächlich erreichbare Etappenziel gerichtet ist.

---

[211] https://www.focus.de/panorama/welt/andreas-schleicher-pisa-chef-rechnet-mit-deutschen-lehrern-ab-ich-habe-ganz-ehrlich-wenig-verstaendnis_id_259590343.html (Letzte Abfrage: 04.04.2024)

[212] Ebenda.

Wenn Lehrkräfte zusammenkommen und sich sowohl wohlwollend als auch systemisch mit vermeintlich schwierigen Kindern auseinandersetzen, beispielsweise in „Helferkonferenzen", dann verändert sich der Blick auf die Probleme. Ein erreichter Erfolg, egal wie groß er ist, vergrößert die Wahrscheinlichkeit zukünftiger Erfolge – Erfolg macht erfolgreich. Nicht jede Lehrkraft wird sich an allen Stellen gleichermaßen einbringen können. Aber in einem vielfach vernetzten ganzheitlichen Prozess gibt es für alle Beteiligten die Möglichkeit, an irgendeiner Stelle ein wichtiger Teil der notwendigen Entwicklungsprozesse zu sein. Für eine wirksame und erfolgreiche Zusammenarbeit sind auch das liebevolle Führen der „Freud- und Leidkasse" oder der mitgebrachte Kuchen für die Arbeitsgruppensitzung von nicht zu unterschätzender Bedeutung. Sehr treffend beschreibt die Kampfpilotin und Reserve-Astronautin Nicola Winter die notwendige Achtung aller Teile eines Teams: „Wir Jetpiloten fühlen uns als Elite, aber wenn mir niemand Benzin nachfüllt, bin ich nur eine hochbezahlte Fußgängerin."[213] Manchmal braucht es einfach nur jemanden, der für ein gemütliches Lagerfeuer sorgt, um das man sich gemeinsam versammelt. Und genau deshalb werden Schulen benötigt, die dazu einladen, sich in ihnen aufzuhalten und dort anderen zu begegnen.

Es ist ein erheblicher Unterschied, ob Problemlöseschulen aus sich selbst heraus Entwicklungsprozesse initiieren oder ob per Gesetz von allen Schulen eine Veränderung des traditionellen Unterrichts gefordert wird. Gesetzgeber und Kultusministerien benötigen, wollen sie die notwendige Innovationsbereitschaft in den Einzelschulen erzeugen, das Vertrauen der Beschäftigten in die Ernsthaftigkeit ihrer Absichten. Der „Schulfrieden" ist deshalb ein bedeutender Aspekt. Eine angemessene materielle Ausstattung ist eine weitere wichtige Voraussetzung für die Ermutigung zur erforderlichen Selbstbelastungsbereitschaft im Innovationsprozess. Der Inklusionsauftrag war im Bundesland Bremen daher aus gutem Grund mit dem Versprechen einer verbesserten Personalversorgung verbunden. Durch sinkende Schülerzahlen wurde eine „demographische Rendite"[214] erwartet, die zukünftig dem Schulbereich zusätzlich zur Verfügung stehen sollte. Darüber hinaus waren mit dem Einzug der sonderpädagogischen Lehrkräfte in die

---

[213] Der Spiegel: „Tipps aus dem Cockpit". Heft Nr. 42 / 12.10.2024, S. 89.

[214] Damit war gemeint, dass die Anzahl der Lehrkräfte trotz sinkender Zahlen an Schülerinnen und Schülern gleichbleibend sein sollte. Rechnerisch hätte sich so eine inklusive Schulentwicklung fördernde Steigerung der Lehrerversorgung pro Kind ergeben.

traditionellen Regelschulen hohe Erwartungen verbunden. Gerade die pädagogische Arbeit mit Struwwelpeter und seinen Geschwistern wurde mit der Aussicht auf Verbesserungen für alle Lehrkräfte verknüpft. Diese Hoffnungen auf eine erweiterte personelle Ausstattung mussten jedoch schon bald korrigiert werden. Die Realität ist eine seit Jahren kontinuierlich steigende Unterversorgung geworden.

Die Steuerung der Lehrkräftearbeit durch die Anzahl der zu leistenden Unterrichtsstunden erzeugt ein Bewusstsein und Verständnis für Knappheit nur bezogen auf diesen einzelnen Bestandteil der Arbeitsinhalte[215]. Für die Bereitstellung einer wahrnehmbaren Ressource zur Bewältigung der zu leistenden Innovationen scheinen deshalb die Mittel zu fehlen. Stattdessen soll der Weg in die Zukunft mit den Lasten aus der Vergangenheit bewältigt werden. Die 1990er Jahre waren bildungspolitisch gekennzeichnet durch einen Wettkampf der Bundesländer um die niedrigsten Personalkosten. Dem Bildungsbereich wurden systematisch Mittel entzogen. Dieser gegenseitige Unterbietungswettbewerb schien unaufhaltsam. Im Bundesland Bremen gab es dadurch veranlasst Bestrebungen, diesem Wettstreit durch die Entwicklung neuer Arbeitszeitmodelle entgegenzuwirken. Durch eine Einbeziehung aller Arbeitsinhalte in die Berechnung der Arbeitszeit sollte eine Versachlichung der Diskussion erreicht werden. Gleichzeitig war dies mit dem Bemühen verbunden, ein auf die Arbeitsinhalte bezogenes und damit angemesseneres Personalversorgungskonzept zu erarbeiten. Dazu wurde am 3. Mai 1995 ein „Kooperationsvertrag zwischen dem Senator für Bildung und Wissenschaft, Bremen, und der Gewerkschaft Erziehung und Wissenschaft, Landesverband Bremen" abgeschlossen. Inhalt dieses Vertrags war „(...) die Entwicklung und Erprobung sowie die mögliche Implementierung neuer Lehrerarbeitszeitmodelle und deren Einleitung (...)"[216]. Der Vertrag scheiterte. Mit dem neu geschaffenen Lehrerarbeitszeitaufteilungsgesetz vom 17. Juni 1997 wurde die Unterrichtsverpflichtung im Bundesland Bremen ohne jegliche Aufgabenveränderung um zwei Unterrichtsstunden erhöht. Bernd Winkelmann, langjähriger Landesvorstandssprecher der GEW Bremen, schreibt dazu: „(...) Dieses Scheitern schadete sowohl dem Weg (Treffen von

---

[215] An dieser Stelle sei allen Interessierten unbedingt ein Blick in den § 2 der „Verordnung über die Aufgaben der Lehrkräfte und Lehrer in besonderer Funktion an öffentlichen Schulen" (Lehrerdienstordnung) vom 2. August 2005, zuletzt geändert durch Artikel 3 der Verordnung vom 04. Februar 2015, angeraten.

[216] Zitiert nach der mir vorliegenden Kopie des Vertrags.

Vereinbarungen mit der senatorischen Behörde) als auch dem Anliegen (Entwicklung von Arbeitszeitregelungen). Das Thema war seitdem innerhalb der GEW Bremen auf Jahre nicht mit Aussicht auf Erfolg diskutierbar."[217]

In inklusiven Schulklassen, so berichtet der Bildungsforscher Michael Grosche, gebe es immer wieder Beobachtungen zur Ausgrenzung von förderbedürftigen Schülerinnen und Schülern. Nach seiner Auffassung hänge es stark von der Lehrkraft ab, wie zugehörig sich diese Kinder und Jugendlichen fühlten[218]. Das ist durchaus zutreffend und wurde in verschiedenen Episoden dieses Buchs angesprochen. Aber wieder wird ein Einzelaspekt zum Kernproblem. Es fehlt eine differenzierte ganzheitliche Sichtweise, die bezogen auf das System Schule unabhängig von den agierenden Einzelpersonen das komplexe Zusammenspiel der verschiedenen innerhalb einer Schule wirkenden Einflussfaktoren erklärt und nutzbar macht. Es braucht, will man die wechselwirkenden Prozesse in den Schulen erfolgreich beschreiben und miteinander in Beziehung setzen, die systematische Entwicklung eines Mehrebenenmodells dafür[219]. Mit einer Sicht wie der von Grosche wird der Erfolg oder Misserfolg von Inklusion erneut zur individuellen Last der vereinzelten Lehrkräfte. Die gemeinsame Nutzung der Schulklos von „Normalos" und den sogenannten Förderbedürftigen schafft keine Inklusion. Deswegen ist eine Organisation von Schulentwicklungsprozessen erforderlich, die es allen ermöglicht, ohne Angst verschieden zu sein. Das kann eine einzelne Lehrkraft nicht leisten. Daher werden sich Schulen, in denen es allein auf die individuelle Haltung einzelner Lehrkräfte ankommt, niemals zu inklusiven Schulen entwickeln können.

---

[217] Bernd Winkelmann (2022): „Kernfragen der GEW. Positionen einer Bildungsgewerkschaft.". Bremen: Kellner Verlag, S. 26.

[218] Jeannette Otto: „Von wegen gemeinsam. Seit 15 Jahren will Deutschland die Schule für alle. Jetzt zeigen Studien: Inklusion nutzt jedem Kind. Aber im Alltag hat es die Idee weiterhin schwer. Eine Bestandsaufnahme." In: DIE ZEIT Nr. 13, Rubrik WISSEN, 21. März 2024, S.32

[219] Ansätze dazu finden sich beispielsweise bei Ulrich Heimlich und Kathrin Wilfert de Icaza: „Qualität inklusiver Schulentwicklung – Erste Konsequenzen für die Lehreraus- und -weiterbildung". In: „Lehrerbildung auf dem Prüfstand". Landau in der Pfalz 2014, 7. Jahrgang, Heft 2, S. 104-119. Inzwischen existiert eine leicht überarbeitete Skizze des von den Autoren angedachten Mehrebenenmodells. Ulrich Heimlich, Christina Ostertag, Kathrin Wilfert, Markus Gebhardt: „Konstruktion einer Skala zur Abbildung inklusiver Qualität von Schulen". In: „Empirische Sonderpädagogik". 2018, Nr. 3, Lengerich/Westfalen, S. 211-231.

Diesen Darstellungen fehlt jedoch die erforderliche Ausdifferenzierung und Einbeziehung der Ebenen, die Bronfenbrenner als Exo-, Meso- und Chronosystem bezeichnet.

In einer Demokratie kann alle Staatsgewalt nur dann sinnvoll vom Volk wahrgenommen und ausgeübt werden[220], wenn von Geburt an die Befähigung aller Mitglieder dieser Gesellschaft dazu als zentrales gemeinsames Ziel verstanden wird. Ein Teil der für demokratisches Handeln notwendigen Fähigkeiten wird durch die Schulen vermittelt. Wären die Lerninhalte der Schulen im demokratischen Staat nicht für alle gleichermaßen zugänglich, dann würde sich dieser Staat immer mehr von den ihn konstituierenden Grundlagen ablösen. Erst in diesem Kontext ist der Artikel 24 der UN-Behindertenrechtskonvention in seiner umfassenden Bedeutung wirklich zu verstehen.

Schulen sind verantwortlich dafür, mit den ihnen zur Verfügung stehenden Mitteln alle ihnen anvertrauten Kinder und Jugendlichen bestmöglich auszubilden. In immer heterogener werdenden Lebenswelten[221] können Konzepte homogen orientierten Unterrichts nicht mehr funktionieren. Inklusion ist auch deshalb alternativlos. Aber gerade vor dem Hintergrund misslungener Veränderungen der Arbeitszeitgestaltung (ähnliche Beispiele lassen sich vermutlich für alle Bundesländer finden) müssen von den öffentlichen Arbeitgebern auch unter schwierigen Bedingungen Beweise der Ernsthaftigkeit ihrer Innovationsabsicht erbracht werden. Solche Signale können in aller notwendigen Deutlichkeit nur entstehen, wenn sie trotz knapper Ressourcen eine erkennbare (Rück-)Verschiebung der unterrichtlichen Arbeitslasten beinhalten. Weniger Unterricht, stattdessen eine zielgerichtete und im Rahmen von Prozessen des Innovationsmanagements gesteuerte Bereitstellung von mehr Zeit für Schülerinnen und Schüler, Eltern sowie Kolleginnen und Kollegen ist unverzichtbar. Manchmal führt weniger tatsächlich zu mehr.

Inklusive Schulentwicklung ist optimistisch, demokratisch, dialogisch und beteiligungsorientiert. Sie erfolgt mit dem Ziel, alle Kinder und Jugendlichen beständig zu persönlich bestmöglichen und lösungsorientierten Leistungen zu befähigen. Sie will dazu beitragen, dass die Schülerinnen und Schüler lernen, auf ihre eigenen Kräfte zu vertrauen und ein starkes Kohärenzgefühl zu entwickeln. Sie setzt bei den Bedürfnissen der aktuell in den Schulen unterrichteten Kinder und Jugendlichen an. Diese Entwicklung wird nur dadurch inklusiv, dass sie die selbstverständliche Einbeziehung aller Kinder und Jugendlichen als expliziten Bestandteil offenkundig macht und offensiv

---

[220] Siehe Artikel 20 Absatz 2 des Grundgesetzes.

[221] Siehe z.B. Bernd Eggen, Stephanie Saleth: „Heterogenität von Familie. Theoretische und empirische Aspekte". In: Statistisches Landesamt Baden-Württemberg (Hrsg.): Statistisches Monatsheft Baden-Württemberg, Heft 6+7/2022, S. 25 ff.

vertritt. Grundsätzlich müssen alle Entwicklungsprozesse immer wieder entsprechend den sich verändernden Umgebungsbedingungen neu justiert werden. Das Ende dieses Buchs kann daher nur ein heutiges, also vorläufiges Ende sein.

Um heterogene Klassenverbände zu bilden und wirksamen Unterricht in den verschiedensten Lerngruppen zu gestalten, brauchen Schulen Vorstellungen von den vielgestaltigen Gruppierungen innerhalb ihrer Schülerschaft und deren Bedürfnissen. Es geht um die Entwicklung eines Unterrichts, der selbst fördernd ist, weil er ein Lernen ermöglicht, das bei allen Kindern und Jugendlichen an der jeweils individuellen Zone der nächsten Entwicklung anknüpft[222]. Mit traditionellen Vorstellungen von Unterricht und Förderung kann so eine neue Art von Schule nicht verwirklicht werden. Dies erfordert auch Respekt vor der Verschiedenartigkeit der Schülerinnen und Schüler. Nicht immer ist ein Kind oder Jugendlicher mit Autismus-Spektrum-Störung zu jeder Zeit im Gruppenunterricht am besten aufgehoben. Es werden Lösungen gebraucht für Schülerinnen und Schüler, die spezielle Bedürfnisse haben und dafür sehr speziell ausgebildete Erwachsene als Unterstützung benötigen. Nicht jede Lehrkraft ist befähigt, blinde Kinder im Erwerb von Kulturtechniken zu unterrichten, und nicht zu allen Zeiten bietet sich dafür der gemeinsame Unterricht mit allen Kindern und Jugendlichen an. Außerdem brauchen alle Kinder und Jugendlichen Peergroups, gerade auch Kinder und Jugendliche mit spezifischen Bedürfnissen. Man muss ehrlich darüber sprechen, dass es bisher nicht für alle besonderen Situationen gute inklusive Lösungen gibt. Das bedeutet aber nicht zugleich, dass es sie grundsätzlich nicht geben kann. Auch deshalb ist es notwendig, dass sich Schulen, die inklusiver werden wollen, gleichzeitig als „Sich-selbst-erneuernde-Schulen" verstehen – dass sie über Vertrauen in die eigenen Problemlösefähigkeiten verfügen und aus diesem Grund die Angst vor dem Scheitern nur geringe Bedeutung hat.

Die Prozesse des Lernens und der Förderung begrenzen sich in einer nach Inklusion strebenden Schule nicht allein auf die Präsentation der Lerninhalte in einem architektonisch gut ausgestalteten Klassenraum. Eine Vielfalt von Beteiligungsprojekten und aktivierenden Lernmöglichkeiten trägt nachhaltig zur Veränderung der gesamten Lernkultur bei. Beteiligungsprozesse und Verantwortungsübernahmen sind kein „nice to have", sondern notwendige

---

[222] Lew Wygotski, a.a.O.

Bestandteile inklusiver Schulentwicklung. Das alles braucht aber Lehrkräfte, die ihre Schülerinnen und Schüler sowie die Lebenslagen der Familien kennen. Sie sollten Bescheid wissen über das Stadtviertel, in dem sich die Schule befindet, und über Kenntnisse von der sozialen Lage im Rest der Stadt verfügen. Wer seine Schülerinnen und Schüler nicht kennt und sich nicht mit ihnen auseinandersetzt, kann nicht herausfinden, wie deren gemeinsames Lernen taktvoll zu gestalten ist.

Schulen sind Institutionen, die Minderjährige betreffen und gesellschaftspolitischen Aushandlungsprozessen unterliegen. Manche sagen, es sei leichter, die katholische Kirche zu reformieren als das deutsche Schulwesen. Für Letzteres braucht es unerschütterliche Zuversicht und unzerstörbare Träume. „I have a dream" ist das bekannteste Zitat des amerikanischen Bürgerrechtlers Martin Luther King und der Titel seiner am 28. August 1963 gehaltenen Rede. Er beschreibt darin seinen Traum von den USA als einem Staat, in dem alle Menschen gleiche Rechte haben. Auch bei dem Thema „Inklusion" geht es um nicht weniger als gleiche Rechte für alle Menschen. Und inzwischen ist klar, dass es sich um ähnlich schwierige und langwierige gesellschaftliche Transformationsprozesse handelt. Wer glaubt, dass sich Inklusion in Schulen dadurch materialisiert, dass Rollstuhlrampen, Pflegebäder und Fahrstühle eingebaut, besondere Räume für die angeblich zu inkludierenden Kinder und Jugendlichen oder eine besondere App für die iPads der Schülerinnen und Schüler mit Lernproblemen eingerichtet werden, der bleibt ohne Verständnis für die eigentlichen Herausforderungen auf der Erscheinungsebene stecken. Wer über „Inklusionsschüler" spricht, der arbeitet schon im gleichen Atemzug an der Restauration der „Exklusionsschule".

Pädagogische Konzepte, die nicht zum Mainstream gehören, erklären sich nicht von selbst. Immer wieder stellen Eltern die Frage, warum so ein Aufwand zur Veränderung von Schulen betrieben wird, lernte man doch vermeintlich früher mit den Haupt- und Realschulen sowie den Gymnasien selbst ganz erfolgreich. Nur selten wird in diesem Zusammenhang auch über die Sonderschulen gesprochen. Was für einen selbst gut zu sein schien, kann für die eigenen Kinder nicht schlecht sein[223]. Wäre es schlecht

---

[223] Ein Beispiel dafür ist die Einwohnerfrage von Tanja Bugrahan. Vorlage Nr. IV-S 50/2023 für die Sitzung des Ausschusses für Schule und Kultur – Bereich Schule in Bremerhaven (18.10.2023): „Warum ist dieses duale System an den Oberschulen? Alle in einer Klasse. Vorher hat auch alles wunderbar geklappt mit einzeln Realschüler, Hauptschüler und Gymnasium. Einfacher ist es dadurch nicht und warum arbeiten alle Oberschulen in Bremerhaven anders bzw. verschieden?"

gewesen, würde das zugleich einen Schatten auf die eigene Schulzeit werfen. Die Nachhaltigkeit schulischer Entwicklungen ist ohne eine deutlich erkennbare Zustimmung der Elternschaft nicht erreichbar. Seit der Einführung der freien Schulwahl ist der Wechsel von der Grundschule in die Sekundarstufe I immer auch eine Abstimmung über Schulprogramme durch die Eltern. Sie müssen die richtige Schule für ihr Kind finden und diese Schule muss für ihr konkretes Kind ihr Bestes geben. Sowohl die Auswahl der Schule selbst als auch die Sicherstellung, dass die ausgewählte Schule sich um das eigene Kind gut kümmert, ist für viele Eltern eine Bürde. Sie interessiert es nicht, wenn ein Schulentwicklungsprozess in der Gegenwart zu Belastungen führt, die sich jedoch wenige Jahre in der Zukunft auszahlen. Sie müssen dafür sorgen, dass der Schulbesuch ihres Kindes im Jetzt gut wird. Allein schon aus diesen Gründen müssen Eltern intensiv in die Prozesse der schulischen Veränderung einbezogen werden. Man muss dazu nicht jeden einzelnen Elternteil persönlich erreichen und mit entsprechenden Argumenten versorgen. Erforderlich ist aber, die in der Elternschaft sozial anerkannten Meinungsbildner zu erreichen. Rogers beschreibt die große Bedeutung von Kommunikation gleich am Anfang seines Buchs zur „Diffusion of Innovations" und kommt zu dem Schluss, dass die Verbreitung von Innovationen deutlich mehr ein sozialer Prozess als eine technische Angelegenheit sei[224].

In den nach vielen Jahren der Mühe umgestalteten Landschaften im unentdeckten Land schauen die erfolgreichen Expeditionsgruppen zufrieden auf das, was sie erreicht haben. Vieles ist wirklich schön geworden in diesen Brückenköpfen der Inklusion. Kaum jemand von denen, die sich so weit vorgewagt haben, möchte zurück in die alte Heimat. Trotzdem sind nicht wenige voller Sorgen und manchmal ratlos. Die Versorgung der neu entstandenen Nebengebäude und Dependancen gelingt nur unzureichend. Sie besteht nur noch aus Bruchteilen dessen, was wirklich herangeschafft werden müsste. Der Aufbau stagniert, zum Teil müssen schon begonnene Ausbauten aufgeschoben werden. Es scheint zugleich so, als bewege sich ein riesiges Tiefdruckgebiet von der Küste ins Landesinnere. Langsam wird den Aktivisten bewusst, dass Maßnahmen zu ergreifen sind, um die Siedlungen sturmfest zu machen.

In Zeiten zunehmender gesellschaftlicher Polarisierung ist das Engagement für die Realisierung inklusiver Vorstellungen von Schule und Unterricht

---

[224] Everett M. Rogers, a.a.O., S. 4.

brisant, weil es um eine eindeutige Parteinahme geht. Die erforderlichen Umwälzungen sind Teil eines politischen Konflikts. Es handelt sich nicht allein um eine Frage persönlichen Engagements, sondern es geht um Zusammenschluss, gemeinschaftliche Überzeugungsarbeit und Hartnäckigkeit bei einer elementaren gesellschaftspolitischen Aufgabe. Ohne ein auf Dauer angelegtes Engagement kann in diesem hoch strittigen gesellschaftspolitischen Prozess die Inklusionsidee nicht die in ihr enthaltene Kraft zur Demokratisierung entfalten. Wer glaubt, dass eine solche Aufgabe mit kurzfristigen Anstrengungen erreichbar sei, versteht das Problem nicht. Die Arbeit an der Realisierung eines inklusiven Lernens in der Schule ist ein der Demokratie inhärentes und damit auf Dauer angelegtes Tun.

Ein begonnener Verbesserungsprozess führt nicht selbstverständlich zu einer sich selbst erhaltenden kontinuierlich fortschreitenden Entwicklung. Insbesondere in den letzten Jahren zeigt sich, wie der Schulbetrieb durch den Generationenwechsel und die steigenden Zahlen an Schülerinnen und Schülern, durch den Mangel an ausgebildeten und geeigneten Lehrkräften sowie durch eine hohe Fluktuation der Beschäftigten unter Druck gerät. Jedes Jahr beginnen neue Unterrichtende mit imm er unterschiedlicheren Voraussetzungen ihre pädagogische Tätigkeit.

Vieles, was im Alltag einer inklusiven Schule langfristig entwickelt wurde, wird von den daran beteiligten Lehrkräften gar nicht mehr als besonders empfunden und daher kaum noch angemessen kommuniziert. „Stille Post" ersetzt den systematischen Kompetenzaufbau bei den neuen Lehrkräften. Unvollständig kommunizierte Informationen führen zu Problemen im alltäglichen Tun. Die neuen Unterrichtenden kennen die Ursprungsvision der schulintern entwickelten Handlungsabläufe und die Entscheidungsgründe dafür nicht. Neue werden hastig, im „Schnelldurchlauf", von Lehrkräften, die ebenfalls nur mehr oder minder

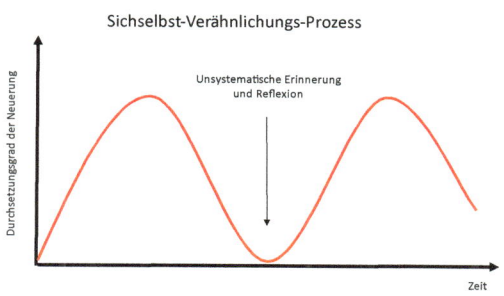

umfassend mit den langfristigen Schulentwicklungszielen und den erreichten Ergebnissen vertraut sind, über die Arbeitsweisen der Schule informiert. Die mühselig erarbeiteten Kenntnisse über neue Formen der

Aufgabenwahrnehmung werden immer oberflächlicher umgesetzt. Alle Mitarbeitenden, die neu an eine Schule kommen, bringen jedoch ihre individuellen Vorstellungen von Inklusion mit und haben ganz unterschiedliche persönliche Haltungen zu dieser Aufgabe. Oft sind deren Vorstellungen verbunden mit von aussondernden Traditionen behafteten inneren Bildern. Diese Vorstellungen und inneren Bilder drohen, die begonnenen Entwicklungen zu überlagern, zu verfremden und die weitere Entwicklung zu bestimmen. Dadurch droht immer wieder die Gefahr von „Sich-selbst-Verähnlichungsprozessen". Die tatsächliche Umsetzung des ursprünglich verabredeten Konzepts nähert sich immer stärker dem an, was man auch früher immer schon getan hat.

Die Bekämpfung dieses „Stille-Post-Systems", die Einbindung der Neuen in die erreichten Entwicklungen, Verfahren und Arbeitsweisen ist daher gerade in der jetzigen Zeit mit einer zunehmenden Menge an Quer- und Seitenein-

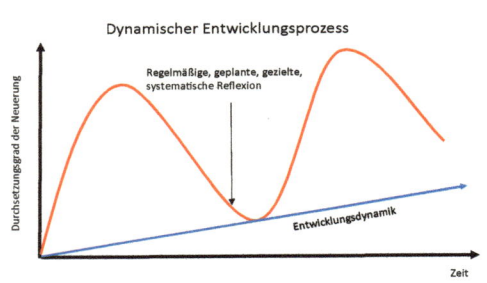

steigenden im Schuldienst von existenzieller Bedeutung für Schulen auf dem inklusiven Entwicklungspfad. Um solche wellenförmigen Entwicklungsprozesse mit nur zeitlich begrenzten Effekten zu verhindern, muss eine dynamische Komponente mitgedacht werden. In einem zielgerichteten Entwicklungs-prozess greifen viele verschiedene Zahnräder ineinander. Das eigene Lernen durch den Veränderungsprozess muss auch wieder in den Prozess selbst zurückfließen. Die Veränderungen verändern die Veränderer.

Der schlimmste Feind der inklusiven Schule ist die Macht der schlechten Angewohnheiten, mitgebracht aus dem traditionell exklusiven deutschen Schulwesen. Aus anfänglichem Unverständnis für nicht ausreichend erklärte Arbeiten innerhalb der inklusiver werdenden Schule kann schnell schwindende Motivation und auch Verweigerung für vermeintlich unbedeutende Kleinigkeiten entstehen. Viel zu oft fehlt es in den schulischen Kollegien an dem Bewusstsein dafür, dass Strukturen aufgebaut werden müssen, die zur Nachhaltigkeit des Erreichten beitragen. Immer wieder kommt es zu

Rückfällen in frühere Entwicklungsstadien, ungewollt verlieren Schulen im Veränderungsprozess die Orientierung und gelangen dann letztlich am Ausgangspunkt wieder an.

Die Wirklichkeit inklusiver Schulen besteht in der Regel aus einem vielfach ineinandergreifenden Koordinieren neuer Entdeckungen und der Verbreitung von wirksamen Lösungen. Nicht immer sind diese sofort zur Hand. Auch aus solchen Gründen ist es wichtig, dass Lehrkräfte mit Eltern eine Erziehungspartnerschaft eingehen. In einer inklusiven Schule braucht es die gemeinsame Beratung und Unterstützung der Kinder. Lehrkräfte sind Experten für Lehr-Lern-Prozesse, Eltern sind gleichberechtigte Experten für ihre Kinder. Gelingende Inklusion wird von Schülerinnen und Schülern als Experten ihres Selbst, Eltern und Lehrkräften gemeinsam getragen. Sie verändert damit auch das Verhältnis zwischen Schule und Elternhaus.

Eine inklusive Schule ist eine Schule, in der unterschiedliche und vielfältige Menschen zusammenkommen, um Dinge zu tun, die für die Beteiligten Relevanz haben. In einer solcherart relevanten Schule werden Probleme entdeckt und gemeinsam wird an großen und kleinen Lösungen gearbeitet. Das Lernen und Arbeiten in der Schule wirkt sich aus. Reale Menschen machen reale Dinge mit realen Folgen. Manchmal macht man Fehler. In solchen Momenten wird die Angst vor dem Scheitern zeitweilig vielleicht übermächtig. Die gemeinschaftliche Arbeit, die gegenseitige Ermutigung und Unterstützung bei der konstruktiven Auseinandersetzung mit vermeintlichen Fehlern wirkt solchen dunklen Momenten entgegen.

Es geht nicht um die Produktion einer Kette von einzelnen Lösungen. Es geht um die Entwicklung einer ganzheitlichen und vielfältig miteinander vernetzten Lösungsstrategie, die ausgebaut und gepflegt wird. An der geschilderten traditionellen Gestaltung der „W+E-Räume" für die „Kleinklassen" und die zu bedenkenden Folgen, will man andere Wege gehen, wurde diese Problemverschachtelung deutlich. Eine Schulleitung muss aufmerksam hinschauen, zuhören und ermöglichen. Sie sollte bereit sein, mutig Entscheidungen zu treffen, Spielräume auszunutzen und sich einer „kreativen Rechtsanwendung" befähigen.

„Informationsabend für die Schülerinnen und Schüler der 4. Klasse sowie ihre Eltern" – so hatte es die Vorbereitungsgruppe auf den Flyer geschrieben. Es sollte schon durch die Einladung deutlich werden, dass hier

eine Schule informieren will, die die Kinder in den Mittelpunkt stellt. Dieser Infoabend hatte sich inzwischen zu einer umfassenden Präsentation der Schule durch die gesamte Schulgemeinschaft entwickelt. Die Ehemaligen verabredeten sich zu einem Treffen beim Infoabend, die Studiengruppenleitungen hatten eine Plakatwand zu ihrer Arbeit erstellt, einige machten in der Bibliothek ein Vorleseangebot, andere hatten Brettspiele für die Kinder in der Mensa aufgebaut. Die Tourguides boten im 15-Minuten-Takt Führungen durch ihre Schule an. In den Klassenräumen erklärten Lehrkräfte gemeinsam mit ihren Schülerinnen und Schülern, wie individualisierender Unterricht möglich ist.

„Wo findet denn der Vortrag der Schulleitung über diese Schule statt?", wurde eine Mutter aus dem Förderverein gefragt, die sich im Eingangsbereich an einem Infostand befand. Sie hatte es übernommen, Hinweise zu den verschiedenen Angeboten zu geben. „Ihnen geht es anscheinend wie mir, als ich diese Schule zum ersten Mal betreten habe", meinte die Mutter und lachte den Vater, der sie gefragt hatte, freundlich an. „An unserer Schule haben wir heute alle Türen aufgemacht. Sie können sich in den verschiedenen Räumen über alle Unterrichtsfächer informieren. In zehn Minuten gibt es außerdem auf der großen Versammlungsfläche, hinten im Erdgeschoss, ein paar Vorträge über die Schule. Da werden auch die Mitglieder der Schulleitung etwas sagen." Der Vater wirkte etwas ungläubig. In der letzten Schule, über die er sich mit seiner Frau informiert hatte, saßen sie in der Aula und hörten einem längeren Vortrag des Schulleiters zu. Dieses Gewusel von so vielen unterschiedlichen Menschen war dagegen etwas verwirrend.

Als wichtigstes Element des Infoabends hatte sich im Laufe der Jahre „Speakers-Corner" erwiesen. Eltern, Schülerinnen und Schüler, Ehemalige und Kooperationspartner der Schule berichteten dort über ihre Erfahrungen. „Glaubwürdige Zeugenaussagen" hatte Bianca Mittendorf das einmal genannt. Wie in den Englischbüchern beschrieben, betraten die Rednerinnen und Redner eine Kiste, um zum Publikum zu sprechen. Allerdings war, anders als in Londons Hyde Park, die Redezeit eng begrenzt.

Der Vater hatte mit seiner Frau Sitzplätze auf der Versammlungsfläche gefunden. Am Zeigefinger seiner Tochter befand sich mittlerweile ein Mäuschenpflaster von den Schulsanitätern und derzeit stand sie allein mit anderen Kindern in einer Schlange vor dem Psychomotorikraum. Einen Vortrag der Schulleitung hatten er und seine Frau immer noch nicht gehört.

Stattdessen berichtete Nuri, eine Schülerin aus dem 5. Jahrgang, über ihren Start an der neuen Schule. Danach erklärte ihnen ein Ehemaliger, wie das Berufsorientierungskonzept der Schule dazu beigetragen hatte, dass er jetzt eine Ausbildung zum Altenpfleger machte.

Als Nächstes stellte sich Frau Müller auf das improvisierte Podium. „Ihnen allen einen schönen guten Abend", begann sie ihren Vortrag. „Wenn Sie sich für unsere Schule entscheiden, dann geht nicht nur ihr Kind in diese Schule, sondern Sie selbst werden Teil unserer Schulgemeinschaft. Ich will Sie daher als Mutter ein bisschen in mein Herz gucken lassen, auch wenn ich gerade sehr aufgeregt bin. Da geht es mir ähnlich wie Nuri und Jürgen, die Sie vor mir hörten.

Ich habe zwei Kinder hier. Meine Tochter hat eine geistige Behinderung. Bei diesen Kindern ist die Schulanwahl ja nur sehr eingeschränkt möglich. Ich war aber ganz froh, dass wir damals hier gelandet sind. Dörte besucht inzwischen die 8. Klasse. Sie schminkt sich und achtet auf modische Kleidung. Sie ist vielseitig interessiert und will im nächsten Jahr Schulsanitäterin werden. Ich hätte es nicht geglaubt, dass sich meine Tochter so entwickeln würde. Aber sie bekommt hier einerseits vielfältige Anregungen und erhält andererseits an ihre Möglichkeiten angepasste Lernangebote. Ich bin der Schule, den Jugendlichen im Schulsanitätsdienst und insbesondere Frau Maurer, der Betreuerin des Sani-Dienstes, sehr dankbar, dass sie sich überlegen, wie meine Tochter im nächsten Jahr an der Ausbildung teilnehmen kann.

Ich habe auch einen Sohn. Der kommt von der anderen Seite des Leistungsspektrums. Sein Klassenlehrer in der Grundschule hat uns damals dringend empfohlen, ihn im Gymnasium anzumelden, weil er so besonders leistungsstark sei. Ich habe mich mit meinem Mann lange darüber beraten. Wir haben uns dann aber für diese Schule entschieden. Wir haben gesehen, wie gut sich unsere Tochter entwickelt hat. Warum sollten wir unserem Sohn diese Chance vorenthalten? Er hat gute Schulleistungen, wie unsere Tochter, nur andere. Er ist Tourguide an der Schule und nimmt mehrmals im Jahr an Mathewettbewerben teil. Außerdem kümmert er sich mit ein paar anderen Jungs und Mädchen um die Bienenstöcke der Schule. Er ist inzwischen bei uns im Stadtteil in die Jugendfeuerwehr eingetreten. Er hat hier an der Schule die älteren Jugendlichen im Wahlpflichtkurs „Feuerwehr" gesehen. Das hat ihn motiviert.

Natürlich leiden wir auch an dieser Schule unter dem Mangel an Lehrkräften. Das ist wirklich schlimm. Das geht ja leider allen Schulen so. Aber ich habe persönlich den Eindruck, dass hier immer wieder kreativ nach zusätzlichen Lernmöglichkeiten gesucht wird. So hat die Schule eine Kooperation mit dem benachbarten Kindergarten begonnen. Mein Sohn geht beispielsweise einmal in der Woche dahin und liest den Kindern vor. Da hat er zwar keine Lehrkraft, aber meines Erachtens nützt ihm diese ehrenamtliche Tätigkeit und ich denke, auch die Kindergartenkinder haben etwas davon.

Sie werden verstehen, dass ich Ihnen mit meinen Erfahrungen, die ich hier gesammelt habe, diese Schule nur empfehlen kann."

Speakers-Corner war ein Veranstaltungsteil, der in schneller Folge viele kurze Informationen bieten sollte. Daher waren, kaum hatte Frau Müller geendet, auch schon die beiden Schülerinnen wieder auf der Bühne, die diese Veranstaltung moderierten. Als Nächstes kündigten sie einen Vortrag ihrer Schulleiterin zur Lehrerversorgung im nächsten Schuljahr und dem geplanten Umgang damit an ...

Vielen, die mit großen Hoffnungen in das unentdeckte Land aufgebrochen sind, ist gemeinsam, dass sie dieses Land irgendwo anders gesucht haben, nur nicht dort, wo sie schon sind. Mit etwas zeitlichem Abstand klärt sich allerdings manches und man stellt fest, dass das unentdeckte Land vielleicht gar nicht so weit entfernt ist. Vermutlich braucht es nur etwas Feenstaub, zubereitet aus Wahrheit und Mut, um dorthin zu gelangen. Die Reise, auf die wir uns dann begeben, ist eine Forschungsreise zu unserem bisherigen Verständnis von der Welt, zu unseren Interpretationen der Dinge, zu unseren Motiven. Warum sehen wir Dinge bisher so und nicht anders? Tatsächlich befindet sich das unentdeckte Land in uns selbst und die Forschungsreise startet damit, die eigene innere Welt unter veränderten Perspektiven zu betrachten. Plötzlich ist die sechs eine neun, die Unendlichkeit hat sich in eine schlichte acht verwandelt und das Glas ist halbvoll. Dieser neue Blick auf eine veränderliche Welt versetzt uns zugleich in die Lage, dass unentdeckte Land in der existierenden Wirklichkeit um uns herum zu finden.

Mit diesem neuen Blick wird jede deutsche Schule zwangsläufig zu einer inklusiven Schule, es braucht dafür keine vorzuzeigenden sogenannten statuierten Behinderten. Alle deutschen Schulen bestehen nicht aus Klassenverbänden, sondern aus Susi und Mertan, aus Daria und Finn, aus Frau

Meyer und Herrn Neumann, Familie Oliveira und Familie Ziegler. Es ist eine unmittelbare und selbstverständlich einleuchtende Wahrheit, dass jedes einzelne Mitglied der Schulgemeinschaft eine von den anderen verschiedene und somit eigenständige Person ist, die das Recht hat, ohne Angst mit den anderen zusammenzukommen und lernen zu dürfen. Wir müssen, um das unentdeckte Land zu betreten, nur unserem schon lange vorhandenen Wissen vertrauen und den Mut haben, in Gemeinschaft mit anderen nach Wegen zu suchen, dieses Wissen auch in unserer Praxis umzusetzen.